新冷戦をこえて

ヨーロッパデタントから冷戦の終焉へ

高坂博史【著】 *Hirofumi Kosaka*

Beyond the New Cold War Divide

The European Détente towards the End of the Cold War

名古屋大学出版会

新冷戦をこえて——目　次

凡　例

一、フランス語の一次史料を引用する際、各史料のタイトルは原語のまま用いるが、日付および電報の発着地名については英訳する（たとえば、“Le 14 juillet” は “July 14” に、“Londres à Paris” は “London to Paris” と表記する）。
一、引用者による注は［　］で示した。

用語解説

アクターについて

本書では「東側諸国」「西側諸国」「ＥＣ諸国」などの複数のアクター（行為主体）が登場する。まず、それらが何を指すのか説明したい。

「東側諸国」とは、ヨーロッパ安全保障協力会議（ＣＳＣＥ）に参加するアメリカ、カナダ、東西ヨーロッパの全三五ヶ国のうち、ワルシャワ条約機構（ＷＴＯ）に参加する七ヶ国のことを指す。このうち、ルーマニアは他の東欧諸国とは異なりＣＳＣＥ政策面で独自の立場をとることが多かったが[1]、信頼醸成措置に関する交渉では東側陣営の一国として交渉に臨んでいたため[2]、軍事的安全保障の問題をテーマとする本書では東側諸国の一員とみなす。なお、ワルシャワ条約機構に関する最新の研究では、加盟国間でもさまざまな立場があったことが明らかにされている[3]。ただし、ヨーロッパ軍縮会議（ＣＤＥ）に関しては基本的にはソ連のスタンスが東側諸国の立場に反映されたと指摘されていることから[4]、本書は原則として東側諸国を一体として扱う。

「西側諸国」とは、ＣＳＣＥに参加する三五ヶ国のうち北大西洋条約機構（ＮＡＴＯ）に参加する国（一九八二年五月三〇日にスペインが加盟して一六ヶ国となった[5]）およびアイルランドを指す。アイルランドは中立政策を掲げてＮＡＴＯに加盟していないが、ヨーロッパ共同体（ＥＣ）加盟国間の協議に参加することで西側諸国の政策決定過程に組み込まれていたことから、本書では西側諸国として扱う。なお、フランスはド・ゴール政権期にＮＡＴＯの統合軍事機構からは脱退したものの、北大西洋理事会をはじめとする政治部門には引き続き参加していたため[6]、ＮＡＴＯ加盟国とみなす。

「ＥＣ諸国」とは、ＥＣに加盟している国（一九八〇年一二月以前は九ヶ国。八一年一月にギリシャが加盟して一〇ヶ国に、八六年一月にスペインおよびポルトガルが加盟して一二ヶ国になった）のことを指す。ここで「ＥＣ」や「ＥＣ加盟国」ではなく「ＥＣ諸国」と表記する理由は、これらの国による共同外交は超国家的性格をもつＥＣの枠組みで行われたものではなく、その外部に設けられたヨーロッパ政治協力（ＥＰＣ）の枠組みで行われたものだからである。すなわち、共同体としての行動ではないことを示すために「ＥＣ諸国」との表記を用いる。実政策面では、ヨーロッパ政治協力での政策調整を経ていない場合であっても、ヨーロッパ政治協力への参加国が「ヨーロッパ」の名の下に共同で行動することも少なくない。本書はこうした行動を指す際にも「ＥＣ諸国」と表記する。なお、ＥＣ諸国のうちアイルランド以外はすべてＮＡＴＯにも加盟していた。これらの国は、その時々の議論の状況や性質にあわせてヨーロッパ政治協力とＮＡＴＯでフォーラムを使い分けていた（ＣＳＣＥに関する協議はいずれでも実施されていた）。[7]

「非同盟中立諸国（Neutral and Non-Aligned States）」とは、上記の東側諸国と西側諸国のいずれにも含まれない国のことを指す。同グループの主要国はオーストリア、スイス、スウェーデン、フィンランド、ユーゴスラビアなどであった。他にはマルタ、モナコ、バチカンなどのマイクロステートもグループの一員であった。

なお、これらのタームを用いるにあたり留意すべきなのは、ＣＳＣＥは公式には東西の「軍事ブロック」の枠外で行われることとなっている点である。一九七三年六月に合意されたＣＳＣＥの手続き規則「ヘルシンキ協議最終勧告」（通称ブルー・ブック）のパラグラフ六五には「会議に参加するすべての国は、主権的かつ独立的な国家として、完全な平等の条件下で参加するものとする。会議は、軍事同盟の外で行われるものとする」と記載されている。[8]フランスのポンピドゥ政権もまた、ＣＳＣＥはヨーロッパでのブロックの解消に寄与することを評価していた。[9]しかし、実際にはＣＳＣＥは「東側諸国」、「西側諸国」、「非同盟中立諸国」と軍事ブロックごとのグループ（非同盟中立諸国は軍事ブロックではない。また西側諸国内でもＥＣ諸国はしばしば独自のグループとして行動した）に分かれていたのであった。

デタントについて

「デタント」とは国際政治における緊張緩和を表す言葉であり、一般的には一九七〇年代前半をピークとする東西間の緊張緩和を指す。ところが、「デタント」は弾力性の高い言葉でもあり、使用するアクターおよび使用される文脈によって異なる意味をもつため、定義することは容易ではない。また、「デタント」という語の使用はその時々の政治判断にも左右され、使用が取り止められたり別の語に置き換えられたりするケースもあった。その一例としては、ソ連のアフガニスタン侵攻からしばらく経ったのち、フランスのジスカール・デスタン政権が「デタント」の代わりに「平和のための協力（coopération pour la paix)」という表現を用いるようになった[10]ことが挙げられる。

先行研究を見ても、デタントの定義は論者によってさまざまである。東西関係について多くの論考を残したP・ハスナーは、デタントを「状況（condition or situation）」と「政策（policy）」に区別した[11]。デタント研究の第一人者として頻繁に引き合いに出されるR・スチーブンスンは、「デタント」を第一義的にはプロセスとみなした[12]。日本におけるヨーロッパ政治史研究の大家の一人である高橋進は、デタントを「緊張状態を緩和するための動きとしての「デタント」」、「緊張が緩和された状態の制度化としての「デタント」」、「新たな国際秩序構築にむけてのプロセスとしての「デタント」」に区分した[13]。

本書は、「デタント」の定義として「本来的に限定的和解しかありえない程に国益が根本的に異なる国家間の緊張過程［ママ］[14]」というスチーブンスンの見解を受け入れる。つまり、デタントを政策や特定の時期というよりも、プロセスとして捉える。この定義を受け入れることで、各国による「デタント」という語の使用の有無にかかわらず、一九七〇年代後半から八〇年代半ばにかけてのヨーロッパでのデタントを、一貫したものとして把握することが可能となるからである。ただし、デタントを状態ないし政策として捉えることを排除するものではない。

「ヨーロッパデタント」とは、ヨーロッパにおけるデタントである。その主なアクターはヨーロッパ各国であるが、なかでも大きな影響力を有したのがEC諸国であった。また、CSCEに米ソ両国が入っていることが示すように、ヨーロッパデタントは必ずしも超大国の関与を排除するものではない。ただし、ヨーロッパデタントは行き過ぎた米ソ二極体制に対するヨーロッパの挑戦として生まれたものであった[15]ことから、超大国の思惑とはしばしば異なる動きをみせることになった。

ヨーロッパデタントの一つの特徴は、二国間関係と比べて多国間関係の比重が高いことである。もちろん、仏ソ関係に代表される二国間関係もヨーロッパデタントの構成要素である。しかし、ヨーロッパデタントの中心的な制度とみなされるCSCEは、三五ヶ国が参加する多国間枠組みであった。そして、CSCEでは多数決ではなく全会一致の意思決定手続きを採用していた。それゆえ、特定の二国間関係に左右されない独自の政治力学を生み出したのである。

本書の議論の中核をなす「新冷戦下におけるヨーロッパデタント」とは、まさに米ソ二国間関係の力学とは異なるヨーロッパデタントの独自の力学によって実現したものであった。その含意としては、(1)米ソはヨーロッパにおける東西関係を完全にコントロールすることはできなかった、(2)ヨーロッパではEC諸国を中心に緊張緩和を志向する独自の動きが存在した、(3)米ソは二国間では厳しく対立しつつもヨーロッパの枠組みでは時として（多くの場合、他国のイニシアチブに巻き込まれて）協力することもあった、の三点が指摘できよう。

新冷戦について

本書のタイトルでもある「新冷戦」とは、一九七〇年代末から八〇年代半ばに米ソ対立が先鋭化した時期を指す。冷戦の時期区分には絶えず論争が付きまとうように、新冷戦がいつ始まり、いつ終わったかについても先行研究では統一した見解は存在しない。本書では、新冷戦は七九年一二月のソ連のアフガニスタン侵攻によって本格的に幕開けし、八三年の秋から冬にかけてピークを迎えた後、八五年一一月のジュネーブでの米ソ首脳会談によって解消されたとの立場をとる。

新冷戦の始まりを一九七九年一二月とみなす最大の理由は、一二月二四日に火蓋が切られたソ連のアフガニスタン侵攻によって米ソ間の対話の機運が著しく損なわれたからである。たしかに、米ソ関係は七〇年代後半にはすでに悪化していたが、七九年半ばの時点では第二次戦略兵器制限条約（ＳＡＬＴ Ⅱ）の署名に見られるように協力の可能性が残されていた。しかし、七九年の終わりを転機に米ソ間で軍備管理・軍縮合意が実現する可能性は大きく低下したのである。また、七九年一二月を新冷戦の出発点とする副次的理由は、一二月一二日のＮＡＴＯ二重決定（ＮＡＴＯがヨーロッパへの中距離核戦力の配備と軍備管理交渉を同時に決定したことを指す）により八〇年代前半の東西関係を左右する新たな火種が生み出されたからである。[16]

一方で、新冷戦の終わりを一九八五年一一月とする理由は、同月のレーガン大統領とゴルバチョフ書記長との米ソ首脳会談をもって両国関係が本格的に再開し、新冷戦が始まる前の「正常な」状態に戻ったと言えるからである（これに先立つ米ソ首脳会談は七九年六月の第二次戦略兵器制限条約署名時であった）。[17]ただし、新冷戦の「始まり」が分かりやすい（超大国間関係はソ連のアフガニスタン侵攻により急速に悪化した）のに対して、新冷戦の「終わり」は曖昧である。なぜならば、両国の関係改善は漸進的に進展したからである。本書では、以上で述べた新冷戦の始まりから終わりまでの全期間を含む、七七年から八六年の一〇年間を取り上げる。

なお、近年では新冷戦という概念を無自覚的に使用することを批判する論考もある。[18]とりわけ、同概念を使用することで「新冷戦の収束」と「冷戦終結」の関係性が曖昧になるという指摘は、本書の議論とも密接にかかわるものである。本書はこの点を念頭に置き、「新冷戦の終わり」は「冷戦の終わり」とは異なるものとみなす。[19]すなわち、新冷戦下でのヨーロッパデタントが冷戦終焉に自動的に結びついたとの立場をとらない。むしろ本書は、ヨーロッパデタントは新冷戦の克服に寄与し、その後の冷戦終結の環境を整備したとの立場をとる。他方で、新冷戦という概念そのものは、米ソ間の緊張関係を分かりやすく表現し、ヨーロッパデタントとの対比を容易にすることから、注意深く用いることとする。

なお、同時期を指す用語として、研究者の間では「新冷戦」のほかに「第二次冷戦」も使用されている。本書は両者を同一であるとみなす。ただし、本書は原典から直接引用する場合を除いて「新冷戦」に表記を統一する。というのは、「第二次冷戦」というタームの浸透に一役買ったF・ハリデイは、戦後を四つの時期（一九四六年から五三年、五三年から六九年、六九年から七九年、七九年以降）に分け、第二次冷戦（七九年以降）を第一次冷戦（四六年から五三年）と対比させて論じているが[20]、本書はこの時期区分に立脚するわけではなく、また第一次冷戦と第二次冷戦を比較する意図も有さないためである。

序章　米ソ新冷戦とヨーロッパデタント

1　新冷戦を生き延びたヨーロッパデタント

近年、「新冷戦」という言葉を目にする機会が増えている。それは米中間の対立やロシアのウクライナ侵攻をはじめとする国際政治の緊張の高まりと世界の分断を物語る。しかし「新冷戦」という言葉が用いられたのはこれが初めてではない。「新冷戦」とはもともと、一九七〇年代末から八〇年代半ばにかけてアメリカとソ連の対立がエスカレートした事態を指す言葉であった。当時、米ソ両超大国は国防費を増額して軍備拡張を進め、八〇年代半ばに世界の核弾頭数は過去最多となった。[1] また、両国は中東やアフリカといった第三世界への介入の度合いも深めた。まさに世界は緊張に包まれていたのである。

新冷戦のピークを物語る代表的なエピソードが、一九八三年九月に発生したソ連による大韓航空〇〇七便の撃墜事件とその直後の米ソ間の応酬である。ソ連領空に迷い込んだジャンボジェット機が撃ち落とされ、多くの犠牲者を生んだ事件は国際社会にひときわ大きな衝撃を与えた。その一週間後、ヨーロッパ安全保障協力会議（CSCE）マドリード再検討会議（同会議の詳細は第3章を参照）の閉会式の裏側で実施された米ソ外相間の会談はきわめて張り詰めたものであった。アメリカの通訳として六三年より二〇年以上にわたり米ソ高官の会談を担当してきた人物は、これほど緊迫した会談は前例がないと語った[2]。また四半世紀にわたりソ連外相を務めたグロムイコも「私は一四人のアメリカの国務長官と会談してきたが、恐らくそのなかでももっとも厳しいやりとりであった[3]」と回顧するほどであった。その数週間後にソ連のアンドロポフ書記長は米ソ関係への「訣別の言葉」を述べ[4]、一一月末のNATOによるヨーロッパへの中距離核戦力（INF）の配備を受けて米ソ間の軍備管理交渉は潰えることとなった。

対照的に、ヨーロッパでは一九七〇年代末から八〇年代半ばにかけて緊張緩和の動きが途絶えることはなかった。米ソ両超大国が新冷戦に突入するなかでも、六〇年代より積み上げられてきたデタントが維持されたのである。政治面での交流に目を向けると、七九年から八五年の六年間にわたって米ソ間の首脳会談が開催されないなかでも、西ヨーロッパの首脳とソ連指導部の間では接触が続けられた。経済面においては、ヨーロッパ共同体（EC）諸国はアメリカによって繰り返し発動された対ソ制裁に追従せず、シベリアからヨーロッパへと至る天然ガスパイプラインの敷設などを通じて東西間の相互依存を深化させた。

そして、同時期のヨーロッパデタントの象徴的な事例と言えるのが、ヨーロッパの東西関係の中心的枠組みとして安全保障、経済、人的交流などを幅広く扱うCSCEマドリード再検討会議（一九八〇年一一月から八三年九月）が三年間にわたり継続し、妥結したことであった。これにより、信頼醸成措置の導入から通常戦力の軍縮へと段階的に取り組むことを目指したヨーロッパ軍縮会議（CDE）[5]や、人権・人道に関する各種専門家会合など、東西関係の強化につながる諸提案が合意された。それは、ヨーロッパデタントの存続に対する当事国の政治的意思の表れであった。このような動向に着目し、近年では新冷戦下でのヨーロッパデタントの継続を論じる実証研究が増えており[6]、なかには「長いデタント」という概念を提唱する論者すらいる[7]。

では、なぜヨーロッパデタントは東西関係が悪化するなかでも存続できたのであろうか。また、それは東西関係にいかなる影響を与えたのであろうか。先行研究は、同時期に東西間の危機（ソ連のアフガニスタン侵攻、ポーランドでの戒厳令など）が起こったにもかかわらず、西ヨーロッパが東側諸国との経済的関係を維持したことがデタントの存続につながったと論じることが多い[8]。言い換えると、ヨーロッパデタントの経済的次元に着目した説明を行っている。一方で、別のアプローチとして、新冷戦下のヨーロッパでの政治的な緊張緩和そのものを説明するわけではないが、一九七五年のCSCEヘルシンキ合意（ヘルシンキ議定書）で規定された人権の擁護や人的交流が東側諸国での変革を促し、冷戦終結に結びついたと論じるものもある[9]。これは、ヨーロッパデタントの人的次元[10]に着目して説明を行う。このように、既存の研究ではヨーロッパデタントの経済的次元と人的次元に焦点があてられているのである[11]。それは、人的次元および経済的次元が、冷戦終結に際しての東側諸国での政治・経済体制の転換につながったことと無縁ではないであろう。

ところで、マドリードでCDEが合意されたことが示すように、同時期のヨーロッパデタントを理解するには軍事的安全保障の次元にも着目する必要があるのではないだろうか。とりわけ、超大国の新冷戦下においては軍事的競争こそが大きな脅威をもたらしていたことを想起すると、同分野でのデタントの試みに目を向けることは不可欠である。実際に、軍事的安全保障の次元での中心的なイニシアチブであったCDEは、当時のヨーロッパデタントのなかで重要な位置づけを与えられていた。そのことは、一九八三年九月に開催が合意されるまでNATO、EC、G7、ワルシャワ条約機構のコミュニケ上でCDEに繰り返し言及されたことに表れた。また、八三年一一月に西ヨーロッパへの中距離核戦力配備を受けて米ソ間のあらゆる軍備管理交渉が中断するなか、八四年一月にCDEは東西間唯一の軍備管理交渉として開会に漕ぎ着けたことが何よりの証であろう。このように、軍事分野でもヨーロッパデタントは機能していたのである。しかしながら、軍事的安全保障の分野では対外的に目立ちやすかった米ソ間の核軍備管理交渉に関心が向けられ、ヨーロッパデタントの軍事的安全保障の次元は先行研究からは看過されがちであった[12]。

2　ヨーロッパデタントの軍事的安全保障の次元

以上の問題意識を背景に、本書は経済的次元や人的次元を重視する先行研究とは異なり、軍事的安全保障の次元に着目して新冷戦下のヨーロッパデタントを説明する。具体的には、軍事的安全保障の次元での東西協調こそがヨーロッパにおいてデタントを存続させたことを明らかにする。さらに、軍事的安全保障面を軸とする新冷戦下でのヨーロッパデタントは、新冷戦の克服および「冷戦の終わり」の始まりに貢献したことを明らかにする。そのために、本書では以下の四点に取り組む。

一点目は、ヨーロッパ軍縮会議（CDE）の開催を目指す動きがヨーロッパデタントの存続につながる過程を解明する。一九七八年一月のCDE構想の発表から八四年一月の開会に至る時期には、CDEの実現に向けた取り組みが東西ヨーロッパ間の対話を活性化し、ヨーロッパ安全保障協力会議（CSCE）をヨーロッパデタントの中心的制度として機能させたことを明らかにする。

二点目は、CDEが米ソ間の新冷戦を克服するきっかけを提供したことを解明する。一九八四年一月から八六年九月にかけてのCDEの交渉は、同時期に継続して開かれた唯一の東西対話のチャンネルとなり、対立の緩和に貢献したことを実証する。

三点目は、西ヨーロッパ、なかでも独自の外交協力の枠組みであるヨーロッパ政治協力[13]（EPC）を有するヨーロッパ共同体（EC）諸国によるイニシアチブの影響力を検討する。新冷戦で米ソ対立が厳しくなるなか、EC諸国がCDEの議論を主導したことがデタントにつながったことを示す。

四点目は、CDEを軸とするヨーロッパデタントと当時の東西関係（とりわけ米ソ関係）との相互作用について考察する。なお、本書の焦点はヨーロッパ外交にあるため、この作業には自ずと限界がある。しかし、ヨーロッパデタントは国際政治構造のなかで追求されたものである以上、米ソ両超大国間の関係に触れないままヨーロッパを論じることは不可能である。そこで、本書では可能な限りヨーロッパデタントと米ソ二国間関係との間で働いた力学を解明する。

なお、以上四点の取り組みを通じて得られた知見は、単に新冷戦下のヨーロッパデタントの理解に資するだけではない。それは広く国際政治学および国際関係史に対しても含意をもつものである。第一に、国際政治の変化をめぐる説明にあたり、目立つ人物や事件にのみ着目するのではなく、長期的な視点から水面下での動きを把握することの重要性を浮き彫りにする。第二に、経済領域でのロー・ポリティクスと比べて、国家間協力が難しいと従来考えられてきた軍事・安全保障領域であるハイ・ポリティクスでの協力の可能性についての知見を提供する。第三に、同時期に登場した「共通の安全保障」という概念[14]が示すような、安全保障への多様なアプローチについての考察を可能にする。

本書の分析対象期間は一九七七年から八六年までとする。七七年を分析の起点とする理由は二点ある。一点目は、同年にフランスが六〇年代のド・ゴール政権期以来の軍備管理・軍縮交渉に対する「空位政策」（交渉そのものに参加しないという政策[15]）を転換し、翌年一月にCDEを発案するに至ったからである。二点目は、同年に始まったCSCEベオグラード再検討会議が失敗に終わったことが、EC諸国がヨーロッパデタントの存続の必要性を認識する契機となったからである。つまり、七七年は、CDEを通じてヨーロッパデタントが追求される出発点だったのである。他方、八六年を分析の終点とする理由は、同年九月にCDEが妥結し、現地査察の導入などを規定して信頼醸成措置の大幅な強化に資するストックホルム文書が採択されたからである。つまり、軍事的安全保障の次元でのヨーロッパデタントの具体的な成果物が生まれたからである。この合意で生まれた東西関係の改善のモーメンタムは二ヶ月後に開幕したCSCEウィーン再検討会議（八六年一一月から八九年一月）へと引き継がれたほか、他の軍備管理・軍縮交渉にも影響を与えることになる。このように、本書では七七年から八六年にかけての時期を取り上げることで、ＣＤＥの構想の出現から交渉妥結に至る流れをフォローする。

本書は前述の通りＥＣ諸国の役割に焦点をあてて分析をするが、その際、とくにイギリスとフランスの二ヶ国にフォーカスする。一点目の理由は、英仏両国はともにＥＣ諸国内で大きな発言力を有し、またヨーロッパの安全保障に大きな利害をもっていたからである。[16] 二点目の理由は、片や米欧間の連携を追求することが多いイギリス、片やヨーロッパの独自性を主張することが多いフランスの二ヶ国を取り上げることは、ＥＣ諸国間の政治力学およびＥＣ諸国による意思決定過程の解明に寄与するからである。

ここで、同時期のイギリスおよびフランスの東西関係に対する態度を簡潔に説明したうえで、アメリカのそれと比較したい。イギリスについては、本書の対象期間のほとんど（一九七九年五月以降）で政権を担っていたのはサッチャーであった。彼女は「鉄の女」として自他共に認める対ソ強硬主義者であった。[17] しかし、彼女のレトリックと行動には違いがあった。[18] そもそも、サッチャーは首相就任当初は戦後の首相のなかでももっとも外交経験に乏しかったこともあり、[19] 就任後しばらくはキャリントン外相に外交を委ねていた。「八二年のフォークランド紛争までサッチャーは外交面ではごく普通の首相以外の何者でもなかった[20]」のである。そして、当のキャリントン外相は米英関係のみならずＥＣ諸国との連携を重視する人物であった。[21] それゆえイギリスは対ソ強硬路線のアメリカとは一線を画し、他のＥＣ諸国と足並みを揃えてＣＤＥをはじめとするデタントに与する場面もしばしばあった。[22] 八二年四月にフォークランド紛争を受けてキャリントンが辞任すると、サッチャー首相は外交面で頭角を現し、新冷戦が解消へと向かう時期にはリーダーシップを取ることになる。ただし、第４章で論じるようにハウ外相も小さくない役割を果たしたのであった。

フランスについては、本書の対象期間の前半（一九八一年五月まで）はジスカール・デスタン政権の時期であり、後半（八一年五月以降）はミッテラン政権の時期であった。ジスカール・デスタン大統領は「大西洋主義者」として知られ、西ドイツのシュミット首相からは「第二次世界大戦以降ではもっとも親米的なフランスの指導者」と評されたほどであった。[23]一方、彼はソ連との関係も重視し、デタントに熱心であった。CDEを通じた東側諸国への関与は、この文脈で理解できよう。しかし、アフガニスタン侵攻後のソ連に対するジスカール・デスタンの姿勢は、フランス国内から過度に融和的であるとみなされることになる。彼の立場は「当初はゴーリストから行き過ぎた大西洋主義者であると言われたが、数年後にはデタントを追求し過ぎていると言われた」のであった。[24]

ミッテラン大統領は、大統領選挙に際してジスカール・デスタン政権の対ソ政策を批判したこともあり、就任当初はソ連に強硬な態度をとった。そのことは、前政権が公には支持しなかった一九七九年一二月のＮＡＴＯの二重決定（中距離核戦力の近代化とソ連との軍備管理交渉の二つをＮＡＴＯの目標として定めた決定）への支持を明言し、八三年一月には西ドイツの連邦議会で二重決定への支持を呼びかける演説を行ったことにも表出した。しかし、ミッテランは東西関係の維持・構築を諦めたわけではなかった。それゆえ、ＣＳＣＥ政策をめぐってアメリカとしばしば対立することになる。なお、ミッテラン政権の対東側政策の特徴の一つとして、政権内部の事情により制約を受けていたことを指摘できる。政権初期には共産党の閣僚が入閣していたため、かえって東側諸国への融和的姿勢を取りづらい状況にあった。[25]八六年には対ソ強硬派のシラク首相との「コアビタシオン」（左派大統領と右派首相の共存）により、またもやソ連への友好的政策を実施しづらい立場に立たされた。[26]それでも、フランスは東西関係において主要なプレイヤーであり続けた。一例を挙げると、八三年末に新冷戦がピークを迎えた後、八四年六月にミッテランは西側主要国の首脳としては初めてソ連を訪問し（八四年二月のアンドロポフ死去の際の弔問外交を除く）、モスクワのみならず第二次世界大戦中の独ソ戦の激戦地であったヴォルゴグラード（スターリングラード）まで足を延ばしたのであった。

英仏と比較して、アメリカはソ連に対してより対決的であった。一九七七年一月から八一年一月まで大統領を担ったカーターは、就任直後より人権面でソ連への攻勢を強め、政権末期になるとソ連のアフガニスタン侵攻をきっかけに政治面、経済面、軍事面でソ連に対抗した。八一年一月に大統領に就任したレーガンもまたソ連との対峙をためらわなかった。八二年五月に策定された国家安全保障決定令三二は、アメリカの安全保障に対する主要な脅威としてソ連とその同盟国や従属国を挙げ、封じ込めの必要性を強調した。[27] なお、八三年一月にシュルツ国務長官の主導下で策定された国家安全保障決定令七五[28]では、封じ込めとならんでソ連との交渉・合意に初めて言及されたものの、その具現化には数年の時間を要した。このようにアメリカが対ソ強硬姿勢を取るなか、ＥＣ諸国がヨーロッパデタントの担い手となったのである。

3 ヨーロッパデタントを研究する意義

では、本書はいかなる研究上の意義をもつものであろうか。本書は、主に(1)ヨーロッパ冷戦史研究、(2)軍備管理・軍縮史研究の二つの研究分野に対して新たな知見を提供することを目指している。

まずヨーロッパ冷戦史研究への貢献を説明したい。冒頭部で紹介した通り、近年は経済的次元および人的次元に着目し、一九七〇年代末から八〇年代半ばにかけてのヨーロッパデタントの持続性を論じるヨーロッパ冷戦史研究が増加している。[29] ところが、前述の通りそれらは軍事的安全保障の次元を看過していることに加え、八三年後半に新冷戦がピークを迎える以前の比較的短い期間を集中的に取り上げているため、新冷戦下でのヨーロッパデタントがいかにしてその後の東西関係の改善に結びついたかは明らかにしていない。[30] 他方、八〇年代末のヨーロッパ冷戦の終わりとドイツ統一に関する研究も盛んに行われているが、[31] これらの研究は八九年から九〇年の「地殻変動」（八九年一一月にベルリンの壁が崩壊し、九〇年一〇月に東西ドイツが統一した）にフォーカスしているため、それに先立つ新冷戦下のヨーロッパデタントとのつながりが分からない。すなわち、八〇年代前半のヨーロッパ冷戦史と八〇年代後半のヨーロッパ冷戦史は二つの異なる研究上の潮流を形成し、十分に結びついていないのである。このような現状に対し、本書は軍事的安全保障の次元に焦点をあてて七〇年代末から八〇年代半ばのヨーロッパデタントを連続的に分析することで、ヨーロッパ冷戦史研究の二つの潮流を架橋し、冷戦後期から末期にかけてのヨーロッパの東西関係に対する新たな見方を提供する。

次に、軍備管理・軍縮史研究[32]への貢献を論じたい。近年、冷戦末期の軍備管理・軍縮交渉の研究は広がりを見せている。これらの研究の多くは、特定のカテゴリーの兵器の全廃が合意された点で冷戦終結のシンボルの一つとみなされる中距離核戦力（ＩＮＦ）全廃条約（一九八七年一二月署名）の交渉にフォーカスし、核軍縮のプロセスを明らかにしている。[33]反面、現地査察の導入により中距離核戦力全廃条約の合意に影響を与えたと認識され[34]（ソ連のシェワルナゼ外相は、軍事の公開性の文脈で「［ヨーロッパ軍縮会議〔ＣＤＥ〕の］ストックホルム交渉においてすべてのヨーロッパの国が現地査察の原則を受け入れたとき、歴史的な一線を越えた」と述べたほどである）[35]、またポスト冷戦期のヨーロッパ通常戦力（ＣＦＥ）条約にもつながったにもかかわらず、ＣＤＥに関する歴史研究はほとんど行われていない。[36]そこで、本書は信頼醸成措置や通常戦力の問題に対処することを目指したＣＤＥに着目し、冷戦末期のヨーロッパでの軍備管理・軍縮交渉についての多面的な理解に寄与する。

さらに、本書は副次的に⑴米ソ冷戦史研究、⑵ヨーロッパ統合史研究にも貢献する。米ソ冷戦史研究の分野では、レーガン―ゴルバチョフ関係と冷戦終結への道に焦点をあてた研究は数多いが、一九八五年三月のゴルバチョフ政権誕生前の米ソ関係に関する研究は相対的に手薄である。[37]この状況に対し、本書はヨーロッパに主眼を置きつつも超大国間関係にも裾野を広げて検討を行うことで、従来の冷戦史研究からの注目度は決して高くなかった八五年以前の米ソ関係の理解にも資するものになる。

一方、ヨーロッパ統合史研究の分野では、一九八六年に合意された単一欧州議定書に代表されるヨーロッパ統合の再活性化に関する研究が進んでおり、[38]ヨーロッパ共同体（ＥＣ）諸国の外交協力枠組みであるヨーロッパ政治協力（ＥＰＣ）の強化をめぐる交渉経緯も明らかにされている。[39]また、後のヨーロッパ連合（ＥＵ）の安全保障政策の発展に寄与する、八〇年代半ばの西ヨーロッパ同盟（ＷＥＵ）の再始動についても研究されている。[40] これに対し、本書はヨーロッパ統合の過程に直接言及するわけではないが、統合の再活性化の背景にあった東西関係におけるＥＣ諸国の役割[41]を解明することで、国際政治のアクターとしてのＥＣおよびＥＵの台頭の理解に貢献する。

4 使用する史料

本書は、主に近年公開された一次史料に依拠しつつ、関係者の回顧録、新聞記事等を交えて歴史的経緯を明らかにする。まず一次史料としては、本書の分析の焦点であるイギリスおよびフランスの文書を重点的に使用する。イギリスの文書としては、キューのイギリス国立公文書館に所蔵されている外務省文書、首相府文書、内閣府文書を用いる。また、一部の史料はマーガレット・サッチャー財団のウェブサイト[42]を参照する。さらに、『イギリス外交文書史料集（*Documents on British Policy Overseas, DBPO*）』も使用する。

フランスの文書としては、クールヌーヴのフランス外交史料館の所蔵する外務省文書、およびピエールフィット＝シュル＝セーヌのフランス国立公文書館の所蔵する大統領文書などを扱う。同時に、公開情報（談話、記者発表など）についてはフランス政府のウェブサイトも利用する。[43] なお、フランス国立公文書館の大統領文書については、ジスカール・デスタン政権期の一部のものが開示されるに留まり、ミッテラン政権期のものは公開の許可が下りなかった。そのため、他国の外交史料および二次文献などを併用して議論を補う。

英仏の史料上の制約を補完し、米ソ間の交渉やアメリカでの政策決定過程について把握するために、本書は『アメリカ外交文書史料集（*Foreign Relations of the United States, FRUS*）』、国務省ＦＯＩＡ（U.S. Department of State Freedom of Information Act Virtual Reading Room）のウェブサイト[44]、中央情報局ＦＯＩＡ（Central Intelligence Agency's Freedom of Information Act Electronic Reading Room）のウェブサイト、[45] レーガン大統領図書館のウェブサイト、[46] レーガン研究者（Jason Saltoun-Ebin）によるウェブサイト、[47] デジタル版のアメリカ国家安全保障アーカイブ（Digital National Security Archive）[48] なども利用する。このほか、西側同盟内の議論をフォローする際には、ブリュッセルのNATO史料館が所蔵する文書も参照する。本書は以上のマルチアーカイバルな手法をとることで、多面的な角度より論じることを目指す。ただし、本書は主に英仏の一次史料に依拠する以上、英仏およびヨーロッパの主体性が自ずと強調されることになる。

回顧録等としては、首脳・閣僚レベルの回顧録のみならず交渉に携わった実務家たちの著作[49]も用いる。実務家レベルでの交渉に目を向ける背景には、一九七五年のヘルシンキ合意に至る交渉プロセスでイギリス・フランス両国の外交官は一定の裁量をもっていたことが先行研究で指摘されており、[50] その後のヨーロッパ安全保障協力会議（CSCE）・ヨーロッパ軍縮会議（CDE）においても同様のことが言えると考えられるからである。つまり、本書はトップダウンのみならずボトムアップの政策決定過程も重視する。

5　本書の構成

第1章「ヨーロッパ軍縮会議構想の登場——一九七七〜七九年」は、新冷戦下でのヨーロッパデタントの前史として、七七年後半から七九年末にかけての時期に焦点をあてる。超大国間のデタントが下火になるなか、ヨーロッパではヨーロッパ軍縮会議（CDE）を中心に軍事的安全保障の次元でのデタントを志向する動きが出現する過程を考察する。具体的には、フランスによりCDEのアイデアが発案され、[51] その後ヨーロッパ共同体（EC）諸国間の議論を通じて七九年末に西側諸国の政策の一環に組み込まれる経緯を分析する。これにより、新冷戦下での

を明らかにする。

東西対話の担い手となる「軍事的安全保障の次元でのヨーロッパデタント」という新たなデタントが誕生したこと

第2章「ソ連のアフガニスタン侵攻とヨーロッパデタントの模索――一九七九〜八〇年」は、冷戦の転機となった七九年一二月末のソ連のアフガニスタン侵攻から、「ソ連のアフガニスタン侵攻後初めての東西間の主要なイベント」[52]であった八〇年末のヨーロッパ安全保障協力会議（CSCE）マドリード再検討会議の開会までの時期を取り上げる。アフガニスタン侵攻をきっかけに米ソ両超大国が新冷戦に突入するなか、EC諸国はヨーロッパデタントの存続を追求し、その一環として八〇年一二月にCSCEマドリード再検討会議にてCDEの開催を提案した経緯を分析する。これにより、軍事的安全保障の次元が中心となってCSCEでの東西対話の礎が築かれたことを明らかにする。

第3章「ヨーロッパ安全保障協力会議での東西対話――一九八〇〜八三年」は、八〇年一一月から八三年九月の三年間にわたり継続したCSCEマドリード再検討会議にフォーカスする。ポーランドでの戒厳令などを受けて新冷戦がエスカレートするなか、東西双方はCDEを主な動機としてマドリードでの交渉を継続させ、最終的にはCDEマンデート（CDEの詳細な条件として、CDEの目的、開会日、交渉内容などを記載したもの）を含む最終文書に合意するに至った過程を検討する。以上を通じて、軍事的安全保障の次元での提案であるCDEが東西間の「かすがい」となってヨーロッパデタントを維持したことを解明する。

第4章「ヨーロッパ軍縮会議と東西関係の雪解けへの道――一九八三〜八六年」は、八四年一月から八六年九月にかけて開催されたCDEを、八三年九月からの準備期間も含めて取り上げる。米ソ対立がピークを迎えるなか、一時的に唯一の軍備管理交渉となったCDEが対話のチャンネルとして果たした役割を考察する。さらに、東西間の雪解けのなかでCDEにおいて新冷戦後初の軍備管理合意が成立した過程を分析する。これにより、ヨーロッパデタントの軍事的安全保障の次元こそが危機下での東西対話を維持し、新冷戦を乗り越える足がかりとなったことを明らかにする。

終章「新冷戦をこえて——ヨーロッパデタントが残したもの」では、まず各章の議論を総括して本書の意義について論じる。続いて、軍事的安全保障の次元でのヨーロッパデタントの意義、ＥＣ諸国によるイニシアチブの意義、ＣＤＥを基調とする軍備管理・軍縮交渉の意義をそれぞれ検討する。最後に、冷戦終結過程におけるヨーロッパデタントの意義とその後の展開について論じる。

それでは、新冷戦下のヨーロッパデタントにつながる流れが生まれた、一九七〇年代の東西関係の検討から始めよう。

第1章　ヨーロッパ軍縮会議構想の登場
——一九七七～七九年

はじめに

一九七〇年代後半になると米ソ間のデタントは勢いを失った[1]。アメリカ国内ではソ連に対する融和的な姿勢への批判が高まり、七六年秋の大統領選挙の際には「デタント」はもはや忌避される言葉となっていた[2]。七七年一月にカーター政権が発足すると、同政権の活発な人権外交がますます米ソ間の溝を深めた。たしかに、超大国間協調の残滓である第二次戦略兵器制限交渉（ＳＡＬＴ II）はまだ生き残っており、デタントが完全に消滅したわけではなかった。だが、その終焉は近づきつつあった。

米ソ関係の悪化は、一九七五年八月のヨーロッパ安全保障協力会議（ＣＳＣＥ）ヘルシンキ合意をもってクライマックスを迎えたヨーロッパデタントにも負の影響を与えた。七七年一〇月から七八年三月に開催されたＣＳＣＥベオグラード再検討会議では、中身のある合意文書の採択に失敗した。ヨーロッパでの東西協調の時代も終わりを迎えたかのように見えた。ところが、超大国デタントとヨーロッパデタントは八〇年代に入ると異なる運命を辿り、前者は完全に崩壊して新冷戦へと突入する一方、後者は存続することになる。

一体何が超大国デタントとヨーロッパデタントの命運を分けたのであろうか。本書は、ヨーロッパにおけるデタント存続の要因として、軍事的安全保障の次元での対話の役割に着目する。具体的には、新冷戦が幕開けする直前にヨーロッパ共同体（EC）諸国が提案したヨーロッパ軍縮会議（CDE）の役割に焦点をあてる。なぜならば、それは東西に共通する関心を創出することで両陣営をCSCEプロセスにコミットさせ、新冷戦下でもヨーロッパでの東西対話を促進したからである。しかし、CDEのアイデアは突然出てきたわけではなかった。むしろ、それは一九七〇年代後半に数年間かけて生み出されたものであった。そこで、第1章では七〇年代後半にいかにしてその構想が生み出され、ヨーロッパデタントの核としてEC諸国、ひいては西側諸国の政策に組み込まれるに至ったのかを明らかにする。

まず、先行研究の状況について説明したい。一九七〇年代前半、とりわけ七五年のCSCEヘルシンキ合意に至るまでのヨーロッパデタントを対象とする歴史研究は盛んに行われてきた反面、七〇年代後半の動向を取り上げたものは決して多くなかった[3]。しかし、近年では一次史料にもとづいて七〇年代後半のCSCEプロセスが分析されるようになり[4]、その流れでCDEが生まれた経緯も少しずつ解明されている。なかでも、代表的な研究としては三点を挙げることができる。V・ハイデの研究は、フランス政府内での政策決定過程を検討し、CDEは内政上の理由により発案されたという通説の代わりに国際環境の変化を背景に考案されたとの見方を提示した[5]。A・ロマーノの研究は、EC諸国が中心となってCDEの実現に向けたイニシアチブを掌握したことを指摘した[6]。M・ペーターの研究は、黎明期のCDE構想に対する西ドイツの関与に言及した[7]。これらの研究は、七〇年代後半のヨーロッパデタントの文脈でCDEが重視されていたことを明らかにした点で意義は大きい。

一方、先行研究には課題も残されている。一点目は、一九七九年一一月二〇日のEC外相コミュニケでCDEへの支持が表明されたように、CDEはEC諸国による共同プロジェクトであったにもかかわらず、EC諸国間の政策協調のプロセスが解明されていないことである。二点目は、伝統的には米ソ両超大国が中心的役割を担ってきた軍事的安全保障の領域において、EC諸国が行動を起こした理由が明らかにされていないことである。三点目は、低迷気味にあったヨーロッパデタントとCDEの実現を目指す動きとの関係性が十分に検討されていないことである。要するに、CSCEベオグラード再検討会議の失敗に体現されるように東西関係の雲行きが怪しくなるなか、なぜEC諸国が共同で軍事的安全保障の次元でのデタントを追求するに至ったのかが不明なのである。

以上の問題意識を念頭に、本章はEC諸国間でのCDEをめぐる議論にフォーカスし、CDEの構想がヨーロッパデタントの主要なツールとなり、西側諸国の政策のなかで位置づけを確立する過程を明らかにする。その際、本章は「ヨーロッパデタント」と「軍備管理・軍縮デタント」の二つの異なるデタントの潮流が融合したという視角を提示する。すなわち、一九七〇年代後半から八〇年代にかけての軍事的安全保障の次元でのヨーロッパデタントは、七〇年代の二つのデタントの流れを汲むという立場をとる。では、以下で二つのデタントの流れと特徴をそれぞれ確認したい。

第一の流れであるヨーロッパデタントとは、一九六〇年代以降にヨーロッパで見られるようになった地域的デタントである。米ソを含むCSCEの参加国が示すようにヨーロッパデタントは米ソ両超大国を排除するものではなく、超大国デタントとはしばしば協働的、補完的な関係にあった。しかし、ヨーロッパデタントは次第に独自のモーメンタムを獲得し、米ソがそれを完全にコントロールすることはできなくなった[8]。七〇年代に入ってからは、ヨーロッパデタントはEC諸国が主な担い手となって推進され、その集大成となったのが七五年のCSCEヘルシンキ合意であった。つまり、ヨーロッパデタントの屋台骨がEC諸国のCSCE政策であった。

第二の流れである軍備管理・軍縮デタントとは、その名の通り軍備管理および軍縮を通じた軍事的安全保障の次元でのデタントを指す[9]。これもまた一九六〇年代に出現したものであり、米ソ主導下での核兵器不拡散条約（NPT）や第一次戦略兵器制限交渉（SALT I）の合意を通じてヨーロッパデタントの環境を整備した[10]。ところが、比較的順調であった超大国間の軍備管理・軍縮デタントとは対照的に、ヨーロッパを対象とした軍備管理・軍縮デタントは不調であった。通常戦力の削減を議論する場であった中欧相互兵力削減交渉（MBFR）[11]は停滞し、またCSCEヘルシンキ合意で導入された信頼醸成措置も軍事上は限定的な意義しかもたなかった。このような文脈下で七八年に登場したのが、CDEを含むフランスの軍備管理・軍縮提案であった。

この軍備管理・軍縮デタントに関連して、安全保障と軍備管理の関係について整理をしておきたい。一九七〇年代後半から八〇年代半ばにかけて西側諸国は防衛力の強化に取り組んでおり、一見すると軍備管理・軍縮デタントとは矛盾しているように見える。しかし、抑止・防衛と軍備管理は相反するものではなく、むしろ安全保障政策の二本柱であると認識されていた。国際関係論の著名な理論家であり、安全保障政策についても多くの論考を残したH・ブルによると、この考え方は五〇年代末から六〇年代初頭にかけて生まれたものであるという[12]。そして、その後二〇年の間に西側諸国の安全保障政策のなかで抑止・防衛と軍備管理はますます調和するようになっていた[13]。それは、中距離核戦力（INF）の近代化と軍備管理交渉をセットとする七九年一二月のNATOの二重決定に表出した。また、通常戦力面でも、防衛能力の強化（七八年のNATO長期防衛プログラム[14]）と軍備管理・軍縮交渉の推進（中欧相互兵力削減交渉、CDE）の双方が追求されていた。つまり、軍備管理・軍縮デタントとは抑止・防衛能力の向上と不可分一体でヨーロッパの安全保障環境の改善を目指す動きであった。

では、分析の時期および議論の展開について説明したい。本章の起点は、片やヨーロッパデタントの文脈でCSCEベオグラード再検討会議が開かれ、片や軍備管理・軍縮デタントの文脈でフランスがCDEを発案した一九七七年後半とする。一方、分析の終わりはEC諸国およびNATO諸国によりCDEへの支持が表明された七九年末とする。

本章の議論の流れとしては、まず第一節ではヨーロッパデタントに焦点をあてる。ヨーロッパデタントを支えたEC諸国のCSCE政策を概観したうえで、CSCEベオグラード再検討会議がその転機となったことを明らかにする。第二節では、軍備管理・軍縮デタントの文脈におけるフランスの政策に着目する。一九七七年から七八年にかけて同国の政策が転換した結果、CDEのアイデアが生まれたと論じる。第三節では、CDEの構想に対する西側諸国および東側諸国の当初の反応を検討する。第四節以降では、東側諸国の動向を視野に入れつつ、EC諸国を中心とする西側諸国間での協議を通じて、ヨーロッパデタントの文脈でのEC諸国のCSCE政策と軍備管理・軍縮デタントの文脈でのフランスのCDE構想が融合する過程を明らかにする。その結果、最終的にCDEはEC諸国およびNATO諸国の対東側政策の一環としての位置づけを得て、八〇年代前半から半ばにかけての東西関係を規定する一因となるのである。

1　ベオグラード再検討会議とヨーロッパデタントの危機

ヨーロッパデタントの要であるヨーロッパ共同体（EC）諸国のヨーロッパ安全保障協力会議（CSCE）政策は、経済面では存在感を示しつつも、政治面では目立たなかったEC諸国の国際政治におけるプレゼンス向上の取り組みと軌を一にして発展を遂げてきた。その出発点は、一九七〇年にEC諸国の外交協力の枠組みであるヨーロッパ政治協力（EPC）が立ち上げられたことであった。ヨーロッパ政治協力とは経済統合を進めていたECの枠外に設けられた枠組みであり、EC加盟国が自主的に外交政策面での調整を図り、可能な場合には共同行動をとるための政府間のメカニズムである。それは首脳レベルから実務家レベルに至るさまざまなレベルでの定期的な協議を設置し、EC諸国間の外交協力を制度化することを通じて、EC諸国による共通外交の出現をもたらした（ヨーロッパ政治協力の機構は図1-1を参照）。

一九七〇年一一月、ミュンヘンで開催された記念すべき初回の閣僚級会合（ヨーロッパ政治協力・外相会合）において、CSCE政策は中東政策とならんでヨーロッパ政治協力での協議対象のトピックに選ばれた。EC諸国は七

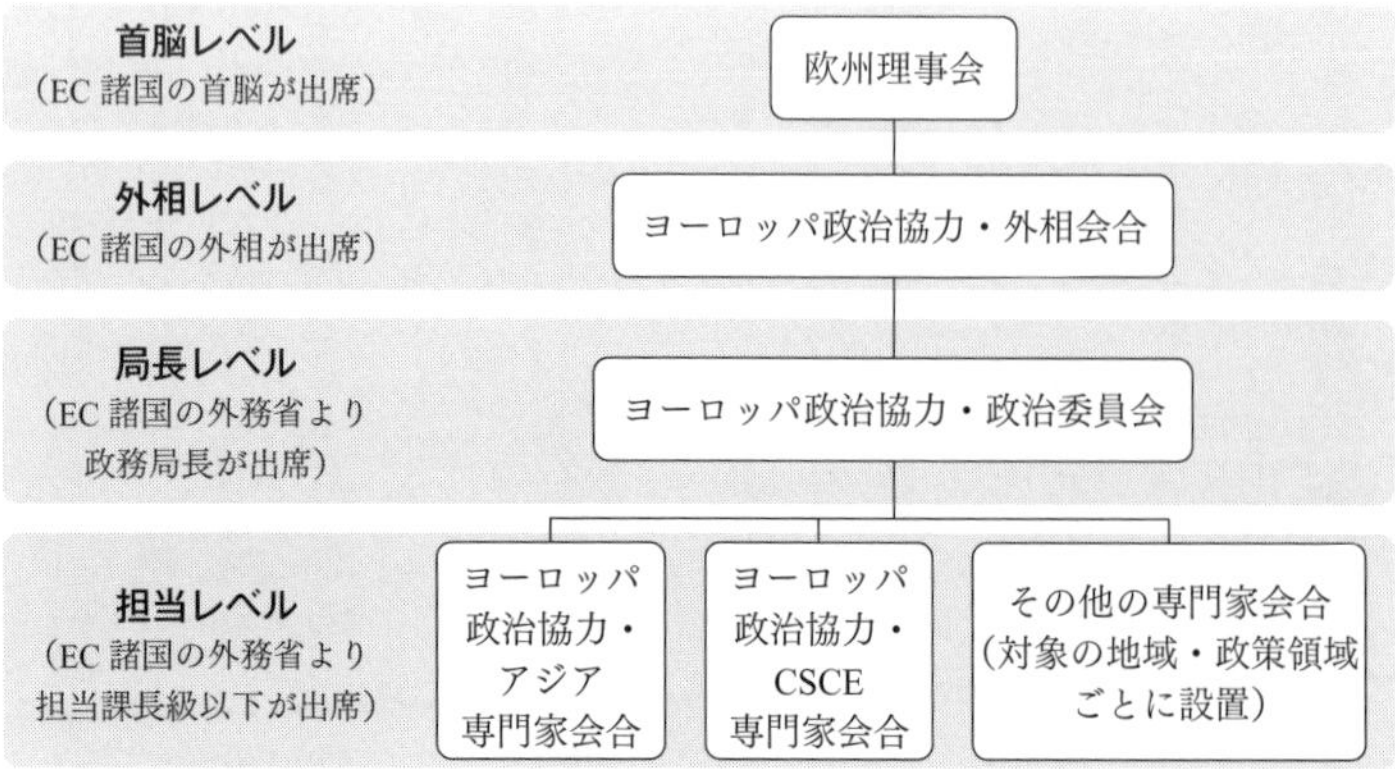

図 1-1　ヨーロッパ政治協力（EPC）の機構

注）このうち，首脳レベルの欧州理事会のみ EC の枠組みと唯一共有されていた。言い換えると，欧州理事会は EC とヨーロッパ政治協力の双方にまたがる機関であった。なお，担当レベルでの会合は「Working Group」「Experts Working Group」「Group of Experts」などとさまざまな名称で呼称されていたが，本書では「専門家会合」に表記を統一する。

○年代初頭より協調してヨーロッパデタントに取り組むつもりであった。これをきっかけにヨーロッパ政治協力ではＣＳＣＥ政策に関する協議が開始され、会議手続きをめぐり独自の立場を打ち出すことでＣＳＣＥでのイニシアチブをとる基盤を作った[15]。そしてヨーロッパ政治協力を通じた結束を背景に、ＥＣ諸国はＣＳＣＥの多国間準備協議（七二年一一月から七三年六月）および本会議（七三年七月から七五年八月）において大きな存在感を発揮し、第三バスケット（人道およびその他の分野における協力を規定し、人や情報の移動の自由に関する項目を含んだ）の交渉では自らの望む内容をヘルシンキ合意に反映させることに成功した[16]。ＥＣ諸国の主体的な取り組みにより、ヘルシンキ合意に象徴されるヨーロッパデタントはピークを迎えたのである。

　ヘルシンキ会議で成功を収めたＥＣ諸国のＣＳＣＥ政策が次に取り組んだのが、一九七七年一〇月から七八年三月にかけてのＣＳＣＥベオグラード再検討会議であった。ベオグラード再検討会議とは、七五年のヘルシンキ合意に署名した三五ヶ国が一堂に会して、その実施状況のレビューと改善を行うことを目的とした初めてのフォローアップ会議である。ヨーロッパ政治協力では七六年夏より準備が開始され[17]、開会に先立ちＥＣ諸国は共通の立場に合意するとともに実施状況の改善のための新規提案を用意していた[18]。

ところが、EC諸国の努力は徒労に終わった。ベオグラード会議は実質的な内容が合意されることなく閉会を迎えたからである。会議に提出された一〇〇件以上の新規提案（西側諸国の提案は人権尊重、人的接触および情報普及の自由に関するものが中心であり、東側諸国は第二バスケット〔経済的次元〕関連での提案を中心に行った[19]）が合意されることはなかった。わずか数頁のベオグラード会議の最終文書に書き込まれた数少ない成果は、ベオグラードに引き続く第二回のフォローアップ会議の開催地（マドリード）および開催時期（一九八〇年一一月）が決定したことと、七八年から七九年にかけてCSCEの枠組みの下で三回の専門家会合[20]の開催が決定したことであった。

CSCEベオグラード再検討会議が行き詰まりを迎えた最大の要因は、カーター政権の人権外交にともなう米ソ関係の悪化であった。米ソ間の超大国デタントの停滞がヨーロッパデタントにも影を落としたのである。一九七六年一一月の大統領選挙で現職のフォードを破った[21]カーターは、七七年一月の政権発足直後より東側の人権問題にコミットする姿勢をアピールした。まず、手始めにソ連の反体制派として知られるサハロフに支持表明の書簡を送付したほか[22]、ブコフスキーをホワイトハウスに招いて会談を行った[23]。また、大統領検討覚書第二八号によりベオグラード再検討会議をソ連の人権問題に焦点をあてる場であると位置づけ[24]、国務省の反対を押し切って対ソ強硬派のゴールドバーグを大使として送り込んだ[25]。そして、ベオグラードの議場でゴールドバーグが東側の人権状況を繰り返し非難したことにより、新規提案をめぐる東西の妥協は不可能となったのであった。つまり、ベオグラード再検討会議はカーターの「ソ連ブロックに向けられた道徳的熱情の主要なパイプと化した[26]」ため、非同盟中立諸国による妥協の試みやEC諸国による説得もむなしく[27]、目に見える成果に乏しいまま閉会を迎えたのであった。

CSCEベオグラード再検討会議の結果を受けて、米ソはそれぞれ勝利を宣言した[28]一方で、西ヨーロッパでは失望感が広く共有された。イギリス議会では、ゴロンウィ・ロバーツ外務省閣外大臣[29]はCSCEプロセスが存続したことに一定の評価を示しつつも、深い遺憾の意を表明した[30]。フランス議会では、ベルナール・レイモン外務副大臣がベオグラード会議はポジティブな結果を残したと述べる一方で、その結果が期待に及ばなかったことと実質的な最終文書が採択されなかったことに遺憾の意を表明した[31]。また、ベオグラード会議の結果はメディアからも不評であった。イギリスの『タイムズ』紙はベオグラードを「大惨事ならずも失望」と評したほか[32]、フランスの『ル・モンド』紙に至っては「ベオグラードは九九％の失敗である」と酷評する有様であった[33]。つまり、CSCEが体現するヨーロッパデタントは危機に瀕していたのである。

以上の認識はEC諸国のCSCE政策担当官の間でも共有されていた。それを物語ったのが、EC諸国のCSCE政策の司令塔であったヨーロッパ政治協力・CSCE専門家会合にて作成された『ベオグラード後のCSCEプロセスの現状についてのCSCE専門家会合報告書』[34]である。報告書は、ベオグラード再検討会議でのEC諸国の目標として⑴CSCEヘルシンキ合意の実施状況の包括的かつ完全なレビュー、⑵ヘルシンキ合意の全条項の実施に向けた新たな推進力の付与、⑶ヘルシンキで開始された多国間プロセスの継続の確保、の三点を挙げた。そのうち、⑴実施状況のレビューと⑶多国間プロセスの継続については相対的に成功した反面、⑵については新規提案の採択がなかったことは遺憾であると評価した。そのうえで、ベオグラード再検討会議の結果は、政府間のデタントのプロセスにこそほとんど影響を及ぼさないものの、西側の世論に深刻な影響を与えかねないことを懸念していると述べた。つまり、新規提案の合意がなかったことでデタントおよびCSCEに対する世論の風当たりが厳しくなることが案じられていたのである。

ベオグラードでの経験は、CSCEプロセス、ひいてはヨーロッパデタントへのEC諸国の認識および態度に対して三点で影響を与えた。一点目は、EC諸国はベオグラード会議がデタントに与えたダメージを認識し、デタントの再活性化に向けてイニシアチブをとるようになったことである。それは、一九八〇年一一月に控えたCSCEマドリード再検討会議での新規提案の採択を目指す動きに表出した。ヨーロッパ政治協力・CSCE専門家会合では、ベオグラード会議に向けた準備が約一年前に始められたこととは対照的に、マドリード会議に向けた準備は二年近く前の七九年初頭に着手された。会合ではイギリスのイニシアチブの下、マドリード会議に先立ち東側諸国と議論しうる分野をめぐりEC諸国の立場のすりあわせが行われた[35]。これは新規提案の内容に関する東側諸国との事前の接触を促すことで、マドリードでの合意の可能性を高めることを意図したものであった[36]。フランスもまた、マドリードでは東側諸国との合意達成を目指しており、「マドリードが人権問題の裁判の場に転じる」ことを避けようとした[37]。

二点目は、EC諸国はデタントに対する米欧間の立場の違い、すなわちデタント消極派のアメリカとデタント積極派のヨーロッパの立場の違いを再認識したことである。EC各国はベオグラード会議の前からカーター政権の人権外交がデタントに与える影響を懸念し、一九七七年七月にはフランスのジスカール・デスタン大統領と西ドイツのシュミット首相が共同記者会見を開催していた[38]。また、ジスカール・デスタンはアメリカの『ニューズウィーク』誌のインタビューに対して人権外交がデタントに与える危険性を訴えたほか[39]、西ドイツもアメリカに直接の働きかけをしていた[40]。それにもかかわらず、ベオグラードでは大西洋の間に横たわる溝が浮き彫りになり、西側諸国間の結束は「ほとんど存在しない状況」に陥ったのである[41]。補足すると、フランスは決して人権問題を軽視していたわけではない。フランス側では、人権状況の改善は対立的・論争的なトーンでは達成し得ず、デタント下においてこそ実現できると考えていた[42]。その意味でも、デタントの維持は重要であった。

三点目は、二点目で挙げた米欧間の立場の違いへの対応をめぐり、EC諸国の間で足並みの乱れが表出したことである。先の『ベオグラード後のCSCEプロセスの現状についてのCSCE専門家会合報告書』には、EC諸国と他の西側諸国との協議に十分な時間が割かれなかったことがとくに人権をめぐる議論に影響を与えたという見解と、ECとNATOの協議は軍事問題に限定されるべきであるという見解が併記された。言い換えると、同報告書にはECとNATOの緊密な連携を重視する立場と、ECの自立性を重視する立場の双方が書き込まれたのであった。これは報告書をめぐる議論において、イギリスや西ドイツは大西洋の結束を主張する一方で、フランスはEC

として結束する必要性を訴えたことを反映したものであった。[43] この立場の相違は、マドリード再検討会議に向けたヨーロッパ政治協力での議論において再び顕在化することとなる。

以上検討した通り、ベオグラード会議でヨーロッパデタントが失速したことを受けて、EC諸国はCSCE政策で積極的にイニシアチブをとるようになった。しかし、そのあり方、とくにアメリカとの協力のあり方をめぐってはEC諸国の間でも立場が分かれた。このようにヨーロッパデタントの文脈での活性化が模索されるなか、時を同じくしてフランスは軍備管理・軍縮デタントの文脈でヨーロッパの緊張緩和に向けて動き始めるようになる。次節ではその動向を取り上げたい。

2 フランスの軍縮イニシアチブとヨーロッパ軍縮会議の登場

（1）軍備管理・軍縮をめぐるフランスの方針転換とCDEの登場

フランスは、一九六〇年代初頭より一五年以上にわたり軍備管理・軍縮交渉に参加しない「空位政策」（フランス語では chaise vide）を貫き、国際的な軍備管理・軍縮の流れとは距離を置いてきた。同政策の下でフランスは、ジュネーブでの軍縮交渉（一八ヶ国軍縮委員会およびその後身のジュネーブ軍縮委員会会議）やウィーンでの軍縮交渉（中欧相互兵力削減交渉〔MBFR〕）を欠席し、また部分的核実験禁止条約（PTBT）や核兵器不拡散条約（NPT）への加入を見送ってきた。[44] 空位政策がド・ゴール政権下の六二年に開始された背景には、二点の要因があった。[45] 一点目は、二極構造に挑戦しようとする傾向をもつゴーリスト外交は、軍備管理は現状を固定して米ソ両超大国の優位性を決定的にするものであるとみなしたからであった。二点目は、核抑止力獲得のため核実験を必要としていたフランスにとり、六二年時点での軍備管理交渉の中心であった部分的核実験禁止条約は同国に犠牲を強いる内容を含んでいたためであった。

空位政策に転機が訪れたのは一九七七年のことであった。最初の兆しとなったのは、七七年八月二四日にフランス政府が閣議決定を受けて「軍縮を再考するための新しいイニシアチブを実施しており、適切な時期に全体計画を提示する予定である」と発表を行ったことである。[46] この方針は在外公館を通じて他国にも説明され、[47] フランスの軍縮に対する本気度を窺わせた。他方、この時点でのアイデアは抽象的なものに留まり、軍縮が満たすべき要素として「真の軍縮（軍備の水準の質・量の低下）」、「一般的かつ完全な軍縮（特定の国・地理的範囲・兵器に有利となる差別の禁止）」および「効果的な管理」の三点が挙げられたに過ぎなかった。

翌一九七八年一月二五日、フランス政府は軍縮に関する声明を発表し、[48] 軍縮イニシアチブの内容を初めて明らかにした。同声明は具体的な措置として、(1)ジュネーブ軍縮委員会会議を代替する、新たな構成国と手続き規則を有した軍縮交渉フォーラムの設置、(2)国際衛星監視機関の設置、(3)過剰軍備への課税を財源とした基金の設置、(4)ヨーロッパ軍縮会議（CDE）の開催、の四点を提案したのである。このうち、(4)のCDEの開催提案の内容としては、ヘルシンキ合意に署名をしたすべての国が参加するCDEを立ち上げ、「大西洋からウラル」に至る通常戦力の軍縮の問題を検討するというものであった。こうして、CDEの会議構想とその主な要素（参加国、地理的範囲、軍縮の対象）が姿を現すこととなった。

一月二五日の声明の意義は、CDEをはじめとする具体的な提案を打ち出した点のみに留まらなかった。それはフランスが軍縮でイニシアチブをとることを国際社会に印象づけたのであった。同声明を掲載した『サバイバル』誌は、過去二〇年近くのなかでフランス政府は初めて軍備管理・軍縮にかかる立場についての包括的なステートメントを発表したと指摘し、その意義は同国が長きにわたる批判的な棄権主義を経て国際的な取り組みに積極的な役割を見出したことにあると評価した。[49] そして、その取り組みの目玉の一つとなったのがCDEであった。

軍備管理・軍縮をめぐるフランス外交の次なる一手は、途上国を中心とする非同盟運動諸国によるイニシアチブを受けて一九七八年五月から六月に開催された第一回国連軍縮特別総会において繰り出された。五月二五日、ジスカール・デスタン大統領は自らニューヨークの国連本部に赴き、軍備管理・軍縮に対するフランスの立場について演説を行った[50]。この演説で呼びかけられた具体的な軍縮の内容は、基本的に一月二五日の声明を踏襲するものであった。また、CDEの内容についても同声明とほとんど同一であり、新たな点としてはCDEが二段階で行われる（第一段階では信頼醸成措置の議論、第二段階では軍縮の議論）と言及されたことに留まった。しかし何よりも重要であったのは、大統領本人が国連総会の場でフランスのイニシアチブに対する支持を呼びかけたことを通じて、CDEをはじめとする軍備管理・軍縮の提案を広く国際社会に知らしめたことであった。

CDEに対する支持の働きかけは国連においてのみならず、二国間ベースでも展開された。国連総会で大統領演説が行われるや否や、フランスはCDEの対象国（三五ヶ国）および周辺の地中海諸国に対して、各国の首都で働きかけを開始したのである[51]。この働きかけに際してはCDEの詳細が示された。そこで次項では構想の全容を明らかにしたうえで、その意義を考察したい。

（2）CDEの詳細とその意義

フランスが二国間ベースでCDEをめぐる働きかけを行った際に使用した覚書は[52]、これまでの同国の政府声明や国連演説よりもはるかに具体的な内容を含んでいた。それによると、（先の声明／演説の内容の繰り返しとなるが）CDEの対象国はヨーロッパ安全保障協力会議（CSCE）に参加する三五ヶ国であり、その地理的範囲は「大西洋からウラル」とされた。CDEの進め方については、第一段階で信頼醸成措置を導入し、第二段階で通常戦力の軍縮に取り組むことが予定された。一方で新たな点として、CDEの第一段階で議論される具体的な信頼醸成措置としては、⑴情報交換措置、⑵奇襲攻撃防止措置、⑶安定化措置、の三種類が挙げられた。⑴の情報交換措置として示されたのは、軍事情報（指揮系統、部隊の位置情報や予算）の交換、軍事演習への視察員の交換等である。⑵の奇襲攻撃防止措置は、空陸の軍事演習、動員訓練および空陸の軍隊移動の事前通告にかかるものである。(3)の安定化措置としては、空陸の軍事演習の人員への上限の設定、上空または衛星からの監視システムの導入に言及された。またCDEの第二段階で議論される通常戦力の軍縮としては、(1)攻撃能力の高い通常戦力（戦車・装甲車・戦闘機・攻撃用ヘリコプター）の制限・削減および(2)国際衛星監視機関の立ち上げによる実施状況の検証、の二点が提案された。なお、一切の核兵器に加えて海上戦力は交渉対象から除外された。

では、以上で見たCDE構想の第一段階と第二段階はいかなる意義をもつものであったのだろうか。はじめに、CDEの第一段階での信頼醸成措置の意義について検討したい。当時ヨーロッパでは一九七五年のCSCEヘルシンキ合意に規定された信頼醸成措置が導入されており、軍事演習・軍隊移動の事前通告および軍事演習への視察員の招待が実施されていた。しかし、これらの措置の実施は基本的に各国の任意（voluntary）であるとされ、ただ一つ実施が義務（mandatory）とされた「二万五〇〇〇人以上の大規模な軍事演習の事前通告」についても、その対象はCSCEに参加するヨーロッパ諸国の領域および隣接する海空域のほか、領域がヨーロッパ外に伸びている国の場合は、ヨーロッパ側の国境から二五〇キロメートル以内で実施される軍事演習に限定されていた[53]。つまり、既存の措置は各国の裁量に委ねられる部分が大きいため実効性に欠けていたことに加え[54]、義務である大規模演習の事前通告についても広大なソ連の領土をほとんどカバーしていないという問題を抱えていた。

CDEの第一段階での導入が提案された信頼醸成措置は、これらの課題を解決しうるものであった。まず、対象範囲の「大西洋からウラル」までの拡張と多岐にわたる軍事情報の交換は、ヨーロッパ全域の軍事的透明性の向上を図るものであった。また、上空ないし衛星からの監視システムの導入は、実効性を高めることを意図した措置であった。さらに、軍事演習の人員に対する上限の設定は、各国の行動に一定の制約をかけるものであった。このように、CDEの第一段階の信頼醸成措置は、CSCEヘルシンキ合意の信頼醸成措置と比較して大きく踏み込んだ内容を有していた。

続いて、CDEの第二段階での通常戦力の軍縮の意義についての検討に入りたい。当時、ヨーロッパの通常戦力削減交渉の主要なフォーラムは、一九七三年一〇月末にウィーンで交渉が開始された中欧相互兵力削減交渉であった。そこでは、兵力削減の対象地域を東西両ドイツ、ベルギー、オランダ、ルクセンブルク、ポーランド、チェコスロバキアと定め、当事国七ヶ国とこれらの国に兵力を駐留させているアメリカ、イギリス、カナダ、ソ連の四ヶ国が参加して交渉が行われていた[55]。ところが、削減対象である兵力（兵員数）のデータをめぐり東西間で一致を見なかったことが原因となり[56]、七〇年代後半には交渉は遅々として進まない状況に陥っていた。

CDEの第二段階で議論が提案された通常戦力の軍縮措置は、中欧相互兵力削減交渉との直接の重複を回避しつつヨーロッパの通常戦力の軍備管理・軍縮のあり方を変容させるものであった。まず、CDEは削減の対象を人員ではなく兵器とすることで、兵力データで行き詰まりを見せる中欧相互兵力削減交渉とは別のアプローチをとった[57]。また、戦力削減の対象地域を中部ヨーロッパに限定せず「大西洋からウラル」へと拡張することで、ヨーロッパ全域の軍備管理・軍縮交渉としての性格を与えられた。さらに、三五ヶ国が交渉に参加することにより、米ソが主導する東西ブロック間交渉の度合いが薄められた。つまり、CDEの第二段階は、ヨーロッパの通常戦力削減交渉に風穴を開ける可能性をもつものであった。

以上検討した通り、従来の枠組みと比較すると、フランスのCDE構想は第一段階、第二段階ともにヨーロッパの信頼醸成措置と軍縮を大幅に進展させうるものであった。

（3）CDEの背後にあるフランスの動機

では、なぜフランスは従来の軍備管理・軍縮に対する消極的態度を一変させ、CDEを含む一連の軍縮提案を打ち出したのだろうか。言い換えると、フランスはなぜ軍備管理・軍縮デタントの分野で前向きな姿勢をとるようになったのであろうか。以下では、その背景に存在した内政上、外交上、安全保障上の要因を順にそれぞれ検討したい。

まず、内政上の要因として重要視されてきたのが、国民議会選挙を前にした野党・社会党の動向である。社会党のミッテラン党首は一九七八年三月の選挙に先立ち、七七年一二月に包括的な軍備管理・軍縮提案を打ち出していた。[58] そのなかには、CSCE参加国を対象に「兵力削減と緊張緩和に関するヨーロッパ会議」[59] を立ち上げ、ヨーロッパにおける核戦力および通常戦力の削減や信頼醸成措置について議論するという提案もあった。フランス政府が七八年一月二五日にCDEを含む軍縮提案を発表したのは、このような文脈下においてであった。

国民議会選挙と社会党の存在が、ジスカール・デスタン大統領によるCDEを含む軍縮イニシアチブの推進の一因であったことは通説とされてきた。この見方は当時フランスの評論家の間で共有されたものであったほか、[60] 同時代研究にも見られたものであった。[61] またイギリス外務省もCDEはフランスの選挙期間中に発案されたものであり、主に国内に向けたものであると分析していたほか、[62] 在仏イギリス大使館もCDEの背景には社会党の影響があったとみなした。[63] ところが、近年のV・ハイデの研究によると、一九七七年一二月のミッテランの軍縮提案は、フランス政府内で検討されていた軍縮構想の内容のリークを受けて政府案に先立って打ち出されたものであったという。[64] つまり、ミッテランの動向という内政上の要因がCDEの直接のきっかけとなったと論じることはできず、外交上、安全保障上の要因に目を向けることが必要となる。[65]

フランスがCDEを追求した背景にあった外交上の要因としては、米ソ両超大国の二極構造に異議を唱える伝統的なフランスの外交観が挙げられる。先行研究は、フランスが軍縮に積極的な態度をとるようになった理由として、空位政策の根拠の一つであった部分的核実験禁止条約をめぐる問題はフランスの核保有国としての地位確立と技術的進歩[66] により解消した一方で、空位政策の今一つの根拠であった二極構造への挑戦的姿勢は、国際政治での地位向上を求める第三世界からかつてない支持を得られるようになったからであると指摘する。[67] つまり、米ソ両超大国への異議申し立てが、フランスの軍縮イニシアチブの動機の一つであると考えられてきたのである。

また、軍縮イニシアチブを通じた超大国支配の変容という立場は、フランス政府が内部に説明する際にとってきたものであった。一九七七年八月の軍縮に関する閣議決定および七八年一月の軍縮に関する政府声明の発出の際、フランス外務省本省から全在外公館に送られた電報は、米ソ両国はこれまで軍縮の議論において決定的な影響力を行使する一方で両国の核兵器と通常兵器は増加の一途を辿ってきたと指摘し、七八年の第一回国連軍縮特別総会はフランスが軍縮面でイニシアチブをとる良い機会であると論じた。(68) さらに、在仏イギリス大使館も、フランスのイニシアチブの背景には内政上の理由のみならず外交上の理由があったとみなしており、「CDEは、国際的な舞台においてフランスが注目を浴びることを求めるジスカール・デスタンの性向を示すものである。そのため、エリゼ宮は同イニシアチブを簡単には手放さないであろう」と分析した。(69) このように、CDEを含む一連の軍縮イニシアチブはフランスの伝統的な外交路線を踏襲したものであった。しかし、以上で論じた外交上の要因のみでは、その後の長期にわたるフランスのCDEへの関心を説明することは難しいであろう。そこで、安全保障上の要因を検討することが必要となるのである。

では、フランスの軍縮イニシアチブの最大かつ直接の要因であった安全保障上の要因について考察を行いたい。まずは一九七〇年代後半の西ヨーロッパを取り巻く安全保障環境を概観する。戦略兵器のレベルに目を向けると、当時米ソ間では第二次戦略兵器制限交渉（SALT II）を通じて両国の戦略核能力のパリティ（対等）の固定化が目指されていた。ところが、戦略兵器のレベルでの東西均衡は、従来は戦略核能力の面で西側が優位に立つことで相殺されてきたヨーロッパにおける通常戦力面での東側の優位性を相対的に高める点で、西ヨーロッパの安全保障に負の影響を与えかねないものであった。(70) さらに、ヨーロッパにおける東側の優位性は、戦略核のパリティによる相対的な上昇に留まらず、ソ連が七六年に新たに配備を開始した地上発射型の中距離弾道ミサイルSS-20によって絶対的にも高まりつつあった。このような状況を受けて、フランスは、米ソ間の直接的な核対決の蓋然性の低下により、ヨーロッパ限定戦争の蓋然性が高まることを確実視するようになっていた。(71)

西ヨーロッパの安全保障環境が厳しさを増すなかで、フランスがとりうる選択肢としては、通常戦力の強化による抑止・防衛の向上と、通常戦力の軍備管理・軍縮による緊張緩和の二つがあった。そして、フランスは両者を追求した。まず、前者については、一九七六年六月一九日に議会の承認を受けた「七七年から八二年にかけての軍事計画法」[72]を通じて通常戦力の拡充が図られた[73]。一方、後者を実現するための手段として生み出されたのがCDEであった。V・ハイデの研究によると、七七年春、フランスを取り巻く安全保障環境の変化を受けて、ジスカール・デスタン大統領はド・ギランゴー外相と軍縮問題に関する議論を行ったという。これを機に、フランス外務省の政策企画本部では防衛政策の再検討が最優先課題に位置づけられた[74]。政策企画本部において検討が行われるなかで、ヨーロッパにおける通常戦力の不均衡が不安定性の大きな要因であると見られるようになり、その削減が目指されるようになった。この文脈で打ち出されたのが、「大西洋からウラル」、すなわちソ連の領域を軍縮交渉の対象に含むCDEであった[75]。つまり、同研究はCDEの背景には安全保障上の要因が存在したことを指摘したのである。

以上の通り、フランスが軍備管理・軍縮への態度を転換しイニシアチブを打ち出した背景には、安全保障上の要因をはじめとする複合的要因が存在した。フランスはCDE構想を推進することに大きなインセンティブをもっていたのであった。それゆえ同国はその実現に向けて粘り強い外交努力を見せることとなる。次節では、このような経緯をもって誕生したCDE構想に対する国際社会の反応を検討したい。

3　ヨーロッパ軍縮会議に対する国際社会の反応

(1)　西側諸国の反応

一九七八年五月の国連総会でのジスカール・デスタン大統領の演説から間もなく、西側諸国ではヨーロッパ軍縮会議（CDE）の検討が開始された。その際、フランスは先に見た覚書にもとづき二国間ベースで働きかけを行ったうえで[76]、同年秋以降に西側諸国の多国間枠組みにおいて議論を本格化させた。そこでCDEに対する西側諸国の当初の反応を、NATO北大西洋理事会およびグアドループサミットでの議論を手がかりに分析したい。

多国間での議論の先駆けとなったのは、一九七八年一一月九日にCDEについて話し合うために招集されたNATOの北大西洋理事会であった[77]。会合では、はじめにフランスからCDE構想の概要について説明が行われ、続いて質疑応答が実施された。その際、複数の出席国から出された質問は、(1)CDEと既存のヨーロッパ安全保障協力会議（CSCE）・中欧相互兵力削減交渉（MBFR）との関係性、(2)CDEにおけるNATOの役割、の二点に関するものであった。フランスはこれに対して、CDEは中欧相互兵力削減交渉を骨抜きにすることを目指すものではなく、またCDEによりCSCEヘルシンキ合意のデリケートな均衡を壊すことも望んでいないと返答を行った。つまり、NATO各国は東西交渉におけるCDEの位置づけに疑問を抱いていたのに対し、フランスはそれを既存の枠組みから独立した別個のものであると説明したのであった。

同会合はCDEに対する西側諸国の立場の違いを明らかにした。アメリカは訓令にもとづきCDEに対して留保する態度を見せ、発言を求めることはなかった。イギリスは、CDEが対象とする領域に関心を示しつつも核兵器を対象から除外すべきことに言及した。一方で、西ドイツはCDEに対して前向きの姿勢を見せ、積極的に支持を表明した。西ドイツは、CDEが「大西洋からウラル」の領域を対象とすることを評価し、一九七八年一月にフランスが構想を打ち出したときから肯定的な立場をとってきた唯一の国であった[78]。以上の状況を受け、フランスはCDEへの原則的支持は得られた一方で、最終的な結論を出す前に各国はさらなる検討の時間を必要としていることが明白であると認識した[79]。

議論の続きは一二月七日から八日に開催された北大西洋理事会・閣僚会合で行われた。会合に出席したフランスのフランソワ＝ポンセ外相は、CDE構想の基底にあるのは「デタントの論理」であると述べた[80]。そして会合のコミュニケ[81]には「フランスが提案するＣＤＥについて有意義な意見交換が実施された」と記載され、ＮＡＴＯの議題にＣＤＥが含まれたことが初めて対外的に公表された。ただし、この時点ではＮＡＴＯで実施されたのはあくまで「意見交換」に留まっていた。

一九七九年に入ると、ＣＤＥの議論は首脳レベルでも行われるようになった。最初の機会となったのが、フランス海外県グアドループにて一月五日から六日に開催された米英仏独四ヶ国の首脳会談であった。このグアドループサミットは、「グレーエリア問題」（ソ連が、ヨーロッパや日本へ至るほどの十分な航続能力を有しつつも、ＳＡＬＴを軸とする既存の戦略兵器制限の枠組みには含まれない核戦力を増強していたことを指す[82]）に対処するための中距離核戦力（ＩＮＦ）配備に関するＮＡＴＯの意思決定に先立ち、西側の核保有国三ヶ国と西ドイツとの政策協調を目指したシュミット首相のイニシアチブを受けたものである[83]。そのため、議論の中心となったのは中距離核戦力の問題であったが、話題は通常戦力にも及ぶこととなった[84]。

会談では、四ヶ国の首脳は通常戦力の制限をめぐり進展を望んでいることで見解の一致を見た。ところが、ジスカール・デスタン大統領がＣＤＥに重きを置いたのに対して、イギリスおよびアメリカは中欧相互兵力削減交渉での交渉の前進を求めた。イギリスのキャラハン首相は、ＣＤＥの問題点として、ソ連に対して行き過ぎた要求をしている点と交渉に関与する国が多すぎて非効率である点を指摘した。またカーター大統領も、ＣＤＥの立ち上げは中欧相互兵力削減交渉での交渉に遅延をもたらすと論じた。最終的にはシュミット首相が議論に割り込み、ＣＤＥへの全面的支持を表明した。

このようにグアドループサミットではＣＤＥに積極的なフランス・西ドイツと消極的なアメリカ・イギリスの温度差が浮き彫りとなった。なかでも、イギリスがひときわＣＤＥに否定的であった背景には、ヨーロッパの通常戦力の削減をめぐりフランスとは異なる構想をもっていたからであった。その構想を明らかにする手がかりが、グアドループに向けて一九七八年一二月に作成されたキャラハン首相宛のオーウェン外相のメモである[85]。このメモは、イギリスの長期的目標は中欧相互兵力削減交渉において中部ヨーロッパの兵力削減に合意し、西ドイツ駐留のイギリス軍を減らして負担を軽減することであると論じた。そして、中欧相互兵力削減交渉とCDEでの交渉の並立は、前者を潰すことにつながりかねないとの懸念を表明した。さらに今後の軍備管理・軍縮の進め方として、七九年夏に外相レベルで中欧相互兵力削減交渉の合意文書に署名をした後、同交渉を拡張したフォーラム（新たな参加国としてフランス、ユーゴスラビア、スウェーデン、オーストリア、フィンランドが挙げられた）を立ち上げる可能性にも言及した。つまり、イギリスの立場は主に経済的観点より兵力削減に前向きであるものの、[86]交渉はCDEではなく既存の中欧相互兵力削減交渉で実施すべきというものであった。それは三五ヶ国が一堂に会して「大西洋からウラル」の軍縮問題を議論するというCDE構想とはかけ離れたものであった。

以上検討した通り、一九七八年後半から七九年初頭にかけて、フランスは西側諸国に対してCDEへの支持を働きかけた。働きかけは実務家レベルから首脳レベルに至るさまざまなレベルで実施された。しかし、アメリカやイギリスが慎重な姿勢を崩さなかったこともあり、NATO諸国の間でCDE構想の具体的な内容に関する議論が始められたわけではなかった。また、フランスも実のところNATOで議論を進める意図は当初よりもっておらず、むしろヨーロッパ共同体（EC）諸国の枠組みでの議論を望んでいた。フランスは、あらゆる領域において「ヨーロッパ的性格（la personnalité européenne）」を発展させる同国の一般的政策の一環として軍縮政策を位置づけており、EC九ヶ国での議論がNATO一五ヶ国での議論に先立つことが望ましいと考えていたのであった。[87]そして七九年に入りグアドループサミットの開催と前後する時期に、フランスの思惑通りにEC諸国間でCDE構想をめぐる議論が本格的に始まることとなる。[88]

（2）東側諸国の反応

西側諸国の間でCDE構想が議論されるようになった頃、それに誘発されて「鉄のカーテン」の向こう側でもワルシャワ条約機構（WTO）においてヨーロッパの軍備管理・軍縮に関する議論が活発化した。その後、西側諸国の議論と東側諸国の議論は相互に影響し合うようになる。そこで、本項ではまず一九七〇年代後半の東側諸国の軍備管理・軍縮に対する立場を概観したうえで、七八年から七九年にかけて東側諸国から出された提案を検討していきたい。

一九七〇年代後半、東側諸国は軍備管理・軍縮の分野で「軍事デタント」と自ら称するデタントを追求する動きを見せるようになった。東側諸国にとって軍事デタントとは政治デタントの対を成す概念であり、その発端は七三年一〇月にモスクワで開催された「平和勢力による世界会議」において「CSCE交渉の妥結（政治デタント）」と「東西間の軍備管理・軍縮合意（軍事デタント）」が共産主義に影響された平和組織の目標として宣言されたことに遡る。[89] 七五年のCSCEヘルシンキ合意によって政治デタントが達成された後、東側諸国は軍事デタントを実現するべく軍備管理・軍縮への取り組みに本腰を入れるようになった。

一九七七年一〇月から七八年三月にかけてのCSCEベオグラード再検討会議でも東側諸国は軍事デタントを追求し、ソ連は「ヨーロッパにおける軍事デタントの強化を目的とした行動計画[90]」の採択を提案した。この行動計画は、CSCE三五ヶ国が参加する協議を立ち上げ、そこで⑴核の先制不使用に関する条約、⑵政治・軍事同盟の拡大の禁止に関する条約、⑶軍事演習の制限措置（人員の上限を五万人から六万人とする）、などのトピックについて議論することを目指すものであった。このうち、⑴の核の先制不使用については核の先制使用の可能性を排除しないNATOの柔軟反応戦略を否定するものであり、⑵の同盟の不拡大は民主化を果たしたスペインのNATO加入に向けた動きを牽制するものであった。ところが、第一節で検討したようにベオグラードではあらゆる新規提案が合意されなかったことを受けて、ソ連提案もまた水泡に帰すこととなった。

軍事デタントが行き詰まりを見せるなか、フランスがCDEを含む具体的な軍縮提案を打ち出したことで、東側諸国が新たな行動をとる機会が再び到来した。一九七八年一〇月末、ソ連のグロムイコ外相がパリを訪問した際には、ＣＤＥに対して反対の姿勢を示しつつも、他のあらゆる軍縮提案と同様に同構想を検討する用意があると表明した。[91] さらに、これを受けて七九年一月までに両国の専門家がＣＤＥについて話し合う場をもつことで合意した。[92] 軍事問題をめぐり東西ヨーロッパ間の接触が始まることとなった。

また、東側諸国はＣＤＥへの対案として、改めて軍備管理・軍縮面での提案を行った。一九七八年一一月二二日から二三日に開かれたワルシャワ条約機構・政治諮問委員会[93]のコミュニケは、その内容を明らかにした。[94] このうちヨーロッパに関連する箇所を取り上げると、まず⑴軍事的対立の低減と軍縮の促進を目的としたＣＳＣＥヘルシンキ合意の実施、⑵中欧相互兵力削減交渉の成功に向けた貢献、⑶ＣＳＣＥヘルシンキ合意に署名したすべての国が参加する「ヨーロッパ安全保障のための共通の枠組み」のなかでの軍事デタントおよび軍縮への取り組み、のそれぞれに対するワルシャワ条約機構諸国のコミットメントが表明された。また、軍事デタントにかかる具体的提案として、ＣＳＣＥベオグラード再検討会議での提案と同様に⑴核の先制不使用、⑵軍事同盟の不拡大、⑶軍事演習の規模の制限に言及したほか、新たにＣＳＣＥヘルシンキ合意で導入された信頼醸成措置の地中海地域への拡大を提唱した。

この東側諸国の立場は、翌一九七九年三月二日にクレムリンで行われた軍備管理・軍縮に関するブレジネフの演説[95]によってさらに具体性を帯びることとなった。演説では、ヨーロッパの優先事項はデタントを軍事的領域に広げることであるとしつつも、そのための変化はまだ見られないとして、中欧相互兵力削減交渉の交渉行き詰まりや西ヨーロッパへの中距離核戦力の配備をめぐる動きを名指しした。そのうえで、ＣＳＣＥ参加国同士の不可侵協定の締結という以前からの提案に加えて、ＣＳＣＥヘルシンキ合意により規定された信頼醸成措置の拡張（大規模な軍隊移動およびＣＳＣＥ参加国の近海で行われる大規模な海軍演習の事前通告の対象化[96]）を新規に提案した。

以上、東側諸国の軍事デタントにかかる提案について概観したが、その特徴は、一九七八年後半から七九年前半にかけて内容が政治的なものから実用的なものへとシフトしていったことである。言い換えると、東側諸国の当初の提案は「核の先制不使用」や「同盟の不拡大」といった政治的プロパガンダの要素を多分に含むものであったが、七八年一一月のワルシャワ条約機構・政治諮問委員会コミュニケから七九年三月のブレジネフ演説にかけて、既存の信頼醸成措置の強化というヨーロッパの安全保障環境を具体的に改善するものとしての性格を強めるようになったのである。その最大の要因が、フランスによるCDE構想の発案であった。さらに、七九年一月のグアドループサミットに体現されるNATOの中距離核戦力配備の動きに歯止めをかける必要性に迫られていたことに加えて、同時期の米中接近（安全保障面での協力を含む）[97]にも懸念を抱いていたことも挙げられよう。

東側諸国の動向は、西側諸国の間でも意識されることとなった。それは一九七九年初頭に開始されたCSCEマドリード再検討会議に向けた準備において議論に上がった。七九年一月、EC諸国がヨーロッパ政治協力（EPC）の枠組みでCSCEマドリード再検討会議に向けて取りまとめた報告書は、七八年一一月二三日のワルシャワ条約機構・政治諮問委員会コミュニケに言及し、東側提案への対抗のあり方をめぐりEC諸国は議論する必要があると指摘した。[98]EC諸国は、マドリード再検討会議に向けた準備の一環として、東側の提案に対して何らかの反応をする必要性を認識し始めたのであった。

4　ヨーロッパ共同体諸国による議論

ヨーロッパで軍備管理・軍縮の機運が醸成されるなか、一九七九年一月のグアドループサミットが終わって間もなくするとヨーロッパ政治協力（EPC）においてヨーロッパ軍縮会議（CDE）の検討が始まった。繰り返しとなるが、（大西洋ではなく）ヨーロッパの枠組みでのCDEの議論はフランスが当初から望んでいたことであった。その実現を可能にしたのが、七九年一月のフランスのヨーロッパ政治協力・議長国への就任であった。[99]本節では、七九年に入ってからヨーロッパ共同体（ＥＣ）諸国間で実施された議論に焦点をあて、ＥＣ諸国がいかにしてＣＤＥへの立場を収斂させたうえで、ＣＤＥをヨーロッパ安全保障協力会議（ＣＳＣＥ）政策に組み込んだかを検討する。

（1）ヨーロッパ政治協力の専門家会合での議論の始まり

ＥＣ諸国の間でＣＤＥについて初めて本格的な議論が交わされたのは、ＥＣ各国の外務省の軍縮政策担当官が一堂に会した一九七九年一月一六日のヨーロッパ政治協力・軍縮専門家会合であった[100]。会合では、はじめにフランスからＣＤＥに対する各国の反響が報告され、非同盟中立諸国のうちスイス、ユーゴスラビア、オーストリアが深い関心を示している一方で、一月四日から五日の仏ソ二国間実務者協議ではソ連は否定的であったと説明された。その際、ソ連がＣＤＥ構想に否定的な立場をとった理由として、(1)ＣＳＣＥと中欧相互兵力削減交渉（ＭＢＦＲ）がすでに存在しており新たなフォーラムは不要であること、(2)核兵器が交渉対象から除外されていること、(3)対象となる地理的範囲は受け入れられないこと、(4)中欧相互兵力削減交渉を優先すべきであること、の四点が挙げられたことが紹介された。そのうえでフランスは、春に控えたジスカール・デスタン大統領の訪ソまでにソ連の姿勢は変化しうると指摘し、可能性は残されていると述べた。

これに対し、かねてよりＣＤＥへの支持を明言している西ドイツに加えて、新たにイタリアもＣＤＥへの関心を明らかにした。イタリアは、ＣＤＥの対象にソ連の領域を含める代償として西側が譲歩を強いられることへの懸念や中欧相互兵力削減交渉との両立の問題に言及しつつも、ＣＤＥを中欧相互兵力削減交渉と等しく重要であると捉えていると表明した。ヨーロッパ政治協力におけるＣＤＥの議論は順調な滑り出しを見せたのであった。

翌月の二月二六日にもヨーロッパ政治協力・軍縮専門家会合が再び開催され、よりハイレベルの協議枠組みである局長級のヨーロッパ政治協力・政治委員会[101]での議論に向けて、ＣＤＥをめぐる疑問点・論点の洗い出し作業が行われた[102]。

軍縮専門家会合でCDEの検討が行われる一方、時を同じくしてヨーロッパ政治協力の別のフォーラムであるCSCE専門家会合[103]では既出の通りCSCEマドリード再検討会議の準備に着手されていた。同会合では、一九七九年一月時点で東側の軍縮提案に何らかの反応をする必要があると認識されていたのは前節で述べたが、この文脈において信頼醸成措置の強化という論点が新たに浮上した。従来はNATOにおいて独占的に行われてきた信頼醸成措置の議論が、CSCEに向けたEC諸国の準備において認められたのは初めてのことであった[104]。

ヨーロッパ政治協力・CSCE専門家会合において信頼醸成措置が議題に上ったのは、クレムリンでのブレジネフ演説の翌週の三月八日のことであった。会合では、EC諸国が、マドリード再検討会議においてソ連は軍事デタントを主要な議題とするであろうという点に同意し、ソ連提案には一九七八年一一月二三日のワルシャワ条約機構（WTO）・政治諮問委員会コミュニケおよび七九年三月二日のブレジネフ演説の内容が含まれることを想定した[105]。イギリスはこの文脈で、西側諸国がCSCEの三つのバスケットの間でバランスをとるのであれば、ソ連に対抗して第一バスケットでもイニシアチブを掌握することが必要であり、その場合には「人目を引く」提案として信頼醸成措置に関する提案のほかに選択肢はないと発言をしたのである[106]。つまり、イギリスは西側諸国がCSCEの他のバスケットにおいて提案を行うことを前提に、第一バスケットで信頼醸成措置の強化を提案すべきとの立場をとったのであった。これに対し、フランスは、CSCEの文脈で信頼醸成措置について議論をすることは、自国の提案するCDEに干渉するとして否定的な態度を示し、CSCEマドリード再検討会議を小規模な軍縮会議とするべきではないと反論した[107]。ここで留意すべきなのは、(1)ヨーロッパ政治協力・軍縮専門家会合でのCDEの議論（フランスが主導）、(2)ヨーロッパ政治協力・CSCE専門家会合での信頼醸成措置の議論（イギリスが主導）、がそれぞれ独立して行われていたことであった。

（2）異なる立場をとるイギリスとフランス

では、なぜイギリスはCSCE第一バスケットの枠内で安全保障に関する議論を行うことに積極的な姿勢を見せ、ヨーロッパ政治協力・CSCE専門家会合において信頼醸成措置の議論を牽引したのであろうか。その理由は、外交上および内政上の要因により説明ができる。外交上の要因として重要であったのは、東側諸国による軍事デタントの動きである。東側諸国が軍備管理・軍縮面での外交攻勢を強めるなか、イギリスは信頼醸成措置の新たな提案を対抗手段として見ていたのである。一方で、内政上の要因としては世論が挙げられる。EC諸国は、ベオグラード再検討会議の際に、西側の世論は新規提案の採択という観点で会議の結果を評価する傾向にあると認識していた。[108]したがって、イギリスは、信頼醸成措置の新規提案を行うことは、西側の世論への格好のアピールになると考えたのである。以上の二つの要因が存在したからこそ、イギリスは「人目を引く」提案を通じて外交および内政の両面で注目を集めることを目指した。

イギリスのこの立場は、一九七九年四月から六月にかけてヨーロッパ政治協力・CSCE専門家会合で『マドリード再検討会議でのEC九ヶ国の目標に関する報告書』の作成が行われた際にも表出した。EC諸国は、マドリード再検討会議での目標を設定するべく同報告書の作成に取り組んだのであるが、その際にイギリスは「東側の軍縮プロパガンダへの対抗のための安全保障面での提案」という趣旨の文言を書き込むことを主張したのである。[109]

その一方で、イギリスはCSCEの第一バスケットでのイニシアチブを通じてヨーロッパの安全保障環境を劇的に改善できるとは考えていなかった。それは、マドリード再検討会議に向けたEC九ヶ国の目標の一つに「軍縮に関する対話の開始」、すなわち信頼醸成措置を上回る措置を含めることに対して難色を示したことに表れた。[110]背景には、イギリスは既存の中欧相互兵力削減交渉を重視していたことに加えて、CSCEヘルシンキ合意で導入された信頼醸成措置は真の軍事的意義をもっておらず、それをさらに発展させることも有望ではないと考えていたからであった。[111]最終的には、イギリスの主張を反映する文言を含んだ『マドリード再検討会議でのEC九ヶ国の目標に関する報告書』が一九七九年六月一八日のヨーロッパ政治協力・外相会合で承認されることとなった[112]。

以上のイギリスの姿勢とは対照的に、フランスはCDEを独立した新しい軍備管理・軍縮の枠組みとして立ち上げることに大きなメリットを感じていた。だからこそ、CDEの第一段階と重複しかねないCSCEの枠組みでの信頼醸成措置の強化に反発した。そもそも、フランスが一九七九年一月に（ヨーロッパ政治協力・CSCE専門家会合ではなく）ヨーロッパ政治協力・軍縮専門家会合においてCDEの議論を始めたのも、CSCEとCDEが一括りにして議論されることを避けようとする狙いが表れたものであった。

フランスはCDE構想とCSCEプロセスを分離する志向を強めるなかで、当初は明快な解をもたなかった両者の関係性についても次第に立場をはっきりさせるようになった。一九七九年三月一三日付のフランス外務省の文書は、CSCEとCDEの間で責任を分担するための適切な方法を見つける必要があると言及しており[113]、この時点では両者の関係性については検討の途上であったことが窺える。ところが、五月になると、フランスはCDEの独立性を確保すべく、CDEの文脈での信頼醸成措置とCSCEの文脈での信頼醸成措置を峻別する立場を取るようになった。具体的には、CDEの第一段階で議論される信頼醸成措置（「客観的な信頼醸成措置」と呼称）は、軍事上の意義と法的根拠をもち、幅広い範囲に適用されることで奇襲攻撃の防止を目的とすると位置づけられた。一方で、CSCEで議論される信頼醸成措置（「主観的な信頼醸成措置」と呼称）は、各国の安全保障には実際には影響を与えないものであると位置づけられた[114]。つまり、前者を実質的な措置として位置づける一方、後者を実効性に乏しい形式的な措置とみなしたのである。このようなロジックをもって、フランスはCSCEとは別個のものとしてCDE構想を温存することを試みたのであった。

イギリスとフランスの相反する立場は、その後のEC諸国間の最大の対立軸へと発展した。フランス外務省欧州局長のアンドレアーニは駐仏イギリス大使のヒバートに対して、フランスはCDEへの各国の態度のなかでイギリスのものにもっとも悩まされており、ECやNATOの協議におけるイギリスの厳しい姿勢は理解に苦しむと述べた。[115]

（3）イギリスの歩み寄り

一九七九年一月以降の議論のなかで露呈したイギリスとフランスの立場の隔たりは、両国の歩み寄りを通じて解消へと向かうようになり、その過程でCDE構想とCSCEプロセスは融合することとなった。最初に歩み寄りを見せたのはイギリスであり、その発端となる出来事は四月から五月にかけて立て続けに発生した。

最初の出来事は、四月二六日から二八日のジスカール・デスタンの訪ソをきっかけとした、ソ連のCDEへの接近である。前年一〇月のグロムイコ訪仏の際に明らかとなったように、もともとソ連はCDEに対して前向きとは言えなかった。ところが、フランスの首脳による訪問を前に、ソ連はCDE構想の第一段階に沿った信頼醸成措置の交渉を行う意向を見せるようになったのである。[116] そして、仏ソ首脳会談後に発出された両首脳による署名文書（タイトルは「デタントと平和を目的としたフランスとソ連の間の協力の発展のためのプログラム」）では、「CDE」という名称への言及こそないものの、「ヘルシンキ合意の署名国による、軍事衝突の低減、信頼醸成の強化、兵器の集中の緩和および削減に関しての集団的検討の必要性」に言及された。[117] すなわち、西側諸国による方針の策定前に、フランスが東側との間でCDEをめぐりディールしうる状況となったのである。この動きが、イギリスでいかにして受け止められたかは史料からは定かではない。とはいえ、以下のヨーロッパ政治協力での議論を見ると、イギリスのCDEへの立場に十分影響を与えたと推察できるものであった。

次の出来事は、五月三日から四日に開催されたヨーロッパ政治協力・政治委員会である。会合では、まずフランスから出席国に対してCDEへの米ソ両国の反応が報告され、アメリカはCDEに対して公式な立場をとることを見送る一方、ソ連は条件付き（ソ連の提案する軍事デタントおよび不可侵協定を議論に含める、CDEの第一段階と第二段階を分離のうえで後者の交渉対象に核兵器を含める）でCDE構想の第一段階に沿った信頼醸成措置の交渉を行う用意があることが紹介された。[118] 続いて、西ドイツ、デンマーク、ベルギー、イタリア、アイルランドが程度の差こそあれCDEに肯定的に言及したのである。[119] このようななか、CDEへの立場を決めかねていると発言したイギリスが孤立しているのは明白であった。この状況を受けて、イギリスの代表団は「オランダを除く大半のEC諸国がCDEの実現は避けられない、あるいは望ましいとすらみなしているとの印象を受けた」と報告を行った。[120] イギリスは立場を転換する必要に迫られていた。

以上の出来事を受けてイギリスは態度を変化させた。そのことが明らかになったのが、六月五日から六日に開催されたヨーロッパ政治協力・政治委員会であった。会合ではイギリスはCDEへの態度を軟化させ、もはやCDEの開催自体に対しては否定的な立場はとらなかった。かわりに、CDEはCSCEと関連させて見るべきであること、また信頼醸成措置はCSCEヘルシンキ合意の重要な一部を構成することを指摘した。[121] すなわち、イギリスはCDEを容認しつつも、CDEとCSCEの間に何らかのつながりをもたせ、また同時にCSCEにおいても信頼醸成措置を発展させる余地を残そうとしたのであった。この発言に対して、西ドイツ、デンマークやアイルランドは同調する様子を見せた。[122] これを機に、CDEとCSCEを峻別して前者において実質的な信頼醸成措置の議論を求めるフランスの思惑とは裏腹に、EC諸国の間ではCDEとCSCEの両立を目指す動きが活発化した。

CDEに対するイギリスの新たな立場は、五月に発足したサッチャー政権のキャリントン外相により承認されたCDE構想への対処方針（一九七九年六月二〇日付）[123]にも反映された。この対処方針は、CDE構想、とりわけその第二段階（通常戦力の軍縮）へのイギリスの懸念は完全には払拭されていないものの、同構想が西ドイツをはじめとするEC諸国から支持を得ている点は無視できないと指摘する。また、CDEの第一段階（信頼醸成措置）がCSCEの枠組みに含まれるのであれば、イギリスにとっても受け入れやすくなりメリットがあると論じる。これらの点を踏まえ、今後の議論では、(1)CSCEマドリード再検討会議に向けて信頼醸成措置の提案を準備する際に、CDE構想の第一段階をECとNATOのアイデアをベースとすることを提案する、(2)反対意見が見込まれる

CDE構想の第二段階を提案から外すか無期限で延期するようフランスを説得する、の二点の指針を示した。この方針が明らかにしているのは、イギリスはCDE構想の第一段階に対しては好意的な立場に転じた一方で、それをCSCEマドリード再検討会議において提案することで、CDEをCSCEの枠組みに埋め込むことを目指そうとしていたことである。[124] また、イギリスはCDE構想の第二段階をなくすことで、CDEが中欧相互兵力削減交渉に干渉しないように作りかえようとしていたのであった。

(4) フランスの歩み寄り

CSCEマドリード再検討会議に向けた議論における安全保障問題の地位の高まりは、EC諸国の要人レベルの間でも次第に認識されるようになった。一九七九年六月一八日にパリにて開催されたヨーロッパ政治協力・外相会合では、西ドイツのゲンシャーをはじめとする複数の国の外相が軍縮と信頼醸成措置の重要性を強調した。[125]

EC諸国がマドリードに向けた戦略の策定を進めるにつれ、フランスもCDE構想をめぐる従来の立場、すなわちCSCEとCDEを峻別し後者にて実質的な信頼醸成措置と軍縮の推進を求める立場の修正を迫られるようになった。フランスが立場の修正を余儀なくされた一点目の理由は、先述の通りイギリスや西ドイツをはじめとする複数のEC諸国がCSCEの枠組みでの信頼醸成措置の議論を求めたからであった。二点目の理由は、EC諸国のみならず非同盟中立諸国もまた、CSCEの枠組みの下で信頼醸成措置を議論することが望ましいと考えていたからであった。六月一八日にストラスブールのヨーロッパ審議会（CE）にて開催されたCSCE専門家会合[126]では、CSCE以外の場で信頼醸成措置を検討すべきというフランスの立場は支持を得られなかった。[127] 三点目の理由は、東側諸国が軍事デタントの取り組みを強化したからであった。五月一五日、ワルシャワ条約機構・外相委員会の会合を受けて発出されたコミュニケ[128]は、一九七九年中にCSCE参加国が一堂に会して武力の先制不使用に関する条約および信頼醸成措置[129]について議論することを提案した[130]（同会議構想は後に「ヨーロッパでの軍事デタントおよび軍縮に関する会議〔CMDD〕」と呼称され、CDEの対案としてCSCEマドリード再検討会議に提出されることになる）。フランス外務省は、その内容はソ連の従来の提案と何ら変わらないと分析しつつも、CDEを実現するためには西側諸国からの支持を得ることが重要であると認識した[131]。これら三点の理由から、フランスはCDEとCSCEの両立を次第に受け入れるようになった。

フランスの立場に変化の兆しが生じたのは、六月二五日から二六日にかけて軍縮専門家の同席下で開かれたヨーロッパ政治協力・CSCE専門家会合であった。フランスは、一方ではCSCEとCDEを区別し、前者で議論する信頼醸成措置と後者で議論する信頼醸成措置の違いについて説明した。他方で、CSCEマドリード再検討会議までにCDEの準備会合の開催が決定されていない場合には、マドリードにおいてアドホックグループのマンデート（開会日や議論の内容などを定めた文書）を採択することを提案した[132]。すなわち、フランスは従来通りCDEにおいて信頼醸成措置を議論することを望みつつも、CDEの早期開催が困難な場合にはCSCEの枠組み下のアドホックグループにて議論を進めることを提案したのであった。そして、このアドホックグループが検討するのは、具体的かつ法的拘束力をもつ信頼醸成措置[133]、つまりフランスがCDEの第一段階で議論することを想定していた信頼醸成措置とされた。これは、フランスが事実上CDEの第一段階をマドリード再検討会議のフォローアップ会議として立ち上げる可能性に言及したものであり、同国が従来主張していたCDEとCSCEの関係の変化を示唆するものであった。

このように六月末にフランスから示された提案は新たな内容を含んでいたものの、この時点では依然としてEC諸国の間で共通の理解が達成されていない状況であった。たとえば、アドホックグループで議論する内容についてもフランスの史料[134]とイギリスの史料[135]の間には齟齬があり、フランスはアドホックグループにおいて具体的な提案を検討することを想定する一方、イギリスはアドホックグループでの議論を介して新たなフォーラムを立ち上げるという二つのステップを踏むことを想定していた。そして、フランスの提案を拒絶する国こそなかったものの、各国は同案のもちうる含意に対して懸念を抱いていた。[136]

一九七九年の夏が過ぎると、フランスはさらに譲歩する姿勢を見せ、CDEをCSCEに埋め込むことを受け入れるようになった。[137] フランスは、CDEの第一段階のマンデートをCSCEマドリード再検討会議で採択することに加えて、同会議の次に開かれるCSCE再検討会議（この時点では八三年の開催を想定していた）がCDEの第一段階の交渉結果を承認し、第二段階に進むべきか否かを決定することを提案したのである。[138] この提案は、CDEをCSCEの枠組みの内部に位置づけ、CDEの第一段階の立ち上げと第二段階への進展のいずれもがCSCEの再検討会議による指揮監督を受けることを容認した点で、CSCEとCDEを峻別するフランスの当初のアプローチは断念されたことを表していた。また、時を同じくして、フランスはCDEで議論されるべき信頼醸成措置の具体的な内容を列挙したリストを提示した。[139] EC諸国のなかでCDE構想に対してもっとも慎重な立場を貫いてきたイギリスは、フランスの立場の変化をNATO諸国やEC諸国の懸念に応えるものであると肯定的に評価した。[140]

これにより、ヨーロッパデタントの文脈でのEC諸国のCSCE政策と、軍備管理・軍縮デタントの文脈でのフランスのCDE構想の融合が起こったのであった。その際に大きな役割を果たしたのが、前者において信頼醸成措置を追求したイギリスと、後者を推進したフランスであった。

（5） CSCEマドリード再検討会議戦略に向けたECの戦略の策定

EC諸国はCDE構想の内容を固めることと並行して、CSCEマドリード再検討会議に向けた戦略の策定に着手した。この作業は、一九七九年七月以降のヨーロッパ政治協力・政治委員会やヨーロッパ政治協力・CSCE専門家会合で行われ、『マドリード再検討会議前および会議中のEC九ヶ国の戦略についての報告書』としてまとめられた。その過程ではいくつかの重要な論点が浮上した。

まず一点目の論点は、CSCEマドリード再検討会議に向けた準備に際してのNATOとECの協力のあり方であった。フランスは、西側諸国の立場の形成にあたりＮＡＴＯよりもＥＣの協議を優先させる従来の立場に則り、報告書に「ＥＣとしての立場を先に固めたうえで、その他の西側諸国と協議をする」という趣旨の文言の挿入を試みた。[141] これに対して、イギリス、西ドイツ、オランダ、デンマークなどがＥＣとＮＡＴＯの連携の重要性を指摘した。その結果、両者の立場を反映する折衷的文言が合意され、ＥＣ諸国は自らの立場を固める前でもＮＡＴＯとの協議が可能であることが明確にされた。[142]

二点目の論点は、ＣＳＣＥマドリード再検討会議での優先順位についてであった。ＥＣ諸国は、片やＣＤＥの開催を重視して東側の人権状況にあまり関心を払わないフランス、片や人権問題にのみ注力し東側との対峙を厭わないオランダとに分かれ、その中間に西ドイツが存在する構図が生まれた。[143] この立場の違いは、報告書の文言にこそ表出しなかったものの、この先のＥＣ諸国の間の争点の一つとなった。

三点目の論点は、安全保障をめぐる議論でソ連を「要求する側（demandeur）」の立場に置くことであり、これはとくにイギリスが重視した点であった。[144] 背景には、西側が「要求する側」としてＣＤＥの開催を強く望んでいるという印象を与えてしまうことで東側に足元を見られ、ＣＤＥの開催条件面で譲歩を強いられることへの懸念が存在した。この点に関しては、イギリスが望んだ通り「東側を要求する側の立場に置く」という趣旨の文言が報告書に盛り込まれることで決着を見た。最終的には、ＥＣ各国が合意した報告書は一九七九年一〇月一一日から一二日のヨーロッパ政治協力・政治委員会で採択され、[145] 外相会合に提示されることになった。

このようにヨーロッパ政治協力での議論を通じて、ＣＳＣＥマドリード再検討会議に向けたＥＣ諸国の戦略が定められたことは、ＣＤＥをめぐる戦略を規定することにもつながった。というのも、ＥＣ諸国のＣＳＣＥ戦略は、その枠組みの下に置かれたＣＤＥにも自ずと適用されたからであった。

（6）英仏の要人レベルでのCDEをめぐる合意の形成

CDE構想をめぐるEC諸国の立場が次第に収斂するなか、再び問題となったのがイギリスとフランスの立場の違いであった。イギリスのキャリントン外相は、CDEに対するフランスの関心が同国を「要求する側」に立たせて、東側との関係で不利な立場になることを引き続き懸念していた[146]。つまり、イギリスが問題視したのはCDEそのものではなく、CDEに対する西側諸国のアプローチのあり方であった。同時に、西ドイツをはじめとする他のEC諸国がCDEの第一段階を歓迎するなかで、同構想に対して煮え切らない態度をとるイギリスは孤立しつつあるとキャリントンは認識していた[147]。

このような認識にもとづき、一九七九年一〇月二〇日から二二日にかけてアイルランドのアシュフォード城[148]で開かれたEC九ヶ国非公式外相会合において、イギリスはフランスに接近する姿勢を見せた。会合でフランスのフランソワ＝ポンセ外相がCDE構想に関するプレゼンテーションを実施したことに対して、キャリントン外相は強い歓迎の意を表明したのである[149]。イギリスの政府要人がCDEに対する支持を明確にしたのは初めてのことであった。それでもなお、フランスはCDEに対するEC諸国の支持を得るうえで鍵となるのはイギリスであると認識し、翌一一月に控えた英仏首脳会談で改めて本件を持ち出すことにした[150]。このことは、EC諸国のなかでCDE実現の成否の鍵を握っていたのは、フランスとイギリスの二ヶ国だったことを物語るものであった。

一一月一九日から二〇日にかけてジスカール・デスタン大統領はイギリスを訪問し、サッチャー首相と首脳会談を行った。首脳会談の最大の関心事は、サッチャーが首相に就任した直後より提起していたECの予算問題であったものの[151]、それ以外にも東西関係や軍備管理・軍縮へと話は及んだ。一九日午後の会談でCDEについて切り出したサッチャーは、軍縮の議論は必要であるとしつつも、それは「強い立場」から臨まなければならないと述べ、ジスカール・デスタンに見解を問いかけた[152]。これに対し、ジスカール・デスタンは、中欧相互兵力削減交渉に対するフランスの従来の否定的立場に触れつつCDEを提案した理由を説明した。そして、CDEに対するソ連の当初の否定的な態度が次第に変化したことを紹介したうえで、信頼醸成措置をめぐる合意には兵力削減のプロセスをともなう必要があると論じた。

首脳会談でのイギリスの立場、すなわち軍縮に対して「強い立場」から望むべきであるというのは、CDEに関する合意を追求するあまりフランスが「要求する側」の立場とならないよう釘を刺そうとしたキャリントン外相と外務省の立場を反映したものであった。また、それは軍事的に不利な立場から東西の軍縮交渉に臨むべきではないというサッチャー自身の考えを踏まえたものであるとも考えられる[153]。しかし、ここで重要であったのは、条件付きとはいえイギリスがCDEに対して反対をしなかったことであり、それは翌日のヨーロッパ政治協力・外相会合におけるコミュニケの採択へ途を開いた[154]。

5　ヨーロッパ共同体およびNATOでの支持コミュニケの発出

ヨーロッパ軍縮会議（CDE）構想をめぐる英仏の歩み寄りと並行して、フランスはヨーロッパ共同体（EC）諸国が一体となってそれへの支持を表明するコミュニケを発出することを目指していた。その背景には、東側諸国の動向があった[155]。一九七九年一〇月六日、東ベルリンを訪問したブレジネフは、信頼醸成措置の強化および軍事デタントにかかる措置を議論する会議（五月に提案したヨーロッパでの軍事デタントおよび軍縮に関する会議［CMDD］のことを指していると考えられる）の開催を呼びかけた[156]。さらに、一〇月八日にはソ連と東ドイツは共同コミュニケを発出し、今後一年間のうちに中部ヨーロッパよりソ連軍二万人および戦車一千台を一方的に削減することを発表した[157]。この演説は二重決定に向けた西側諸国の動きを牽制することを目的としたものであったが、西ドイツや西ヨーロッパ全般の世論に大きな影響を及ぼした[158]。なかでも西ドイツでは、政権与党の社会民主党（SPD）内で影響力を有したエゴン・バールが、二重決定にもとづく中距離核戦力の配備を見送る（生産はする）ことを示唆するほどであった。[159] このような状況を受けて、西側諸国はこれらの具体的提案に反応し、軍縮に取り組む姿勢を見せることが急務となったのである。

一一月六日、フランスはEC諸国に対して、一〇月のアシュフォード城におけるEC九ヶ国非公式外相会合の議論に言及しつつ、CDEに関するコミュニケの文言案を送付した。[160] このコミュニケ案は、一一月八日から九日のヨーロッパ政治協力（EPC）・専門家会合[161]（ヨーロッパ政治協力・ヨーロッパ安全保障協力会議〔CSCE〕専門家会合とヨーロッパ政治協力・軍縮専門家会合の合同セッション）および一一月一四日から一五日のヨーロッパ政治協力・政治委員会[162]において取り上げられたものの、複数国がその内容やタイミングに意見したことから議論は平行線を辿り、最終的には外相レベルで政治決着が図られることとなった。そして、それは一一月二〇日、英仏首脳会談を終えたジスカール・デスタン大統領が帰途に就いた日に、ブリュッセルで開催されたヨーロッパ政治協力・外相会合において実現した。会合では、イギリスや西ドイツをはじめとするいくつかの国が翌月のNATO北大西洋理事会に先立ちCDEにコミットする姿勢を表明することに慎重な態度を見せたものの、最終的にはEC諸国はコミュニケの発出に合意した。[163]

一九七九年一一月二〇日にEC諸国が発出したコミュニケ[164]には三つの重要なポイントがあった。まず一点目のポイントとして、軍事分野において意義のある信頼醸成措置をめぐる交渉の条件を定めたマンデートを、CSCEマドリード再検討会議にて採択することを目指すことが打ち出された。つまり、EC諸国は信頼醸成措置について議論するフォーラムをCSCEの枠組み下で新たに立ち上げることに正式に合意したのである。これは、CSCEから切り離されたフォーラムとしてのCDEにおいて信頼醸成措置の議論を求めたフランスの立場と、CDEをCSCEの指揮監督下に置くことを望んだイギリスや西ドイツの立場の双方が組み合わさったものであった。

二点目のポイントとして、信頼醸成措置は検証可能かつヨーロッパ大陸全域に適用される必要があり、各国の安全保障の改善に資することで同一の地理的範囲での軍備管理・軍縮のプロセスへとつながる環境を醸成するものであると明記された。すなわち、信頼醸成措置の条件として、一点目のポイントにあった「軍事分野において意義のある」ことに加えて、「検証可能」かつ「ヨーロッパ大陸全域への適用」が挙げられた。これは、一九七八年五月時点でのフランスのCDE構想が信頼醸成措置の条件として「監視システムの導入」と「大西洋からウラルへの適用」の各点を挙げ、かつ奇襲攻撃の防止という「軍事的意義」をもつことを目指していたことを想起すると、若干の相違こそあれ、もともとのフランス提案の内容を取り込んだものであると言えよう。さらに、信頼醸成措置が軍備管理・軍縮プロセスへとつながることへの言及は、CDE構想の第二段階である通常戦力の軍縮への進展の可能性を示唆するものであった。

三点目のポイントとして、一九七八年五月のフランス提案に影響を与えることとなったさまざまな事項を考慮することにも言及された。すなわち、EC諸国が表明した立場とフランスが当初提案したCDE構想との関係はコミュニケ上では曖昧な表現に留められ、「CDE」という言葉も登場しなかった。しかし、一点目および二点目のポイントと合わせると、同コミュニケは実質的にはフランスのCDEへの支持を表明したものであった[165]。

EC諸国によりCDEへの支持が打ち出されたことに続いて、今度はNATOにおいても同様の動きが見られた。翌月の一二月一三日から一四日に開催された北大西洋理事会・閣僚会合のコミュニケの一節は、CDE構想に対するNATOの支持を明らかにした[166]。同コミュニケは、フランスの提案するCDEは有用なコンセプトであるとしたうえで、CSCEマドリード再検討会議ではCSCEの枠組みの下で信頼醸成措置に関する交渉を行うためのマンデートの採択を目指すと表明した。そして、信頼醸成措置の条件としては、軍事的意義をもち、検証可能であり、かつヨーロッパ大陸全域に適用されるものであるとした。さらに、これらの信頼醸成措置をめぐる合意が実現した場合には、それは同一の地理的範囲での軍備削減・軍縮に資する状況を生み出すとされた。要するに、北大西洋理事会のコミュニケはヨーロッパ政治協力・外相会合のコミュニケの内容をほぼ踏襲したものであった。

同盟の盟主であるアメリカが、コミュニケ上でCDEへの支持を公表することを受け入れた背景には二点の理由があった。一点目は、国務省が信頼醸成措置の強化に前向きであったためである。[167] 二点目は、西側同盟国に配慮したためである。アメリカのカンペルマンCSCE大使が後年明かした通り、同国は西ヨーロッパの国々の恐怖と不安を和らげることを重視していた。[168] それゆえEC諸国が主導するイニシアチブを支持したのであった。

以上二つのコミュニケをもって、CDEは西側諸国によるヨーロッパデタントの政策の一つとしての位置づけを獲得したのであった。このタイミングは重要であった。何よりも第一には、ソ連のアフガニスタン侵攻により超大国デタントが崩壊する直前に合意されたからである。アメリカによるCDEへの支持は、新冷戦が始まる前の超大国デタントの最後の「置き土産」であった。そして、(次章で取り上げるように)アフガニスタン侵攻により同国がCDEへのコミットメントを撤回するなか、EC諸国は同コミュニケを根拠にCDEの実現に向けて話を進めることとなる。第二には、NATOの外相・国防相による特別会議で「二重決定(中距離核戦力〔INF〕の近代化とソ連との軍備管理交渉の二つをNATOの目標として定めた決定)」が採択された数日後に発出されたからである。この一連の流れを俯瞰すると、中距離核戦力をめぐる方向性は二重決定で定められた一方、信頼醸成措置をめぐる方針は一二月一三日から一四日の北大西洋理事会のコミュニケで示されたと言えよう。以降、CDEは西側諸国の軍備管理・軍縮政策の一翼を担い、一九八〇年代に入ってからの東西交渉の主要なテーマとなっていくこととなる。

おわりに

本章では、一九七七年から七九年にかけてヨーロッパ軍縮会議(CDE)の構想が生み出され、ヨーロッパ共同体(EC)諸国、ひいては西側諸国の政策に組み込まれた経緯を明らかにした。改めて本章の議論を振り返りたい。

「はじめに」では、超大国デタントとヨーロッパデタントの命運を分けた要因としてCDEを重視するという本書の立場を説明した。また、CDEがヨーロッパデタントの主要なツールとなった背景を説明するため、「ヨーロッパデタント」と「軍備管理・軍縮デタント」の二つが融合したという視角を提示した。第一節では、ヨーロッパデタントを支えたEC諸国のヨーロッパ安全保障協力会議（CSCE）政策を取り上げた。CSCEベオグラード再検討会議での米ソ対立を受けてヨーロッパデタントが危機に瀕するなか、EC諸国は次回のマドリード再検討会議に向けてイニシアチブをとることの重要性を認識したと論じた。第二節では、七七年から七八年にかけてフランスが「空位政策」を撤回し、軍備管理・軍縮デタントの文脈でCDEを含む軍縮イニシアチブを打ち出した経緯を説明した。第三節では、CDE構想に対する西側諸国および東側諸国の反応を検討した。各国の反応はまちまちであったが、いずれの陣営からもCDEは重要なテーマとして次第に意識されるようになった。ヨーロッパデタントと軍備管理・軍縮デタントの二つの文脈のそれぞれにおいて、時を同じくして東西関係の改善の機運が生じたのであった。第四節では、CDE構想をめぐるEC諸国の立場が収斂する過程を考察した。七九年一月以降のヨーロッパ政治協力（EPC）での議論の結果、CDEを新たに立ち上げつつもCSCEの枠組みの下に置くことで合意が達成された。この過程で、ヨーロッパデタントの文脈でのEC諸国のCSCE政策と、軍備管理・軍縮デタントの文脈でのフランスのCDE構想は融合したのであった。第五節では、七九年一一月二〇日のヨーロッパ政治協力・外相会合のコミュニケおよび一二月一三日から一四日の北大西洋理事会・閣僚会合のコミュニケによりCDEへの支持が表明されたことを説明した。

では、この一連の過程はいかなる国際政治上の意義をもつものであろうか。その意義としては以下の三点があると考えられる。一点目は、「軍事的安全保障の次元でのヨーロッパデタント」という新たなジャンルを生み出し、デタントの多元重層化を進展させたことである。言い換えると、「CSCEの三五ヶ国が参加して軍備管理・軍縮交渉を行う」という従来とは異なる様式のデタントが出現したのである。それは超大国デタントの崩壊と東側諸国での人権抑圧によって一九八〇年代前半にヨーロッパデタントが逆風にさらされるなか、東西間に共通の関心領域を提供することでデタントの維持にあたり大きな役割を果たすこととなった。また、フランスが参加せず米ソ主導の性質が色濃い中欧相互兵力削減交渉（MBFR）が行き詰まるなかで代替となるフォーラムを提供した。二点目は、EC諸国がNATOに先立ちイニシアチブを取ったことで、NATOの専管領域であった安全保障分野においてECのプレゼンスが高まったことである。[169] 安全保障問題に対する西ヨーロッパの発言力の向上は、八〇年代に入ってからのCSCEやCDEでの議論を左右する要因の一つとなり、ヨーロッパにおける東西関係のあり方に大きな影響を与えた。三点目は、信頼醸成措置や軍備管理・軍縮にかかる交渉に際して西側諸国の求める条件が定められたことである。その条件は、「軍事分野において意義がある」ことに加えて、「検証可能」かつ「ヨーロッパ大陸全域に適用」というものであった。これは、その後のヨーロッパの信頼醸成措置および通常戦力をめぐる軍縮交渉において西側が繰り返し要求する内容となり、最終的にはCDEの合意文書であるストックホルム文書、そしてヨーロッパ通常戦力条約として冷戦末期に実現することとなるのである。

第2章　ソ連のアフガニスタン侵攻とヨーロッパデタントの模索

――一九七九〜八〇年

はじめに

一九七九年一二月二四日、NATO北大西洋理事会・閣僚会合にてヨーロッパ軍縮会議（CDE）への支持が表明されたわずか一〇日あまり後、冷戦は転換点を迎えた。ソ連によるアフガニスタン侵攻が火蓋を切ったのである。ソ連が非同盟国に対して直接的な軍事侵攻を行ったのは第二次世界大戦後初めてのことであった。これに対して、アメリカのカーター政権は対抗する姿勢を鮮明に打ち出し、対ソ制裁の採択、カータードクトリンの策定および戦略見直しの加速化の三点の措置をとった(1)。その結果、七〇年代半ばより揺らいでいた米ソデタントは崩壊し、超大国は「新冷戦」へと突入することとなった。

一方、ヨーロッパでは状況が異なった。アフガニスタン侵攻後もデタントのモーメンタムが消えることはなかったのである。言い換えると、ヨーロッパデタントは超大国間関係が悪化するなかでも存続したのである。それはなぜだったのか。本書は、一九八〇年一一月に「ソ連のアフガニスタン侵攻後初めての東西間の主要なイベント(2)」であるヨーロッパ安全保障協力会議（CSCE）マドリード再検討会議の開会を控えるなか、ヨーロッパ共同体

（ＥＣ）諸国が中心となりＣＤＥの開催を追求したことが重要であったとの立場をとる。なぜならば、それは東西が対立するなかでも双方に共通する関心領域を生み出し、ヨーロッパデタントの核であるＣＳＣＥでの対話を生み出したからである。つまり、ＣＤＥこそがＣＳＣＥに協調的な側面を残し、米ソ新冷戦下での東西対話のチャンネルとして機能させたのである。そこで、本章ではソ連のアフガニスタン侵攻からＣＳＣＥマドリード再検討会議の開会に至る時期に焦点をあて、軍事的安全保障の次元でのヨーロッパデタントが維持され、ＣＳＣＥマドリード再検討会議のアジェンダに組み込まれる経緯を明らかにする。

まず先行研究の現状について説明したい。本章の議論に関係する先行研究は、(1)アフガニスタン侵攻への西側諸国の対応に着目した研究、(2)ＣＳＣＥに着目した研究、の二種類に整理することができる。(1)については、同時代研究以外では、主要アクター（イギリス、フランス、ＥＣ諸国など）の対応を個別に取り上げた研究[3]と、より広い冷戦史の文脈からアフガニスタン侵攻への対応に言及した研究[4]の二つに細分化される。その多くは、ソ連の軍事行動により米ソ関係が悪化するなかでも、ＥＣ諸国が東西対話を模索したことを指摘する。ところが、これら先行研究はソ連との関係でとられた対応にもっぱら焦点をあてる一方、多国間枠組みのＣＳＣＥでの対応にほとんど言及していない。それゆえ、侵攻直後のＥＣ諸国による一時的な対応がいかにしてヨーロッパデタントの制度面での存続につながったかは明らかではない。ヨーロッパデタントの持続性を説明するには、侵攻直後の一時的な対応よりもむしろ制度面に着目する必要がある。

続いて(2)のＣＳＣＥ史研究については、一九八〇年一一月から八三年九月までの三年間にわたる交渉の末に合意に漕ぎ着け、同時期のヨーロッパデタントの象徴となったＣＳＣＥマドリード再検討会議の研究が進んでいる[5]。これらの研究では、ＣＤＥが同会議の重要な論点として東西対話の維持に貢献した局面があったと指摘されている。しかしながら、八〇年一一月のＣＳＣＥマドリード再検討会議の開会に至るまでの過程は十分に論じられておらず、アフガニスタン侵攻後の東西関係の動揺のなかでＣＳＣＥが続行された理由は解明されていない[6]。つまり、新冷戦下でなぜCSCEがヨーロッパデタントの中心的な枠組みとなり得たのか明らかではないのである。以上(1)(2)の先行研究のほかには、東側によるヨーロッパデタントの維持に向けた動きを論じる研究[7]もあるが、やはりCSCEへの言及はない。

以上の問題意識を念頭に、本章は多国間枠組みのCSCEに重点を置き、ソ連のアフガニスタン侵攻に対する西側諸国の対応を取り上げる。そして、EC諸国がCDEの実現を引き続き目指したことがヨーロッパデタントの存続に途を開いたことを明らかにする。そのために、本章では一九七九年一二月のソ連によるアフガニスタン侵攻から、八〇年末のCSCEマドリード再検討会議の開会（一一月）およびフランスによるCDEマンデートの提案（一二月）に至るまでの一年間を取り上げる。「CDEマンデート」とは、CDEの詳細な条件（CDEの目的、開会日、CDEで議論される措置の種類やその対象地域など）を記載したものであり、CSCEマドリード再検討会議において合意されることでCDEを立ち上げるものである（次章以降で論じるが、CDEのマンデートは八三年にマドリードで合意され、翌八四年に会議が始まることとなる）。つまり、本章ではソ連のアフガニスタン侵攻にともない東西関係が揺らぐなか、西側諸国がCDEの立ち上げを正式に提案した経緯を検討する。

では、本章の議論の流れを説明したい。第一節では、ソ連のアフガニスタン侵攻に至る経緯を手短に整理したうえで、侵攻に対する西側諸国の最初期の反応に焦点をあてる。西側主要国はそれぞれ異なる反応を示したものの、CSCEを存続させる点では一致していたことを指摘する。第二節では、アフガニスタン侵攻を受けた西側諸国の対応策を検討する。まず米欧によるソ連との二国間関係の見直しの過程を取り上げ、アメリカが対決的な政策をとった一方でEC諸国はヨーロッパデタントを継続させたことを論じる。続いて、多国間枠組みであるCSCE政策の策定プロセスに着目し、EC諸国の主導下でCDEの提案の方針がとられたことを明らかにする。それは、新冷戦下でのヨーロッパデタントの存続にとって重要な出来事であった。

第三節では、アフガニスタン侵攻への対応が落ち着いた一九八〇年春以降の対東側政策のあり方をめぐる米欧関係にフォーカスする。CDEへの立場の違い（アメリカはCDEに消極的な姿勢に転じたが、EC諸国はCDEに積極的であった）に象徴される、東西関係のあり方をめぐる米欧間の軋轢がいかなる展開を見せたのかを検討する。その過程で、EC諸国はCDEの開催を目指すことをNATOの方針に組み込んだことを明らかにする。第四節では、CSCEマドリード再検討会議の開会前後の時期に焦点をあて、開会に至るまでの過程およびフランスがCDEマンデートを提出した経緯を説明する。以上を通じて、本章は超大国が新冷戦へと足を踏み入れるなか、ヨーロッパでは軍事的安全保障の次元が中心となってデタントの存続へと途が開かれた経緯を明らかにする。

1　ソ連のアフガニスタン侵攻と西側諸国の反応

（1）ソ連による侵攻に至る経緯

はじめに、ソ連のアフガニスタン侵攻までの経緯について概観したい。(8) 一八世紀以降、アフガニスタンは地政学上の重要性により大国から干渉を受けつつも、パシュトゥーン族の王朝により治められてきた。ところが、一九七〇年代に入ると大きな転機を迎えた。七三年七月、国王の従兄弟にあたるダウドがクーデターを実行し、王制が廃止されて共和制へと移行したのである。続いて、七八年四月には再びクーデターが発生し、アフガニスタン人民民主党（PDPA）が権力を掌握して社会主義政権が発足することとなった。

社会主義政権発足後もアフガニスタンの情勢は安定しなかった。アフガニスタン人民民主党内部の二大派閥であるハルク派とパルチャム派の抗争が激化したことに加え、イスラム主義勢力からの抵抗にも見舞われ、治安は悪化の一途を辿った。これに対し、当初ソ連は介入に後ろ向きであった。一九七九年三月一五日に西部ヘラートで大規模な反乱が発生し、現地のソ連人を含めて数千人に上る犠牲者が出た際にも、クレムリンの政治局は不介入方針を決定した。また、七月にはアフガニスタンからソ連軍二個師団の派遣要請を受けたものの、断った。[9]

ソ連指導部がアフガニスタン侵攻を決断するきっかけとなったのが、一九七九年一〇月のアミン副首相によるタラキ大統領の殺害事件であった。以後、ソ連は（かねてよりソ連から距離を置く姿勢を見せていた）アミンの対米接近を懸念し、アフガニスタンへの介入に傾くようになった。また、東西関係の動向もソ連の介入の決断を後押しすることになった。七九年後半の軍備管理をめぐる東西関係の緊張、すなわちNATOの二重決定およびアメリカ上院の第二次戦略兵器制限条約（SALT Ⅱ）批准への消極的態度は、介入をめぐるアンドロポフ国家保安委員会（KGB）議長とウスチノフ国防相の意思決定に影響を及ぼし得たとともに、彼らによる同僚の説得を容易にした。[10]

最終的には、一九七九年一二月のクリスマス・イブにソ連はアフガニスタンに対する軍事行動を本格的に開始した。ソ連は、友好協力善隣条約にもとづきアフガニスタン政府からの要請を受けたとして大規模に部隊を展開し、三日後の二七日には首都カーブル近郊の官邸でアミンを処刑して親ソ派のカルマル政権を擁立した。第三世界の国に対するソ連の直接の武力行使は、西側諸国の間で多様な反応を引き起こすこととなった。

（2）西側諸国の最初期の反応

ソ連のアフガニスタン侵攻に対し、いち早く反応したアメリカの姿勢は強硬であった。一九七九年一二月二六日、国務省の報道官は「ソ連はアフガニスタンへの軍事展開において新たな段階へと踏み込んだようだ」と述べたうえで、国際社会に対してソ連の露骨な軍事介入を非難するよう呼びかけた。[11] また、一二月二八日にカーター大統領は記者会見を開き、ソ連の行動は国際的な行動規範に明白に違反するものであり、平和に対する深刻な脅威であると言及した。[12] さらに、一二月二九日にはカーター大統領はブレジネフ書記長に対して任期中でもっとも辛辣なメッセージを送付し、[13]「ソ連の行動は米ソ関係の根本的かつ永続的な転換点となり得る」と警告した。[14]

イギリスもまた、アメリカと同様にソ連に対して厳しい態度をとった。一二月二八日、イギリス政府は「ソ連の軍事介入を非難する」との声明を発出した[15]。一二月二九日にはサッチャー首相がブレジネフに書簡を送り[16]、軍事介入はアフガニスタン政府からの要請を受けたものであるとするソ連の説明に疑問を呈したうえで、アフガニスタンは外部からの干渉を受けていたというソ連の言い分には証拠がないと指摘した。ただし、言葉のトーンはカーターより幾分穏やかであった[17]。

他方、大陸ヨーロッパの国々の反応は異なった。なかでも、フランスの態度は米英と大きく違っていた。一二月二八日にフランス外務省が発出した声明は、カーブルでの事件および地域の平和と安定に対する懸念を表明し、ソ連による介入の説明に注意深く留意すると述べるに留めた[18]。また、年明けの一九八〇年一月九日にフランソワ＝ポンセ外相が発出した声明は、アフガニスタンでの出来事は国際社会の原則およびフランスの政策とは相容れないものであると述べつつも、ソ連を名指しして非難することを控えた。そのうえで、フランスはデタントの追求を諦める意図はないと宣言した[19]。

西ドイツは、西側同盟の結束とヨーロッパデタントの維持という二つの目標の板挟みの状況に置かれた[20]。それゆえ、同国のとった立場は米英とフランスの中間に位置づけられるものであった。一二月二八日に政府が発出した声明は、ソ連を非難することなくアフガニスタンでの事態に対して深い懸念を表明した[21]。また、シュミット首相は新年のスピーチにおいて「侵攻」という表現を用いることを避けつつ、ソ連のアフガニスタンでの「行動」は誤りであると述べた[22]。

西側主要国の反応の違いは、各国によるソ連の行動の解釈の差に起因するものであった。アメリカ、とりわけカーター大統領は、アフガニスタン侵攻をソ連による中東でのパワーバランスを大きく優位にする試みであると捉え、さらなる侵略へと駆り立てると考えたからこそ[23]、強硬に反発した。これを機にカーターは従来の対ソ観を大きく変容させ[24]、ソ連をもはや協力可能な相手ではなく、信頼のできない相手であるとみなすようになった[25]。イギリスもまた、ソ連の行動を拡張主義的政策の現れであると捉えたことから、強い態度をとった[26]。ただ、ソ連のアフガニスタンでの狙いは限定的であるともみなしていたことが、冷静な反応につながった[27]。他方、フランス政府内では、アフガニスタン侵攻はソ連の戦略の根本的な変化ではなく誤算により引き起こされたとの見方が主流であったことが[28]、デタントの継続に対する前向きな態度を生み出した。

（3）西側諸国による対応策の協議の始まり

西側諸国の足並みが乱れるなか、間もなくアフガニスタン侵攻への対応策について検討するための協議が始まることとなった。その最初の会合が、一九七九年一二月二九日にブリュッセルのNATO本部で開催された北大西洋理事会の特別会合であった。同会合では、NATOが一体となって懸念を表明するべく、ルンス事務総長は「［アフガニスタン侵攻は］NATOの懸案事項である」という文言をコミュニケに挿入することを目指した。ところが、この試みはフランスによって阻止された[29]。その結果、最終的に発出されたコミュニケは「事務総長はソ連の行動に強い懸念を示した。……それはすべての国際社会にとっての主要な懸案事項である」と述べるに留まり、NATO加盟国の名において連帯して懸念を表明することは叶わなかった[30]。

続いて、一二月三一日には西側の主要六ヶ国（アメリカ、イギリス、西ドイツ、フランス、イタリア、カナダ）の副外相級会合[31]がロンドンにて開かれた。同会合も引き続き西側諸国間の立場の違いに翻弄されたものの、議論を通じて次第に東側諸国との関係のあり方についての方向性が浮上した。まず、西側各国はソ連との二国間関係（米ソ関係、英ソ関係など）を見直すとともに、その際の対応を協調させることで合意した。同時に、東西の多国間枠組みであるヨーロッパ安全保障協力会議（CSCE）や中欧相互兵力削減交渉（MBFR）の存続を望んでいることでもおおむね一致した[32]。つまり、ソ連との二国間関係が見直される一方、多国間の枠組みは維持される方向性が定まったのである。これを踏まえて、対ソ強硬派の急先鋒であったアメリカも、一九八〇年一月二日の国家安全保障会議（NSC）会合においてCSCEへの参加の継続を決定した[33]。

西側諸国の方針は、CSCEを軸とする新冷戦下でのヨーロッパデタントの存続に向けた第一歩となった。東西関係の安定化に資する多国間枠組みのCSCEについては現状維持とすることが決定したからである。とはいえ、この時点ではまだCSCEでの対話の継続が確約されていたわけではなかった。なぜならば、各国の思惑には違いがあったからである。仏独をはじめとする西ヨーロッパ諸国は、デタントの継続のためにCSCEを活用するつもりであった[34]。他方、アメリカは東側諸国による人権侵害にスポットライトをあてるべくCSCEを活用するつもりであった[35]。すなわち、アメリカは東西間の対話よりもむしろ東側を糾弾する目的でCSCEの継続を望んでいた。それゆえ、CSCEという「箱」こそ残されたものの、今後の議論次第ではそれが前章で取り上げたCSCEベオグラード再検討会議(一九七七年一〇月から七八年三月)のように東西対決の場と化し、機能不全に陥る、ひいては崩壊する可能性があったのである。

2　米ソ新冷戦の幕開けとヨーロッパデタントの存続

(1)アメリカによる対ソ二国間関係の見直し

西側諸国は以上の方針にもとづき、ソ連との二国間関係の文脈および多国間枠組み(ヨーロッパ安全保障協力会議〔CSCE〕)の文脈の双方でとるべき政策の検討に着手した。最初に動きがあったのが、アメリカによる対ソ二国間関係の見直しであった。一九八〇年一月四日、カーター大統領は演説を通じて対ソ制裁を発表した。制裁のリストには、駐ソ大使の召還、米ソ両国の領事館の新設延期といった政治面での制裁に加えて、ハイテク製品・戦略物資の対ソ輸出の一時停止、アメリカの水域におけるソ連の漁業権の制限、総量一七〇〇万トンに及ぶ対ソ穀物輸出の停止などの経済面での制裁が含まれていた[36]。また、上院に対して第二次戦略兵器制限条約(SALT II)の審議の凍結を要請したことも明らかにされた。実はこの措置は制裁の一環としてではなく、世論の強い風当たりを受けていたSALT IIが上院で即時に否決されることを回避し、批准の可能性を今後に残すことを目的としていた。[37]ところが、アメリカ国内ではこの発表は「SALTの見通しに恐らくとどめを刺した」(『ワシントン・ポスト』紙[38])と受け止められた。超大国デタントの初期から重要な位置づけがなされ、「デタントのフラッグシップ[39]」であった戦略兵器制限条約の凍結は超大国デタントの崩壊を印象づけた。

その後もアメリカは全体の戦略の見通しがないなかで五月雨式に制裁を実施した。[40]一月八日にはソ連のアエロフロート航空のアメリカへの乗り入れが週二回に制限され、同一一日にはすでに認可済みであったソ連への輸出許可が取り消された。さらに、一月四日の演説ではモスクワオリンピックへの不参加は望まないと述べたにもかかわらず、わずか二週間後の一月二〇日には態度を一変させ、ソ連が一ヶ月以内にアフガニスタンより撤収しない場合にはオリンピックをボイコットすると表明した。[41]

対ソ制裁の総仕上げとなったのが、一月二三日の年頭教書演説において打ち出された、いわゆる「カータードクトリン」であった。[42]カータードクトリンとは、ペルシャ湾地域を支配する試みに対しては軍事力を含む報復を辞さないとする、中東地域でのソ連の軍事的な封じ込めを示したものである。それは隣接するアフガニスタンに侵攻しているソ連を牽制する狙いをもつものであった。このようにアメリカは政治面、経済面、軍事面のいずれでもソ連への対決姿勢を鮮明にし、米ソ新冷戦が幕を開いた。

では、ヨーロッパ共同体(EC)諸国はワシントンにより次々に繰り出される対ソ制裁にいかなる反応を見せたのだろうか。EC諸国は、アメリカに対ソ制裁そのものに対しては一定の理解を示した。イギリスのキャリントン外相がアメリカの対ソ制裁への反応を伝えるために駐米大使に送付した電報は、対ソ穀物輸出の停止に対して賛同の意を表明したほか、対共産圏輸出統制委員会(COCOM)を通じたハイテク製品の対ソ輸出制限にも前向きな姿勢を見せた。[43]フランスのジスカール・デスタン大統領は、同国としては対ソ制裁に反対することを一月五日に決定する一方で、アメリカの対ソ制裁に基本的には同意し、対ソ穀物輸出の停止の準備を首相に指示した。[45] また、西ドイツのシュミット首相は、アメリカには筋の通った危機克服の戦略がないと批判的であったものの、一つ一つの措置についてはあまり反対はしなかった。[46]

とはいえ、EC諸国はアメリカが同盟国に配慮することなく一方的に対ソ制裁を打ち出したことに反発した。イギリスのキャリントン外相は、先の駐米大使宛の電報で「西側諸国にとって重要なのは、十分な思慮と準備をしたうえで共に協調して行動することである。……アメリカが単独で至った決定は、さらなる協議が行われるまで発表されるべきではない」と論じ、[48] アメリカに不満の意を伝えた。[47] それもそのはずであった。アメリカが一月四日に発表した制裁の内容がイギリスおよびフランスに知らされたのは前日のことであり、[49] 対ソ政策を協調させるとした一二月三一日の六ヶ国協議の方針が蔑ろにされたからである。このアメリカの行動が、EC諸国の協調した対応の出現を促すことになる。

（2）EC諸国による対ソ二国間関係の見直し

アメリカの前のめりの姿勢とは対照的に、EC諸国が一体となってアフガニスタン侵攻に対応するまでには時間を要した。[50] EC諸国の外交協力の枠組みであるヨーロッパ政治協力（EPC）においてアフガニスタン問題が初めて議論されたのは、事態発生から二週間以上が経過した一九八〇年一月一〇日のヨーロッパ政治協力・アジア専門家会合のことであった。[51] 初動の遅れは当時より明らかであり、一月一一日付のフランスの『ル・モンド』紙は「話の展開が予想外の方向に進まない限り、アフガニスタン問題に対するヨーロッパ共通の立場が形成されることはないであろう」と悲観的に報じた。[52]

ところが、初期対応こそ後手に回ったものの、EC諸国はソ連との二国間関係の見直しに協調して取り組むようになった。当初は一体感に欠けていたEC諸国を結束へと向かわせる引き金を引いたのが、アメリカによる一方的な対ソ制裁であった。フランスは、アメリカの対ソ強硬路線から距離を置き、西ヨーロッパにとって望ましい対ソ政策を実現する手段としてECの結束を推進した。この立場は、フランソワ゠ポンセ外相の対処方針の「ヨーロッパの立場をアメリカと切り離すことが目的ではないが、ヨーロッパの国がヨーロッパ固有の立場をとることを目指す」という一節に表出した。[53] 他方、イギリスは西側諸国の連携を強めてソ連に付け入る隙を与えることを防ぐ[54]方策として、EC諸国の結束を追求した。[55] この動きを主導したキャリントン外相は、ヨーロッパ政治協力を通じたEC諸国の政策協調はアメリカおよびNATOにも資するという考えの持ち主であった。[56] このように、EC諸国の結束に向けた動きは「同床異夢」の産物であったが、それはヨーロッパが東西関係で独自の立場を打ち出すことを可能にした。

では、EC諸国によるソ連との二国間関係の見直しはいかなる展開を見せたのであろうか。以下、政治面と経済面のそれぞれでの取り組みと成果を概観したい。[57] まず、政治面での取り組みの一点目は、EC諸国としての共通のメッセージの発出であった。一月一五日、ヨーロッパ政治協力・アジア専門家会合での議論を踏まえて、[58] ヨーロッパ政治協力・外相会合においてアフガニスタン侵攻に関するコミュニケが発表された。同コミュニケは「ソ連による介入は内政干渉であり正当化は受け入れられない」とする一方で、「EC九ヶ国はデタントの目的のために継続的な努力を払ってきており、そのプロセスは国際社会の全構成員の利益になると引き続き確信している。他方、デタントは不可分であり［デタントは特定の地域にのみ選択的に適用されるわけではないとの意味］グローバルな次元をもつ」として、ソ連に対してアフガニスタンの自己決定を可能にするよう要求した。[59] 言い換えると、EC諸国はソ連の軍事侵攻を受け入れないことを明言しつつも、デタントの存続を望んでいることを鮮明に打ち出したのであった。ソ連はこの点に反応し、当時EC議長国の座にあったイタリアに対してデタントの継続への意向を伝達した。[60] 東西双方の対話への意欲が確認されたのである。その後、コミュニケで表明された立場はEC諸国の基本方針となり、二月五日の仏独首脳会談のコミュニケ[61]や二月一九日のヨーロッパ政治協力・外相会合のコミュニケ[62]でも繰り返されることとなる。

政治面での取り組みの二点目は、一九八〇年夏に予定されているモスクワオリンピックへの対応方針の調整であった。カーター大統領が一月二〇日にボイコットに言及したことを受け、ヨーロッパ政治協力では実務家レベルでの会合に加えて二月五日および一九日の外相会合でも話し合いがもたれた。しかしながら、閣僚レベルでの議論をもってしても見解の一致には至らず、イギリスやオランダが求めていたEC諸国の共通の方針が合意されることはなかった。[63] 結局、EC諸国のうち西ドイツのみがアメリカに同調してボイコットを行う一方、残り八ヶ国（英仏を含む）の選手はオリンピックに参加することになり、結果的にはEC諸国の共通政策こそなかったものの東西交流が大枠として維持されることになった。

政治面での取り組みの三点目は、単なる関係の見直しに留まらない、より積極的な関与政策としてのアフガニスタン中立化構想の提案であった。この構想は、一月末にキャリントン外相のアイデアにもとづいてイギリスが発案したものであり、アフガニスタンの中立化とその地位の保証を通じたソ連軍のアフガニスタン撤収を目標とした。[64] そして、同構想はEC諸国から承認され、二月一九日のヨーロッパ政治協力・外相会合のコミュニケで発表された。[65] この構想はソ連の反対により実現することはなかったが、EC諸国は対話を通じたアフガニスタン問題の解決という立場を追求し、アメリカの「カータードクトリン」とは対照的なアプローチをとったのであった。

EC諸国は、経済面でも協調してソ連との二国間関係の見直しを進めた。一点目の取り組みは、対ソ通商政策をめぐる協力であった。その成果は品目によりまちまちであった。穀物に関しては、アメリカによる対ソ穀物輸出の停止に協力し、同国の輸出停止分をEC諸国による輸出で代替しないための措置が一月一五日の閣僚理事会にて合意された。[66] 一方、バターに関しては、イギリスの反対にもかかわらずソ連に対する輸出補助金を受けた輸出が取り止められることはなかった。[67]

経済面での二点目の取り組みは、輸出信用に関するルールの変更であった。従来、イギリスやフランスは対ソ輸出に際して適用される輸出信用の金利を経済協力開発機構（OECD）の推奨する七・二五％を下回る七・一％で設定しており、ソ連に有利な条件となっていた。イギリスはこの見直しに向けてEC諸国を説得した結果、二月五日の閣僚理事会において輸出信用の金利をOECDのレートに準拠させることが合意された(68)。

以上検討した通り、EC諸国は政治面および経済面でソ連との二国間関係の見直しを行った。その結果、EC諸国間の政策協調には限界こそあったとはいえ、部分的には（とりわけ経済面では）ワシントンと共同歩調をとる一方、対立一辺倒のアメリカとは一線を画してソ連への関与を継続するヨーロッパ固有のアプローチが出現した。EC諸国はソ連との二国間関係の文脈でのヨーロッパデタントの存続に途を開いたのであった。

では、なぜEC諸国はヨーロッパデタントの存続を追求したのであろうか。その理由としては、ヨーロッパではデタントにより得られた利益が評価され、その果実を残すことが目指されていたことが挙げられる。一九七〇年代にピークを迎えたヨーロッパデタントは、東西間の分断の壁を引き下げ、ヨーロッパ国際秩序の安定、東西貿易の増加(69)、東西間（とりわけ東西ドイツ間）の人的交流の深化(70)をもたらしていた。それらは、EC諸国にとって遠方のアフガニスタンでの出来事を受けて容易に手放せるものではなかったのである。そして、デタントに対するEC諸国の思い入れの強さは、アフガニスタン侵攻をもってしても「デタント」という言葉の使用を取り止めることは容易ではないとイギリスの外務次官補がしたためたことにも表れていた(71)。他方、アメリカにとってデタントとは本質的には自国の相対的な衰退のなかでソ連による挑戦に対応するリアリスト的な戦略であった(72)。また、ヨーロッパデタントによって得られる恩恵もEC諸国ほど大きくなかった。それゆえ、アフガニスタン侵攻によりデタントがもはや当初の目的を果たしていないことが明白となるなかで、国内でも不評であったデタントを完全に葬り去ったのである。

とはいえ、EC諸国が対ソ二国間関係の文脈でとった措置は、米ソ間の新冷戦がヨーロッパにそのまま持ち込まれてヨーロッパデタントが崩壊することを防いだ点で重要であったものの、一過的な性格の強いものであった。また、それは侵攻という事態に対するあくまで「リアクティブ」なものであり、長期的な東西関係の構築に資する「アクティブ」なものではなかった。それゆえ、一九八〇年代を通じてヨーロッパデタントが存続した背景を理解するには、それを制度面から支えたCSCEにも目を向けることが必要である。そこで、CSCEでの対応を検討したい。

（3）EC諸国によるCSCE政策の策定

前述の通り、西側諸国はソ連のアフガニスタン侵攻後の早い時期より多国間枠組みのCSCEを存続させることに合意していたが、具体的な政策については決めていなかった。そうしたなか、CSCEの枠組みを通じた東側諸国との関与のあり方が次第に模索されるようになった。対ソ二国間関係の文脈とは対照的に、議論の先陣を切ったのはEC諸国であった。

一九八〇年一月一〇日から一一日、EC諸国はヨーロッパ政治協力・CSCE専門家会合を開いた。それはヨーロッパ政治協力・アジア専門家会合でアフガニスタン侵攻が初めて話し合われたのと同日のことであった。このヨーロッパ政治協力・CSCE専門家会合では、今後のCSCE政策の方向性の大枠を定めることに成功した。まず、EC諸国は同年一一月開会のCSCEマドリード再検討会議に予定通り出席することに合意した[73]。また、アフガニスタン侵攻や人権侵害をはじめとする東側諸国によるヘルシンキ合意の不遵守[74]を背景に、マドリードでは「ヘルシンキ合意の実施状況のレビュー」に重点を置くことでも意見の一致を見た[75]。これはCSCEの再検討会議の二大議題である「ヘルシンキ合意の実施状況のレビュー」と「新規提案の検討」のうち前者に力を入れ、東側諸国に対してヘルシンキ合意の遵守を促すことに注力することを意味した。しかしながら、大きな論点が一つ残されることとなった。それが、前年一一月にEC諸国として支持する方針を固めたばかりのCDEの処遇であった。イギリスとオランダはアフガニスタン侵攻を理由にCDEに消極的な態度をとり、マドリードでCDEを提案する方針を再考すべきであると論じた。これに対して、フランス、西ドイツ、イタリアはCDEを引き続き推進すべきであるという姿勢を見せたのである。[76] その結果、同会合では両者の隔たりは解消されなかった。さらに、二週間後の一月二二日から二三日にかけて開かれた局長級会合のヨーロッパ政治協力・政治委員会でも話し合いは平行線を辿った。[77]

EC諸国の立場がCDEをめぐり二分された理由は二点あった。何よりも第一には、このタイミングで、新規の軍備管理・軍縮提案を行うことの是非について意見が分かれたからである。イギリスは、駐ソ大使が「デタントが不可分のものであると考えるならば、我々はアフガニスタンがCSCEに無関係であるという議論をまさに否定しなければならない」と記したように、[78] ヨーロッパデタントと東西関係全般を切り離すべきでないと考えていた。すなわち、ソ連がアフガニスタンで軍事行動をとるなかで敢えてヨーロッパデタントを積極的に推し進めることは望ましくないとみなしていた。そのため、ヨーロッパデタントの新規イニシアチブであるCDEの見直しを主張したのであった。[79] 他方、フランスは東西関係においてアフガニスタン問題は過度な重要性をもつべきでなく、また同問題は本質的には第三世界が主導すべきであると考えていた。[80] つまり、侵攻の影響を直接受けた国々が対応を主導すべきだと考えていたのである（実際に、イスラム諸国会議機構は侵攻を非難する決議を採択していた）。それゆえ、CDEに特段の問題を感じず、その推進に前向きな態度をとったのであった。

第二には、CDEの軍事的意義に対する評価の違いがあった。フランスは、CDEに軍事的安全保障上の意義を見出しており、CDEで議論される予定の信頼醸成措置および通常戦力の軍縮はソ連の軍事的冒険の防止につながると考えていた。だからこそ、悪化する安全保障環境に対応する意味でもその開催を引き続き追求した。[81] また、西ドイツも同じくCDEの軍事的意義を評価していたことから、その開催に積極的であった。[82] この点は、二月二六日の英独外相会談の際にゲンシャー外相からも直接語られたほどであった。[83] 他方、イギリスは仏独二ヶ国ほどにはCDEに軍事的安全保障上の意義を見出しておらず、[84] キャリントン外相、ブラード外務省政務局長ともにアフガニスタン侵攻がCDEの必要性を高めたとは考えていなかった。[85] そのため、CDEに難色を示したのであった。

ところが、イギリスは間もなくCDEに前向きな姿勢、つまりアフガニスタン侵攻前と同じ立場へと再び転じることとなった。きっかけとなったのは二月二日から三日のパリでの英仏外相会談であった。同会談に先立ち作成されたキャリントン外相の対処方針には、CSCEマドリード再検討会議においてCDEの提案を目指すフランスの立場を支持することが明記された。理由として挙げられたのが、(1)CDEでの導入が目指されている、ウラル山脈までの地域を対象とする義務的かつ検証可能な信頼醸成措置は、NATOの警戒能力を高められる点、(2)英仏協力の進展に寄与することにより他の問題（EC予算の問題等[86]）でイギリスが矢面に立つことを避けられる点、(3)フランスがCDEを実現すべくソ連と裏取引をするリスクを低減できる点、の三点であった[87]。イギリスは軍事的安全保障の観点のみならず、フランスとの二国間関係の維持や西側諸国の結束といった戦略的な判断を踏まえてCDEを支持するに至ったのである。

イギリスの立場の変化は、CDEの提案を引き続き目指すというEC諸国の共通の立場の形成につながった。そのことを明らかにしたのが、二月四日から五日のヨーロッパ政治協力・CSCE専門家会合であった。同会合では、CSCEマドリード再検討会議の軍事的安全保障の次元では、国際情勢を考慮に入れつつもCDEの提案に向けた準備を進める旨が明記されたペーパーが作成された[88]。すなわち、EC諸国はマドリードでCDEを提案する方針を改めて固めたのである[89]。

EC諸国の立場は大きな意義をもった。なぜならば、それはEC諸国がソ連との二国間関係の文脈においてのみならず多国間枠組みのCSCEでもヨーロッパデタントを積極的に追求する方針をとったことを意味したからである。これにより、CSCEの議論が人権問題をめぐる諍いに終始することは回避され、軍縮問題という東西に共通する関心事項（東側諸国は、CDEへの対案として、一九七九年五月に「ヨーロッパでの軍事デタントおよび軍縮に関する会議（CMDD）[90]」を打ち出していた）が話し合われることとなったのである。つまり、CDEはCSCEに協力的側面を残すことで東西間の持続的な対話のベースを創出し、CSCEを軸とするヨーロッパデタントの制度的存続へと途を開いたのである。

（4）アメリカのCSCE／CDEに対する当初の立場

では、EC諸国が先行してCSCE政策の検討を進めるなか、アメリカはいかなる態度をとったのであろうか。一九八〇年一月、アメリカは英仏両国に対してCDEを支持する条件として以下四点を通知した。(1)CDEはCSCEプロセスとしっかり結びついていること、(2)CDEは他の軍備管理交渉に抵触しないこと、(3)CDEは信頼醸成措置以外［の軍備・兵力削減など］にはコミットしないこと、(4)CDEで合意される信頼醸成措置はヨーロッパ全域（ソ連のヨーロッパ地域を含む）に適用され、軍事的意義を有し、義務的であり、かつ検証可能であること[91]。このうち、条件(1)は、CDEをCSCEの枠組み下に留めておくことで安全保障と人権を結びつけ、安全保障の議論のみが進展して人権問題がなおざりになるのを避ける狙いがあった。他方、条件(4)は、アメリカはヨーロッパ全域を対象とする信頼醸成措置の導入には軍事的安全保障上の価値があると考えていたことを示していた。

アメリカのこの立場は、実は前年一一月にホワイトハウスで策定されたものであった[92]。また後ほど判明するように、EC諸国のようにポスト・アフガニスタン侵攻の対東側政策の再検討を経たものではなく、アフガニスタン侵攻前の政策を踏襲しただけのものであった。それでも、この時点でアメリカがCDEの立ち上げに肯定的であったことは、EC諸国が中心となって推進してきた多国間枠組みでのヨーロッパデタントを後押しした。

アメリカの前向きな態度を受け、まずは主要四ヶ国（米英仏独）が中心となってCSCEマドリード再検討会議で提案することになるCDEマンデートの検討が着手された。つまり、CDEを具体的なプロポーザルとするべく詳細な条件（CDEの目的、開会日、CDEで議論される措置の種類やその対象地域など）を詰め始めたのであった。背景には、アメリカはCDEマンデートの早期策定を通じてフランスを西側陣営に取り込む狙いがあった一方[93]、フランスは五月のワルシャワ条約機構（WTO）二五周年式典で東側諸国が軍縮イニシアチブを打ち出すことを想定し、その際に西側諸国が反応できるよう準備することを重要視していた[94]ことがあった。

主導的役割を担ったのはフランスであった。フランスは各国との協議を踏まえてCDEマンデートの原案を作成し、三月三一日に米英独三ヶ国に初めて共有した。同案はCDEの段階的進展を想定し、第一段階では信頼醸成措置を採択したうえで、その先のフェーズである通常戦力の軍縮についてはCSCE再検討会議（マドリードの次に開かれる再検討会議）が検討するとされた。また、CDEで導入される信頼醸成措置の条件として、(1)「大西洋からウラル」に至るヨーロッパ大陸全域に適用されること、(2)軍事計画に大きな影響を及ぼすこと、(3)法的拘束力をもつこと、(4)検証可能であること、の四点が挙げられた。さらに、CDEが検討すべき信頼醸成措置の具体的内容として、(1)各国の軍事に関する情報を改善する措置、(2)主な軍事活動の事前通告に関する措置、(3)主な軍事活動の回数および期間の安定化につながる措置、(4)これらの規定から生じる義務を監視・検証する措置、の四点が示された[95]。その後、フランスは同案に対する三ヶ国のフィードバックを取り入れ、修正版を作成した[96]。

このようにアメリカの態度も一助となり、CDEはマドリードでの提案に向けて一歩前進することになった。ソ連との二国間関係の文脈での状況とは異なり、多国間枠組みのCSCEではアメリカも含む西側諸国が一体となってヨーロッパデタントの存続に向けた歯車が回り出したのである。ところが、間もなくアメリカがCDEへの立場を翻したことで、大きな波紋を呼ぶこととなる。

3　東西関係のあり方をめぐる米欧間の論争

（1）アメリカのCSCE／CDE政策の転換とEC諸国の反応

一九八〇年春には、アフガニスタン侵攻後の対応のなかで形成された対東側政策が動揺するようになり、米欧間に亀裂を生み始めた。きっかけとなったのが、アメリカのヨーロッパ安全保障協力会議（ＣＳＣＥ）／ヨーロッパ軍縮会議（ＣＤＥ）政策の転換であった。

四月に入ると、アメリカの政策に変化が現れた。政府内での再検討の結果を踏まえ、在外公館に対して「西側諸国は、現時点ではマドリード再検討会議後の［ＣＤＥ］会合にコミットしていることを行動によって示唆すべきではない」との方針が伝達されたのである。[97] すなわち、アメリカは従来与えてきたＣＤＥへの支持を一方的に撤回したのである。その理由は二点あった。一点目は、当初アメリカはソ連のアフガニスタン侵攻後にヨーロッパデタントを継続することの是非について結論を出しかねていたが、[98] ソ連軍の撤収が見通せないなか、ＣＤＥに対して次第に躊躇するようになったためである。二点目は、アメリカの複数の政府機関（統合参謀本部、国防総省、国家安全保障会議など）がＣＤＥに難色を示すなか、折しもＣＤＥに積極的であったヴァンス国務長官[99]がテヘランのアメリカ大使館人質救出作戦（「イーグル・クロー作戦」）に抗議して辞任し、ＣＤＥは後ろ盾を失ったためである。

アメリカはＣＤＥへのコミットメントを撤回する一方、マドリードに向けて東側諸国の人権・人道問題に焦点をあてることに注力し始めた。[100] つまり、アメリカはＣＳＣＥをヨーロッパデタントの場としてではなく、アフガニスタン侵攻直後に想定していたように東側を糾弾する場としてみなすようになった。四月一八日、ホームズ国務次官補代理は在米フランス大使館に対して、ＣＤＥの議論のテンポが速すぎることで他のバスケットが犠牲になっていると苦言を呈し、ＣＤＥ以外の論点（アメリカは人的次元を念頭に置いていた）に取り組むよう求めた。また、アメリカはブリュッセルのＮＡＴＯ本部およびパリにおいても同様の働きかけを行った。[101]

ヨーロッパ共同体（ＥＣ）諸国はアメリカの働きかけに呼応した。四月二三日のヨーロッパ政治協力（ＥＰＣ）・政治委員会では、イギリスはＣＳＣＥマドリード再検討会議に向けて第三バスケット（人道およびその他の分野における協力）での提案を準備することを提言し、ＥＣ諸国の関心はＣＤＥといったデタントの軍事的側面に留まらないことを示すべきであると述べた。この提案に対してＥＣ各国は賛同し、ＣＤＥを重視するフランスでさえ反対することはなかった。[102]以降、CDE以外の論点の準備も進められ、第三バスケットに関しては、EC諸国はCSCEマドリード再検討会議で提出する新規提案を五月中に作成した。[103]

ところが、EC諸国はCSCEを単に人権面で東側に圧力をかけるためのフォーラムとしてのみ利用するつもりはなかった。EC諸国は、CDEの提案を通じて緊張緩和を追求していたのである。そして、CDEの重要性は、折しも東側諸国が「ヨーロッパでの軍事デタントおよび軍縮に関する会議（CMDD）」の実現に向けた攻勢を強めるなかで高まりつつあった。

では、東側諸国はいかなる動きを見せていたのであろうか。最初のアクションがとられたのは、二月一一日の第八回ポーランド統一労働者党・党大会であった。この場で、ギエレク第一書記はポーランドがCMDDを主催することを発表した。[104]すなわち、アフガニスタン侵攻の影響が冷めやらぬなか、ポーランドは軍縮会議に前向きな姿勢であることを合図したのである。

その後、東側諸国は折に触れてCMDDの開催を働きかけるようになった。四月二三日から二五日、ソ連のグロムイコ外相がアフガニスタン侵攻後初めての西側諸国への外遊として訪仏した際には、フランソワ゠ポンセ外相に対してCMDDを通じたデタントの継続を訴えた。[105]五月一五日には、ワルシャワ条約機構（WTO）の首脳会談である政治諮問委員会のコミュニケでもCMDDの開催を呼びかけた。[106]さらに翌五月一六日には、駐仏ポーランド大使がフランス外務省の欧州局長およびCSCE代表団長と面会し、CDEとCMDDを一本化してポーランドとフランスが共同で提案することすら持ちかけていた。[107]

東側諸国が軍縮攻勢を強めた要因は三点あった。一点目は、一九七九年一二月のNATO二重決定にもとづく西ヨーロッパへの中距離核戦力（INF）配備を阻止するためである。[108]ソ連は二重決定をアメリカによる軍事的優位性を取り戻すための根本的な政策の変化であるとみなしており、[109]CMDDにその動きを止める役割を担わせようとしたのである。二点目は、各国の関心を軍事的安全保障の問題に集中させることで、人権問題にフォーカスされることを避けるためである。[110] ソ連は七九年より反体制派への締め付けを強めており[111]（もっとも代表的なケースが八〇年一月のサハロフのゴーリキーへの流刑であった）、その状況は「スターリン以来でもっとも苛烈である」と言われていた。[112] そこで、CMDD提案を通じて人権から関心を逸らそうとしたのである。三点目は、CMDDは平和的姿勢を国際世論にアピールするための格好の手段となったからである。[113]

このように東側諸国がCMDDをプッシュするなか、EC諸国はかつてなくCDEを必要とするようになった。そこで、EC諸国はアメリカから再度のコミットメントを取り付けるべく働きかけを行うようになった。働きかけは外相レベルからも実施された。五月三日から六日に訪米したキャリントン外相は、アメリカに対してCDEに前向きな立場をとるよう説得することを計画した。[114] また、五月一六日にはゲンシャー外相がヴァンスの後任のマスキー国務長官に対し、CDEを妨害することをやめるべきであると要求した。[115] しかしながら、アメリカの態度が変わることはなかった。ソ連との二国間関係の文脈のみならず、多国間枠組み（CSCE）の文脈でも米欧の方針に違いが生じたのである。

（2）米欧摩擦の激化

ソ連との関係のあり方をめぐる米欧間の軋轢は、アメリカがCSCE／CDE政策を転換した時期と前後して、一九八〇年春にアフガニスタン侵攻後に一時凍結されていた東西間の接触[116]が再開されると、ますます激しくなった。多国間枠組みのCSCEをめぐる方針の相違に加え、かねてより米欧間で温度差のあった二国間関係での方針の相違も深まったのである（ただし、後者の文脈ともCSCE／CDEは関係があった）。

最初のエピソードが、前出の四月二三日から二五日にかけてのグロムイコ外相の訪仏であった。[117] フランスにとり、会談での最優先テーマはアフガニスタン情勢であり、次いでヨーロッパの安全保障問題（とくにCDE）であった。[118] そして実際に、会談では両国はアフガニスタン問題については何ら一致を見たわけではなかった[119]一方で、CSCE

マドリード再検討会議において軍縮会議を立ち上げるべきであるという点で合意した。[120] つまり、CDEを軸とするヨーロッパデタントの存続に向けた地固めが行われたのである。これに対し、アメリカはグロムイコの訪仏そのものを疑問視した。中央情報局（CIA）は、「このタイミングでの［グロムイコの］訪問はいくらかの驚きを与えた」と報告した。[121]

大西洋に横たわる溝は、五月一九日にジスカール・デスタン大統領がブレジネフ書記長との首脳会談をワルシャワで開催したことでさらに深まった。エリゼ宮のイニシアチブを受け、西側諸国の結束を重視するフランソワ＝ポンセ外相の反対を押し切り開催された同会談は、アフガニスタン侵攻後初めての東西間の首脳会談となった。[122] ジスカール・デスタンが会談に踏み切った背景には、彼が記者会見[123]やテレビでのインタビュー[124]で繰り返し語ったように、国際的緊張が高まるなかでこそハイレベル対話が必要であると考えていたことがあった。

ワルシャワ会談は決して終始和やかなムードのなかで開かれたわけではなかった。それどころか、ジスカール・デスタンはアフガニスタン問題の解決に向けてソ連に行動をとるように繰り返し迫った。また、カルマル政権の既成事実化を図ろうとするブレジネフの発言を正面から否定した。[125] その態度の強硬さは、駐ソフランス大使いわくソ連側が「厳しく難しい会談であった」と後日漏らしたほどであったという。[126] 他方、フランスは同時にデタントの維持への呼びかけも欠かさなかった。CSCEマドリード再検討会議はデタントへの道標となるべきだとしたうえで、アフガニスタンにおけるソ連の行動をきわめて深刻な障害であると言及しつつも、CDEのマンデートに合意する必要性を訴えた。さらに、その開催場所をワルシャワとすることにすら前向きな態度を表明した。[127]

ところが、アメリカは仏ソ首脳会談が開かれたことにやはり反発した。ワルシャワでの刺々しいやりとりとは裏腹に、カーター大統領は「ジスカール・デスタンはブレジネフとの間のどうやら友好的な会談を秘密裡に準備した」とみなした。[128] 対ソ強硬路線へと完全に舵を切ったアメリカからすると、会談の内容を問わずソ連とのハイレベル交渉を実施すること自体が受け入れ難かったのである。また、フランスが直前までアメリカに会談を知らせなかった[129]ことが火に油を注いだのは想像に難くないであろう。これとは対照的に、自身も六月末にモスクワでブレジネフとの面会を予定していた西ドイツのシュミット首相は仏ソ首脳会談を好意的に受け止めた。シュミットは、国際政治の危機に際して話し合いのルートを維持しなければならないことを世界にはっきり示した点でワルシャワ会談を肯定的に評価した[130]。二国間、多国間の文脈を問わず、東西関係のあり方をめぐる米欧の立場はかけ離れていた[131]。

（3）米欧の再結束の動きと中心的争点としてのCDE

対ソ政策をめぐる米欧の軋轢がピークを迎えるなか、西側諸国は首脳や外相が一堂に会する機会を利用して再結束を目指すようになった。具体的には、G7ヴェネチアサミット（一九八〇年六月二二日から二三日）および北大西洋理事会・アンカラ閣僚会合（以下、NATOアンカラ会合、六月二五日から二六日）の活用を試みた。G7は、七五年にジスカール・デスタンとシュミットのイニシアチブを受けて立ち上げられたものであり[132]、発起人である仏独両首脳にとってはひときわ重要であった。NATOアンカラ会合は年二回開催されている定例の北大西洋理事会・閣僚会合（NATO加盟国の外相が出席）であるが、アフガニスタン侵攻後初めての会合であった点でいつにも増して大きな意味をもった。

さて、G7ヴェネチアサミットに向けた準備は六月に入って本格的に始められた。六月三日から四日、米英仏独四ヶ国の首脳個人の代表である「シェルパ」たちはパリに集まり、ソ連のアフガニスタン侵攻に反対する趣旨の政治宣言の文言を検討した[133]。当時、サミットの主題はあくまで経済問題であったため、東西関係をはじめとする政治問題が取り上げられることは一般的でなく[134]、ましてや政治宣言が別途発出された前例はほとんどなかった[135]。それゆえ、前月中旬（仏ソ首脳会談より前）の時点ではフランスは政治宣言の発出に難色を示していた[136]。ところが、同シェルパ会合でフランスがヴェネチアでの政治的議論および政治宣言の発出を受け入れたことで[137]、G7はアフガニスタン問題について対外的に共同歩調をとることが可能になった。フランスは仏ソ首脳会談の前後で姿勢を変化させ、米欧の結束へと乗り出したのであった。その後、六月一六日には残りの三ヶ国（日・伊・加）を含む七ヶ国で再度議論が行われ、政治宣言の文言案が暫定合意された。[138]

G7ヴェネチアサミットの準備と同時並行で、ブリュッセルではNATOアンカラ会合の準備も進められた。同会合でも東西関係（とりわけアフガニスタン、CSCE、軍備管理の三点）[139]が主要な議題として予定されていた。しかし、G7ヴェネチアサミットの政治宣言の準備が比較的順調であったこととは裏腹に、NATOアンカラ会合のコミュニケの文言の事前交渉は難航した。[140]対立軸はCDEであった。アメリカは、NATOアンカラ会合のコミュニケでCDEへの支持を表明することに難色を示した。さらには、CDEを提案すべきか否かの最終判断をCSCEマドリード再検討会議の開幕後の一二月（次回の北大西洋理事会・閣僚会合）まで先送りすることを主張した。[141]すなわち、アメリカはCDEにコミットしない姿勢を改めて明確にしたのである。他方、フランスは前回（一九七九年一二月）の北大西洋理事会・閣僚会合コミュニケを踏襲してCDEへの支持を打ち出すべきであるとの立場をとり、アメリカに対して強硬に反発した。[142]フランスはG7での歩み寄りに示されるように米欧の再結束を望みつつも、すでに回り始めていたヨーロッパデタントの歯車を止めるつもりはなかったのである。

六月一七日には、事態の収拾を図るべく米英独三ヶ国の政府高官[143]による協議がワシントンで開かれた。このとき、イギリスと西ドイツは妥協案として、CDEを提案すべきか否かの最終判断を一二月まで先送りにする一方、NATO内部および非同盟中立諸国との間ではCDEの提案に向けた準備を進めることを持ちかけた。[144]ところが、数日後のNATO諸国の協議では、フランスは英独の妥協案を受け入れなかった。その結果、事前協議ではついに合意に至らず、問題はNATOアンカラ会合の当日まで持ち越されることとなった。[145]

（4）ヴェネチアおよびアンカラでの会合とその成果

二つの会合のうち、先に開かれたのがG7ヴェネチアサミットであった。一九八〇年六月二二日、G7の首脳らは水都ヴェネチアにて一堂に会した[146]。二日間にわたる日程のうち、アフガニスタン侵攻などについて議論する政治問題セッションは、経済問題のセッションにはさまれる形で開催された[147]。そこでは、シェルパらが事前に準備していた文言案が修正を経て合意され、ソ連によるアフガニスタンの軍事占領を受け入れないことが政治宣言として発出された[148]。米欧の主要国は、ようやくソ連のアフガニスタン侵攻に対して共同歩調をとれたのであった。その意義は決して小さくなかった。ジスカール・デスタン大統領とサッチャー首相は、ともにアフガニスタン問題で西側が結束できたことを肯定的に評価した[149]。また、事後的には歴史家のD・サージェントが、この政治宣言を「［西側の］意思統一の最高潮であった」と指摘し、サミットを「冷戦のピーク期の結束を復元するには至らなかったものの、西側の結束を表面上修復した」と評価した[150]。

サミットの数日後、今度は外相レベルのNATOアンカラ会合が開かれた。同会合でもコミュニケが合意されたうえで発出され、西側諸国は対外的に足並みを揃えることに成功した。その内容は、先のG7の宣言を基調としつつも東西対話の維持に向けて一歩踏み込んだものであった[151]。具体的には、ソ連の侵攻に深い懸念を表明しつつ、デタントへのコミットメント（原文では attachment）に言及した。また、懸案であったCDEについては、CSCEマドリード再検討会議においてCDEマンデートの採択を目指すことがコミュニケに明記された[152]。すなわち、EC諸国の立場が受け入れられたのである。アメリカがヨーロッパの立場に歩み寄った背景には、モンデール副大統領への報告に記されたように、同国のCDEへの態度が西側諸国内での孤立を招いていると認識されていたことがあった[153]。

NATOアンカラ会合のコミュニケは、アフガニスタン侵攻後はじめて（EC諸国のみならず）西側諸国がヨーロッパデタントの存続への意向を表明した点で重要であった。なかでも、ヨーロッパデタントの象徴と化していたCDEへの支持が公言されたことは、アクティブなヨーロッパデタントの追求に「お墨付き」を与え、CSCEマドリード再検討会議に向けた準備を後押しした（ひいては次章で取り上げることになるが、その命運すら左右した）点で大きな意味をもった。このことは当時も認識されており、フランス『ル・モンド』紙は「NATOアンカラ会合では、西側諸国はCSCEマドリード再検討会議の場でヨーロッパの安全保障［CDEのこと］をめぐる議論を優先させることに合意した」と会合の結果を報じた。[154]同コミュニケでCDE支持の言質を取れたことで、フランスを筆頭にEC諸国はCDEの提案に向けた準備を粛々と進めることになる。

ところで、アメリカはコミュニケの文言でこそ同盟国に歩み寄りを見せたものの、CDE、ひいてはヨーロッパデタントへの立場を根本的に変えたわけではなかった。イギリス外務省の高官らは、CSCEマドリード再検討会議の準備にあたっての主要な未解決問題としてCDEをめぐる米欧の立場の違いを指摘した。[155]また、NATOの内部文書にも「アメリカ」との名指しこそないもののCDEにコミットしていない国があることが記載された。[156]こうした水面下での米欧の温度差は、CSCEマドリード再検討会議が近づくにつれて再び軋轢を生むことになる。それにもかかわらず、NATOアンカラ会合は上述の理由で意義深かった。

(5) ヴェネチアおよびアンカラでの会合後の状況

大西洋間の再結束が実現したことをきっかけに、ヨーロッパを中心とする西側諸国は再びCDEの準備に集中して取り組めるようになった。米英仏独によりすでに議論が着手されていたCDEマンデート案はすべてのNATO加盟国に配布され、NATOでの議論が開始された。[157]先のNATOアンカラ会合のコミュニケを受け、NATO諸国はCDEの提案に向けて動き始めたのである。

また、フランスが中心となりCDEに関する東西間の接触も行われた。七月一〇日から一一日、仏ソ二国間で実務者協議が開かれた。[158]この際、ソ連はフランスのCDEマンデートへの考え方は一部受け入れられないとしたうえで、仮にCSCEマドリード再検討会議でCMDDのマンデートが合意されなかった場合にはマドリードは失敗に終わるであろうと述べた。[159]すなわち、ソ連は東側の軍縮提案の合意にマドリードの成否がかかっていると圧力をかけ、譲歩を引き出そうとしたのである。同時に、ソ連はＣＭＤＤマンデートの合意を実現するためにＣＳＣＥの他のバスケット（第二バスケットおよび第三バスケット）の議論を積極的に受け入れる姿勢を見せた[160]。ソ連は自らの望む条件に適う軍縮会議の開催にこだわったのであった。

しかし、フランスは東側に妥協する姿勢を見せず、西側の定める条件下でのＣＤＥの開催を求める立場を貫いた[161]。フランスは、ＮＡＴＯアンカラ会合のコミュニケで表明された西側諸国のＣＤＥに対する方針（ＣＤＥで交渉される信頼醸成措置は軍事的意義を有し、検証可能かつヨーロッパ大陸全域に適用されること等）を堅持したのである。これは西側諸国の立場を明確にしたうえで、西側諸国間（とくに米欧間）の立場の違いを利用しようとした東側諸国の試み[162]を阻むことで、西側の交渉上の立場の強化に貢献した[163]。

フランスの立場はイギリスの立場とも近いものであった。八月一四日、ＣＳＣＥマドリード再検討会議に先立ち英仏の代表団長が顔合わせを行った際には、両国のアプローチに幅広い共通点があることが判明した。具体的には、両者はマドリードでは「ヘルシンキ合意の実施状況のレビュー」に重点を置きつつも、ＣＤＥマンデートをはじめ西側の利益に適ういくつかの新規提案では合意を目指す点で見解を一致させた[164]。また、九月一九日にエリゼ宮で行われた英仏首脳会談でも、両国の立場に収斂が見られた。両者の間ではソ連によるヘルシンキ合意の実施状況を非難しつつも、ウラル山脈までを対象とするＣＤＥを提案することが話し合われた[165]。アフガニスタン侵攻直後は温度差があった英仏間で、実務レベルから首脳レベルまでＣＳＣＥ・ＣＤＥへの見方の共有が進展していたことは、ＥＣ諸国の結束ぶりを物語るものであった。

一方で、ソ連との二国間関係の文脈に目を向けると、シュミット首相は予定通りに六月末の訪ソを実現させ、西側首脳としてはアフガニスタン侵攻後初めてソ連の地に降り立った。この際、西ドイツとソ連の間で二国間の貿易協定が署名され、新冷戦下での東西間の経済関係の礎が築かれた[166]。ソ連とＥＣ諸国の二国間関係は、アフガニスタン侵攻からしばらく停滞した末に、再び軌道に乗ったのである。反面、一九八〇年夏前の二つのメインイベント

（八〇年五月の仏ソ首脳会談および八〇年六月の独ソ首脳会談）の後は二国間関係では目立った動きはなく、次の首脳会談は八一年一一月のブレジネフ訪独まで待たねばならなかった。その間、新冷戦下のヨーロッパデタントは制度的枠組みであるCSCEによって支えられることになる。そこで、次節ではCSCEマドリード再検討会議に向けた動きを見ていきたい。

4 マドリード再検討会議の開会に向けて

夏のバカンスシーズンが明けて一九八〇年九月になると、今後のヨーロッパデタントの行方を占うヨーロッパ安全保障協力会議（CSCE）マドリード再検討会議に向けた準備は最終局面に入った。西側諸国は対外的には一体となってCSCEマドリード再検討会議の準備会合にて東側との交渉に臨む一方、同盟内ではマドリードの本会合に向けた政策調整に追われることとなる。本節はその様子を取り上げたうえで、最終的にヨーロッパ軍縮会議（CDE）マンデートが提案される経緯を明らかにしたい。

（1）CSCEマドリード再検討会議の準備会合

一九八〇年九月九日、CSCE全三五ヶ国の代表団がマドリードに集結してCSCEマドリード再検討会議の準備会合が開会した。準備会合の目的は本会合の手続き規則を採択することであり、CDEや人権などのサブスタンスに議論が及んだわけではなかった。それでも、準備会合で合意される手続き規則は本会合の交渉結果に影響を与え得たため、議論は自ずと白熱した。

西側諸国の対応方針は、前回のCSCEベオグラード再検討会議（一九七七年一〇月から七八年三月）の手続き規則[167]をマドリードでも再び使用することで三五ヶ国の合意を取り付けることであった。この方針は八〇年六月にヨーロッパ政治協力（EPC）での協議を通じてヨーロッパ共同体（EC）諸国間で合意され[168]、九月五日の北大西洋理事会の際にNATO諸国間でも合意された[169]。ベオグラードの手続き規則を使用するメリットは、二大議題である「ヘルシンキ合意の実施状況のレビュー」と「新規提案の検討」をバランスよく両立できる点にあった[170]。別の言い方をすると、西側諸国は東側諸国によるヘルシンキ合意の不遵守の問題を提起する一方で、新規提案の採択を通じた東西対話の強化を目指す点で立場を一致させていた。ここでも、G7ヴェネチアサミットおよびNATOアンカラ会合で実現した結束は続いていた。

西側諸国の方針は、準備会合の場で東側諸国と真っ向から衝突した。なぜならば、東側諸国は「新規提案の検討」を通じて「ヨーロッパでの軍事デタントおよび軍縮に関する会議（CMDD）」の開催をめぐる合意を手に入れようとする一方[171]、人権・人道面で矢面に立たされることを回避すべく「ヘルシンキ合意の実施状況のレビュー」を最小限にすることに固執したからであった。つまり、東西は各議題に割り当てる期間をめぐって鋭く対立したのである。それゆえ準備会合は膠着状態に陥り、本会合が開会する一一月一一日当日を迎えても手続き規則は合意されていなかった。こうした状況のなか、日付が変わる直前の一一日二三時三〇分過ぎにホスト国スペインの外相がCSCEマドリード再検討会議の開会を宣言し、手続き規則のないまま本会合が幕開けする異例の事態となった[172]。その後、翌一二日から本会合で各国外相をはじめとした賓客らによるオープニング・ステートメントが行われる舞台裏で交渉が続けられ、一四日には非同盟中立諸国による妥協案が全会一致で採択された[173]。マドリードでの交渉の足場がようやく固まることとなった。

では、最終的にいかなる内容の手続き規則が合意されたのであろうか。通称「パープル・ブック」として知られることになるCSCEマドリード再検討会議の手続き規則[174]は、西側諸国が求めていた内容に近いものであった。まず、同規則で「ヘルシンキ合意の実施状況のレビュー」に充てられた六週間という期間は、西側諸国の要求を反映していた（これに対して東側諸国は「ヘルシンキ合意の実施状況のレビュー」を二週間に限定すべきであると主張していた）。また、「新規提案の検討」のフェーズに入った後も、提案の正当性を説明するうえでヘルシンキ合意の実施状況の問題点を提起する可能性が残されることとなった[175]。このように西側の立場に近い手続き規則が合意されたことは、東側諸国がCSCEの継続を重視し、かつCMDDの議論に期待していたことを示していた。

（2）本会合に向けた西側諸国間の議論

準備会合にて手続き規則の交渉が行われるのと並行して、西側諸国の間では本会合に向けたサブスタンス面での政策調整が大詰めを迎えていた。経済的次元および人的次元については、新規提案の調整は比較的スムーズに進んだ。これらの提案は主にEC諸国が中心となって用意が行われた結果、一〇月下旬の時点でEC諸国間でおおむね合意が達成され[176]、その後NATOにおいても大きな論争となった様子はなかった。ところが、軍事的安全保障の次元では状況が異なった。CDEをめぐる米欧摩擦が再燃したのである。

米欧間の溝が明らかとなったのが、マドリードの本会合の開会直前の一〇月二七日および一一月六日の北大西洋理事会であった。フランスがCDEマンデートの提案をNATOとして決定することを求めたのに対して、アメリカはCDEへの態度を決めかねている旨述べ、一二月の北大西洋理事会・閣僚会合まで判断を先送りすべきとの立場を改めて表明したのである[177]。つまり、NATOアンカラ会合と同一の論点が再び争点化したのである。NATO諸国が七月以降に準備を進めてきたCDEマンデート（もとを辿れば同年春に米英仏独の四ヶ国で議論を開始したもの）を承認するなか、アメリカ一国のみが承認をしていない状況となった[178]。

また、この問題に付随して「信頼醸成措置のパッケージ」の扱いについても米仏間で軋轢が生じた。ここで「信頼醸成措置のパッケージ」について簡潔に説明したい。NATOでは一九七九年九月に「信頼醸成措置に関するアドホックグループ」が立ち上げられ、CDEの開催へと漕ぎ着けた場合に交渉すべき信頼醸成措置の内容が専門家によって検討されていた。その成果として、八〇年夏に提案すべき信頼醸成措置がまとめられたものが「信頼醸成措置のパッケージ」であった。同パッケージは四種類（情報に関する措置、通告に関する措置、制約・安定化に関する措置、監視・検証に関する措置）、一一項目（たとえば、「情報に関する措置」でいえば、軍事予算、指揮命令系統、兵力の位置・割り当て・構成等の情報を交換するなどが具体的に記載された）より構成されていた。(179)

マドリード本会合直前の北大西洋理事会では、アメリカはＣＤＥマンデートの提案の有無にかかわらず、「信頼醸成措置のパッケージ」を単体で提出することを主張した。一方、フランスは同パッケージの単体での提出に反対したのである。(180)この背景には、アメリカはＣＤＥマンデートを提案しないことを想定し、その場合に西側の信頼醸成措置への考え方を明らかにする目的で同パッケージの提出を目指したのに対して、フランスはＣＤＥが開かれないまま信頼醸成措置の議論が進むことを封じる狙いがあったと考えられる。ただ、何はともあれ、パッケージの処遇の問題は、難航していた軍事的安全保障の次元での政策調整をよりいっそう困難なものとした。

ＮＡＴＯでの政策調整が行き詰まりを見せるなか、その代わりとなったのがＥＣ諸国によるヨーロッパ政治協力での議論であった。ＥＣ諸国は、前出の通りＣＤＥマンデートを提案することにすでに合意していたが、一〇月二八日から二九日のヨーロッパ政治協力・政治委員会を踏まえて提案の戦術についても方針を固めた。具体的には、ＣＤＥマンデートの速やかな提案を求める仏独の立場(181)を受けて、ＥＣ諸国は「『ヘルシンキ合意の実施状況のレビュー』が終わるまでＣＤＥなどの新規提案の議論を控えることを条件に、ひとたび東側諸国がＣＭＤＤのマンデートを提案すればフランスがＣＤＥのマンデートを提案する」ことに合意した。(182)すなわち、ＥＣ諸国は実施状況のレビューが十分に行われるように注意を払いつつも、確実視されていた東側諸国によるＣＭＤＤの提案を条件に、早いタイミングでＣＤＥを提案する方針を定めたのである。ここで重要なのは、同方針はアメリカのコミットメントが得られていないなかで合意されたことである。それは、ＥＣ諸国のＣＤＥの実現に向けた強い意思を示すものであった。その後、ＥＣ諸国は一二月一日から二日の欧州理事会のコミュニケを通じて、首脳レベルからもＣＤＥ

への支持を改めて公言した。[183] それは、一週間あまり後の一二月一〇日から一一日の北大西洋理事会・閣僚会合（アメリカが当初CDEマンデートの提案の可否を最終判断することを想定していた会合）では、アメリカの反対によりNATOが一体としてCDEへの支持を打ち出せなかったこととは対照的であった。[184]

ちなみに、「信頼醸成措置のパッケージ」をめぐる論争の決着は、以下で論じるように一二月にCDEマンデートが提出されたことで先送りされた。マンデートの提出を受け、各国の関心はCDEの開催条件に集中することになったからである。その結果、西側諸国による「信頼醸成措置のパッケージ」の提案は、一九八四年一月のストックホルムでのCDEの開会時まで待たねばならなかった。[185]

（3）本会合の開会からCDEマンデートの提出へ

一九八〇年一一月一一日深夜、数々の課題を抱えるなかでCSCEマドリード再検討会議が開会した。開会式にはCSCE三五ヶ国の半数に上る一七ヶ国から外相が駆けつけたものの、西側主要四ヶ国のなかで外相を派遣したのは西ドイツのみに留まった。[186] しかしながら、会議に対する世界の注目度は決して低くなかった。スペインの首都には東側諸国の反体制派のほか、CSCEには直接関係のない人々（ニカラグアのサンディニスタ、剝奪された土地の返還を求めたアメリカの先住民、マルコス政権の不正を追及するフィリピンの前外相など）まで押し寄せた。『ル・モンド』紙はその様子をさながら「反体制派の首都」であると評した。[187]

その後、マドリードでの議論は各国の代表団に委ねられた。アメリカ代表団を率いたのは一九八〇年五月にカーター政権によって指名され、その後レーガン政権下でも続投することになる弁護士のカンペルマンであった。[188] カンペルマンは「現在の危機に関する委員会」に属する反共主義者であった。[189] 同時に、彼は「強さ」と「外交」は両立するとも考えており、幻想をもつことなくソ連に関与する必要があるという立場をとっていた。[190] 一方でソ連の代表団のトップは、外務副大臣のイリチェフであった。イリチェフはフルシチョフの右腕としてかつてイデオロギー政策で中心的な役割を果たしていたが、フルシチョフの失脚後に外務副大臣に「降格」された人物であった。[191]

政治色の強い人物を送り込んだ米ソ両国とは対照的に、英仏はいずれも代表団長にキャリア外交官を指名した。イギリス代表団長のウィルバーフォースは、ワシントンの在米大使館政務部長やイギリス外務省防衛局局長を歴任した人物であった。[192] フランス代表団長のマルタンは六年間にわたり首相府国防総局次長を務め、その後にユーゴスラビア大使に起用された人物であった。[193] アメリカが対ソ強硬派と見られていた人物を抜擢したのに対し、英仏が安全保障政策に見識のある人物を登用したのは、それぞれの国のマドリードでの関心事および議論の見通しを反映した（英仏はCDEが議論の中心となることを想定した）ものであった。[194]

さて、CSCEマドリード再検討会議では、難産の末に合意された手続き規則（パープル・ブック）に定められた通り、開会式後の全体セッションに続く作業部会[195]において「ヘルシンキ合意の実施状況のレビュー」が行われた。レビューの過程では東側諸国が守勢に立たされることになった。西側諸国と非同盟中立諸国のほぼすべての国（二六ヶ国）がソ連のアフガニスタン侵攻を非難し[196]、また一六ヶ国がソ連の人権侵害を名指しで非難した。[197] 西側諸国はマドリードでの目標の一つを成し遂げたのであった。

この際に重要であったのは、西側諸国が結束して東側諸国によるヘルシンキ合意の不遵守を指摘したことであった。それは、前回のベオグラード再検討会議では、強硬路線をとろうとするアメリカと東側との対決を避けようとするEC諸国の間で不和が生じた[198]こととは対照的であり、EC諸国が「ヘルシンキ合意の実施状況のレビュー」に重点を置いて強気で臨んだことの証左でもあった。これに対し、東側諸国は集中砲火を浴びても退席することはなかった。[199] 数週間後に控えた軍縮会議の立ち上げに関する議論が東側諸国をマドリードに引き留めていたのである。この直前の一〇月にはグロムイコ外相はワルシャワ条約機構（WTO）の外相らに対し、マドリードにおける最重要の成果はCMDDの開催に関する決議の採択であると語っていた。[200] つまり、軍事的安全保障の次元での対話の存在こそが、西側諸国が人的次元で忌憚なき議論を追求するなかでもヨーロッパデタントの維持を可能にしたのであった。

ちなみに、東西関係の新たな懸案事項となりつつあったポーランド情勢は、この時点では会議に影響を与えることはなかった。ポーランドでは一九八〇年夏のグダニスクでのストライキを発端に自主管理労組「連帯（Solidarność）」が立ち上げられ、民主化の動きが生まれていたのであるが[201]、本事案はマドリードの議場では取り上げられなかったのである。同問題に唯一言及した当事国のポーランドは、手短かつ曖昧に同国での「刷新」に触れるに留まった[202]。西側諸国がこの問題に触れなかった理由は、ソ連にポーランド介入の口実を与えるのを避けるためであった[203]（この状況は次章で取り上げる八一年一二月の戒厳令まで続くことになる）。

東側諸国が非難を浴びた「ヘルシンキ合意の実施状況のレビュー」の後に控えていたのが、「新規提案の検討」であった。出席国から提出された新規提案の内容は経済、人権、安全保障などCSCEの各バスケットを網羅しており、その数は計八七点に及んだ[204]。そのなかには、一二月八日にポーランドが東側諸国を代表して提出したCMDDマンデート（文書番号はCSCE/RM.6）、および翌一二月九日にフランスが西側諸国（アメリカを除く）を代表して提出したCDEマンデート（CSCE/RM.7）も含まれた[205]。

CMDDマンデートは、CMDDが開催された際に議論する詳細な内容を記載しておらず、開催場所（ワルシャワ）、開催日（一九八一年一〇月二〇日）および参加国（CSCE参加国）にのみ言及した。これは、東側諸国は会議の開催そのものを重視していたことの表れであった。これに対してCDEマンデートは、CDEの条件として、「大西洋からウラル」に至るヨーロッパ全域を対象とし、軍事的意義を有し、拘束力をもち、検証可能な信頼醸成措置を議論することを明記した。また、CDEで導入する信頼醸成措置の種類として、情報に関する措置、安定化に関する措置、監視・検証に関する措置を挙げた。さらに、信頼醸成措置の次の段階として、戦力削減を議論する可能性にも言及した。西側諸国は軍縮会議および信頼醸成措置の内容を具体的に提案したのであった。

フランスによるCDEマンデートの提出を決定づけたのが、ポーランドによるCMDDマンデートの提出であった。この立場は、一二月八日にフランスのベルナール・レイモン外務副大臣がイギリスのハード外務閣外大臣に対して「今週中に東側諸国によりCMDDが提案される予定であるため、フランスも［CDEマンデートを］すぐに提案する用意をしなければならない」と述べたことからも裏付けられる。(206) 要するに、フランスはEC諸国で事前に合意された方針に従い、東側からのCMDDマンデートの提出を受けて翌日にCDEマンデートを提出したのであった。なお、ポーランドとフランスに続いて、ユーゴスラビア、ルーマニアおよびスウェーデンからもそれぞれ軍縮会議案が提出されたが、(207) CMDDとCDEがその後の議論の中心となる。

CDEマンデートが正式に提出されたことで、アメリカが好むと好まざるとにかかわらずCDEはCSCEマドリード再検討会議の検討事項となった。多国間枠組みの議論では超大国の意向が必ずしもすべて反映されるわけではなかったのである。また、東側諸国がCMDDマンデートを提出したこともあり、CSCEにおいて東西に共通する関心領域が正式に確立された。すなわち、軍縮問題がマドリードでのアジェンダの一つとして既定路線となり、軍事的安全保障の次元でのヨーロッパデタントの追求に向けて「賽は投げられた」のである。その後、CDEをめぐる議論は新冷戦が激化するなかでもヨーロッパデタントの中心的な枠組みであるCSCEマドリード再検討会議での対話を存続させ、最終的には合意へと至らせるのである。

おわりに

本章では、一九七九年一二月のソ連によるアフガニスタン侵攻から八〇年一一月のヨーロッパ安全保障協力会議（CSCE）マドリード再検討会議の開会、そして同一二月のフランスによるヨーロッパ軍縮会議（CDE）マンデートの提出に至る時期を取り上げた。米ソの超大国間で新冷戦が幕開けするなか、ヨーロッパでは軍事的安全保障の次元が中心となり、デタントの存続へと途が開かれた経緯を明らかにした。

ここで本章の議論を改めて振り返りたい。「はじめに」では、米ソが新冷戦に突入するなかでもヨーロッパデタントが存続した背景には、ヨーロッパ共同体（EC）諸国が中心となってCDEの実現を追求したことがあったという本書の立場を説明した。第一節では、ソ連のアフガニスタン侵攻の経緯と西側諸国の初期の反応に焦点をあて、侵攻直後の早い段階から多国間枠組みであるCSCEを存続させる方針がとられたことを明らかにした。第二節では、まず米欧によるソ連との二国間関係の見直しの過程を取り上げ、アメリカが対ソ強硬路線へと舵を切る一方で、EC諸国はデタントを維持したと論じた。さらに、多国間枠組みであるCSCEでの対応にフォーカスし、そこでもEC諸国はCDEの提案を通じてデタントを追求する方針を固めたことを示した。この方針は、CSCEに協調的な側面を残すことで、ヨーロッパデタントの中心的枠組みとして機能させることとなった。

第三節では、対東側政策をめぐる米欧関係の展開を論じた。強硬路線のアメリカと対話路線のEC諸国の間で次第に軋轢が生じるなか、両者はG7ヴェネチアサミットおよびNATOアンカラ会合を活用して再結束を果たした。その際に、EC諸国はCDEを提案することをNATOの方針に組み込むことで、既成事実化を図ったのであった。第四節では、CSCEマドリード再検討会議の開会前後の時期に焦点をあて、フランスがEC諸国からの支持を得て（アメリカのコミットメントがないにもかかわらず）CDEマンデートを提出した過程を説明した。これにより、軍事的安全保障の問題がCSCEマドリード再検討会議の議題に正式に含まれ、その後の東西対話の礎となったのである。

では、一連の過程はいかなる意義をもつものであろうか。その最大の意義としては、東側諸国に対する米欧のアプローチの違いが鮮明になるなか、EC諸国の主導下でCDEを軸に東側諸国への関与を継続する方針が固められ、東西対話の礎が生み出されたことを指摘できる。ソ連のアフガニスタン侵攻は超大国間関係に対してはもちろん、ヨーロッパデタントに対しても負の影響を与えかねないものであった。アメリカはCSCEを活用して東側諸国を矢面に立たせることを躊躇しなくなり、またEC諸国も「CSCEヘルシンキ合意の実施状況」の議論（東側諸国による人権侵害やソ連によるアフガニスタン侵攻への非難）に注力せざるを得なくなった。このようななか、EC諸国がまだ萌芽期にあった軍事的安全保障の次元でのヨーロッパデタント（前章で見た通り、それは一九七七年から七九年にかけて誕生した）を追求したことが、デタントの存続を確たるものとしたのであった。これによって東西に共通する関心領域（ヨーロッパでの軍備管理・軍縮）が生み出され、新冷戦下でもヨーロッパデタントが展開することになるのである。

この際、軍事的安全保障の次元が重要となった理由としては積極的なものと消極的なものがあった。積極的な理由としては、ヨーロッパの安全保障環境が厳しくなるなかで対話を通じた緊張緩和が模索されていたことがあった。消極的な理由としては、東側諸国にとって人的次元での議論は受け入れ難いことがあった。東側諸国からすると、人的次元での議論（とりわけ人権問題）は内政干渉に他ならず、統治の正統性を揺るがしうるものであった。言い換えると、軍事的安全保障の次元での対話の追求は東側諸国にとっては消去法的な選択肢でもあった。以上の理由から、軍事的安全保障の次元が新冷戦下のヨーロッパの東西対話の中心となるのである。

第3章　ヨーロッパ安全保障協力会議での東西対話

——一九八〇～八三年

はじめに

一九八〇年末から八三年後半にかけて米ソ間の「新冷戦」はエスカレートした。アメリカに目を向けると、対ソ強硬路線をとるレーガン政権が八一年一月に発足し、国防力の大幅な拡充を進めた。また、レトリック上でも「悪の帝国」に代表されるソ連に対する敵対的な発言を憚らなかった。一方、ソ連に目を向けると、核戦力の増強やアフガニスタンへの軍事侵攻の継続に加えて自国内・自陣営内での締め付けを強化した。この締め付けは八一年一二月にポーランドでの戒厳令にもつながり、アメリカを中心に西側諸国からの強い反発を招いた。

ところが、同時期のヨーロッパの東西関係は必ずしも超大国間関係とは軌を一にしなかった。ヨーロッパでは、デタントのモーメンタムが完全に失われることはなかったのである。その象徴となるエピソードが、ヨーロッパ安全保障協力会議（CSCE）マドリード再検討会議において三年間にわたり交渉が継続し、最終的にはヨーロッパ軍縮会議（CDE）マンデート（CDEの開会日や議論の内容などを定め、その立ち上げを規定するもの）や人的次元の改善に資する内容を含む文書が合意されて妥結へと至ったことであった(1)。すなわち、ヨーロッパでは多国間の対話が持続し、そのさらなる発展が約束されたのである。
では、なぜヨーロッパデタントは存続できたのだろうか。本書はCDEを目指す動きが重要であったと論じてきたが、本章ではこの動きこそが米ソ対立が深まるなかでもCSCEマドリード再検討会議を維持したうえで合意へと導き、ヨーロッパ協調を促進させたという立場をとる。言い換えると、軍事的安全保障の次元での新規提案であるCDEが東西間の架け橋としてCSCEマドリード再検討会議の成功をもたらし、ヨーロッパデタントの存続につながったと論じる。

ところで、CSCEマドリード再検討会議では新冷戦下でも東西合意が実現した点に着目され、これまでも複数の先行研究により取り上げられてきた。それらの先行研究は、(1)ポーランドの戒厳令への対応に焦点をあてた研究、(2)一国の外交の役割を分析した研究、(3)交渉の大詰めの時期に行われた米ソ間の秘密交渉を取り上げた研究、の三種類に分類することができる。(2) まず(1)の研究は、CSCEに未曾有の挑戦を突きつけた一九八一年一二月のポーランドの戒厳令（八〇年夏の「連帯」の結成に端を発するポーランドでの民主化運動が政府によって弾圧された）への西側諸国の対応に着目する。その際、ヨーロッパ共同体（EC）諸国はCSCEマドリード再検討会議において戒厳令を集中的に非難しつつも、CDEを引き続き追求したことが会議の存続につながったと論じる。(3) (2)の研究は、ヨーロッパの主要国であるフランスおよび西ドイツの外交に焦点をあてる。そして、両国が三年間にわたるCSCEマドリード再検討会議での交渉を通じてデタントを追求し、その議論に影響を与えたことを指摘する。(4) (3)の研究は、CSCEマドリード再検討会議の最終年である八三年にスポットライトをあてる。米ソ両国が妥結に向けて行った秘密交渉（後述するが、アメリカはCSCEマドリード再検討会議の合意と引き換えにソ連に対してキリスト教ペンテコステ派の出国を要求した）の過程を説明する。(5)

これらの先行研究はCSCEマドリード再検討会議の理解に資する一方、いくつかの課題を残している。まず(1)の研究については、ヨーロッパデタントの研究から看過されがちなCDEの重要性を指摘した点で意義があるものの、三年間に及ぶ交渉全体におけるその位置づけは明らかではない。(2)の研究については、一国外交の観点から交渉経緯を通史的に捉えたのみならず、主要国である仏独のデタントへの取り組みを示した点で有意義である一方、一国の影響力をやや過大評価する傾向が見受けられる。また、EC諸国の外交協力の枠組みであるヨーロッパ政治協力（EPC）での意思決定は重要であったにもかかわらず、それらに十分に言及していない。さらに、フランスを取り上げた研究は、史料公開上の制約もあり、ミッテラン政権期については同国の一次史料を十分に活用していない。(3)の研究に関しては、会議の妥結にあたり米ソ間のバックチャンネルでの秘密交渉が果たした役割を明らかにした点で意義があるが、それまでの二年以上にわたる交渉および議場での最終文書の交渉に十分に目を向けていない。つまり、CSCEは多国間の枠組みであるにもかかわらず、その特徴である多国間交渉の過程が十分に検討されていない。以上を総括すると、CSCEマドリード再検討会議は先行研究によってさまざまな角度から分析が行われているのであるが、CDEを視野に入れてマクロな観点より三年間の交渉を捉えた研究が不足しているのである[6]。

先行研究の現状を踏まえ、本章は一九八〇年一一月から八三年九月にかけてのCSCEマドリード再検討会議での交渉を通史的に取り上げる。そのうえで、軍事的安全保障の次元での新規提案であるCDEに着目することで、同会議が三年間にわたって継続したうえで妥結に至った経緯を説明する。別の言い方をすると、本書のもつ研究上の意義は、軍事的安全保障の次元での交渉を切り口にして、八〇年から八三年にかけての新冷戦下でのヨーロッパデタントの存続を説明していることである。もちろん、三年の間に国際情勢は目まぐるしく変化し、マドリードでの交渉の雰囲気も様変わりするのであるが、その時々でCDEを軸とする対話は欠かせない役割を果たしていることを示す[7]。本研究の今一つの意義は、イギリスおよびフランスの一次史料を活用し、英仏を中心とするEC諸国が果たした役割を明らかにしていることである。その際には、イギリスはしばしばアメリカと距離を置いてヨーロッパ寄りの姿勢を取り、デタントの存続に向けたEC外交に貢献したことも浮き彫りにする。

では、本章の分析対象の時期および議論の展開について説明したい。本章は、一九八〇年一一月のCSCEマドリード再検討会議の開会から八三年九月の妥結までの三年間を時系列順に取り上げる。[8] マドリードでの議論の様子は国際情勢の動向に応じて一年目、二年目、三年目と年ごとに大きく変化したことから、本章もそれぞれの年に一節ずつを割り当てて検討する。第一節では、CSCEマドリード再検討会議の一年目（八〇年一一月の開会から八一年一二月のポーランドでの戒厳令の布告まで）を取り上げる。最初の一年間は、同会議に提出された複数の新規提案のうち、CDEこそが交渉を推進させたと論じる。第二節では、CSCEマドリード再検討会議の二年目（八一年一二月のポーランドでの戒厳令から八二年一一月の交渉再開まで）の状況を取り上げる。同時期にはポーランドの戒厳令を受けて東西関係が悪化するなか、CDEは同会議の存続にあたり重要な役割を果たしたことを明らかにする。第三節では、CSCEマドリード再検討会議の三年目（八二年一一月の交渉再開から八三年九月の閉会まで）に焦点をあてる。マドリードでの交渉が終盤に差し掛かるなか、CDEは最終文書の文言交渉において東西が歩み寄る要因となったことを説明する。

1 安全保障の議論を通じたマドリード再検討会議の進展

ヨーロッパ安全保障協力会議（CSCE）マドリード再検討会議の一年目（一九八〇年一一月の開会から八一年一二月のポーランドでの戒厳令の布告まで）には、ヨーロッパ軍縮会議（CDE）はマドリードでの交渉を推進する役割を果たすことになった。本節ではまず、CSCEマドリード再検討会議は厳しい国際情勢下で立ち上がったことを説明する。そのようななか、東西両陣営はヨーロッパでの軍縮会議（CDEおよび「ヨーロッパでの軍事デタントおよび軍縮に関する会議［CMDD］」）の立ち上げという点では一致し、同論点を中心にCSCEマドリード再検討会議の交渉を進展させたことを明らかにする。すなわち、ヨーロッパデタントの軍事的安全保障の次元こそが東西対話を推進させたのである。その結果、八一年一二月にはマドリードは妥結間近の状況に漕ぎ着けることができたと論じる。また、マドリードでの交渉は同時期の東西対話の中心的チャンネルとなり、米ソ両超大国間の意思疎通にも貢献したことを明らかにする。

（1）会合の幕開けとCMDD／CDEマンデートの提出

はじめに、第2章の内容の再確認となるが、CSCEマドリード再検討会議の開会からCDEが提案されるまでの経緯を簡潔に説明したい。CSCEマドリード再検討会議の幕が開けたのは一九八〇年一一月一一日のことであった。ソ連のアフガニスタン侵攻がまだ記憶に新しいなかで開会したこともあり、会議では開始早々から東西間の溝が浮き彫りになった。最初の主要議題である「ヘルシンキ合意の実施状況のレビュー」、すなわち七五年のヘルシンキ合意の履行状況をめぐる議論では、東西が鋭く対立した。西側諸国や非同盟中立諸国が東側諸国による不遵守（アフガニスタン侵攻、人権侵害など）を非難したことに対し、東側は自らの遵守の成果を列挙して反論した。(9) マドリードは東西対立の最前線に立たされたのであった。

しかし東側諸国は集中砲火を受けても退席しなかった。それは、その後に控えた新規提案の検討を通じて、軍事的安全保障の次元の議論が進展することを望んでいたからであった。(10) つまり、軍事的安全保障の次元での交渉の見通しが東側諸国を議場に引き留めていた。ヨーロッパ共同体（EC）諸国もまた、対決姿勢にのみ終始するつもりはなかった。フランスは、開会式のスピーチで新規提案の目玉としてCDEに言及した。(11) また、イギリスも対立一辺倒の路線を追求していたわけではなく、ソ連に対する非難は「健全な基盤に基づくデタント」を実現するうえでの前提となるものであった。(12) なお、ソ連とヨーロッパの狙いには違いがあり、前者はアメリカの軍備増強に対抗することを目指す一方、(13) 後者は第2章で論じたように対話を通じた緊張緩和を目指した。ただ、結果的には双方とも軍事的安全保障の次元でのデタントを志向していたからこそ、東西対立のなかでもCSCEを続行させたのであった（この時点ではアメリカはCDEへの支持を留保していた）。

一二月に入って「ヘルシンキ合意の実施状況のレビュー」が一段落すると、新規提案の検討が開始された。各国からは安全保障、経済、人権などのさまざまな分野に関する提案がなされ、その数は八七点に上った。そのうち、もっとも重要になるのが(1)ポーランドがワルシャワ条約機構（WTO）のバックアップを受けて提出したCMDDマンデート（CSCE/RM.6、一九八〇年一二月八日提出）、(2)フランスがEC諸国の承認を受けて提出したCDEマンデート（CSCE/RM.7、八〇年一二月九日提出）、の二点であった。[14] 東西それぞれが軍縮会議の提案をしたことで、同論点はCSCEマドリード再検討会議のアジェンダに公式に組み込まれ、東西に共通する関心領域が確立された。

（2）超大国のイニシアチブ

約一ヶ月にわたるクリスマス休暇をはさみ、一九八一年一月二七日よりCSCEマドリード再検討会議での新規提案の議論が本格的に開始された。当初は会議の閉会予定日を三月五日としていたこともあり、[15] ほどなくすると米ソ両超大国はマドリードでの交渉の推進を試みるようになった。その際、両国が活用したのが自陣営の提出した軍縮会議提案であった。つまり、八七点の新規提案のうち米ソはいずれも軍事的安全保障の次元での新規提案に目を付けたのであった。

先に動いたのは一月二〇日にレーガン新政権が発足したばかりのアメリカであった。二月一六日、カンペルマンCSCE大使はマドリードの議場でCDEへの支持を初めて表明した。[16] アメリカはCDEにコミットしないという従来の政策を転換させ、東西の関心がオーバーラップする分野を利用して交渉を進めようとしたのである。[17] この際、アメリカが自らの立場を変えた背景には、CSCEマドリード再検討会議を妥結させてCDEの実現を目指すヨーロッパの同盟国への配慮があった。[18] そのことは、マドリードでの発表に先立ち、レーガン大統領からジスカール・

デスタン大統領にＣＤＥ支持の方針が直接電話で伝えられたことに表れた[19]。また、アメリカの軍備管理・軍縮庁（ＡＣＤＡ）の担当官はイギリスに対し、ＣＤＥへの支持を打ち出した理由はヨーロッパ諸国を満足させるという政治的なものであったと後日明かした[20]。さらに、レーガン政権は発足当初はカーター政権ほどには人権問題を重視しておらず（ヘイグ国務長官は就任後初めてのスピーチで、国際テロリズムが人権にとって代わる関心事になると述べている[21]）、前政権のＣＳＣＥ政策と距離を置こうとしたこともＣＤＥへの支持を後押しした[22]。

一方、ソ連もまた軍縮会議提案を活用してマドリードでの交渉の推進を試みた。二月二三日、ブレジネフ書記長は第二六回ソ連共産党大会での演説において、ウラル山脈までの信頼醸成措置の適用を受け入れる意向を表明した[23]。当初ソ連は西側提案のＣＤＥの根幹をなす「大西洋からウラル」というアイデアに反発していたが[24]、各国の関心の高い同問題で譲歩することでマドリードの交渉を進めようとしたのであった。この背景として、ソ連がアメリカの軍拡を大いに懸念していたことが指摘できよう[25]。

なお、ブレジネフ提案に問題がないわけではなかった。なぜならば、ブレジネフ案は適用地域をウラル山脈まで東方拡張することと引き換えに西方への拡大を求めており、かつその範囲を明示しなかったからである。とはいえ、秘密主義を徹底するソ連がウラル山脈に至る広大な領域を信頼醸成措置の対象として受け入れたことは画期的な出来事であった。そして、ソ連の譲歩は適用地域の問題に留まらなかった。その後もソ連はＣＳＣＥマドリード再検討会議において譲歩を重ね、三月に入ると西側諸国がＣＤＥに求める条件である「軍事的意義のある信頼醸成措置」の受け入れ[26]、および「政治的拘束力のある信頼醸成措置」の受け入れ[27]を表明した。

さて、マドリードでは軍事的安全保障のほか、経済・科学技術協力、人道面での協力（主に東西間の人的接触）、ヘルシンキ合意の十原則（主に人権）、地中海での安全保障・協力、マドリード会議のフォローアップ（次回の再検討会議の計画）、の六つのテーマが作業部会ごとに検討されていたが[28]、重要視されていた軍事的安全保障の次元を中心に交渉が進んだことで、合意の余地が生まれた。このタイミングで、伝統的に東西両陣営の仲介役を務めてきた非同盟中立諸国が妥協案の作成に着手した。イニシアチブをとったのはオーストリアであった。ブレジネフ演説の翌日の二月二四日、同国のパール外相はスウェーデン、ユーゴスラビア、スイスに対して会議の妥結に向けたイニシアチブをとることを呼びかけた。その後、非同盟中立諸国は数週間にわたる調整を行ったうえで、三月三一日にこれまでの交渉成果をとりまとめた妥協案を提示した。[29] これにより、CSCEマドリード再検討会議は文言交渉のフェーズに突入することになった。軍縮会議提案こそが東西交渉を牽引し、ヨーロッパデタントの核であるCSCEマドリード再検討会議の議論を次のステップへと引き上げたのであった。

軍縮会議の立ち上げをめぐる議論はCSCEでの多国間交渉を進めたのみならず、レーガン政権発足当初の米ソ間の対話の糸口ともなった。先の二月二三日のブレジネフ演説では、米ソ首脳会談の開催および中距離核戦力（INF）のモラトリアム（NATOが一九七九年の二重決定にもとづくINF近代化を止めることと引き換えにソ連がSS-20の新規配備を凍結する）も同時に提案された。[30] しかし、アメリカはいずれに対しても否定的であり、その先の進展はなかった。首脳会談については、成果を出すのに必要な「強さ」を有しているか確証をもてていなかったことを背景に断った。[31] また、中距離核戦力のモラトリアムについては、SS-20を先行配備しているソ連の優位性を固定することになるため受け入れなかった。[32] こうしたなか、米ソの方向性に収斂が唯一見られ、対話につながったのがCDE・CMDDであった。四月二四日、ヒンクリーによる暗殺未遂事件を受けた入院から職務復帰したレーガンは、「ソ連によるCDEゾーンの受け入れは心強い一方、その他の軍縮提案には楽観的ではない」との書簡をブレジネフに送付した。[33] CSCEマドリード再検討会議におけるCDE・CMDDの議論は、ヨーロッパデタントを推進するのみならず超大国間の対話のきっかけともなったのである。

米ソ二国間の枠組みよりも多国間枠組みのCSCEが対話の中心となった第一の理由は、レーガンは前年の大統領選挙の際に第二次戦略兵器制限条約（SALT II）に非難を浴びせ、軍拡を交渉に優先させる姿勢を見せていたため、[34] 米ソ二国間での軍備管理交渉を積極的に進めづらい立場に置かれていたことがあった。それは、この時点では二重決定にもとづく中距離核戦力交渉の開始日が決まっていなかったことにも表出した。[35] 第二の理由は、時を同じくしてワインバーガー国防長官の主導下で国防予算の大幅増が提案されており、[36] このタイミングで軍備管理交渉を進めればその正当性を失いかねないことがあった。そのため、アメリカが前面に立つことが少ない多国間のCSCEにおいて交渉が相対的に進んだのであった。ちなみに、中欧相互兵力削減交渉（MBFR）においても同じく多国間の軍備管理交渉が行われていたものの、同時期の政治的関心およびモーメンタムは一九七三年の立ち上げから成果を出していない中欧相互兵力削減交渉からCDEへとシフトしている状況であり、[37] もっぱらCDEをめぐり議論が進展した。

（3）非同盟中立諸国による妥協案と文言交渉の開始

非同盟中立諸国案の主な内容

一九八一年三月三一日に非同盟中立諸国が妥協案を提示したことにともない、マドリードでは同案をたたき台とする最終文書の文言交渉が開始された。まず、非同盟中立諸国の妥協案（以下、「非同盟中立諸国案」とする）の内容を⑴軍縮会議のマンデート、⑵軍縮会議のマンデート以外、に分けて順に見ていきたい。[38]

⑴の軍縮会議のマンデートについては、西側提案のCDEと東側提案のCMDDが前者のアイデアを軸に一本化された。具体的には、導入される信頼醸成措置は西側のCDEの条件である「［大西洋からウラル山脈に至る］ヨーロッパ全域を対象とすること」、「軍事的意義を有すること」、「政治的拘束力をもつこと」、「検証手段をもつこと」、の各点を満たすことが規定された。[39] また、一本化された会議の名称は“Conference on Confidence- and Security-Building Measures and Disarmament in Europe”とされた。名称に含まれる“Confidence- and Security-Building Measures（信頼・安全醸成措置、CSBM）”とは、一九七五年のヘルシンキ合意に規定された信頼醸成措置（Confidence-Building Measures）と区別をするためにユーゴスラビアが提案した名称を取り入れたものであった[40]（ただし本書

では両者を区別せず、一般的に定着している「信頼醸成措置〔CBM〕」という表現を引き続き用いることにする)。

(2)の軍縮会議のマンデート以外については、ヘルシンキ合意の履行状況への批判や人権問題などの論争を呼びうるトピックは意図的に省かれた。他方、第三バスケットにおいては、西側諸国の要求内容である東側からの出国および家族訪問に関する規定、情報の自由化に関する規定、ジャーナリストを取り巻く環境の改善に関する規定などが含まれていた(41)。言うなれば、人的次元では東西接触を促進するための現実的な措置の採択が目指されていたのである。ただし、最大の論点であると認識されていたのは、やはり新規フォーラムの立ち上げにより東西関係に大きな影響を与えうる(1)の軍縮会議のマンデートであった。イギリスは、鍵となる論点がCDEなのは明らかであり、CDEが合意されれば他の論点はさほど問題なく合意されるであろうと考えていた(42)。

文言交渉の状況

では、非同盟中立諸国案にもとづく交渉の状況を見ていきたい。同案のなかで真っ先に合意されたのは軍縮会議の名称であった。四月三日、非同盟中立諸国案の"Conference on Confidence- and Security-Building Measures and Disarmament in Europe"をそのまま会議名称として使用することが合意された(43)。これにより、従来のCDEとCMDDとの競合関係は、"Conference on Confidence- and Security-Building Measures and Disarmament in Europe"の条件闘争へと正式に置き換わることとなった。なお、同名称は一九八四年一月にストックホルムで開会する会議の正式名として使用されることになるが、その会議の条件(ヨーロッパ全域を対象とする、検証措置を導入するなど)はこの先で論じるように当初フランスが提案したCDEマンデートに類似するものとなったことから、一般的には従来のフランス案の名称であるCDE(Conference on Disarmament in Europe)と呼称されることになる(44)。そこで、本書もこの慣例に倣うことにする。すなわち、この先「CDE」と表記されるものは、八一年四月に正式名称は"Conference on Confidence- and Security-Building Measures and Disarmament in Europe"として合意されていることになる(45)。

その後、三週間のイースター休暇をはさんで五月よりマドリードで交渉が進められた結果、夏までには非同盟中立諸国案の多くの部分で暫定合意が達成された。まず、軍縮会議（CDE）のマンデートについては、導入される信頼醸成措置が軍事的意義を有し、政治的拘束力をもち、かつ検証可能であることが六月初旬に合意された。[46]ソ連の譲歩を受けて西側の求める条件が次々と受け入れられたのである。また、CDEマンデート以外については、翌七月には第二バスケット（経済的次元）の文言も合意された。[47]さらに、第三バスケットでもソ連は譲歩した。[48]その結果、残されたもっとも主要な論点はCDEの適用地域をいかにして定義するか、ということであった。

ここでCDEの適用地域の問題について説明したい。非同盟中立諸国案は、CDEの適用地域を「ヨーロッパ全域および隣接する海空域を対象とする（covering the whole of Europe with the adjoining sea area and air space）」と定義した。このうち、「ヨーロッパ全域」という文言はウラル山脈までの拡張を意味しており、先のブレジネフのスピーチを踏まえたものであった。ところが、フランス提案のCDEマンデートには含まれていない「隣接する海空域（adjoining sea area and air space）」という文言が争点となった。[49]

西側諸国は同文言を限定的に解釈し、抑止力維持に欠かせない大西洋や地中海地域での海空軍単独の軍事演習をCDEの対象より除外することを目指した。具体的には、隣接する海空域での軍事演習は、陸上での軍事演習の一部を構成するときのみCDEの信頼醸成措置の対象とすることを主張した。[50]同アプローチは、事前に通告対象の範囲を地理的に指定する（たとえば、海岸線から一定範囲内での陸海空それぞれの軍事演習を一律で通告対象とするなど）「地理的アプローチ」に対して、「機能的アプローチ」として知られることになった。

他方、東側諸国は「隣接する海空域」を地理的に指定したうえで、西側へと拡大する「地理的アプローチ」を望んだ。すなわち、東側諸国は大西洋や地中海での海空軍の軍事演習をCDEの信頼醸成措置の対象に含めようとした。ブレジネフは五月にトビリシにてスピーチを実施し、ウラル山脈までの適用と引き換えに西側諸国も「しかるべき方法で」信頼醸成措置の適用地域の拡大を受け入れることを要求した。[51]

問題解決に向け、東西ハイレベル間でも話し合いがされるようになった。六月二三日、ストーセル国務副長官がドブルイニン駐米ソ連大使と面会した際に本件が議論された[52]。さらに、七月六日にモスクワにて英ソ外相会談が開催された際にも本件が取り上げられた[53]。しかしながら、「機能的アプローチ」を追求する西側諸国と、「地理的アプローチ」にもとづき適用地域の拡大を求める東側諸国との間で議論は平行線を辿った。それは、西側諸国は数量面で優越するワルシャワ条約機構の陸上戦力をヨーロッパの不安定要因とみなしていた反面、東側諸国はアメリカの対欧支援に不可欠なＮＡＴＯの海空戦力を懸念していたことが表れたものであった。ただ、この問題は文言の解釈次第で決着がつくものであり、合意は遠くないように思われた。

安定的な東西関係への貢献

ＣＳＣＥマドリード再検討会議での交渉は、ポーランド情勢の緊張およびフランスでの政権交代により東西関係が流動化するなかで重要な対話のチャンネルを提供した。まずポーランド情勢については、一九八一年三月から四月にかけて事態が緊迫化した。発端となったのは、三月一九日に北西部のビドゴシュチで「連帯」構成員が当局より暴行された事件であった。これを機にポーランドでは大規模な抗議行動が発生した。この一連の出来事は、「連帯」が結成された八〇年八月以来で最大の政治的危機であった[54]。また、時を同じくして、支配政党のポーランド統一労働者党の内部でも改革を志向する動きが生じるようになった[55]。これに対し、ソ連はメディアを通じて党内の動きを「修正主義者」と名指しして非難するキャンペーンを展開した[56]。さらに、ワルシャワ条約機構軍はポーランド国境周辺で実施していた軍事演習「ソユーズ81（Soyuz-81）」の期間を二週間以上延長し、ポーランドを牽制した[57]。ソ連による軍事介入が懸念される事態となったのである[58]。

このようななか、ＥＣ諸国はＣＳＣＥマドリード再検討会議こそが安定的な東西対話を提供し、かつソ連によるポーランドへの軍事介入を抑止できると考えた。とりわけ西ドイツは、マドリードでの議論の継続およびＣＤＥの合意の見通しがソ連の介入を抑止するとみなした[59]。そこで、五月九日から一〇日のＥＣ一〇ヶ国の非公式外相会合では、少なくとも七月中旬に予定されているポーランド統一労働者党・党大会まではマドリードでの交渉を継続させることに合意した[60]。これにより、党大会での「修正主義」的な決議の採択を阻止することを目的としたソ連による軍事介入を回避できると考えたのである[61]。そして、同方針は五月二〇日から二三日にかけて訪米した西ドイツのシュミット首相からレーガン大統領にも伝えられ、受け入れられた[62]。マドリードでの交渉の成果文書のみならず、交渉そのものに意味が見出されるようになっていた。

続いて、フランスの政権交代について取り上げたい。一九八一年五月一〇日、フランス大統領選挙でミッテランが現職のジスカール・デスタンに僅差で勝利し、第五共和制で初めてとなる社会党政権が誕生した。ミッテランはソ連との関係を「解毒治療（フランス語では cure de désintoxication）」するとしてモスクワに強硬な姿勢をとる一方[63]、「大西洋主義者と呼ばれながらも公けには［NATO二重決定にもとづく］パーシングII配備支持の姿勢を控えていた前大統領……よりもはるかに大胆な大西洋主義への旋回を印象づけた[64]」。

ミッテランが対ソ強硬路線をとった背景にはいくつかの理由があった。まず、彼はジスカール・デスタンがソ連に対して過度に融和的であるとみなし、選挙の際にもジスカール・デスタンをソ連の「小さな電報配達人（petit télégraphiste）」呼ばわりして非難していたことが挙げられる[65]。また、政権には共産党から二名の大臣が入閣し、フランスの外交政策への懸念が生じていたからこそ、ミッテランはソ連との距離を置く必要に迫られたことも指摘できる[66]。さらに、より根本的には「ソルジェニーツィン効果（The Solzhenitsyn Effect / L'effet Soljenitsyne）[67]」により一九七〇年代から八〇年代にかけてフランスの知識人のソ連観がネガティブなものへと変化していたことの影響も否めないであろう。

伝統的にソ連に友好的であったフランスの立場が動揺するなか、CSCEはヨーロッパデタントの継続性を維持するにあたり重要な役割を担った。仏ソ二国間関係が従来よりも疎遠になるなか（仏ソ首脳会談は八四年まで三年間にわたり開かれなかった）、多国間枠組みのCSCEが東西ヨーロッパ間の対話を下支えしたからである。また、フランスも自身が生みの親であるCDEを手放すことはなかった。六月一八日、新政権のシェイソン外相はCDEに引き続き強くコミットしていると明言した。[68] このように、一九八一年春以降のポーランド情勢の緊迫化およびフランスの政権交代によりヨーロッパの東西関係が先行き不透明となるなか、CDEを中心的テーマとしてCSCEマドリード再検討会議が継続したことはヨーロッパデタントの安定化に貢献したのであった。

（4）CDEと人権のリンケージと交渉の失速

アメリカによるCDEと人権のリンケージ

CSCEマドリード再検討会議での文言交渉に再び目を向けると、残されていた主要な問題はCDEの適用地域をいかにして定義するかということであった。そして、一九八一年六月末に作成されたイギリスのキャリントン外相宛のブリーフ資料に七月中に合意が実現する見込みであると記された通り、[69] 同問題の解決を通じた妥結は遠くないと思われていた。実際、七月に入るとソ連は譲歩する姿勢を見せるようになり、非同盟中立諸国案の「隣接する海空域」という文言を交渉の出発点として受け入れることを表明した。[70] ポーランド情勢が沈静化し、[71] 七月一四日にはポーランド統一労働者党・党大会が予定通り開会へと漕ぎ着けたことも、マドリードでの東西交渉を取り巻く環境を改善した。

ところが、CSCEマドリード再検討会議は想定外の展開を迎えることになった。七月一六日、アメリカは機能的アプローチにもとづいて「隣接する海空域」を解釈する新たな文言を提示する傍ら、それを人的次元での新たな提案とリンケージしたのである。[72] 具体的には、アメリカは人的次元において以下の提案を行った。すなわち「家族の再統合に関する専門家会合」および「人権に関する専門家会合」の開催、ジャーナリストを追放しない旨およびラジオの電波妨害をしない旨の声明の発出、ヘルシンキグループおよび信教の自由に関する声明の発出、[73] である。この立場はアメリカの主導下で七月二〇日にG7オタワサミットで発表された「政治問題に関する議長総括」文書にも盛り込まれ、[74] CDEに関するイニシアチブを歓迎する一方で人権規定の重要性が呼びかけられた。[75] 安全保障の問題を中心に議論が進展し、合意間近のように見えたCSCEマドリード再検討会議での交渉にまったく異なる要素が持ち込まれたのであった。

なぜアメリカは立場を一変させたのであろうか。アメリカが人権面での取り組みを強化した背景には、前出の通り人権問題に相対的に関心の低かったレーガン政権に対する議会からの圧力が強まっていたことがあった[76]。レーガン大統領は就任直後の一九八一年二月に国務次官補（人権・人道問題担当）にルフェーヴァーを指名していたが、議会は彼が人権問題の意義を疑問視したことを受けて六月四日に任命を拒否していた[77]。さらに、四月末には議会においてCSCEヘルシンキ合意の遵守のための行動を勧告する両院一致決議案が出され、六月二日には国務省に対して政府見解を求めていた[78]。それゆえ、レーガン政権は人権政策を変容させ[79]、CSCEを東側の人権問題を追及する場として位置づけたのであった。一方、レーガン政権の発足当初に見られた米ソ対話の足がかりとしてのCSCEの重要性は相対的に低下することになった。

当然、東側諸国は自らが矢面に立たされることになる人的次元での諸提案をすぐには受け入れるはずがなかった。ソ連は、各種専門家会合の開催や声明の発出を求める西側の提案を拒絶した[80]。その結果、CSCEマドリード再検討会議は七月二八日から三ヶ月間の一時休会を余儀なくされた。まさに妥結まであと一息のところで交渉は行き詰まったのである[81]。人権問題により会議が失速したことは、CDEこそがこれまでの交渉を推進してきたことの証左であった。

EC諸国によるアメリカへの働きかけ

CDEと人権のリンケージがCSCEマドリード再検討会議の停滞を招いたことを受けて、一時休会中にEC諸国はアメリカに対してリンケージの解消を働きかけるようになった。まず、その前提となるEC諸国の認識を見てみたい。バカンスシーズン明けの九月五日から六日に開催されたEC一〇ヶ国の非公式外相会合では、EC諸国の外相らはソ連によるポーランド侵攻のリスクは一時的に低下したとみなした[82]。そうしたなか、ソ連との建設的関係を構築するための手段として名前が挙げられたのが、前年のアフガニスタン中立化構想（第2章参照）の流れを汲む「欧州理事会によるアフガニスタンに関する国際会議構想」[83]およびCDEの二つであった。[84]つまり、EC諸国の外相らはCDEをヨーロッパデタントの追求のためのメインツールとして位置づけていたのである。反面、英仏をはじめとするEC諸国はアメリカの要求する「人権に関する専門家会合」の意義を疑問視した。[85]それゆえ、EC諸国はアメリカにリンケージ解消を働きかけたのである。

アメリカの説得にあたり中心的役割を担ったのは、同年七月よりEC議長国を務めていたイギリスであった。イギリスは九月中に複数回にわたってアメリカに接触し、EC諸国はマドリードにてCDEが合意されることを重視していると強調した。[86]また、働きかけは実務レベルにとどまらず、国連総会のために渡米したキャリントン外相からヘイグ国務長官に対しても行われた。[87]それでも、アメリカは国内政治上の理由から譲歩するつもりはなかった。アメリカはイギリスに対し、アメリカ国内でCSCEを唯一支持しているのが人権活動家（議会のヘルシンキ委員会を念頭に置いていると考えられる）である以上は、彼らにCDEを売り込むためには人権面での進展とセットにすることが不可欠であるとの立場をとった。[88]

しかし、ヨーロッパ側も引き下がらなかった。それどころか、一〇月に入ってNATO二重決定にもとづく中距離核戦力近代化に反対する平和運動がヨーロッパ各地を席捲するようになると（一〇月一一日にはボンで二五万人がデモに参加し、[89]一〇月二五日にはロンドンで一五万人がデモに参加した）、[90]EC諸国は以前にも増してCDEを必要とするようになった。EC諸国は、国内世論対策としてもCDEにおいて軍縮交渉に誠実に取り組んでいる姿勢を見せることを迫られたのである。[91]なかでも、イギリスでは野党・労働党は中距離核戦力への反対はおろか、NATOの柔軟反応戦略からの引き上げすら主張している状況であり、[92]軍縮政策でイニシアチブをとることは急務であった。それゆえ、アメリカに対してCDEの重要性をますます強硬に主張するようになった。[93]

CSCEマドリード再検討会議での今後の交渉方針をめぐる米欧の溝が埋まらないなか、朗報は予想外の方向からやってきた。一〇月末のＣＳＣＥマドリード再検討会議の再開を前に、ソ連はアメリカがもっとも重視する「人権に関する専門家会合」を受け入れる姿勢を見せ始めたのである。[94] ソ連は人権面で譲歩をしてでもＣＤＥの実現を望んでいたのであった。また、同年春より漸進的に米ソ間の対話が活性化し、九月末にレーガン政権発足後で初となる米ソ外相会談が開かれた際にアメリカ側はリンケージの達成を条件にマドリードを妥結させる意図を示した[95]ことも、ソ連の判断に影響を与えたであろう。

こうしてアメリカのリンケージ戦略が成功する形で米欧間の亀裂は解消された。あとはＣＤＥの適用地域の問題をはじめ、七月の一時休会前に残されていた論点を詰めることで合意が実現しうる状況となった。

（5）交渉の再開と加速

合意の兆しが見えつつあるなか、ＣＳＣＥマドリード再検討会議は一九八一年一〇月二七日に三ヶ月ぶりに再開した。会議が長引くなか、西側諸国、東側諸国ともに八一年末までに妥結させる必要があると認識していた。[96] また、ポーランド問題が一時的に沈静化し、米ソ間の中距離核戦力交渉の開始の目処が立つなかで、マドリードに対話のチャンネルを依存する必要性も低下した。そこで、米ソ両国はやはり東西に共通する関心領域であるＣＤＥを活用し、交渉の推進を試みるようになった。

一一月一八日、レーガン大統領は中距離核戦力の「ゼロ・オプション」（ソ連がＳＳ-20、ＳＳ-4、ＳＳ-5をすべて撤去する代わりに、アメリカは二重決定で予定されているパーシングⅡ弾道ミサイルおよび地上配備巡航ミサイル〔ＧＬＣＭ〕の西ヨーロッパへの配備を取り止めるというもの）を初めて公式に提案したスピーチのなかで、ＣＤＥへの支持を改めて表明した。[97] スピーチでは、平和を維持するためには、奇襲攻撃のリスクと、不確実性や誤算から生じる戦争の可能性を減らさなければならないことを指摘した。そして、その方策を検討する会議としてＣＤＥを提案していることに言及した。さらに、合意は手の届くところにあるとして、ソ連に対して合意に加わるよう呼びかけた。

アメリカの本心はCDEの開催というよりも、リンケージを通じて人権面での進展を実現することであった。先に見た通り、マドリードが合意されれば「人権に関する専門家会合」が立ち上がるはずであった。また、一一月一一日のヘイグ国務長官とドブルイニン駐米ソ連大使との会談の際には、ヘイグは反体制派のシャランスキーの釈放[98]と引き換えにCSCEマドリード再検討会議の「ポジティブな結果」（CDEのマンデートを含む最終文書の合意を指す）を保証するともちかけていた。[99]ただし、人権と比べると二次的とはいえ、ヨーロッパが主導するCDEは安全保障上の観点からもアメリカにメリットがあったからこそ、[100]レーガンは早期妥結を呼びかけたのであった。

EC諸国は、NATOの核抑止戦略を骨抜きにしかねないゼロ・オプションについては手放しでは喜べなかった一方で、[101]アメリカのCDEへの前向きな姿勢を歓迎した。CSCEマドリード再検討会議の議場では、レーガン大統領のスピーチを支持する発言が聞かれた。[102]また、翌週一一月二六日から二七日の欧州理事会のコミュニケは、「レーガン大統領の演説で発表された、核および通常戦力の相互削減と信頼醸成措置を通じた大規模な軍縮の目標に対するアメリカのコミットメントを歓迎した」と表明した。同時に、同コミュニケは年内にCDEマンデートを含む最終文書が合意されることへの期待を示した。[103]西側諸国はCDEを軸にマドリードでの交渉を進めて妥結させるという点で結束していた。

ソ連もまたCDEを梃子にマドリードでの合意の実現を望んでいた。それは、一一月二三日から二四日にかけてのブレジネフ訪独の際に明らかとなった。シュミット―ブレジネフ会談後に発表されたコミュニケでは、CSCEマドリード再検討会議の年内の妥結を目指すこと、また信頼醸成措置のさらなる進展にとくに関心を払っており、明確に定義されたCDEマンデートの採択に向けて努力することへの決意が表明された。[104]

米ソ両超大国がCDEを活用してマドリードの交渉を後押ししたことで、非同盟中立諸国による仲介の余地が再び生まれた。そこで、非同盟中立諸国は改めてイニシアチブをとり、クリスマスまでの合意を目指して妥協案を作成した[105]。同案は一二月一〇日にノン・ペーパーとして回覧された後[106]、一六日に公式に提案された[107]（以下では一九八一年三月に提出された妥協案と区別するため、同年一二月に提案されたものを会議文書の番号に即して"RM.39"と記載する）。

では、RM.39の内容を見ていきたい。まず、最大の懸案事項であるCDEマンデートについては、軍事的意義をもち、政治的拘束力を有し、かつ適切な検証が提供されることが明記された。また、その適用地域は西側諸国の主張する「機能的アプローチ」により定義され、海空軍の単独での活動は除外された[108]。他方、人的次元については、これまでにソ連が譲歩した内容を含み、「人権に関する専門家会合」の開催が規定された。しかしながら、アメリカの求める「家族の再統合に関する専門家会合」は含まれておらず、かつヘルシンキグループへの言及もなかった[109]。つまり、RM.39は機能的アプローチにもとづくCDEマンデートと「人権に関する専門家会合」の開催という西側諸国の要求を反映しつつも、人権面ではトーンを抑えることで東側諸国にも配慮したものであった。

西側諸国はRM.39に対して好意的に反応した。一二月一一日の北大西洋理事会・閣僚会合では、NATO諸国はRM.39を支持する必要があるという点で一致した[110]。他方、東側諸国の反応はより冷ややかであった。ソ連はRM.39に不満を述べ、さらなる作業が必要であると述べた[111]。東西の反応の違いを見ても、RM.39は西側諸国によってより望ましいものであるのは明らかであった。それでも東側諸国は真剣な交渉に改めて関心を示し、クリスマスまでに交渉が妥結することへの希望が生まれた[112]。しかしながら、まさにそのタイミングで東西関係を揺るがす大事件がポーランドで発生したのであった。

2　ポーランドの戒厳令とマドリード再検討会議の対応

ヨーロッパ安全保障協力会議（CSCE）マドリード再検討会議の二年目（一九八一年一二月のポーランドでの戒厳令から八二年一一月の交渉再開まで）は、軍事的安全保障の次元が中心となって議論が進んだ一年目とは打って変わり、ポーランド情勢を背景に人的次元に突然注目が集まることとなった。本節ではまず、ポーランドの戒厳令を受けてCSCEの人権規定にスポットライトが当たるようになった経緯を解明する。続いて、ヨーロッパ共同体（EC）諸国の主導下で、CSCEマドリード再検討会議においてポーランド問題を集中的に審議したことが同会議の存在意義を高め、打ち切りの回避につながったことを明らかにする。反面、これによって同会議は東西対立の最前線に立たされたものの、ヨーロッパ軍縮会議（CDE）への合意の見通しこそが東西双方を交渉にコミットさせ、会議を存続させたと論じる。つまり、ポーランド情勢を議論することで必然的に対立的な雰囲気となるなか、CDEこそが東西に共通の関心領域としてCSCEマドリード再検討会議、ひいてはCSCEプロセスを持続させたのであった。

（1）ポーランドでの戒厳令と西側諸国の反応

はじめに、ポーランドでの戒厳令に対する西側諸国の反応を取り上げ、その過程でCSCEの人的次元が前面に出てくるようになった経緯を見ていきたい。一年半に及ぶことになる戒厳令が始まったのは一九八一年一二月一三日のことであった。同日午前六時、ヤルゼルスキ首相はラジオ放送で戒厳令の布告を発表した。その数時間前の午前二時から三時にかけて「連帯」の指導者らのほとんどが拘束されていた。戒厳令を受け、宗教礼拝を除く一切の集会は禁止され、労働組合、学生団体、ストライキ権は停止された。またすべての手紙および電話が検閲されることになった[113]。

西側諸国の当初の反応は慎重なものであった。一二月一四日にブリュッセルで開かれた北大西洋理事会では、NATO諸国はポーランド情勢に抑制的な態度をとることで合意した[114]。続いて一二月一五日に開かれたヨーロッパ政治協力（EPC）の外相会合でも用心深い姿勢がとられた。同会合で出された声明は、CSCEヘルシンキ合意の内政不干渉原則を引き合いに出してポーランドへの干渉を控えるべきであると呼びかけた。そのうえで、ポーランドが武力を用いずに自らで問題を解決し、改革および刷新のプロセスを継続させることへの期待を表明した[115]。つまり、西側諸国はこの時点ではポーランドの軍事政権による人権抑圧を表だって非難せず、むしろ東西関係の現状維持を志向していた。その背景には、ポーランドに干渉している印象を与えてソ連に軍事介入の口実を与えることを避けようとしていた[116]ほか、戒厳令のほうがソ連の介入よりはましであると考えられていたこともあった[117]。

ところが、戒厳令の布告から数日ほど経つと西側諸国の態度は次第に硬化し始めた。首脳レベルで最初に強硬な態度を示したのはフランスであった。一二月一六日、ミッテラン大統領はポーランドでの自由の喪失はいかなる場合であれ非難されるべきであるとの声明を発出した[118]。それは世論に押されたものであった。フランスでは前年に「連帯」が立ち上げられて以来ポーランドへの関心が高かったこともあり[119]、戒厳令が布告された翌日の一四日にはパリで五万人から一〇万人がデモを行ったほか、フランス全土でも二〇万人が抗議行動をとった[120]。さらに、一六日には野党・共和国連合（RPR）の総裁を務めていたパリ市長のシラクが、東側諸国との貿易協定の全面的な見直しに言及していた[121]。それゆえ、ミッテラン政権は強硬な姿勢に踏み切ったのである。また、フランスに続いてイギリスも態度を硬化させた。一七日、キャリントン外相は拘留された者の釈放とポーランド国内における交渉の再開を呼びかけたが、その姿勢はこれまでと比べて強硬であった[122]。

西側諸国の態度の硬化と時を同じくして、ポーランドの戒厳令はCSCEヘルシンキ合意の人権規定と結びつけられるようになった。一二月一七日、レーガン大統領はポーランドでの戒厳令布告後に初めて発出した声明において、同国での大規模な抑圧と人権侵害はCSCEヘルシンキ合意への重大な違反であると言及した[123]。CSCEヘルシンキ合意の人権規定が初めて引き合いに出されたのであった。アメリカの思惑は、対ポーランド制裁を推進することにあった[124]。

ヨーロッパにおいてもCSCEヘルシンキ合意の人権面に目が向けられつつあった。一二月二二日、サッチャー首相は議会での討議の際にポーランドでの出来事を最大限の強さで非難し、CSCEヘルシンキ合意が反古にされているようだと述べた[125]。また、同日にEC諸国がポーランド政府に対して行ったデマルシュ（EC議長国のイギリスが代表で実施した）でも、抑圧はCSCEヘルシンキ合意の原則への明白な違反であり看過できないと伝えられた[126]。このように、西側諸国ではポーランドの戒厳令の議論に際して、CSCEの人権規定が前面に出てくることになった。直近まではCSCEの軍事的安全保障の次元（CDE）こそが大多数の国にとっての最大の関心事であったなか、突如としてその人的次元がかつてない脚光を浴びることになったのである。

ところで、スペインの首都で行われていた会議に目を向けると、CSCEマドリード再検討会議は西側諸国の立場が硬化するさなかの一八日に一時休会となり、クリスマス休暇に突入した。その際、再開日は翌一九八二年二月九日とすることが合意された。ポーランド問題に対する西側諸国の流動的な立場はマドリードの議場でも見られた。休会前の最後のセッションでは、フランスによるスピーチをきっかけに各国はポーランド問題に言及した[127]。一方、イギリス代表団は二月の再開後の合意達成に依然として楽観的な見方をしていた[128]。それは、西側諸国のポーランドおよびCSCEに対する見方が転換する途上にあったことを示していた。

（2）CSCEマドリード再検討会議での対応へ

ポーランドの戒厳令がCSCEヘルシンキ合意の人権規定とセットで議論されるなか、西側諸国はCSCEの枠組みでの対応を思案するようになった。その際、アメリカとヨーロッパでは異なるアプローチが考え出された。

アメリカでは、戒厳令をCSCEの無意味さの証であると受け止め、CSCEマドリード再検討会議の打ち切りはもちろん、CSCEの枠組み自体を停止・廃止に追い込むべきであるという見方が出現した。つまり、東側諸国への制裁の一環としてCSCEでの対話を打ち切ることが検討されていた。一二月二一日の国家安全保障会議（NSC）会合では、レーガン大統領が東側諸国によるCSCEヘルシンキ合意への違反に言及したことに対し、強硬派のカークパトリック国連大使はヘルシンキ合意を一時的に中断することを提言した。[129] 翌二二日のNSC会合では、レーガン自身が「ヘルシンキ合意を無効（null and void）であると宣言することで［東側諸国に］打撃を与えられると考えている」と発言した。ヘイグ国務長官は「そうすればヨーロッパは怒り狂う（go bonkers）でしょう」と述べたものの、レーガンは「東側諸国が絶えず違反をしているのに、なぜ［ヘルシンキ］合意があるように見せかけるのか」と言い、CSCEへの不信感をあらわにした。[130] また、NSCの内部でもCSCEマドリード再検討会議からの退席やヘルシンキ合意への非難が検討されていた。[131] CSCEを何よりも人権政策を遂行する場として捉えていたアメリカからすると、それが当初の目的を果たせないならば継続する意味はなかった。

他方、ヨーロッパではCSCEマドリード再検討会議を活かしてポーランド問題に対処すべきであるという見方が広まるようになった。EC諸国にとってCSCEは単なる人権フォーラムではなく、対話のための場であった。それゆえ、東西対話の枠組みとしてCSCEマドリード再検討会議を維持したうえで、ポーランド問題に取り組むことを目指したのである。一二月二三日、フランスのモーロワ首相は議会での討議でポーランド軍による抑圧を非難した。このとき、ヘルシンキ合意の第三バスケットを活用して民主主義と人権の擁護を訴えかけるつもりであり、CSCEマドリード再検討会議に向けて準備を進めることを明らかにした。[132]

イギリスもフランスと同じく、CSCEマドリード再検討会議においてポーランド問題に取り組むつもりであった。そこで、一二月二三日にポーランド情勢を議論するために開かれた北大西洋理事会の場で、CSCEマドリード再検討会議を活用してソ連によるポーランドへの介入を阻止しうる方法を検討すべきであると提案した。その際、イギリスはポーランド情勢とＣＳＣＥマドリード再検討会議は大いに関係する旨、またポーランド問題とＣＳＣＥプロセスの双方の重要性を念頭に置いた政策を考案すべき旨述べた。[133] ＣＳＣＥの枠組みの存続を前提に、ポーランド問題に取り組むことを訴えたのであった。

今後の方向性をめぐり米欧の見方が分かれるなか、採用されたのはヨーロッパのアプローチであった。先のイギリス提案はアメリカやフランスなどの各国から支持され、さらに議論を進めることが合意された。この方針に則り、アメリカは翌週一二月三〇日の北大西洋理事会においてＣＳＣＥマドリード再検討会議の特別会合の招集を提案し、[134] 非同盟中立諸国にも働きかけが行われた。[135] ＣＳＣＥマドリード再検討会議において対応を目指すことが既定路線となり、西側諸国からＣＳＣＥを打ち切りに追い込むという選択肢は消滅したのであった。以上の経緯が物語る通り、従来は意図的に議論が避けられることが多かったポーランド問題[136]を取り上げたことで、ＣＳＣＥが「用済み」とみなされることは回避され、ＣＳＣＥマドリード再検討会議、ひいてはＣＳＣＥの枠組みそのものの存続につながったのである。

ところで、ＣＳＣＥマドリード再検討会議での対応を目指した理由は国によりまちまちであった。アメリカは自らが提案した特別会合には期待しておらず、むしろＣＳＣＥの無意味さを示すことを目的にその開催を追求した。[137] 同国はヨーロッパデタントの継続を求めるＥＣ諸国に付き合ったものの、[138] ＣＳＣＥへの懐疑的な見方を払拭しきれてはいなかったのである。一方でイギリスは、ワシントンがＣＳＣＥはもはや「死文（dead letter）」であると早々に決断する事態を避けるためにＣＳＣＥマドリード再検討会議での対応を目指した。[139] つまり、イギリスはまさにレーガン政権が当初思い描いていたシナリオを回避し、ＣＳＣＥを存続させることを目論んでいたのであった。このように各国の思惑こそ異なっていたが、ＣＳＣＥマドリード再検討会議で対応する方針が固まったことで、ヨーロッパデタントの中心的枠組みは一命を取り留めることになった。

年が明けて一九八二年に入ると、西側諸国はＮＡＴＯおよびヨーロッパ政治協力での協議を通じてＣＳＣＥマドリード再検討会議でとるべき政策を具体化させていった。一月四日に開催されたEC一〇ヶ国の非公式外相会合では、フランスのシェイソン外相は特別会合の代案としてCSCEマドリード再検討会議を当初の予定通り二月に再開させ、外相を派遣することを提案した。この背景には、特別会合の開催に必要となるCSCE参加国の全会一致での合意は、東側諸国の反対が予見されるため非現実的であると考えられていたことがあった。[140]続いて一月一一日に開催された北大西洋理事会・閣僚会合では、アメリカも特別会合の開催は困難であると認識するに至り、CSCEマドリード再検討会議を予定通り二月九日に再開させる一方で外相を派遣するフランス案に同意した。そして、この方針は会合のコミュニケによって対外的に発表された。[141]このように、EC諸国の主導下でCSCEマドリード再検討会議での対応ぶりが決められていった。

ところで、西側諸国はCSCEマドリード再検討会議においてポーランド問題に取り組むことで即時打ち切りを回避したことと引き換えに、今度は同会議が東西の政治対立の最前線に立たされることになるのは明らかであった。さらに、議論の紛糾により同会議、ひいてはCSCEの枠組みそのものが危機に晒されうる状況にあることには依然として変わりはなかった。実際、ポーランドはEC議長国のベルギーに対し、もし自国の内政問題が議論された場合には「CSCEマドリード再検討会議の結果、ひいてはCSCEプロセスの継続を脅かす」と事前に釘を刺していた。[142]

（3）CSCEマドリード再検討会議でのポーランド問題の議論

一九八二年二月九日、西側諸国の外相らがマドリードに集結したのはこのような情勢下であった。再開当日の午前中よりポーランド問題が集中的に取り上げられ、東西間の激しい応酬が繰り広げられた。ヘイグ国務長官はポーランドおよびソ連を非難し、両国によるヘルシンキ合意違反を細かく追及した。そのうえで、(1)労働組合員やヘルシンキグループの釈放、(2)戒厳令の撤廃、(3)ポーランドでの和解（権利の回復、改革プロセスの再開など）の三点を求めた。[143] ＥＣ議長国であったベルギーのチンデマンス外相は、ＥＣ諸国を代表してポーランドおよびソ連がヘルシンキ合意に違反していると非難した。[144] これに対し、東側諸国はデタントを追求する必要性を主張し、ポーランドは自国のとった措置を正当化した。また、ソ連に至っては「アメリカは全世界でファシスト政権を支援している」と敵対的な姿勢を見せ、アメリカこそが外部からポーランドを不安定化させていると非難した。[145]

同日午後には緊張がエスカレートした。折しも議長国を務めていたポーランドが会議手続きを濫用し、[146] フランスのシェイソン外相をはじめとする各国外相に発言の機会を与えないままセッションの終了を宣言したのである。これに対し、西側諸国は当然強く反発した。その後、七時間以上にわたる会議手続きの論争が繰り広げられたが、当日中に外相らがスピーチを行う機会はなかった。[147] 最終的に外相らがスピーチを完了したのは、三日後の二月一二日のことであった。[148] ＣＳＣＥマドリード再検討会議は前途が不透明な状況に陥った。[149]

マドリードでの対立はその後も緩和することはなかった。東側諸国は前年一二月に非同盟中立諸国より提示されたRM.39にもとづき、強引に議論を進めようと試みた。モスクワは、「ポーランドに関するＣＳＣＥの特別セッションが開かれた」という状況が作り出されることを回避しようとしたのである。[150] これに対し、遠路はるばるマドリードまで出向いた外相らの発言が妨害された西側諸国は付き合うつもりはなかった。その結果、一ヶ月にわたって議論が噛み合わない状況が続いた後、三月一二日には同年一一月までの八ヶ月間の休会が合意された。[151] 逆説的ではあるが、ポーランド情勢を受けて一時的にオーバーヒートした東西関係からＣＳＣＥを守るために、ヨーロッパデタントの中心的な枠組みであったＣＳＣＥマドリード再検討会議は休眠状態へ入った。

しかしながら、ＣＳＣＥマドリード再検討会議での今後の交渉の見通しが絶たれたわけではなかった。なぜならば、同会議は休会こそ余儀なくされたものの、これまでの交渉の成果はすべて残されることになったからである。つまり、ＣＳＣＥマドリード再検討会議はポーランドをめぐる東西対立の最前線に立たされたにもかかわらず、現状を維持したまま存続させることが合意されたのであった。では、なぜ東西対立が先鋭化するなかでも両陣営は

ＣＳＣＥに引き続きコミットしたのであろうか。

東側諸国は、ＣＳＣＥマドリード再検討会議においてＣＤＥが議論されていたからこそ、ポーランドの人権問題が提起されても離脱することはなかった。この点は、フランスが「ソ連がＣＳＣＥプロセスへの長期的な関心を失っていないことは、同国がＣＤＥに固執していることが示唆している」と指摘したことからも窺える。(152) 東側諸国は、ＮＡＴＯ二重決定にもとづく中距離核戦力配備が翌一九八三年に迫るなか、何としてでもＣＤＥを立ち上げて核軍縮（核の先制不使用など）を議論し、西側諸国の平和運動を盛り上げることを狙っていた。それゆえ、その引き換えにポーランド問題の議論を受け入れたのである。

西側諸国もまた、ＣＤＥを重視していたため交渉成果を残したうえで休会へと持ち込んだ。アメリカは前出の通りＣＳＣＥマドリード再検討会議を存続させてポーランド問題を議論することを受け入れていた。それでも、ＥＣ諸国はマドリードの再開後のアメリカの姿勢次第ではＣＤＥが失われることを懸念した。(153) そこで、一月二五日にＥＣ議長国ベルギーのチンデマンス外相はヘイグ国務長官に対して書簡を送り、ＣＤＥを名指ししてマドリードの交渉成果を維持するよう働きかけた。(154) また、ＥＣ各国は二国間の文脈でも同様にアメリカに申し入れをした。(155) その結果、アメリカは「平常通り」とはしないとしつつも、ＣＤＥをはじめとするマドリードでのすべての成果を残すことを受け入れたのであった。(156) 要するに、ＥＣ諸国のＣＤＥに対する関心こそが、これまでの成果を残したうえでの一時休会を可能にしたのである。

このように、ポーランドの戒厳令をきっかけにＣＳＣＥマドリード再検討会議は東西対立の場と化したのであるが、東西双方の関心事項であるＣＤＥが「かすがい」としての役割を果たしたことで会議は存続することができた。すなわち、軍事的安全保障の次元こそがヨーロッパデタントの要であった。

(4) 休会期間

CSCEマドリード再検討会議の休会期間中、EC諸国による東側諸国への関与の中心となったのがエネルギー面での取引であった。つまり、ヨーロッパデタントの焦点は一時的に安全保障面から経済面へと移ることになった。以下では、その取り組みおよび同問題をめぐる米欧摩擦について検討したい。

ポーランドでの戒厳令布告後、EC諸国は早くよりエネルギー面での関係の維持に向けた行動を取り始めた。アメリカが一九八一年一二月二三日にポーランドへの経済制裁を、[157]続いて一二月二九日にソ連への経済制裁を[158]発表するなか、EC諸国はその動きに追随しなかった。それどころか、アメリカが対ソ経済制裁の目玉として、シベリアで採掘された天然ガスをヨーロッパへと輸送するためのパイプラインの建設中止を目指した(一二月二九日の対ソ制裁はパイプラインを念頭に置いたものであった)こととは裏腹に、EC諸国はエネルギー面での関係を強化させる道を選んだ。[159]フランスでは、八二年一月二三日にフランスガス公社とソ連のソユーズガスの間で天然ガスの購入量を倍増させる内容の契約が締結されたことが発表された。[160]それは実はミッテラン大統領からの承認を得ないまま発表されたものであったが、モーロワ首相は対外的に同契約を正当化した。[161]西ドイツでは、二月一七日にシュミット首相が同国のルールガスとソユーズガスの間で締結された同様の契約を承認した。[162]また、イギリスではサッチャー首相が訪英中のヘイグ国務長官に対し、アメリカによる経済制裁に苦言を呈した。[163]北海油田を擁するイギリスは大陸ヨーロッパと比較するとソ連にエネルギー面で依存する必要性は低かったのであるが、制裁によってパイプライン建設に参画する自国企業が影響を受けることを懸念していたのであった。このように、マドリードでは東西間の政治的な対立が先鋭化するなかでも、経済面では相互依存が粛々と進んでいた。ヨーロッパデタントの経済的次元は着実に進展していた。

一九八二年半ばになると、東西間の経済関係の継続・深化を試みるEC諸国と経済制裁を望むアメリカとの間で対立が深まった。六月一八日、レーガン大統領はパイプライン建設に対する制裁を強化し、アメリカ企業のみならずアメリカ企業の海外子会社およびアメリカ企業のライセンス生産を受けている企業の製品にも適用することを発表した[164]。言い換えると、ヨーロッパを拠点とする企業に対してもアメリカの対ソ制裁を域外適用させる旨を発表したのであった。これに対し、EC諸国は強く反発した。六月二一日から二二日のEC閣僚理事会では、EC加盟国の外相らは「アメリカによる制裁の域外適用は国際法の原則に反し、受け入れられない」との声明を発出した[165]。また、七月に入るとサッチャー首相によるアメリカ批判を受け、ヨーロッパ各国のアメリカへの反抗的な態度が明白になった[166]。EC諸国はワシントンの意向にかかわらずヨーロッパデタントのアクセルを踏み続けたのである。最終的には、一一月一三日にアメリカが制裁を解除し（同時にアメリカの面子を保つため、今後ソ連との貿易に関する決定を下す際に戦略的な問題を考慮することが公表された）、折り合いがつけられることになった[167]。

この過程では、（NATO二重決定にもとづく）翌年の中距離核戦力配備に向けた結束の必要性が米欧の妥協をもたらす触媒となったのであるが[168]、同時にアメリカと「特別な関係」にあるイギリスのサッチャー政権がヨーロッパ寄りの立場をとったことも重要であった。なぜならば、EC諸国は結束してアメリカの方針に異議を唱え、最終的には撤回へと至らせることができたからである。サッチャー首相の最大の動機はソ連との対話やEC諸国との協調というよりも、不況に苦しんでいる自国の雇用の確保であった。彼女は、九月に訪英したワインバーガー国防長官に対し、アメリカの経済制裁が自国の雇用に影響を与えると述べている[169]。とはいえ、サッチャー政権は直前に発生したフォークランド紛争の際にアメリカの動きに苛立つ一方でフランスの協力ぶりを評価し[170]、さらにはEC諸国の協力の下に共通通商政策として対アルゼンチン経済制裁を実施していた[171]ことが示すように、同時期のイギリス外交はヨーロッパと立場を共にすることが少なくなかった。

以上の通り、EC諸国はCSCEマドリード再検討会議の休会中にはエネルギー面を中心にヨーロッパデタントを追求したのであるが、軍事的安全保障面でのヨーロッパデタント、すなわちCDEを決して諦めたわけではなかった。一九八二年六月七日から七月一〇日に開かれた第二回国連軍縮特別総会において、EC諸国の首脳らは

CDEに言及した。それは、アメリカがCDEに触れなかったこととは対照的であった[172]。ちなみに、同時期には東西ヨーロッパ間の安全保障対話が停滞する一方、米ソ間の核軍備管理交渉において動きが見られた。六月一六日には米ソの中距離核戦力交渉のトップが「森の中の散歩」を通じて妥協案を模索した[173]。また、その二週間後には戦略兵器削減交渉（START）が開始された[174]。しかしながら、米ソ本国がいずれも中距離核戦力の妥協案を拒絶したことが示すように、進展はなかった。このように超大国間の軍備管理が進まないなか、EC諸国はCDEに期待を寄せ続けることになる。

（5）CSCEマドリード再検討会議の再開に向けて

一九八二年の夏が終わると、一一月のCSCEマドリード再検討会議の再開に向けた準備が始められた。同会議はこれまでの交渉成果を残して休会していたところ、再開後にはCDEマンデートを中心に八一年一二月に非同盟中立諸国が提示したRM.39にもとづく交渉が行われるはずであった。

この状況に異議を唱えたのがアメリカであった。アメリカは、ポーランド情勢が改善しない限りはCSCEマドリード再検討会議の最終文書（CDEを含む）の交渉を行わないという態度を見せるようになった[175]。九月一三日から一四日にNATO諸国間で実施された協議では、アメリカを除くすべての出席国がRM.39にもとづく文言交渉の再開を支持する一方、アメリカただ一国のみがRM.39にもとづく最終文書の議論に難色を見せた[176]。それどころか、一〇月八日にポーランド政府が「連帯」を非合法化したことでアメリカはますます立場を硬化させた。一〇月一三日、西側諸国のCSCE大使による会合が開かれた際には、アメリカのカンペルマン大使は「現状での［RM.39にもとづく］文言交渉の再開は問題外である」という立場を明らかにした[177]。CDEはポーランド戒厳令後の東西対立下でもCSCEマドリード再検討会議を生き残らせた主要因であったにもかかわらず、アメリカはCDEマンデートを含むRM.39の交渉に否定的な立場をとったのである。それは一時休会の前提を覆すことでCSCEマドリード再検討会議の存否に影響を与えかねない問題であった。実際に、ソ連の駐英臨時代理大使はイギリス側に対し、バランスのとれた実質的な最終文書（ソ連はＣＤＥマンデートを念頭に置いていた）の合意の見通しがある場合に限り、ヘルシンキ合意の実施状況をめぐる非難を容認すると述べた[178]。言い換えると、ＣＤＥへの合意の見通しがソ連をＣＳＣＥマドリード再検討会議にコミットさせていた。それゆえ、アメリカがＣＤＥマンデートの議論を受け入れなかった場合には、交渉が決裂する恐れがあった。

このような状況のなか、ＣＳＣＥマドリード再検討会議の再開および存続に向けてイニシアチブをとったのがＥＣ諸国であった。一〇月一六日から一七日に開かれたヨーロッパ政治協力・外相会合では、今後のＣＳＣＥ政策の方針が定められた。具体的には、ヘルシンキ合意の実施状況を批判的に検討しつつも（ポーランド問題にフォーカスすることを意味した）、ＣＤＥマンデートを含む最終文書の交渉に取り組むことを決定した。さらに、戒厳令を念頭に、RM.39 の人権規定の強化を提案することでも一致した[179]。また、ＥＣ諸国はワシントンに対して、ＣＤＥを含む最終文書の交渉を受け入れるよう大臣レベル（西ドイツ、イギリス）や政府高官レベル（フランス）から働きかけを行った[180]。ちなみに、時を同じくして一〇月初めには西ドイツで政権交代が発生し、社会民主党（ＳＰＤ）のシュミット政権からキリスト教民主・社会同盟（ＣＤＵ・ＣＳＵ）のコール政権に変わったものの、同国のＣＳＣＥへのコミットメントは継続された[181]。また、自由民主党（ＦＤＰ）が引き続き連立与党となり、ゲンシャーが外相ポストに留任したことで継続性が担保された。

アメリカはＥＣ諸国の立場を部分的に受け入れた。ＥＣ諸国がヨーロッパ政治協力・ＣＳＣＥ専門家会合において作成しマドリード会議への提出を目指した「RM.39 への修正提案のパッケージ」（その内容は、「ポーランド」という国名こそ出さないものの、一九八二年二月に各国外相がマドリードに出席してヘルシンキ合意の履行を強調したことに言及するなど、人権面での文言を強化するものであった）は、一〇月二七日の北大西洋理事会において西側諸国の提案の核となりうることが合意された[182]。しかし、この時点ではアメリカは最終文書の交渉を進めることには引き続き消極的であった。[183]

最終的には、CSCEマドリード再検討会議の再開前日である一一月八日、ヘイグの後任となったシュルツ国務長官がEC諸国の外相らに対して書簡を発出し、マドリードにおいて最終文書の文言交渉を受け入れることを伝達した。同時に、アメリカはEC諸国の提示した「RM.39への修正提案のパッケージ」をよりいっそう強化させ（「家族の再統合に関する専門家会合」の開催提案などを盛り込んだ）[184]、改めてCSCEでの人権外交に乗り出した。アメリカがマドリードでの交渉再開を容認した理由は、同国の政府高官いわく「パイプラインの大失態を繰り返すわけにはいかない」からであった。[185] アメリカはパイプライン問題により西側同盟に亀裂を招いたことは失敗であると認識し、[186] CSCEにおいてヨーロッパに譲歩したのであった。

このようにEC諸国の尽力により、一時休会の前提が維持され、東西共通の関心事項であるCDEマンデートを含む最終文書の交渉再開が実現したのであった。これにより、CSCEマドリード再検討会議はヨーロッパデタントの中心的な枠組みとして東西対話を再び促進できるようになった。

3 ヨーロッパ軍縮会議を通じた東西の歩み寄りと妥結

ヨーロッパ安全保障協力会議（CSCE）マドリード再検討会議の三年目（一九八二年一一月の交渉再開から八三年九月の閉会まで）に入るとポーランド問題は沈静化し、[187] かつ一時的に国際環境が改善したこともあり、マドリードでの交渉は妥結に向けて再び歩み始めた。本節ではその際、東側諸国およびアメリカを除く西側諸国がヨーロッパ軍縮会議（CDE）を求めていたからこそ、最終文書の文言交渉において譲歩したことを明らかにする。言い換えると、CDEが東西を合意へと近づける役割を果たしたのであった。最終的には、米ソ間での秘密交渉により駐ソアメリカ大使館で避難生活を送っていたペンテコステ派のソ連出国が実現したことで、CSCEマドリード再検討会議は妥結したのであった。なお、以上のCSCEをめぐる動向は、同時期の東西関係の安定化にも寄与した。

(1) 交渉の再開と進展

一九八二年一一月九日、CSCE三五ヶ国は八ヶ月ぶりにマドリードの議場に集まり、交渉が再開された。政治・軍事面でのヨーロッパデタントが再始動したのであった。休会前の同年二月から三月のセッションが対立に終始したこととは対照的に、再開後のセッションでは東西いずれもが交渉の進展を望んでおり、その雰囲気は「ポジティブ」[188]なものであった。CSCEマドリード再検討会議は再び交渉の場として機能しうる状態であった。

国際環境の変化も交渉を後押しした。とりわけ重要であったのは(1)ソ連におけるアンドロポフ政権の発足、(2)ポーランドによる「連帯」委員長のワレサ(ヴァウェンサ)の釈放、(3)アメリカによる対ソ経済制裁の解除、の三点であった。以下、順に見ていきたい。まずソ連指導部の交代であるが、奇しくもマドリードでの交渉再開の翌日にブレジネフが死去したことを受け、一一月一二日に国家保安委員会(KGB)議長のアンドロポフが書記長に就任した。「ソ連の指導者のなかで、ユーリ・アンドロポフほど、矛盾や誤解を招く情報が多く書かれている人物はいない」[189]と指摘されるように、アンドロポフの評価は分かれるのであるが、彼は少なくともCSCEの文脈では交渉を前進させることになった。一一月二二日、アンドロポフはソ連共産党中央委員会において「デタントは決して過去のものではない。それは未来である」と述べて西側諸国との関係構築に意欲を見せ[190]、この先論じるようにマドリードで積極的に譲歩した。また、息子のイゴールをマドリードでのソ連代表団の一員に送り込んだ[191]ことも交渉に対する関心の表れであったと言えよう。

次に、ポーランドによるワレサの釈放については、一一月一二日に行われた。この時点では戒厳令が撤廃されたわけではなく、ましてやポーランド国内の政治犯がすべて釈放されたわけでもなかった。しかし、一一月二五日の英仏外務次官協議においてフランスが指摘した通り、ワレサの釈放は国内世論および国際世論にとって重要な出来事であり[192]、西側諸国がマドリードで交渉することを容易にした。

最後に、対ソ経済制裁の解除については一一月一三日にレーガン大統領より発表された。これは決してソ連の新政権に対する友好的なシグナルを意図したものではなかった[193]。むしろ、それはパイプラインへの制裁に強硬に反発していたヨーロッパ共同体（EC）諸国との関係を修復し、また制裁によって影響を受けたアメリカの経済界の圧力に配慮したものであった[194]。ただ、制裁の解除は東西間の交渉にポジティブな影響を与えることとなった。

さて、CSCEマドリード再検討会議を取り巻く環境の変化を受け、RM.39にもとづく交渉はスローペースながらも着実に進展した。一二月には、前年より未解決のまま残されていたCDEの適用地域の問題をめぐりソ連が西側諸国に譲歩した。具体的には、ソ連は西側が要求する「機能的アプローチ」を受け入れてRM.39をベースに交渉を進めると表明した[195]。CDEマンデート上の最大の懸案事項に解決の道筋がついたのであった。一方、EC諸国も人権面での譲歩を検討するようになった。一二月二〇日から二一日に開かれたヨーロッパ政治協力（EPC）・政治委員会では、一一月に提示した「RM.39への修正提案のパッケージ」の内容を減らす、言い換えると人権面での要求内容をトーンダウンすることが話題に上った[196]。ポーランドの戒厳令から約一年を経て、マドリードでは再び合意の兆しが出てきたのであった。

（2）非同盟中立諸国による三度目の妥協の試みとその行方

マドリードを取り巻く状況が好転するなか、再び動いたのが非同盟中立諸国であった。非同盟中立諸国は一九八三年一月二六日から二七日にスイスのベルンにて協議した結果、改めて東西間の仲介に意欲を示すようになった。彼らは、早期に妥結しなければマドリードでの合意はますます遠ざかると考えていた。それゆえ、このタイミングで再度イニシアチブをとることにしたのであった[197]。

一九八三年三月一五日、非同盟中立諸国はCSCEマドリード再検討会議の妥協案として"RM.39 Revised"を提出した。八一年三月の「非同盟中立諸国案」、同年一二月のRM.39に続く三度目の妥協案であり、非同盟中立諸国はこれを「最後の努力」であると明言した[198]。同案はその名前が示す通り、八一年一二月のRM.39を修正したものであった。主な内容としては、CDEマンデート、「人権に関する専門家会合」の開催の明記、労働組合の権利への言及、信教の自由への言及などがあり[199]、その多くは西側諸国の要求を反映したものであった。もちろん、妥協案である以上は人的次元での内容は薄められており、西側諸国の求めていたヘルシンキ合意の実施状況を監視する明示的な権利には言及がなかったほか、ジャーナリストの国外追放を止めるための条項などについても記載がなかった[200]。ただ、RM.39 Revisedの内容は総じて西側諸国の立場に近いものであった。

では、東西両陣営はRM.39 Revisedにいかなる反応を示したのであろうか。東側諸国はCDEの実現を目指していたからこそ、同案をそのまま受け入れる姿勢を見せるようになった。四月一〇日のワルシャワ条約機構（WTO）・外相会合では、グロムイコ外相はCDEマンデートを含む形でマドリードを妥結させるためにはRM.39 Revisedをそのまま受け入れる必要があり得ることを示唆した[201]。また、この立場は西側諸国に対しても内々に伝えられた[202]。ソ連は、アメリカの中距離核戦力配備を控えてCDEの開催を最優先事項としていたため、自陣営にとって不利な人権条項を含むRM.39 Revisedを受容したのであった。最終的には、ソ連は五月六日にマドリードの議場において妥協案への支持を表明するとともに、アンドロポフ自身がCSCE各国の首都に対して同内容を知らせる書簡を送付した[203]。

EC諸国もまたCDEマンデートを含む最終文書の採択を重視し、RM.39 Revisedに必要最小限の修正を施したうえで妥結させることを目指した。フランスは、三月一六日に西側諸国間でRM.39 Revisedの内容が検討された際に、「目的はとりわけCDEマンデート、そして可能な場合には人権および人的接触の改善を含む最終文書の合意である」と述べ[204]、東側諸国と折り合いをつけようとした。また、西ドイツは、四月にコール首相およびゲンシャー外相が訪米した際に、CDEの重要性を訴えた[205]。

ところが、留保をつけたのがアメリカであった[206]。アメリカは易々と譲歩するつもりはなく、人的次元を中心にRM.39 Revisedへの複数の修正提案を出して強気の姿勢で交渉に臨むつもりであった。ワシントンはポーランドの問題やソ連国内における抑圧の問題を踏まえて、人権面での真の前進を求めていた[207]。さらに、ソ連に対して自身の提案を受け入れるように圧力をかけ続け、仮に進展がなかった場合には同国に責任を負わせるべきである、という考えも存在していた[208]。要するに、アメリカは会議の成否を人権という観点からのみ捉えていたのである。

そこでEC諸国はまたもやワシントンを説得し[209]、最終的にはRM.39 Revisedに対して四点のみ修正を提案することを受け入れさせた（主な内容は「人的接触に関する専門家会合」のマンデートの記載、電波妨害を止めるための条項の挿入など）[210]。そして、修正案は五月三日にCSCEマドリード再検討会議に提出された。フランスはRM.39 Revisedへの修正が最小限で済んだことに関し、「ワシントンに対するヨーロッパの働きかけが実を結んだ」と評価した[211]。EC諸国の外交が功を奏したのであった。

以上の通り、非同盟中立諸国が「最後の努力」としてRM.39 Revisedを提示し東西の歩み寄りのきっかけを作ったことに対し、東西両陣営はCDEを動機としてそれぞれ譲歩したのであった。その結果、五月初旬の時点では、RM.39 Revisedをめぐり「修正なく合意を求める東側諸国」と「四点の修正を施したうえでの合意を求める西側諸国」が向き合う構図が生まれた。あとは落としどころの探り合いになった。

（3）米ソ間の秘密交渉

CSCEマドリード再検討会議の妥結にあたり、RM.39 Revisedをめぐる合意に加えて、じつはもう一つの問題を解決することが必要であった。それは、ソ連がアメリカの要求に応えて人権状況の改善を何らかの具体的な形で示すことであった。一九八三年の年明けにマドリードの妥結が射程に入るなか、アメリカは「マドリードでの合意」と「ソ連による人権面での改善」（アメリカは「パフォーマンス」と表現している）をリンケージしていたのである。[212] このアイデアの出所はカンペルマン大使であった。彼は、東側諸国がたとえマドリードで新たな人権規定に同意したとしても遵守しないであろうと考えた。そこで、文書上の合意のみならず、具体的な行動を要求したのである。[213]

この際に取り上げられたのが、モスクワのアメリカ大使館で五年近くにわたり避難生活を強いられていたキリスト教ペンテコステ派の二家族の処遇についてであった。[214] 背景には、レーガン大統領が個人的に強い関心を寄せていたことがあった。[215] 一九八三年二月一五日、ソ連のドブルイニン駐米大使と初めて面会したレーガンは、同問題の議論にかなりの時間を費やしたほどであった。[216]

問題解決のために米ソが選んだのは「秘密交渉」という手段であった。三月、非同盟中立諸国がRM.39 Revisedを提示したのと同時期に、米ソ両国はマドリードでバックチャンネルを立ち上げた。そのチャンネルは、アメリカのカンペルマンCSCE大使とソ連のコンドラシェフKGB職員との間のものであった。コンドラシェフはソ連のCSCE代表団のナンバー二であり、[217] アンドロポフとの直接のパイプをもつ人物であった。[218] 交渉が秘密にされた理由は、レーガンは、世間の注目を浴びないところでの個人的な外交を試みることで、外交上の面子にこだわらずに率直に話し合うことができると考えていたことがあった。[219] また、レーガン政権内部に対ソ強硬派がいるなかで、[220] 表だって交渉を進めるのは容易ではなかったことも指摘できる。なお、西側の同盟国には秘密交渉の存在こそ知らされたものの、それ以上の情報は与えられなかった。[221]

四月になると、カンペルマンは六〇名に上る出国希望者のリストをコンドラシェフに手交した。これに対し、コンドラシェフは彼らがイスラエルに出国するのであれば解放すると返答した。以上のやりとりを受け、四月一二日にペンテコステ派はアメリカ大使館を出発しシベリアへと移動した。その後、最終的には六月二六日にこれら二家族のイスラエルへの出国許可が下りることになった。[222] 秘密交渉は成功したのであった。[223] このようにして、RM.39

Revisedをめぐる最後の文言交渉に取り掛かる環境は整った。

米ソ間の秘密交渉は、ソ連の人権状況の改善を通じてCSCEマドリード再検討会議の合意を促進するのみならず、米ソ間の応酬が激しくなるなかでも両国間の数少ない一致点を作り出し、関係の安定化に寄与することとなった。より一般化して言えば、アメリカが一九八三年一月の国家安全保障決定令七五[224]により対ソ政策の三つの指針として「ソ連の帝国主義に対する外部からの抵抗」「ソ連帝国主義の根源を弱めるための内部からの圧力」「交渉」を規定するなか、秘密交渉は「交渉」の指針を実行に移すことで、対立の要素が前面に出てくるなかでも米ソ二国間関係の維持に貢献したのである。たしかに、同時期にアメリカはソ連への攻勢を強めていた。三月八日、レーガン大統領は全米福音派協会において有名な「悪の帝国」スピーチを行った[225]。さらに、その二週間後の三月二三日には「スターウォーズ計画」として知られることになる戦略防衛構想（SDI）を発表した[226]。一方でソ連もこれに対し、ウスチノフ国防相は対抗措置の検討を指示したほか、政治局では内外でのプロパガンダ攻勢を強めることに合意した[227]。米ソ間の応酬はエスカレートしていたのである。このようななか、秘密交渉は米ソ交渉の試金石としての役割を担い、その成果であるペンテコステ派の出国は両国関係を一時的に改善することにつながった。それは、レーガン大統領が「ソ連が言葉ではなく行動で反応したのは初めてのことであり、希望を与える出来事であると思った[228]」と回顧し、直後に米ソ間の穀物合意に関する交渉が再開したことにも表れた[229]。ヨーロッパデタントの枠組みであるCSCEでの合意に向けた接触が両国間の対話につながったのであった。

（4）スペイン首相の妥協案と合意の実現

マドリードでの会議に再び目を向けると、一九八三年六月一七日、ホスト国スペインのゴンサレス首相はRM.39 Revisedの文言交渉を合意に導くべく妥協案を提示した。その内容は、五月三日に西側諸国が提示した四点の修正案を部分的に反映していた（「人的接触に関する専門家会合」のマンデートを明記する一方、電波妨害を止めるための条項は含まれなかった）[230]。スペインのイニシアチブは事前にアメリカおよび西ドイツの大使との間で協議されており、カンペルマンは先の秘密交渉の進捗を受けてスペインに行動をとるように要請したのであった[231]。

米ソ以外の国はスペイン案に速やかに反応した。六月二〇日、非同盟中立諸国を代表してリヒテンシュタインはスペイン案に好意的な反応を見せた（ただし、後述するがその一員であるマルタは地中海地域の問題を持ち出して一ヶ月以上にわたって会議をブロックすることになる）。六月二四日には、ＥＣ諸国を代表して西ドイツがスペイン案への支持を表明した[232]。ＣＳＣＥマドリード再検討会議の早期妥結およびＣＤＥの開催を求めていたＥＣ諸国にとり、他国に先駆けたスペイン案への支持は必然であった。また、ＥＣ諸国による支持があった場合にスペイン案を支持する方針をとっていたカナダ[233]も同案の支持に回ることになった。

ソ連は六月末にスペイン案を受け入れる方向へと傾いた。六月二八日、ワルシャワ条約機構サミットが開かれた際、アンドロポフはスペイン案の受け入れを示唆した。アンドロポフにとり、それは「ヨーロッパにおけるデタントの精神の復活にとって非常に重要」であった[234]。以上の立場は七月一日にマドリードの議場にて明らかにされた。同日、ソ連はスペイン案の枠内での合意を目指すことを発表した[235]。また、この際にソ連は「人的接触に関する専門家会合」の開催を（最終文書には書き込まずに）議長声明として発出することを要請し、受け入れられた[236]。

最後に残されたのがレーガン大統領の説得であった。七月一一日、シュルツ国務長官はレーガンに対してメモランダムを送付した。そこでは、マドリードの最終文書については「人的接触に関する専門家会合」の扱いの問題が残っているが、議長声明として発出することに問題はないとの見方を示した。また、米ソ二国間の秘密交渉については、ペンテコステ派の出国を通じてソ連による人権面での「パフォーマンス」が見られることから、シャランスキーの釈放を引き続き求めつつもマドリードでの合意を受け入れることを勧めた。さらにシュルツは西側同盟国から早期妥結への圧力がかかっていることにも言及した[237]。シュルツは、自国が重視する人権面において一定程度の進展が見られたことを受けて、スペイン案の受け入れを進言したのであった。最終的には、七月一三日にレーガンはシュルツ国務長官および一時帰国したカンペルマン大使と面会し、同方針を承認した。[238]

各国がスペインの妥協案を受け入れたことで、七月一四日にはRM.39 Revisedの文言交渉に決着がつけられた。[239]一九八〇年一一月から休会をはさんで三年近くにわたり続いた東西交渉は事実上妥結したのであった。翌一五日にレーガン大統領が発出した声明は、「ソ連の性質およびソ連がヨーロッパの大部分に押し付けようとしている体制について、何の幻想も抱かない」としつつも、人権規定を引き合いに出して「マドリードの最終文書は達成可能な最善の合意」であると言及した。[240]一方、ヨーロッパではより好意的な評価が下された。七月一九日、サッチャー首相は議会において「マドリードの合意は「合意のための合意」以上のものである」と述べ、暫定合意にはイギリス政府がとりわけ望んでいるCDEおよび人権に関する二つの専門家会合[241]のいずれもが含まれていることを明らかにした。[242]また、七月二〇日にフランス政府が発出した声明は、「フランスの希望にもとづいて八四年初頭にCDEの開会を可能とした［CSCEマドリード再検討会議の］結果に深い満足を表明する」とコメントした。[243]妥協こそあったものの、アメリカは人権、EC諸国はCDEおよび人権とそれぞれ求めていたものを手に入れたのであった。

（5）CSCEマドリード再検討会議の閉会へ

東西間の合意後に残されたのがマルタの問題であった。マルタは地中海地域の安全保障に関する規定をRM.39 Revisedに入れることを主張し、[244]一ヶ月にわたって合意をブロックした。マドリードの状況が「三四対一」の構図となるなか、痺れを切らした各国は（全会一致をルールとするCSCEでは例外的に）マルタ抜きで話を進めるようになった。一九八三年八月二五日には、マルタの同意の有無にかかわらず九月七日から九日にかけて外相レベルでの閉会式を行うことを決定した。[245]結局、マルタは閉会式の前日の九月六日に留保を撤回した。

閉会式が迫るなか、同会議はさらなる逆風に見舞われた。九月一日、航空路を逸脱してカムチャツカ半島からサハリン上空へと迷い込んだ大韓航空のボーイング747がソ連軍に撃墜され、乗員乗客二六九名が犠牲となる事件が発生したのである。同便はニューヨーク発アンカレッジ経由のソウル行きであったこともあり、多くの自国民が巻き込まれたアメリカはひときわ強い調子でソ連を非難した。レーガン大統領は九月五日のスピーチでこの事件を「大量虐殺（massacre）」であると呼び、ソ連の「人道に対する罪」は決して忘れられることはないと述べた[246]。しかし、アメリカはCSCEマドリード再検討会議での交渉の成果を葬り去ることはしなかった。レーガン大統領はワインバーガー国防長官の反対を押し切り、シュルツ国務長官がマドリードでの閉会式に出席することを承認した[247]。それは、アメリカが三年間にわたる議論の成果を水泡に帰し、CSCEの枠組みを潰す意図はなかったことを物語っていた。

最終的には、九月七日から九月九日にかけて予定通りに外相らの出席下でCSCEマドリード再検討会議の閉会式が開かれた。大韓航空機の撃墜事件は、最終文書の合意を受けて祝賀ムードに沸くはずであったマドリードにも暗い影を落とした。西側諸国や非同盟中立諸国（スイス）の外相らはソ連の行動を非難した。一方、東側諸国はこれに反発し、グロムイコ外相は撃墜を正当化した[248]。しかし、このようななかでもCSCEマドリード再検討会議の最終文書は無事に合意された[249]。フランスが指摘したように、大韓航空機の撃墜事件はCSCEプロセスの強さをかえって証明したのであった[250]。

最終文書の採択を受け、東西両陣営が長きにわたり求めてきたCDEが一九八四年一月にストックホルムにて開会することが確定した。すなわち、ヨーロッパでの安全保障対話のさらなる制度化が実現した。また、次回の再検討会議（八六年一一月四日にウィーンにて開かれることが明記された）およびそれに至るまでの各種専門家会合（「人権に関する専門家会合」など）が規定され、東西対話のチャンネルの拡充が図られた。さらには、信教の自由や労働組合の権利などが明記され、東側諸国の人権状況の改善を目指す者に対して希望の光を与えた。その結果、この先八三年末から八四年初頭にかけて米ソ関係が急速に悪化するなかでも、ヨーロッパでは引き続きデタントが維持される基盤が作られたのであった。また、CSCEプロセスはもっとも厳しいストレス・テストに耐えたことで、永続的地位を確立することとなった[251]。

おわりに

以上、本章では一九八〇年一一月から八三年九月にかけてのヨーロッパ安全保障協力会議（CSCE）マドリード再検討会議を取り上げ、ヨーロッパ軍縮会議（CDE）実現を目指す動きが交渉の継続と妥結にあたり重要な役割を果たしたことを明らかにした。言い換えると、軍事的安全保障の次元こそがヨーロッパデタントの存続を可能にしたことを実証した。また、ヨーロッパ共同体（EC）諸国がその動きを主導し、交渉の展開に影響を与えたことも示した。

本章の議論を改めて簡潔に振り返りたい。「はじめに」では、一九八〇年代前半にヨーロッパデタントが存続した背景には、CDEが主な要因となってCSCEマドリード再検討会議が継続し、合意に至ったことがあったという本書の立場を説明した。第一節では、CSCEマドリード再検討会議の一年目（八〇年一一月の開会から八一年一二月のポーランドでの戒厳令の布告まで）にフォーカスした。ソ連のアフガニスタン侵攻の影響で東西関係が冷え込むなか、CDEがマドリードでの話題の中心となり、交渉を進展させたことを明らかにした。第二節では、CSCEマドリード再検討会議の二年目（八一年一二月のポーランドでの戒厳令から八二年一一月の交渉再開まで）を取り上げた。ポーランドの戒厳令を受けてマドリードが東西対立の最前線に立たされるなか、CDEへの合意の見通しこそが東西双方（アメリカを除く）を交渉にコミットさせ続けたと論じた。第三節では、CSCEマドリード再検討会議の三年目（八二年一一月の交渉再開から八三年九月の閉会まで）に焦点をあてた。八ヶ月に及んだ一時休会が明けて交渉が再開するなか、東西はCDEの開催を望んだからこそ最終文書の文言交渉で譲歩し、会議を妥結へと導いたと結論づけた。

ＣＤＥが三年間にわたりマドリードにて東西を結びつけることができたのは、それが各アクターに大きなインセンティブを提供したからであった。ＥＣ諸国からすると、ＣＤＥは東側諸国を交渉に関与させて対話を維持し、反核運動に揺れる国内世論をなだめ、ヨーロッパの安全保障問題で発言力を確保するためのツールであった[252]。東側諸国からすると、ＣＤＥはＮＡＴＯによる中距離核戦力配備に対抗し、西側諸国の反核世論に影響を与え[253]、米欧の離間を生み出し、ヨーロッパでの軍縮の手がかりとなるツールであった[254]。アメリカからすると、ＣＤＥは東側の人権状況を改善させるためのリンケージのツールであった。それゆえ、ＣＤＥはＣＳＣＥを軸とするヨーロッパデタントの存続を実現させたのであった。つまり、ＣＤＥをめぐり各国の異なる意図や利害・関心が重なり合ったことが、マドリード会議の存続と妥結を可能にしたのであった。対照的に、ＣＳＣＥの人的次元はしばしば東西関係に緊張をもたらし、ＣＳＣＥを破談へと追い込む可能性をはらんでいた。そのようななか、ＣＤＥは東西に共通する関心領域として交渉を維持したのである。なお、経済的次元については、東西ヨーロッパ間のエネルギー面での関係強化は同時期のヨーロッパデタントに貢献した一方、それはＣＳＣＥの第二バスケットとは基本的には独立して行われていたため[255]、ＣＳＣＥに直接影響を与えることはなかった。

では、ＣＤＥを中心にＣＳＣＥマドリード再検討会議が継続して妥結し、ヨーロッパデタントが存続したことにはいかなる意義があったのだろうか。第一には、ヨーロッパにおける東西対話の制度化を進めたことが指摘できる。まず、ＣＳＣＥマドリード再検討会議においてＣＤＥや各種専門家会合の立ち上げが合意され、さらに次回のウィーン再検討会議の日程が合意されたことはヨーロッパデタントを制度面で強化することになった。また、マドリードにて三年間にわたり交渉が行われたこと自体、制度化に貢献した。なぜならば、その期間を通じて東西関係のチャンネルが維持されたからであった。ＥＣ諸国はそのことを念頭に置いていたからこそ、一九八一年春にポーランド情勢が緊迫化した際には交渉を続けることを選択したのであった。つまり、マドリードで三年間にわたり交渉が行われたのは、交渉が遅々として進まなかったというよりも、むしろ交渉そのものがヨーロッパデタントの一部として意義を認められていたからであった。

第二には、上記の点にもつながるが、ヨーロッパではたとえ早期妥結の見通しがつかない場合でも会議を開催するという新たな慣行を生み出したことが指摘できる（対照的に、前回のCSCEベオグラード再検討会議の会期は一九七七年一〇月から七八年三月までの半年間にも満たなかった）。言い換えると、東西関係の安定化のために会議外交を行うことが日常として定着したのである。それは、次章で取り上げるCDEが八四年一月から八六年九月まで継続し、その後のCSCEウィーン再検討会議が八六年一一月から八九年一月まで継続したことが示すように、脈々と受け継がれた。たしかに、その実態は「会議は踊る、されど進まず」であることも多かった[256]。しかし、EC諸国や非同盟中立諸国によるお膳立ての下で三五ヶ国が顔を合わせ続けたこと自体が意義をもった。

第三には、米ソ両超大国に接触の機会を提供したことが指摘できる。一九八一年一月にレーガン政権が発足ししばらくの間は核軍備管理交渉は行われておらず（中距離核戦力交渉は八一年一一月に、戦略兵器削減交渉は八二年六月にそれぞれ開始）、CSCEマドリード再検討会議は米ソが接触する数少ないフォーラムとなった。また、八三年に入ってからのペンテコステ問題をめぐる交渉は、核軍備管理交渉が進展しないなかで米ソ間の対話を促すきっかけとなった。さらに、八三年九月の大韓航空機の撃墜事件後にもCSCEマドリード再検討会議の閉会式が米ソ外相に顔合わせの場を提供した。ヨーロッパデタントの枠組みを介した米ソの接触は、次章で検討するように、八三年末以降に米ソ二国間の核軍備管理交渉がすべて中断するなかで、ますます重要性を高めることとなる。

第4章　ヨーロッパ軍縮会議と東西関係の雪解けへの道
——一九八三〜八六年

はじめに

前章で論じたように、一九八三年九月にはヨーロッパ安全保障協力会議（ＣＳＣＥ）マドリード再検討会議の妥結をもってヨーロッパデタントは維持されることになった。一方、米ソ二国間関係はキューバ危機以来でもっとも険悪な状況へと向かい始めた。ソ連による大韓航空機の撃墜、アメリカによるグレナダ侵攻、ＮＡＴＯ諸国による軍事演習「エイブルアーチャー83」の実施などを受けて両国関係は冷却化した。最終的には一一月のアメリカによる西ヨーロッパへの中距離核戦力（ＩＮＦ）配備をきっかけに、米ソ間のあらゆる軍備管理交渉が停止した。新冷戦はピークに達したのであった。

ところが、数年以内に東西関係は大きく変貌を遂げた。一九八五年一一月には、じつに六年半ぶりに米ソ首脳会談が開催された。これを皮切りに米ソ首脳間の定期的な対話が復活した。八七年一二月には、特定の兵器を検証下ですべて廃棄するという点で従来の軍備管理条約とは性格の異なる中距離核戦力全廃条約が合意された。新冷戦は終わりを迎え、東西関係は雪解け(1)を迎えたのである。

一体何がこの変化をもたらしたのであろうか。米ソ両超大国に目を向ける場合、一九八四年一月のレーガン政権の対ソ政策の変化や八五年三月のゴルバチョフ政権の誕生が転機となったことは言を俟たないであろう[2]。本書もそれらの重要性を決して否定するつもりはない。しかし、レーガン大統領とゴルバチョフ書記長による緊張緩和の動きは決して真空から出現したわけではなかった。両国の動きは、国際政治環境のなかで生じたものなのである。それゆえ、ヨーロッパの動向を視野に入れて「冷戦の終わりの始まり」を広い文脈から捉え直す必要があろう[3]。

本書は、冷戦終結に向けた流れのなかでヨーロッパデタント、とりわけヨーロッパ軍縮会議（CDE）を中心とする軍事的安全保障の次元での交渉が重要な役割を果たしたという立場をとる。具体的には、米ソ間の軍備管理交渉が中断するなかで唯一生き残り、一九八四年一月から八六年九月にかけてCSCE三五ヶ国の出席下でストックホルムにて開催されたCDEは、対話のチャンネルの提供を通じて緊張の緩和と新冷戦の克服に貢献したと主張する。また、CDEは米ソからは東西間の軍備管理の第一歩として、ヨーロッパ共同体（EC）諸国からは自らに望ましいヨーロッパ秩序を構築する手段として重視された結果、八六年九月に新冷戦後では初めてとなる軍備管理合意が達成され、冷戦末期の国際政治に影響を与えたと主張する。言い換えると、CSCEマドリード再検討会議の閉会後にヨーロッパデタントの中心的枠組みとなったCDE（ただしCDEはCSCEの枠組み内に置かれた）は、対話による信頼構築を通じて東西関係の変化のきっかけとなったというのが本章の議論の核である。さらに、本章はCDEを通じた緊張緩和にあたり、超大国のみならず以前からCDEに熱心であったEC諸国がしばしば主導的な役割を果たしたとの立場をとる。

では、本章の内容に関係する一九八〇年代半ばのヨーロッパの東西関係に関する先行研究の動向について検討したい。それらは(1)ヨーロッパ各国の東西関係での役割に着目した研究、(2)ヨーロッパでの多国間交渉の中心であったCDEの研究、の二種類を挙げることができる[4]。まず(1)の研究のうち一次史料にもとづくものは、八九年から九〇年のヨーロッパでの地殻変動にフォーカスする研究は多い反面[5]、八〇年代半ばの時期を分析した研究は多くない

(それ以前の時期では、第3章で論じたようにヨーロッパデタントの中心であったCSCEマドリード再検討会議を取り上げた研究が多い)。単著として出版されているものは少ないうえ、[6] 論文として出されているものも限定されている。[7] それは、一次史料面の制約に起因するものでもあるが、何よりも同時期のヨーロッパは米ソ関係の陰に隠れて目立たなかったことの現れであろう。[8]

続いて(2)のCDEの研究については、多くの同時代研究が会議外交の展開および最終文書の内容を論じている。[9] また、交渉当事者による著書も複数見られる。[10] それらは当時CDEが重要視されていたことを物語る。さらに、一次史料を用いた実証研究として、西ドイツ、東ドイツ、ソ連のCDE外交に言及した論文も近年出版されている。[11] しかしながら、CDEの全容は依然として明らかになっておらず、また東西関係における位置づけや役割も定かではない。CDEを取り巻く先行研究の状況は、一九八〇年代前半のヨーロッパデタントの研究が盛況であることとは対照的なのである。以上(1)と(2)を総括すると、八〇年代半ばの東西関係におけるEC諸国の役割、そして新冷戦を生き延びたヨーロッパデタントの中心的枠組みとしてのCDEの役割は十分に明らかではない。この問題意識を背景に、本章は超大国間関係が新冷戦から雪解けへと向かうなか、EC諸国がヨーロッパデタントの流れを汲むCDEを通じてその動きを後押ししたことを明らかにする。

本章の分析の起点は、CSCEマドリード再検討会議でマンデートが採択され、CDEの準備が本格化した一九八三年九月とする。一方、分析の終点はCDEの交渉が妥結した八六年九月とする。本章の議論の流れとしては、まず第一節では八三年九月から八四年一月までを取り上げる。そこでは、米ソ新冷戦がエスカレートするなか、フランスをはじめとするEC諸国の働きかけによりCDEの開会式が閣僚級（外相レベル）で開催されるに至る過程を論じる。第二節では、八四年一月のCDEの開会式での外相のスピーチおよびそのマージンでの外相会談を検討し、それらが新冷戦のピークを脱する足がかりとなったことを明らかにする。第三節では、八四年一月から一二月にかけての時期に焦点をあて、CDEが数少ない対話のチャンネルとして東西関係の安定化に貢献した様子を描出する。第四節では、八五年一月から一二月にフォーカスする。米ソ間の雪解けが急速に進むなか、CDEは東西間の軍備管理の第一歩として位置づけられて米ソ両国の後押しを受けたことを示す。第五節では、八六年一月から九月を取り上げる。前年とは打って変わって超大国間関係が停滞するなか、EC諸国（とりわけイギリスと西ドイツ）が中心となってCDEの終盤の交渉をとりまとめたことを明らかにする。

1　新冷戦のエスカレートとヨーロッパ軍縮会議を通じた対話の模索

（1）米ソ対立のエスカレートと西ヨーロッパによるデタントの模索

一九八三年九月に入ると、米ソ関係は悪化の一途を辿り始めた。その最初の出来事となったのが、前章でも取り上げた九月一日のソ連軍による大韓航空機の撃墜事件であった。その翌週にはヨーロッパ安全保障協力会議（CSCE）マドリード再検討会議においてヨーロッパ軍縮会議（CDE）マンデートを含む最終文書が合意されたものの、超大国間関係が好転する兆しはなかった。それどころか、会合のマージンに開催された米ソ外相会談は、序章の冒頭部で論じたように過去二〇年でもっとも険悪なムードのなかで終わった。

九月後半には米ソ間の緊張はますます高まった。九月一七日、グロムイコ外相の国連総会への出席が直前に中止された。これは、大韓航空機の撃墜事件を背景にニューヨーク州知事とニュージャージー州知事がグロムイコの利用するアエロフロート特別機の着陸許可を出さなかったためであるが[12]、その結果として貴重な接触の機会が失われることとなった。九月二六日には、ソ連のコンピューターがアメリカのミサイル攻撃を誤って検知する事態が発生した[13]。この際には、当直の中佐が機転を利かせてソ連が報復に出ることは免れたが、米ソ間の軍事的対立は予断を許さない状況であった。九月二八日には、アンドロポフ書記長は『プラウダ』紙に米ソ関係への「訣別の言葉」を掲載した。そこでは、「アメリカの現政権の政策が良き方向に発展する可能性を幻想している者がいたとするならば、その幻想は今や完全に消え去った」と述べられていた。[14] ソ連はアメリカとの関係改善の可能性を自ら捨て去ったのであった。超大国間の新冷戦は政治的にも軍事的にもエスカレートしていた。

その一方で、ヨーロッパでは、アメリカとは逆にソ連との関係を強化しようとする動きが水面下で生じていた。前章までで論じたように、ヨーロッパ共同体（ＥＣ）諸国はこれまでもＣＳＣＥマドリード再検討会議を活用してヨーロッパデタントに取り組んできたのであるが、ここで東西対話のさらなる推進に着手したのである。早くから行動を起こしたのがフランスであった。九月九日、ミッテラン大統領はＣＳＣＥマドリード再検討会議の閉会式からの帰路にパリに立ち寄ったグロムイコ外相と会談を行った。その際、ミッテランはアンドロポフに対して関係改善の意向を伝達するよう繰り返し述べたうえで、仏ソ首脳会談への意欲を見せた。[15] ミッテラン政権は一九八一年の発足後に前政権の対ソ融和路線から距離を置くべく「解毒治療」（対ソ強硬政策）をとった後、八二年一一月に誕生したアンドロポフ政権に期待をして八三年前半よりソ連との関係強化を進めていたのであるが、[16] 米ソ関係が危機に見舞われる状況下でさらに対話を拡充させようとしたのであった。

フランスと時を同じくしてイギリスもソ連への関与の強化を模索するようになっていた。その転機が、九月八日から九日にかけてサッチャー首相が別荘地チェッカーズで開いた東西関係に関するセミナーであった。[17] セミナーではイギリスの対ソ・対東欧政策が根本的に再検討され、これをきっかけにサッチャーは東側諸国との関係を深めるべきであるとの外務省や学者らの見解を受け入れるようになった。何がサッチャーの方向転換を引き起こしたかについては論争の余地があるとされるものの、[18] 従来は東西対話を求める外務省とは対照的な立場をとることが多かった「鉄の女」サッチャーの姿勢の変化を受けて、イギリス政府は一体となって東側諸国との対話の強化に着手できるようになった。[19] このように、英仏の首脳は同じタイミングでソ連との対話の拡充、言い換えるとヨーロッパデタントの進展を追求するようになった。

以上の方針は一〇月の英仏首脳会談の際にも話題に上った。サッチャー首相は、大韓航空機撃墜事件の影響が薄らぐのを待ってソ連と以前よりも密接な対話を行うつもりであると言及した。これに対し、ミッテラン大統領は、フランスがソ連との接触を断ったことはないとしたうえで、防衛面では毅然とした態度をとりつつも他の問題では敵対的となるべきではないと述べた。[20] もちろん、両首脳は一一月に控えていた西ヨーロッパへの中距離核戦力（ＩＮＦ）の予定通りの配備を重要視していたが、同時に東側との対話を本格化させる準備ができていたのである。

さて、西ヨーロッパが東西対話の強化へと乗り出すなか、その中心的な手段として選ばれたのが一九八四年一月に開会が予定されていたＣＤＥであった。西ヨーロッパはその開会式を閣僚級（外相レベル）で開催することでＣＤＥの存在感を高めるとともに、東西間の政治対話のきっかけとすることを試みた。言い換えると、ヨーロッパデタントの軍事的安全保障の次元を通じて東西関係の活性化を図ろうとしたのであった。イニシアチブをとったのはやはりフランスであった。[21] 九月二八日、アテネで開かれたヨーロッパ政治協力（ＥＰＣ）・ＣＳＣＥ専門家会合において、フランスはＣＤＥの開会式にシェイソン外相を派遣することはほぼ確実であると述べた。また、この際には西ドイツも自国以外の外相が出席するのであればゲンシャー外相も出向くであろうと発言した。フランスは西ドイツの後ろ盾も得ていたのである。ただし、この時点ではＥＣ諸国の間で意見はまとまっておらず、イギリスは同問題を検討していると述べるに留める一方、イタリアやオランダは検討にすら至っていない有様であった。[22]

フランスはＥＣ諸国にアプローチするのと時を同じくして、アメリカにも働きかけを開始した。九月二九日、国連総会に出席のため訪米したミッテラン大統領は、シュルツ国務長官との会食中に、「大陸ヨーロッパ［ママ］」はＣＤＥへの外相出席を強く支持していると述べた。上述の通り、前日のヨーロッパ政治協力での議論からすると大陸ヨーロッパのすべての国の意見がまとまっているとは言い難い状況であったが、ＣＤＥへの外相出席をヨーロッパのイニシアチブであると印象づけようとしたのであった。しかしながら、シュルツはその議論を説得的であるとみなす一方、（とくに理由を挙げずに）一九八四年一月にワシントンを離れてＣＤＥのオープニングに出席することは非常に困難であるとの立場を示した[23]。理由の如何は不明であるが、この時点ではアメリカがＣＤＥでのハイレベル対話を重視していないのは明らかであった。

一〇月に入ると、イギリスはハウ外相本人の派遣を確約することは避けつつも、ＣＤＥの開会式を外相レベルで開催することを支持するようになった[24]。また、翌一一月にはオランダやアイルランドも外相派遣を決定した[25]。外相レベルでのＣＤＥの開催というフランスのイニシアチブが次第にＥＣ諸国にも受け入れられるようになった。すなわち、ＥＣ諸国の間ではＣＤＥが東西対話の活性化のための中心的手段となりうるという認識が広まりつつあった[26]。さらに、大西洋の向こう側では、トルドー首相の政策として「平和イニシアチブ」を推進していたカナダが、フランスに触発されてＣＤＥへの外相派遣に前向きな態度を見せ始めた[27]。

（２）中距離核戦力配備と米ソ間の軍備管理交渉の停止

ＥＣ諸国がＣＤＥを活用した東西対話の強化を模索する間も、米ソ関係は悪化を続けた。一九八三年一〇月二五日にはアメリカがグレナダに侵攻し、革命政府を倒して親米政権を擁立した。グレナダと友好関係にあったソ連は反発し、アメリカの行動を「平和および人道に対する罪」であると非難した[28]。また、米ソ間の緊張はカリブ海においてのみならず、ヨーロッパにおいても高まっていた。一一月二日から九日、ＮＡＴＯ諸国は軍事演習「エイブルアーチャー83」を実施した。この軍事演習は毎年行われているものの一環であったが、東西関係が緊張するなかでの演習はモスクワを大いに不安にさせた。なお、「エイブルアーチャー83」がどれほど核戦争にエスカレートする可能性をはらんでいたかについては先行研究の間でも見解が分かれる[29]。とはいえ、同時期の大規模な軍事演習は東西関係を悪化させるには十分であった。

最終的に米ソ間の緊張がピークに達する引き金を引いたのは、アメリカによる西ヨーロッパへの中距離核戦力の配備とこれに対するソ連の反応であった。一一月一四日、ＮＡＴＯ二重決定にもとづき西ヨーロッパに配備されるミサイル計五七二基のうち最初のものがイギリスのグリーナム・コモン空軍基地に到着した[30]。翌週の一一月二二日には、ドイツ連邦議会が賛成二八六票（キリスト教民主・社会同盟〔CDU・CSU〕および自由民主党〔FDP〕が中心）・反対二二六票（社会民主党〔SPD〕が中心）で中距離核戦力の配備を可決した[31]。これにより、ヨーロッパ冷戦の最前線である西ドイツへの中距離核戦力配備が開始された。なかでも、西ドイツに配備されたのはパーシングIIと呼ばれる弾道ミサイルであったことから（イギリス、イタリア、オランダ、ベルギーにはトマホーク巡航ミサイルのみ配備された）[32]、二重決定にもとづく中距離核戦力配備のなかで最大のインパクトをもった。

西ドイツへの中距離核戦力配備が米ソ間の軍備管理交渉の息の根を止めることになった。連邦議会での採決が行われた翌二三日、ジュネーブで行われていた中距離核戦力交渉よりソ連代表団が退出した。一一月二五日には、アンドロポフは対抗措置として(1)中距離核戦力交渉への参加を取り止めること、(2)ソ連のヨーロッパ地域への中距離核戦力配備のモラトリアムを破棄すること、(3)東ドイツおよびチェコスロバキアへの中距離核戦力配備の準備を加速化させること、(4)核の脅威に対抗するシステムを海洋に配備すること、の四点を発表した[33]。また、ソ連の報復の対象は中距離核戦力交渉に留まらなかった。一二月九日に戦略兵器削減交渉（START）の会期が終わった際には、ソ連はアメリカによる中距離核戦力配備を理由に再開日を決めることを拒んだ[34]。また、その翌週にはウィーンで行われていた中欧相互兵力削減交渉（MBFR）も同様の運命を辿った[35]。これにより米ソ関係を支えてきた軍備管理交渉の場が消滅し、両国の関係は「凍結」状態に陥ったのであった。

このようななか、ソ連による報復のリストに唯一含まれなかったのがCDEであった。この背景には、グロムイコ外相はジュネーブでの米ソ二国間交渉から退席することでアメリカに打撃を与えられたとみなす一方、CDEから退席してしまうとヨーロッパ情勢の改善を望んでいる非同盟中立諸国およびアメリカの同盟国にも打撃を与えかねず、自国が孤立することになると考えていたことがあった[36]。つまり、ソ連はアメリカに外交的反発を示しつつも西側諸国との対話をすべて途絶えさせる意図はなかったのである。また、ソ連は自国の外交上の成果とみなしてアピールしていたCDEを手放したくなかった。ソ連国内では、CSCEマドリード再検討会議での合意は、アメリカの反対するなかでの粘り強いソ連外交の勝利として報道されていたのである。[37]その結果、軍事的安全保障の次元でのヨーロッパデタントの枠組みであるCDEは、東西関係が冷え込むなかでも唯一の対話の場として機能することになった。しかし、依然として開会式の出席レベルの問題は残されていた。その問題はどのレベルで対話をするのかという点のみならず、CDEにどの程度の国際政治上の意義を与えるかという点にも直結するため、非常に重要であった。

（3）米ソ外相のCDE出席の決定

米ソ間の軍備管理交渉が次々と終わりを迎えるなか、外相レベルでCDEの開会式を執り行うことを目指したEC諸国の取り組みは成果を上げ始めた。一九八三年一二月八日から九日にブリュッセルで開催された北大西洋理事会・閣僚会合では、翌年一月のCDEを閣僚級会合とし、アメリカも含めて外相を派遣することが合意された。[38]EC諸国の方針がアメリカを含むNATO諸国全体に受け入れられたのであった。これにより、CDEには政治的な重みが与えられることになった。[39]また、NATO諸国はソ連に交渉復帰を呼びかける「ブリュッセル宣言」を同時に発出し、[40]CDEに期待する役割を明らかにした。具体的には、東側諸国との対話を拡充し、また信頼醸成措置について交渉し、ヨーロッパ全体の安定と安全を高めるための新たな機会としてCDEを活用することへの決意が述べられた。[41]つまり、NATO諸国はCDEを単なる信頼醸成措置の交渉の場としてのみみなしていたわけではなく、対話を通じた緊張緩和の場として位置づけていたのであった。

アメリカが国務長官のCDEへの派遣を受け入れたことは、同国の対ソ姿勢に変化の兆しが生じていたことを物語っていた。レーガン大統領は先の「エイブルアーチャー83」をきっかけにソ連の核戦争に対する脅威認識を理解し、ソ連との接触の必要性を認識するようになった。[42]また、レーガン政権内部でもソ連との関係を改善する機運が高まりつつあった[43]。そうしたなか、EC諸国が主導する外相レベルでのCDEは絶好の機会となったのである。

一方で、東側諸国もまたCDEへの外相派遣に前向きな姿勢を見せるようになった。その要因の一つとなったのが、非同盟中立諸国による説得であった。ソ連はNATOによる中距離核戦力の配備直後よりCDE政策の見直しを開始し、その一環として非同盟中立諸国と接触していた。一一月三〇日、ソ連はオーストリアの外務次官をモスクワに招待し、CDEに関する協議を行った[44]。また、同じ週にソ連はホスト国スウェーデンのCDE大使を招待し、外相の出席状況を照会していた（スウェーデンはこれに対し、西側諸国は外相の出席に傾いている旨述べ、グロムイコが出席することの重要性を訴えた[45]。そして、最終的には一二月一四日にフィンランドのヴァイリネン外相の訪問を受け入れた際に、グロムイコは自身がCDEの開会式に出席する可能性について言及したのであった[46]。以上の経緯からして、非同盟中立諸国はソ連の決定にいくらかの影響を与えたのであった。

このように、EC諸国や非同盟中立諸国による力添えもあり、米ソはともに外相をストックホルムに派遣することとなった。激しく対立する米ソ両国の外相が接触する機会が生み出されたのである。また、東西間の唯一の軍備管理交渉の枠組みとなったCDEには、国際政治上の重要な位置づけが与えられたのであった。それはCDEがヨーロッパデタントの枠組みとして地域内の東西関係の維持・改善の役割を担うのみならず、超大国間の関係を管理する場としての重責を引き受けたことを意味した。

2　ヨーロッパ軍縮会議の開会式と東西関係の再始動

（1）緊張下でのCDEの幕開け

一九八四年の年明けの東西関係はいつになく緊張感に包まれたものであった。アメリカの『原子力科学者会報

（*Bulletin of the Atomic Scientists*）』の発表する「終末時計」は八四年一月には「三分前」となり、五〇年代以来でもっとも短くなった。[47]また、前年末に東西間の核戦争を描いたテレビ映画『ザ・デイ・アフター』がアメリカで広く視聴されたことも、人々の間に恐怖心を植え付けることになった。

このようななか、国際環境の改善に向けた一縷の望みを託されたのがヨーロッパ軍縮会議（CDE）であった。ストックホルムに一三〇〇人に上る報道陣が詰めかけた[48]ことは、CDEに対する国際社会の関心の高さを物語っていた。また、開会に先立ってサッチャー首相やミッテラン大統領がインタビューなどでCDEに繰り返し言及した[49]ことも、期待の表れであった。

CDEが幕開けしたのは如上の状況下においてであった。一九八四年一月一七日、米ソを含む各国外相を前にスウェーデンのパルメ首相が歓迎の辞を述べ、CDEが開会した。[50]これに続いてヨーロッパ各国および米ソの外相によるスピーチが実施され、またそのマージンでは二国間の外相会談が活発に行われた。以下、その様子を順に見ていきたい。

（2）CDEの開会式と対話の機運の高まり

開会式のメインイベントとなったのが、各国外相によるスピーチであった。それは、自国の立場を明らかにし、また国際社会に対してメッセージを発する最適の場であった。かねてより東側諸国への関与を追求していたヨーロッパ共同体（EC）諸国の外相らは、東西対話に前向きな姿勢を表明した。イギリスのハウ外相は、CDEの目標は緊張緩和と戦争の危険性の削減であると述べたうえで、軍備管理交渉に限らず東西間の対話を拡大することの重要性を訴えた。[51]西ドイツのゲンシャー外相は、西側諸国のCDEへの方針を説明した後、対立を回避し対話を継続させることの大切さに言及した。その際、彼は米ソ首脳会談の開催すら示唆した。[52]EC議長国として一〇ヶ国を代表するスピーチを行ったフランスのシェイソン外相は、はじめにEC諸国のCDEに対する方針（ヨーロッパ安全保障協力会議〔CSCE〕プロセスの継続やヨーロッパの安全保障の改善）を説明した。続いて、自国の立場からもスピーチを行い、「CDEはフランスが提案し、EC諸国が一九七九年一一月二〇日の声明にもとづき追求してきたものである」とアピールした。[53] フランスはCDEをEC諸国のプロジェクトとして強調したのであった。

アメリカもこの機会を最大限に活用した。シュルツ国務長官は、前日の一月一六日にレーガン大統領が発表して対ソ強硬路線から対話路線への転換を印象づけたスピーチ[54]を踏襲し、東西対話に積極的な姿勢をアピールした。[55] 具体的には、まずCDEの目標は奇襲攻撃の危険性、誤算および誤解の危険性を低下させることであると述べ、西側諸国の提案の内容（後述）を説明した。さらに、レーガン大統領のスピーチで言及されたアメリカの三つの目標（紛争解決の手段としての武力行使の排除、軍備の削減、ソ連とのより良い実務的関係の構築）に触れ、CDEおよびその他のフォーラムにおいてこれらの目標に取り組むことを表明した。CDEはアメリカの新たな対ソ政策の焦点となったのである。

ここで注目すべきはレーガン政権の対ソ交渉に向けたいっそうの傾斜である。前出の通りレーガン政権は一九八三年末にはソ連との対話を模索するようになっていたが、八四年一月には対外的にも対ソ政策を大きく転換させた。それは、レーガン研究者のB・フィッシャーが「レーガン・リバーサル」と名付けたほどであった。[56] この背景には、「エイブルアーチャー83」の教訓に加え、レーガン政権内の力関係の変化（国家安全保障問題担当大統領補佐官がクラークからマクファーレンに交代した）、中距離核戦力（INF）配備による交渉上の立場の強化、失業率の低下に裏付けられた経済力への自信など複合的な要因を指摘することができよう。そして、東側諸国に関与する方針が明らかにされたのが、一月一六日の大統領のスピーチと一月一七日のCDE開会式でのシュルツのスピーチであった（レーガン大統領は、二本立てでメッセージを発出することを決めていた）。[57]

一方、開会式でのソ連のスピーチは強硬であった。グロムイコ外相は、CDEの目標は核の先制不使用や武力の先制不使用について議論することであると表明した。すなわち、ソ連はCSCEマドリード再検討会議で合意されたCDEマンデートに明記のない内容を議論することを要求した。さらに、アメリカを除く西側諸国への非難を控えつつも、従来通りにアメリカへの非難、とりわけ中距離核戦力配備への非難を繰り返した。(58) それは、シュルツ国務長官を苛立たせた。(59) しかし、「ミスター・ニェット」して知られるグロムイコ外相(60)がEC諸国のイニシアチブである閣僚級のCDE開会式を受け入れ、ストックホルムへと足を運んだこと自体が西側諸国との対話への意欲を窺わせるものであった。このように東西それぞれが対話を重視する姿勢をシグナリングし、新冷戦から脱する第一歩を踏み出したことは重要であった。

ストックホルムでは議場でのスピーチと並行して、米ソ・欧ソの二国間の外相会談も開催された。それは、議場での外相スピーチよりもさらに有意義な成果を生み出した。(61) 二国間の外相会談のなかで最重要であったのが、前年九月のCSCEマドリード再検討会議の閉会式以来となった米ソ外相会談であった。(62) 五時間に及んだ会合では、両者は相容れないことも多かった。人権面では、アメリカがソ連の人権侵害を取り上げたことに対し、ソ連は内政干渉であると反発した。軍備管理面では、ソ連は交渉再開に先立ちアメリカが中距離核戦力配備前の状況に戻す必要があると主張して譲らなかった。それにもかかわらず、米ソはいくつかの点では立場の一致を見た。まず、両者は三月一六日にウィーンにて中欧相互兵力削減交渉（MBFR）を再開させることで合意した。また、具体的なスケジュールこそ決めなかったものの、米ソ両外相は今後の接触を増やしていく点についても一致した。(63) ソ連外務省は、アメリカがそれまでとは異なるメッセージを発し始めていたことを感じ取っていたのである。(64) また、会談に同席したソ連のドブルイニン駐米大使も、両外相は近い将来に米ソ関係が劇的に改善するとは考えていなかったものの、危険な袋小路から抜け出そうとする道を探ろうとしていたと指摘し、絶望的な状況のなかに楽観的な要素が持ち込まれたと回顧録に記した。(65) 米ソ間の新冷戦は最悪の状態を抜け出す道筋が見えたのであった。

また、西ヨーロッパとソ連との外相会談も成果を上げた。英ソ外相会談では、CDEの方針や人権をめぐる議論こそ平行線を辿った一方、両国は経済関係の強化に取り組むことに同意し、九月の国連総会までに再度の外相会談を開くことで一致した[66]。仏ソ外相会談では、前年にミッテランがもちかけた仏ソ首脳会談について話し合われた[67]。また、伊ソ外相会談では、アンドレオッティ外相の訪ソが合意された[68]。このように、CDEを機に開かれた欧ソ二国間の外相会談はヨーロッパデタントの加速化の契機となったのであった。

以上論じた通り、EC諸国のイニシアチブを受けて外相レベルでCDEの開会式が執り行われたことは、東西関係の改善に大きく貢献した。それは凍結されていた米ソ関係を再始動させるとともに、東西ヨーロッパ関係を活性化させた。別の言い方をすれば、軍事的安全保障の次元でのヨーロッパデタントの枠組みであるCDEが国際政治上の一大イベントとなり、東西関係の危機を乗り越える足がかりを作ったのである。また、これによって東西関係におけるCDEの重要な位置づけも確立されることになった。もちろん、東西関係の本格的な雪解けは翌年のゴルバチョフ政権の発足を待つ必要があった。とはいえ、国際的な緊張がピークを迎えていた時期に米ソを含む三五ヶ国の外相がストックホルムに一堂に会し、その後の東西対話の礎を築いた点でCDEの開会式は大きな意義をもつものであった。

3 ヨーロッパ軍縮会議を通じた東西関係の安定化

ヨーロッパ軍縮会議（CDE）の開会式をきっかけに東西関係は再始動したが、最初の数ヶ月は決して順風満帆ではなかった。むしろ、一九八四年三月に発足したチェルネンコ政権のせいでソ連は強硬路線に回帰すらした。そのようななか、八四年を通じてCDEは数少ない対話のチャンネルとして東西関係の安定化に貢献した。本節では、八四年一月から一二月を取り上げてその経緯を明らかにする。

（1）CDEでの交渉のはじまり

開会式が終わると、CDEでは本題である信頼醸成措置の強化に関する議論が開始された。議論のベースとなったのが、各陣営が提出した提案であった。そこで、まずは各陣営の提案の内容を概観したい[69]。

前年九月にヨーロッパ安全保障協力会議（CSCE）マドリード再検討会議で合意されたCDEマンデート（CDEで議論される信頼醸成措置がヨーロッパ全域を対象とし、軍事的意義を有し、政治的拘束力をもち、検証可能性をもつことを規定）に則り、最初に提案を会議文書として提出したのは西側諸国であった。一月二四日、NATOに加盟する一六ヶ国は共同で“SC.1”と呼ばれることになる提案を提出した。それは、以下六点の措置により構成されるものであった。⑴軍事情報の交換（陸軍の構成など）、⑵通告すべき活動についての年間計画の提出、⑶軍事活動（駐屯地を離れるすべての陸軍の活動、動員活動など）の事前通告、⑷軍事活動への視察員の招待、⑸検証（自国の技術手段〔National Technical Means〕および査察）、⑹連絡手段の発展。これらの措置はCSCEヘルシンキ合意で導入されている信頼醸成措置を大幅に強化し、奇襲攻撃、偶発戦争および武力による威嚇の可能性を低減するものであった。

一方、東側諸国は以下の措置を提案した。⑴核の先制不使用の誓約（または条約）、⑵武力不行使の誓約（または条約）、⑶国防予算の削減、⑷ヨーロッパにおける化学兵器の禁止、⑸ヨーロッパにおける非核兵器地帯の設置、⑹既存のCSCEヘルシンキ合意の信頼醸成措置の発展（ただしSC.1とは異なりそれぞれの措置のパラメーター〔通告の対象となる活動の人数など〕を挙げず、また検証手段についても具体的に言及しなかった）。これらの宣言的措置は国際世論へのアピールという性格が強いものであり、また「核の先制不使用の誓約」はNATOの柔軟反応戦略に対するあてつけでもあった。東側諸国の提案が会議文書として提出された（それはSC.4と呼ばれることになった）のは同年五月のことであったが、その内容は開会式でのグロムイコ外相のスピーチによりすでに明らかになっていた。

その他の国もCDEに提案を提出した。ルーマニアはワルシャワ条約機構（WTO）の一員であるにもかかわらず、武力不行使条約の締結を目指して一月二五日にSC.2と呼ばれる独自の提案を行った。非同盟中立諸国は、西側諸国のSC.1に類似しつつも「制限措置」（軍事演習の規模に上限を設けるなどの措置）を別途含んだSC.3を三月九日に提出した。ただ、CDEでの議論の焦点はあくまで西側提案のSC.1および東側提案のSC.4であった。

各陣営の提案が出揃うなか、CDEの会合では各国は自らの提案や立場について説明を行った。西側諸国・非同盟中立諸国と東側諸国の間では方向性に違いこそあったが、唯一の軍備管理交渉の場であるCDEにおいて議論が行われていること自体が対話に寄与した。一月から三月にかけての会期の最終日である三月一五日の会合では、西側諸国、東側諸国、非同盟中立諸国はいずれもこれまでのCDEでの議論を有意義であったと評価した。[71] CDEは同時期の東西対話の中心的な枠組みとして機能していたのである。[70]

多国間の枠組みであるCDEでの議論と並行して、東西ヨーロッパの二国間関係も改善されつつあった。サッチャー首相は、二月二日から四日にかけて初のワルシャワ条約機構諸国への公式訪問としてハンガリーに赴いた。このとき、サッチャーはカーダール書記長に対して、東西間のさらなる接触の重要性を述べた。[72] また、二月九日にアンドロポフが死去した際にはサッチャー首相、フランスのモーロワ首相、西ドイツのコール首相、ブッシュ副大統領がモスクワでの国葬に出席し、弔問外交が行われた。[73] さらに、ストックホルムでのCDE開会式を契機とするその後のハイレベルでの交流も予定され、東西関係は順調であるかのように見えた。

（2）不安定な東西関係とCDEを通じた対話の追求

しかし楽観的なムードは長くは続かなかった。一九八四年二月に死去したアンドロポフの後を継いでチェルネンコ政権が発足すると、ソ連は西側諸国への態度を硬化させるようになった。その理由としては、書記長本人が病に冒されて「歩くミイラ」の状態であるなか、軍事・外交面ではウスチノフ国防相およびグロムイコ外相が権限を掌握し、とりわけ前者が対決的な路線を推進したからであった。[74] また、クレムリンではスターリン時代へのノスタルジアが見られ、フルシチョフによる「非スターリン化」が非難されるような事態となっていたことも、[75] 外交面での非妥協的姿勢を助長することにつながった。[76]

ソ連の強硬姿勢が顕著に表れたのが、西ヨーロッパとの関係においてであった。春になると、ソ連は一九八三年一一月の中距離核戦力（ＩＮＦ）配備後に控えてきたＥＣ諸国に対する非難を公然と行うようになった。[77] 三月末、サッチャーが中距離核戦力配備の安全保障上の意義を説明する一方で東西対話を訴える記事を寄稿したことに対しても、タス通信は二重決定を正当化するものであると断じ、モスクワが「鉄の女」を非難する姿勢に戻ったことを示唆した。[78] 四月に入ると、ソ連はフランスや西ドイツに対する非難も表明するようになった。[79] もちろん、ソ連のアメリカに対する態度も強硬さを増した。[80] ＣＤＥの開会式をきっかけに好転し始めた東西関係は再び悪化しかねない状況であった。[81]

これに対して、西側諸国は唯一機能していた軍備管理交渉であるＣＤＥにおいて譲歩し、対話への前向きな姿勢をシグナルしようとした。具体的には、東側諸国が提案する武力不行使原則について話し合うことを受け入れて（そのかわりに西側諸国は自らがSC.1で提案する信頼醸成措置に関する議論が行われることを求めた）、対話の促進を試みた。

米欧はほぼ同じタイミングで動き始めた。ヨーロッパ共同体（ＥＣ）諸国は、四月九日にルクセンブルクで開催されたヨーロッパ政治協力（ＥＰＣ）・外相会合にて本件を協議した。その結果、東側諸国との対話の推進のためには、ＣＤＥにおいて武力不行使原則の議論を進めることを排除すべきでないという感覚がＥＣ諸国の外相間で共有された。[82] この協議の内容は、四月二三日にモスクワを訪問したイタリアのアンドレオッティ外相によってソ連側に伝えられた。[83]

アメリカは、四月一六日にレーガンがチェルネンコに書簡を発出し、ＣＤＥにおいてソ連が西側諸国の求める信頼醸成措置の議論を受け入れるならば武力不行使原則の議論に取り組むと言及した。[84] さらに、四月二六日にアメリカのグッドビーCDE大使が訪ソし、この立場が伝えられた。[85] この動きは、武力不行使原則の議論を受け入れることでアメリカがソ連への脅威ではないことを保証し、チェルネンコの注意を惹くべきであるというシュルツ国務長官の進言を受けたものであった。[86] ソ連の強硬姿勢にもかかわらずレーガン政権が歩み寄ろうとした背景には、先の「レーガン・リバーサル」で政策転換をしたことに加えて、一一月の大統領選挙に備えて軍備管理面での進展を必要としていたこともあった。[87] 東西関係が不安定であり、かつその他の軍備管理交渉が機能不全のなか、米欧はCDEを活用してソ連への関与を模索したのであった。

ところが、西側諸国の外交努力にもかかわらず、東西関係はなかなか好転しなかった。五月八日、ソ連は自国のアスリートおよび役人の安全に対する脅威を理由に同年夏のロサンゼルスオリンピックへの「不参加」を表明した。[88] また、同月二二日から二三日に西ドイツのゲンシャー外相が訪ソした際には、ソ連は核軍備管理交渉の再開に否定的な立場を明らかにした。同会合は過去一二ヶ月間に六回開かれたゲンシャーとソ連側（グロムイコを含む）との接触のなかでもっとも非生産的であるとすら評された。[89] ソ連が西側諸国による対話の呼びかけに応じる気配はなかった。

このようななか、レーガン大統領は直々にイニシアチブをとった。六月四日、レーガン大統領は外遊先のアイルランドにて議会演説を行った際、条件付きでCDEでの武力不行使原則の議論に取り組む用意があることを対外的にも表明した。[90] 大統領自身がCDEでの譲歩の可能性に触れ、東西交渉に前向きな姿勢を公表したのは一大事であった。しかしながら、ソ連側の反応は相変わらず冷たかった。『プラウダ』紙は、レーガンの発言を「大規模に人々を欺こうと試みている」ものであると断じ、その発言は彼の行動によって裏切られていると論じた。[91]

それどころか、ソ連は数少ない対話の場であるCDEにおいても西側への歩み寄りに消極的な態度をとるようになった。西側諸国は、開会式から全体会合（プレナリーセッション）で行われている議論を先に進めるべく、六月八日に具体的な議論を行うための「作業グループ」の設立を提案した[92]。この提案は非同盟中立諸国のスウェーデンおよびフィンランドに引き継がれ、夏期休暇前までに二つの作業グループ（一つはCSCEヘルシンキ合意に規定された通告および視察の措置を検討、今一つはその他のすべての措置を検討）の立ち上げを目指して議論が進んでいた[93]。ところが、東側諸国は自らが追求する武力不行使原則が十分に取り上げられていないことを口実に、土壇場で合意をブロックしたのである[94]。その結果、CDEでの交渉の進展は限定的であった。

一九八四年の春から夏にかけてのCDEを見る限り、東西はともにCDEでの交渉の継続を望む一方、東側諸国は譲歩をしてまで交渉を前進させる意欲がない点で限界があった[95]。しかし、東西関係の今後の見通しが不透明であり、米欧各国とソ連との二国間関係が不安定であったからこそ、多国間枠組みのCDEで対話が維持されていることは重要であった。とりわけ、八四年夏には米ソ間の核軍備管理交渉の再開に向けた動きが結実せず[96]、モスクワでの英ソ外相会談でも成果が上がらず[97]、さらにはソ連の圧力により東ドイツのホーネッカー国家評議会議長のボン訪問が中止に追い込まれた[98]ことを考えると、CDEが続いていることの意義は大きかった。実際に、アメリカのグッドビーCDE大使は、CDEが「唯一の交渉の場（the only game in town）」であるという認識の下、ほとんどの代表団はCDEを交渉の場として確立させる必要があると確信していたことを指摘する[99]。また、七月六日、CDEの夏期休暇前の最終会合にデ・クエヤル国連事務総長が出席し、軍事費の削減と東西間の緊張緩和を呼びかけたことも同フォーラムが重視されていたことの現れであった[100]。

ところで、多国間枠組みのCDEとならんで同時期の東西関係に貢献した今一つの重要な出来事があった。それが、六月二〇日から二三日にかけてのミッテランの訪ソであった。ミッテランがソ連との首脳会談に向けて動き始めたのは、既出の通り一九八三年秋のことであった。そして、フランスがEC議長国を務める期間（八四年上半期）を狙って訪ソを実現させた[101]。その最大の目的とは、対話を通じた国際的な緊張緩和であった[102]。すなわち、フランスは多国間枠組みのCDEでの対話と並行して二国間の枠組みでも対話を追求していた。

ミッテランの訪ソは、東西の立場の違いを浮き彫りにした。核の問題については、仏ソ首脳はそれぞれ相手側陣営の軍備増強を非難し合った。CDEについては、ソ連が武力不行使および核の先制不使用の議論を求めたのに対し、ミッテランは武力不行使原則を交渉する姿勢を見せる一方で核の先制不使用を対象から除外した。[103] 人権をめぐっては、チェルネンコが同テーマを提起すべきでないと事前に牽制したのに対し、ミッテランはクレムリンの晩餐会での祝辞でサハロフの名前に言及した。それどころか、ミッテランは同祝辞でSS-20を非難したうえに、アフガニスタンやポーランドの問題を指摘した。[104]

しかしながら、仏ソの立場の違いは訪問の雰囲気を損ねることはなかった。[105] また、ミッテランもソ連に配慮することを忘れなかった。ミッテランはソ連滞在中に第二次世界大戦中の激戦地であるヴォルゴグラード（スターリングラード）を訪問した。そして、ヴォルゴグラード市長に対し、スターリングラードの戦いの退役軍人に授与するレジオン・ドヌール勲章を託した。[106] ミッテランは東西間の隔たりが大きいなかでもヨーロッパの首脳が仲介役を務められることを示したのである。ミッテランの訪ソは、一九八三年末に新冷戦がピークを迎えてから初めての西側とソ連との首脳会談（アンドロポフ死去に際しての弔問外交を除く）の機会を生み、かつ前後するタイミングでの東西外相間の接触が成果を出せないなかでも首脳間の関係構築を進めた点で大きな意義をもった。このように、同時期にはヨーロッパの主導する対話（多国間ではCDE、二国間では仏ソ首脳会談）が不安定な東西関係を下支えしていたのであった。そのおかげで、チェルネンコ政権が強硬な態度を見せるなかでも東西関係は新冷戦のピークへと逆戻りすることはなく、次節以降で取り上げる米ソ関係の改善の礎ができたのである。

（3）米ソ関係の改善とCDEの進展

東西関係に変化の兆しが現れたのは一九八四年九月のことであった。この時期になると、グロムイコ外相は一一月に控えたアメリカ大統領選でレーガンが再選されることは確実であると結論づけた。そこで、ソ連はさらに四年間に及ぶ対立と緊張を回避すべく、アメリカとの交渉を模索し始めたのである。[107]

新しい米ソ関係を象徴する出来事となったのが、九月二八日にホワイトハウスで開かれたレーガン―グロムイコ会談であった。一九八一年一月の大統領就任以来で初めてのことであった。同会談の目的は「意見の交換」であり、何らかの具体的な合意があったわけではなかった。[108] しかし、米ソハイレベルの会談が友好的な雰囲気の下で行われた[109]こと自体が画期的であった。それは、レーガンがこの日を「もっとも重要な日（The Big Day）」と日記に書き込んだほどであった。[110]

このように、米ソ両国はCDEという枠組みがなくとも、またヨーロッパを介さずとも直接コミュニケーションを取り始めた。そして、米ソ二国間関係の改善の動きは、一一月六日のアメリカ大統領選においてレーガンが大差で再選されたことで勢いを増した。一一月二二日、米ソ両国の外相は翌年一月七日から八日にかけてのジュネーブでの外相会談の開催を発表し、核軍備管理交渉の再開に向けた土台を用意する姿勢を明らかにした。それは、ドイツ連邦議会で中距離核戦力配備が可決され、ソ連が交渉から退席してからちょうど一年後のことであった。

超大国間関係が改善へと向かうなか、今度は米ソの交渉の意志がこれまで二国間の対話をお膳立てしていたCDEの行き詰まりを打開した。議論が進み始めたのは一一月であった。この時期になると、ストックホルムにおいても東側諸国の立場は軟化した。[111] そこで、非同盟中立諸国のフィンランドは七月に合意できなかった作業グループの設立案を手直しして、各国に回覧した。[112] その後、同案をもとに米ソ両国のCDE大使が交渉し、一二月三日の第一二三回の全体会合（プレナリーセッション）において作業グループの立ち上げが合意された。[113] 超大国が主導して交渉をまとめ上げたのであった。

ここで、CDEでの合意内容について説明したい。まず、二つの作業グループの立ち上げが取り決められた。このうち「作業グループA」はヘルシンキ合意に含まれていないすべての信頼醸成措置を、「作業グループB」はヘルシンキ合意ですでに規定された通告、視察をそれぞれ検討することとされた。そのうえで、それぞれの作業グループでのテーマが曜日ごとに細分化され、たとえば火曜日午後の作業グループAでは武力不行使原則、核の先制不使用、ヨーロッパにおける化学兵器の禁止などを、木曜日午後の作業グループAでは査察などを議論することが定められた[114]。つまり、七月の案と同様に二つの作業グループが設置されたのであるが、東側諸国が固執する武力不行使原則や西側諸国の求める査察などが議論されることが新たに明示されたのであった。このようにして、CDEでは信頼醸成措置の具体的な内容についての検討に入る準備が整った[115]。

このタイミングでCDEの作業グループが立ち上げられた意義は大きかった。なぜならば、核軍備管理交渉の再開の見通しが利かないなかでも、少なくともストックホルムでは交渉が次のステップへと進むことが確定したからである。たしかに、翌年一月に米ソ外相会談で核軍備管理交渉の再開について議論されることが予定されていた。しかし、その交渉の基礎をなす米ソそれぞれの共有認識の形成は不十分であった[116]。すなわち、核軍備管理交渉の再開はまだ確約されたものではなかった。それゆえ、ストックホルムで合意が実現したことは重要であった。EC諸国の首脳らもこの点を評価し、一二月三日から四日にかけてダブリンで開かれた欧州理事会のコミュニケにおいて、CDEで「作業のための枠組み」が合意されたことへの歓迎の意を表した[117]。

一方で、米ソ主導下でCDEの作業グループが合意されたことは別の含意をもった。それは、CDEでの交渉の牽引役、ひいては東西対話の牽引役の座がEC諸国から米ソへと移り変わったことを示していた。米ソ両超大国の間で新たに生まれつつあった対話の機運が、新冷戦を生き延びたヨーロッパデタントを凌駕するようになったのである。その反面、EC諸国の影響力は以前より低下することになった。

しかし米ソが積極的に交渉を進めるなかでも、西ヨーロッパは東西関係において独自の役割を果たし続けた。その代表的なエピソードが、当時ソ連共産党の序列ナンバー二の地位にあったゴルバチョフの訪英である[118]。ゴルバチョフは一二月一五日から二一日にかけての約一週間にわたってイギリスに滞在し、サッチャーと会談を重ねた。その際、サッチャーはレーガン大統領が真摯に平和を望んでいることを説明し、超大国間関係の改善を促した[119]。また、彼女はゴルバチョフに好感をもち（記者会見の際に「私はゴルバチョフ氏が気に入った。彼とは一緒に仕事をすることができる〔I like Mr Gorbachev. We can do business together〕」と述べたことが知られる）[120]、直後に訪米した際にレーガン大統領にゴルバチョフの人物評を伝えた[121]。このように、イギリスは米ソ首脳間の関係構築を後押ししたのであった。それは、ヨーロッパの仲介外交が機能していたことを示した。

4　米ソの歩み寄りの「第一歩」としてのヨーロッパ軍縮会議

一九八五年に入るとヨーロッパ軍縮会議（ＣＤＥ）の役割は変化した。東西関係のチャンネルが複数生まれるなか、ＣＤＥは「そのうちの一つ」として重要性を相対的に低下させた。一方、ＣＤＥは米ソ二国間交渉が本格化するなかで東西間の軍備管理の「第一歩」としての位置づけを新たに与えられ、超大国の後援を受けて議論が進展することとなった。本節では、八五年一月から一二月を取り上げてその経緯を検討する。

（１）米ソ核軍備管理交渉の再開とＣＤＥでの議論の本格化

一九八五年一月七日から八日、ジュネーブにおいて米ソ外相会談が開催された。会談では米ソ間の核軍備管理交渉の再開が合意され、共同声明を通じて発表された[122]。再開後の交渉は「核・宇宙交渉」と称される通り、戦略核兵器、中距離核戦力（ＩＮＦ）および宇宙兵器の三つの分野をカバーすることになった[123]。それは、前者二つの交渉再開を望むアメリカと、後者（宇宙兵器とは戦略防衛構想〔ＳＤＩ〕を指した）の交渉を求めるソ連の間の妥協の産物であった。一月二七日には、同交渉が三月一二日にジュネーブにおいて開始されることが発表された[124]。一年三ヶ月ぶりに米ソ間の核軍備管理交渉は再開へと漕ぎ着ける運びとなったのである。

米ソ関係の改善のモーメンタムはストックホルムにも波及した。米ソ核軍備管理交渉の再開の見通しは、前年一二月にCDEの作業グループが立ち上げられたことも相俟って、CDEでの議論を推進させることになった[125]。一月二九日、クリスマス休暇が明けてCDEでの交渉が再開されると、東西両陣営はそれぞれ作業グループでの議論のための会議文書を回覧した。東側諸国は、再開初日に「武力不行使に関する条約（案）」（SC.6）の文言を提出した[126]。また、具体的な信頼醸成措置のパラメーター（一例として、「二万人以上の地上兵力の演習については三〇日前までに通告する」など）も提示した[127]。西側諸国は、CDEの開会直後の一九八四年一月に提案したSC.1の内容に手直しを加え、「申告」や「検証」などテーマごとに分けて回覧した。最終的にはそれらは一つにまとめられ、三月八日に"SC.1 Amplified"として改めて提出された[128]。名前が示す通り、その内容はSC.1をより詳細にしたものであった（サブスタンス面では大きな変化はなかった）。その結果、CDEの作業グループでは「ある種の対話」が生まれるようになった[129]。

もちろん、目に見える成果がすぐに現れたわけでなかった。三月一一日にモスクワで開かれた仏ソ外相会談の際には、グロムイコ外相はデュマ外相に対し、CDEは有用な役割を果たしているものの動きに乏しいと述べた[130]。また、ヨーロッパ共同体（EC）諸国が共同で作成した報告書も、会議の雰囲気は良好としつつも、進展はないことを指摘した[131]。それでも、多くの代表団が「これまでの会期のなかでもっとも良かった」と評価した通り[132]、CDEは着実に前進していた。

一方、核軍備管理交渉の再開が決まったことで、東西関係に占めるCDEの重要性が相対的に低下したことは否めなかった。そのことは一九八五年の一年間を通して変わることはなかった。同年末、アメリカのCDE大使の任を退いたグッドビー[133]は、大多数の人はジュネーブでの核軍備管理交渉に関心を寄せているため、CDEは十分な注目を浴びていないと語った[134]。ただし、以下で見るようにCDEには軍備管理交渉の入り口としての役割が新たに見出されることになった。

（2）ゴルバチョフ政権の誕生

一九八五年三月、米ソ間の核軍備管理交渉が始動するタイミングで東西関係に大きな転機が訪れた。三月一一日、チェルネンコの死去にともない政治局で当時最年少（五四歳）であったゴルバチョフが書記長に選出されたのである。西側諸国にとっては、まさに「一緒に仕事をすることができる」指導者がクレムリンに誕生した瞬間であった。

前年より東西関係の改善を模索していたレーガン大統領は、到来したチャンスを逃さなかった。彼はゴルバチョフが書記長に就任した同日中に早速書簡を送り、ワシントンに招待する意向を示した[135]。これに対してゴルバチョフも呼応した。三月二四日、ゴルバチョフはレーガンへの返事で首脳会談に前向きな姿勢を表明し、日時・場所については後日決定することを提案した[136]。この背景には、ゴルバチョフは内政面での改革を進めるためには外交政策を変化させる必要があると認識していたことがあった[137]。このようにして、米ソ関係の改善は急ピッチで進み始めた。奇しくも三月二四日には東ドイツにおいてアメリカ軍のニコルソン少佐がソ連兵の銃撃を受けて亡くなる不幸な事件が発生し、その対応をめぐってレーガン政権内では大きな論争になったものの[138]、米ソ両国の首脳会談の実現に向けた意思が揺らぐことはなかった。アメリカは、五月に予定された米ソ外相会談の準備のほとんどを首脳会談の話に費やしたほどであった[139]。そして、五月一五日にウィーンで実施されたシュルツ―グロムイコ会談において、一一月に米ソ首脳会談を開催することが合意された。ただし、この時点では合意は秘匿され、外部へのリークを避けるために電報にすらされなかった[140]。

アメリカは首脳間の対話を目指す傍ら、現実的な関係強化の施策についても追求した。その内容が明らかにされたのが、レーガン大統領が五月八日にストラスブールの欧州議会にて実施したスピーチであった。そこでは米ソ関係の前進のためにとるべき現実的なステップとして、⑴軍事演習の際の視察員の交換、⑵米ソの軍幹部同士の定期的な接触、⑶ＣＤＥにおいてＮＡＴＯが提案する具体的な信頼醸成措置の合意（その引き換えにアメリカはソ連が提案する武力不行使原則を議論する）、⑷米ソ両国軍間の常設された通信手段の確保、の四点に言及された[141]。そのうち、

(3)はもちろんのこと、(1)および(4)もCDEでの議論の内容に関係するものであった。アメリカはCDEを米ソ間の軍備管理の第一歩として位置づけたのであった。東西の雪解けが進む過程でCDEには新たな役割が与えられたのである。

しかしながら、ゴルバチョフ政権の誕生をきっかけとする東西関係の改善の動きがストックホルムの交渉で顕在化するまでにはしばらくの時間を要した。[142]その間、CDEの作業グループでは新規提案が出尽くし、かつ各陣営が自らの立場に固執したため交渉は膠着状態に陥った。例を挙げると、西側諸国が軍事情報を交換する措置の導入を求めたことに対し、ソ連は指揮命令系統を明らかにするすべての措置に反発した。また、最大の難点である検証措置については、米ソは現地査察の原則をめぐり対立した。[143]イギリス代表団は、五月から七月にかけてのこうした状況を「塹壕戦」と表現したほどであった。[144]

また、難局に追い打ちをかける事態も発生した。五月七日から六月一七日にオタワで開催されたヨーロッパ安全保障協力会議（CSCE）の枠組み下の「人権に関する専門家会合」（第3章で論じたようにCSCEマドリード再検討会議において開催が合意されたものであった）では、東西それぞれが譲歩を拒んだ結果として最終文書の合意に失敗したのである。[145]フランスは、オタワでの東側諸国の強硬な態度を受けて、CDEにおいて西側諸国が譲歩することはますます困難になったと受け止めた。[146]CDEの進展には新たな刺激が必要であった。

（3）米ソ主導下でのCDEの進展

CDEでの交渉推進を目指す動きが活発化し始めたのは、一九八五年七月三日に米ソ首脳会談の開催が対外的に公表されてからであった。[147]同日、米ソ首脳会談の件でドブルイニン駐米ソ連大使と面会したシュルツ国務長官は、CDEでの交渉を進めて最終文書の作成のフェーズに入ることを提案した。[148]これは首脳会談の成果にCDEを盛り込むことを念頭に置いたものであった。[149]言い換えると、米ソ首脳会談で何らかの成果を打ち出すべく、アメリカは軍備管理の第一歩として位置づけていたCDEに目を付けたのであった。

ソ連はアメリカの提案に肯定的に反応した。その背景には、七月二日にソ連では二八年ぶりに外相が交代し、グロムイコの代わりに改革志向をもつシェワルナゼがジョージア（グルジア）共産党第一書記より抜擢されたことがあった。[150] ゴルバチョフ政権は一体となってアメリカとの対話に積極的な態度を打ち出せるようになったのである。

七月三一日、ヘルシンキで開かれたCSCEの一〇周年記念式典においてシュルツと顔合わせをしたシェワルナゼは、先のアメリカの提案への回答として、CDEの最終文書のアウトラインを米ソ首脳会談の資産にすることができると考えている旨述べた。[151] また、この考えは九月のゴルバチョフからレーガンへの書簡でも伝えられた。[152] ソ連はアメリカの提案を受け入れたのであった。その理由としては、シェワルナゼはドブルイニン駐米大使からの電報やグリネフスキーCDE大使との面会を通じて、（核・宇宙交渉や中欧相互兵力削減交渉〔MBFR〕とは異なり）CDEでは進展が見込めると報告を受けていた[153]ことがあった。このように、米ソ両国はともにCDEを軍備管理の第一段階として認識し、首脳会談に向けてその推進を図る方針で一致したことで、ストックホルムでの交渉は新たな推進力を得たのであった。

米ソ両国の政治的なバックアップを受けたことで、CDEをめぐる動きは俄に慌ただしくなった。九月初旬、CDEの夏期休会が明けるのに先だってアメリカのグッドビー大使は訪ソし、米ソ二国間で協議を実施した。その結果、両国はCDEの最終文書に以下の四項目を含めることに合意した。(1)武力不行使（の宣言）、(2)通告（情報および検証を含む）、(3)特定の軍事活動への視察、(4)制限（軍事活動に関する年間計画の交換[154]）。これにより、CDEの最終文書のアウトラインが姿を現した。

また、如上のアウトラインをベースとしてCDEの最終文書の作成を開始するのにともない、米ソ両国は現行の作業グループを文言交渉の枠組みへと改変する手続きも主導した。九月一〇日の夏期休暇明けに米ソ両国のCDE大使は接触し、新たな作業グループ案を作成した。[155] そして、同案に西側諸国、東側諸国および非同盟中立諸国のコメントを反映させたものが一〇月一四日に三五ヶ国間の「紳士協定」として合意された[156]。その内容は、一九八四年一二月に合意された現行の構造を踏襲し、「作業グループA」および「作業グループB」の二つで議論を行うことを規定するものであった[157]。それは一見すると、以前と何ら変わらないように見える[158]。しかし、八四年一二月の作業グループは各陣営が提出したすべての提案を曜日ごとに割り振って議論したのに対し、八五年一〇月の作業グループはCDEの最終文書のアウトラインに含まれる内容のみを議論することになった（一例を挙げると、西側諸国が当初より議論する気がなかった核の先制不使用宣言などは論点から外された）。言い換えると、新たな作業グループはゴールから逆算して立ち上げられたのであり、そこでのやりとりは最終文書に直結する点で以前の作業グループとは別物であった。

このように、ジュネーブでの首脳会談を控えた米ソ両国の後押しを受け、CDEの最終文書の青写真が作り上げられた。そして、交渉期限まで一年近く残すなか（CDEの第一段階で達成された進展は、一九八六年一一月に開会するCSCEウィーン再検討会議にて検討されることがマンデートの一部として合意されていたため、それまでに交渉が妥結する必要があった）、CDEは文言交渉のフェーズへと突入することとなった。すなわち、首脳会談までにCDEの合意のアウトラインを作成するという米ソ両国の目標は達成されたのである。また、これにより東西間の軍備管理の第一段階として位置づけられたCDEでは合意が実現する公算が高まった。以上の出来事は外部からこそ見えづらかったものの、大きな意義をもった。それは、一一月上旬にレーガン大統領がグッドビーCDE大使と面会し、祝福の言葉をかけた[159]ことが表していた。

ところで、米ソ両超大国の主導下で議論が進むなかで置き去りにされたのがEC諸国および非同盟中立諸国であった。米ソ二国間の交渉の進展がヨーロッパデタントのペースを上回るなか、これらの国は従来の役割を果たすことができなかった。もちろん、ヨーロッパの国々は手をこまねいていたわけではなかった。イギリスは、今後の交渉の進展に向けたCDEの作業グループのあり方について八月に外務省内で検討していた[160]。フランスは、議論を前進させるためには現行の作業グループを維持しつつ、その下でのインフォーマルな交渉を実施すべきであると認識していた。[161]そして、八月末にはソ連のグリネフスキーCDE大使をパリに招待し、協議を行った。[162]英仏ともにCDEの交渉の推進を模索していたのである。ところが、これらの取り組みが日の目を見ることはなく、その間にアメリカは同盟国に内容を知らせないままソ連と密かに話を進めていた。[163]

また、非同盟中立諸国によるイニシアチブも同じく水泡に帰した。CSCEマドリード再検討会議において妥協案の作成を引き受けてきた非同盟中立諸国は、ストックホルムでも同様の役割を果たすべく、一一月一五日に妥協案としてSC.7を提出した。[164]その内容は、東側諸国よりも西側諸国の立場に近く、たとえば西側提案のSC.1 Amplified に含まれる現地査察に類する措置として「要請にもとづく視察」が規定された（両措置の主な違いは、受け入れ国に拒否権が与えられるか否かという点であった）。しかし、マドリードでの妥協案とは異なり、SC.7が以後の交渉のたたき台となることはなかった。軍事的安全保障にかかわる高度に技術的かつセンシティブな議論では、非同盟中立諸国による仲介の余地は限定的にならざるを得なかったのである。アメリカのハンセン次席大使は、「この時点までは、非同盟中立諸国はマドリードと同様に東西の橋渡しとして有用であり得ると信じていた。“SC.7”はその可能性を完全に消し去ったのであった」と辛辣に評価した。[165]CDEの交渉では、東西の軍事同盟の主体的な関与が不可欠であった。

（4）パリとジュネーブ

一九八五年は超大国間の対話が大きく前進した。締めくくりとなったのが、一一月にジュネーブで開かれた米ソ首脳会談であった。前月には、いわばその「露払い」としてパリで仏ソ首脳会談が開かれた。以下ではこの二つのサミットを取り上げて、この時点では米ソ両超大国間の対話が欧ソ間の対話の機運を上回っていたこと、またCDEでも見られたように米ソ両国こそが東西交渉をリードしていたことを明らかにしたい。

ゴルバチョフがフランスを訪問したのは、三月に招待を受けてから半年あまり経った一〇月二日から五日のことであった。それは、ゴルバチョフにとり書記長としては初めての西側諸国への外遊となった[166]。ゴルバチョフの滞在中、数日間にわたりパリは全世界からの注目を集めた[167]。そして、ゴルバチョフはその機会を上手く活かした。彼はフルシチョフ以来でもっとも魅力的なロシアの指導者となりうる素振りを見せた。また、彼の振る舞いは傍らのスフィンクスのようなミッテラン大統領とは対照的であった[168]。ゴルバチョフはソ連の新世代のリーダーであるという印象を国際社会に与えたのであった。

ところが、ミッテラン大統領の外交顧問を務めたヴェドリーヌが指摘するように、仏ソ首脳会談は見かけ上は成功する一方で外交面ではほとんど成果をもたらさなかった[169]。そのことを物語るのがコミュニケの問題であった。ソ連は共同コミュニケの発出を求め、七月のＣＳＣＥ一〇周年記念式典の際にはシェワルナゼ外相がデュマ外相に直接話をもちかけたほどであった[170]。しかし、フランスは最後までソ連の要望を聞き入れることはなかった。この背景にあったのが、フランスのソ連に対する用心深い態度であった[171]。フランスは、ゴルバチョフ訪仏の最大の目的は自国も反対してきたアメリカの戦略防衛構想（ＳＤＩ）であるとみなしていた[172]。すなわち、フランスはソ連の狙いは戦略防衛構想をめぐる仏ソ連携と米欧離間であると考えていた。そうしたなか、コミュニケを発出してしまうとソ連の対米戦略に巻き込まれる恐れがあった。それゆえ、フランスは対話を行いつつも共同で立場を打ち出すことに同意しなかったのである。このエピソードは、ヨーロッパは米ソ関係の改善の動きに乗ることなく、一歩引いた場所から見ていたことを示した。ただし、ヨーロッパは従来通り東西対話そのものは重視しており、その点では仏ソ首脳会談は評価されるものであった。

仏ソ首脳会談から約一ヶ月後の一一月一九日から二〇日、今度はジュネーブが国際社会の関心の焦点となった。米ソ首脳会談が開かれたのは一九七九年六月の第二次戦略兵器制限条約（ＳＡＬＴ II）の署名式以来じつに六年半ぶりであり、そのこと自体が大きな意義をもった。それは、歴史家のＤ・レイノルズが二〇世紀を形作った六つの重要な首脳会議の一つとして、この米ソ首脳会談を挙げたほどのものであった[173]（レーガンとゴルバチョフの具体的なやりとりの様子についてはおびただしい数の先行研究に譲りたい）。会談では、両者は二国間の交流・接触を促進させることに合意したほか、核兵器の五〇％削減をはじめとする軍備管理面でも一致を見た（ただし戦略防衛構想をめぐる議論は平行線を辿った）。米ソ首脳会談は対話のみに留まらず、それを具体的な成果につなげたのであった。

さらに、先の仏ソ首脳会談とは対照的に、目に見える成果として米ソ首脳会談では共同コミュニケが発出された[174]。その内容としては、まず核戦争または通常戦争を問わず米ソ間の戦争を防止することの重要性に言及し、双方は軍事的優位を求めないとした。また、米ソの核兵器の五〇％削減の原則に触れ、話し合いの早期の進展を呼びかけた。さらに、核拡散防止体制の強化、化学兵器の禁止への努力、中欧相互兵力削減交渉での努力など、軍備管理問題にコミュニケの半分以上が割かれた。もちろん、同首脳会談のために交渉の加速化が図られたＣＤＥも取り上げられ、「ＣＤＥの大きな重要性を認識し、その進展に留意しつつ、他の参加諸国と共に同会議の作業の早期かつ成功裡の完了を促進する意思を表明した」と言及された。同声明のなかで「進展が留意された」軍備管理交渉はＣＤＥのみであった。すなわち、ＣＤＥが東西間の軍備管理交渉のなかでもっとも進展していることは同コミュニケでも確認されたのであった。以上二つのサミットの顚末は、一九八五年を通じて米ソ両超大国は関係改善を大きく進展させた一方、西ヨーロッパはソ連との関係強化で後塵を拝していたことを象徴した。

5　ヨーロッパによる、ヨーロッパのためのヨーロッパ軍縮会議

しかしながら、一九八六年に入ると米ソ関係の改善のモーメンタムは減速し始めた。前年の「ユーフォリア」が溶け始めたのである。それは西ヨーロッパが東西関係において再び独自の行動をとる余地を生むことになった。本

節では、ヨーロッパ共同体（ＥＣ）諸国がヨーロッパ軍縮会議（ＣＤＥ）を東西関係におけるイニシアチブの対象として位置づけ、英独が中心となって交渉を主導した結果、同年九月に合意が達成されたことを明らかにする。

（１）超大国間関係の停滞とＣＤＥへの影響

超大国間関係の停滞

超大国が東西関係を主導する状況は一九八六年に入っても変わらなかった。一月一日にはレーガン大統領はソ連のテレビ番組で、ゴルバチョフ書記長はアメリカのテレビ番組で新年のメッセージをそれぞれ発表した。[175] 前年のジュネーブでの首脳会談からの蜜月ぶりは続いていた。しかし、それは間もなく終わりを迎えた。

一月一五日、ゴルバチョフは包括的な軍縮提案を発表した。[176] 最大のポイントは、二〇〇〇年までに世界中のすべての核兵器を廃絶するというものであった。具体的には、それは(1)米ソ両国による戦略核兵器の半減およびヨーロッパからの中距離核戦力（ＩＮＦ）の撤廃、(2)すべての核保有国による戦術核の撤廃および核実験の禁止、(3)残されたすべての核兵器の廃絶、の三段階を通じて進められるとされた。また、同提案は核廃絶と比べるとインパクトに欠けるもののＣＤＥ面での譲歩にも言及し、海軍による単独演習をＣＤＥの信頼醸成措置の対象から除外することを明言した。[177]

軍縮提案の作成を主導したのは軍部であった。彼らは、その内容を「若き書記長の大志を満足させるには十分に革命的である一方、西側から拒否されるほどに十分に非現実的」[178] なものに仕立て上げた。軍部は西側諸国が核廃絶を受け入れるとは到底思っておらず、プロパガンダの目的でのみ使用することを試みたのであった。一方、ゴルバチョフは本気であった。[179] 彼は、この提案をもって米ソ間の軍拡競争を止めようとした。つまり、この提案は同床異夢の産物であった。

ソ連の軍縮提案はアメリカの不信感を呼び、その後の超大国間関係の停滞を招くきっかけとなった。レーガンはゴルバチョフが核廃絶に言及した点では好意的であったものの、[180]当日（一月一五日）の日記に「h-l of a propaganda move」［伏せ字「h-l」は「hell」のことであろう］と書き残したように[181]プロパガンダを警戒した。それはもっともであった。なぜならば、ソ連は先だってアメリカに通知することもなく、「超大国間のやりとりのエチケット」を意に介さずに行動を起こしたからであった。[182]

レーガンの用心深い姿勢は政権内の議論でも表出した。二月三日の国家安全保障計画グループ[183]の会合では、大統領はソ連が軍縮交渉に本気ではないことを明るみに出す必要があると述べた。また、ソ連の目標には合意する一方、交渉の前進にあたって現実的な方策を求めていることを強調すべきであるとした。要するに、レーガンはソ連の核廃絶提案の目標には原則的同意を示しつつ、同方針にもとづいて交渉を進めることを避けようとしたのである。この方向性は、国家安全保障決定令にも反映された。[184]また、二月二二日にレーガンがゴルバチョフに宛てた書簡でも、ゴルバチョフの核なき世界に向けた提案に勇気づけられたとしつつも、そのために踏むべきステップについては異なる見解をもっていることを隠さなかった。[185]今後の具体的な交渉方針について一致できないなか、ジュネーブでの米ソ間の核軍備管理交渉の進展は難しくなった。

米ソ間の交渉の失速は、同年の春には明らかであった。三月一五日、暗殺されたパルメ首相の葬儀のためにストックホルムに駆けつけたシュルツ国務長官とルイシコフ・ソビエト連邦閣僚会議議長との会談では、双方がジュネーブ首脳会談後の軍備管理交渉の停滞に「失望」を表明した。[186]四月二日にゴルバチョフがレーガンに送った書簡は、首脳会談から四ヶ月以上が経過するなか、話が思うように進んでいないことに言及した。さらに、ソ連は米ソ双方が受け入れ可能な解決策を見出すべくジュネーブ（核・宇宙交渉）、ウィーン（中欧相互兵力削減交渉〔ＭＢＦＲ〕）、ストックホルム（ＣＤＥ）で行動をとったにもかかわらず、アメリカからの反応がないと苦言を呈した。[187]

その後も米ソ関係が勢いを取り戻す気配はなかった。それどころか、カダフィ政権が関与したとされる西ベルリンのディスコ爆破事件(188)への報復として、四月一五日にアメリカがリビアを空爆したことで米ソ関係への逆風は強まった。自国の友好国であり、最大の武器輸出先の一つであるリビアへの攻撃を受け、ソ連は五月に予定されていたアメリカとの外相会談をキャンセルした(189)。じつはソ連は年内に米ソ首脳会談の開催を望んでいたからこそ、ゴルバチョフとシェワルナゼは外相会談こそキャンセルしつつも慎重な対応をとった(190)。しかしながら、外相会談の取り止めは当然ながら両国関係に負の影響を与えた。さらに、四月二六日のチョルノービリ（チェルノブイリ）での原発事故を受け、ソ連が外交にリソースを割けなくなったことも追い打ちをかけた(191)。米ソ関係の悪化はヨーロッパの目から見ても明白であった。四月一七日に作成されたフランス外務省の文書は、米ソ関係の悪化が続いており、対話の追求が幾分妨げられていると指摘した(192)。

CDEへの影響

CDEに目を向けると、先のゴルバチョフの書簡でも言及されたように、その進捗状況は米ソ関係を反映して低調であった。たしかに、一九八六年春の時点では、以下の点は三五ヶ国間で合意が達成されていた。(1)最終文書において武力不行使が再確認されること、(2)陸上での軍事活動を通告すること、(3)通告対象の活動に関する年間計画の規定（各年の始まりに先立ち、一年間の軍事演習などの計画を事前に通告するというもの）を含めること、(4)軍事演習への視察員の招待を義務とすること、(5)十分な検証手段を有すること。しかし、以下の相違点に注目が集まりつつあった。(1)NATOが軍事情報の交換を主張したことに対し、ワルシャワ条約機構（WTO）が反発したこと、(2)ワルシャワ条約機構が空軍の単独演習を対象に含めるよう主張したこと、(3)通告のパラメーター（軍事演習の規模など）をめぐり立場が分かれたこと、(4)非同盟中立諸国が制限措置の導入を主張し、NATOが反発したこと、(5)ワルシャワ条約機構以外のすべての国が通告対象となるすべての軍事活動への視察員の招待を支持する一方、ワルシャワ条約機構は視察対象の演習を限定しようとしたこと、(6)検証手段をめぐってNATOが現地査察を要求する一方、ワルシャワ条約機構は自国の技術手段や協議を主張したこと、(7)武力不行使原則のあり方や最終文書での位置づけをめぐり立場が分かれたこと、[193]以上である。

前年一二月に合意された一九八六年最初の会期[194]（一月二八日から三月一四日）が終わり、残された会期がわずか一七週間となるなか、代表団の間では合意形成に十分な時間がないことへの悲観が芽生え始めた。[195]交渉担当者の間でもCDEの合意達成が危惧される状況に陥っていたのである。前年に推進役を担ってきた米ソ両国の関係が失速するなか、CDEの交渉が遅々として進まなかったのは無理もない話であった。このようななか、四月一五日のリビア空爆を受けてストックホルムを取り巻く環境はますます厳しくなった。イギリスのCDE代表団は、リビア空爆はCDEの交渉にも影を落としたと報告した。[196]

一方で、超大国間関係が停滞したことにより、その他の国々が東西関係、なかでもCDEにおいてイニシアチブをとる余地が生まれた。このタイミングで動き出したのがEC諸国であった。

（2）EC諸国の動向

一九八五年の終わりから八六年の初めにかけて、EC諸国は改めて東西関係に対して自らの立場を反映させる必要性を次第に認識するようになった。この背景にはいくつかの要因があった。第一には、米ソ両国がヨーロッパの利害を犠牲にして議論を進めてしまうことへの懸念[197]があった。米ソ首脳会談後にミッテランがレーガンに書簡を送り、米ソ間の軍備管理合意は核抑止力の強化に貢献すべきであって、NATO地域の安全保障を低下させたように見られることがあってはならないと訴えた[198]ことはその表れであった。また、フランス外務省も超大国間の対話が過度に優先されている現状を遺憾であると考えていた。[199]第二には、東西関係が改善するなかで「バスに乗り遅れる」ことへの懸念が存在した。この点は、八三年一一月の中距離核戦力配備後よりソ連から冷淡な扱いを受け、[200]米英仏伊とは対照的にいまだにゴルバチョフとの会談に漕ぎ着けていなかった西ドイツにとっては重要な要素であった。[201]第三には、同時期にはヨーロッパ統合の文脈で単一欧州議定書の議論が行われており、その内容の一つとしてヨーロッパ政治協力（ＥＰＣ）の制度化とヨーロッパ外交政策（a European foreign policy）[202]の展開を通じた国際的なプレゼンスの向上が志向されていたことがあった。[203]要するに、ＥＣ諸国は複数の理由から東西関係に自らの声を反映させる必要に迫られていたのである。

以上の状況のなか、ＥＣ諸国が自らに望ましいヨーロッパの東西関係を構築する手段として目を付けたのがＣＤＥであった。ＥＣ諸国はジュネーブでの核軍備管理交渉に参加していない以上、自身が発言権をもつＣＤＥでイニシアチブをとろうとしたのは自然なことであった。最初の取り組みとなったのが、フランスのデュマ外相と西ドイツのゲンシャー外相によるＣＤＥへの出席であった。一九八六年一月二八日、両外相はストックホルムに出向いてクリスマス休暇明けの初回会合に出席し、西ヨーロッパの政治的プレゼンスを示した。その際、二人はスピーチを実施し、仏独二ヶ国の役割のみならず、ＥＣ諸国の役割を強調した。[204]つまり、仏独両国はそれをＥＣ諸国のイニシアチブとして位置づけたのであった。また、西側主要国の仏独外相が出席したことで東西間のフォーラムとしてのＣＤＥの重要性が改めて印象づけられた。ただし、両国の行動がすぐに何らかの成果に結びつくことはなかった。先に見た通り、しばらくの間はＣＤＥの交渉に進展はなく、八六年春の時点でも多くの未解決問題が残されていた。しかし、仏独の行動は、その後ＣＤＥを舞台として展開する西ヨーロッパの活発な外交の前触れとも言えるものであった。

二月末になると、ＥＣ諸国の間ではＣＤＥを主体的に推進するべきであるという認識が広く共有されるようになった。それが明らかになったのが、二月二五日にハーグで開かれたヨーロッパ政治協力・外相会合であった。[205]ゲンシャー外相は、今年一一月に開会予定のヨーロッパ安全保障協力会議（ＣＳＣＥ）ウィーン再検討会議に向けて、ＣＤＥが成功裡に終わることはとりわけ重要であると述べた。また、米ソ核軍備管理交渉がヨーロッパの非核化（中距離核戦力のゼロ・オプションを念頭に置いている）を目指しがちであるが、その場合には東西間の通常戦力の不均衡が前面に出てくるため、ソ連の通常戦力の優越の問題に取り組むためにＣＤＥの第二段階が必要になり得ると指摘した。さらに、ヨーロッパは米ソ間の核軍備管理交渉の単なる傍観者となってはならず、CSCEを通じて東西関係に影響を与えるべきであると主張した。これに対し、デュマ外相は西ドイツの発言を強く支持した。そして、米ソ両超大国はヨーロッパの通常戦力をほとんど考慮しないままヨーロッパの非核化を進めているとして、ヨーロッパはCSCE（この文脈からして、当然CSCEの枠内で開催されているCDEを含めて考えているであろう）を通じて影響力を行使すべきであると述べた。イギリスのハウ外相は、ヨーロッパが自らの安全保障環境の改善に果たすことができる役割に言及したうえで、ストックホルムで成果を生み出すために最大限の努力をすべきであると総括した。

ヨーロッパ政治協力・外相会合での議論が示す通り、EC諸国はCDEを中心的手段として活用し、超大国主導の交渉とは異なり、自らの利害に適うヨーロッパデタントを推進しようとしたのであった。その認識は、一九八六年の年明けから春にかけての米ソ関係の失速と並行して生まれていた。ただし、この時点では仏独外相の訪問を別にすると、EC諸国はストックホルムにおいて何ら具体的な行動をとっていなかった。

（3）西ヨーロッパのイニシアチブ

一九八六年春になると、西ヨーロッパではCDEの開会を見据えた動きが本格的に生まれ、交渉妥結に向けたモーメンタムを作り出すうえで決定的な役割を果たすことになる。以下では、中心的なアクターであったイギリス、西ドイツ、フランスの動きを取り上げたい。

イギリスのイニシアチブ

イギリス外務省では、ハウ外相の下でCDEをはじめとする東西関係でのイニシアチブが検討され始めた。では、ハウ外相はいかなる考えの持ち主であっただろうか。三年近く前の一九八三年六月に外相に任命されたハウは、就任後間もなくソ連が西側に対して抱いている恐怖心を理解した。そして、一部からは「ハウの東方外交（Howe's

Ostpolitik)」と称されるように、彼は東側諸国との対話の強化を追求するようになった。[206] サッチャー首相の対東側政策の転換点となった八三年九月のチェッカーズのセミナーでも、ハウ外相は東側との接触の重要性を訴えた[207](その後、八七年にも東西関係の改善への希望を寄稿している)。[208] つまり、ハウはサッチャー政権のなかでも東西関係の強化に熱心な人物であった。

一九八六年四月上旬、ハウ外相はイギリスが東西関係において果たしうる役割を検討するよう指示した。[209] これを受けて、四月二二日、ハウ外相、レントン閣外大臣、外務次官、外務次官補、政策企画部らが一堂に会し、今後の東西関係について議論した。[210] その際、出席者からは、東西関係を進めるにはヨーロッパが結束してアメリカに向き合うことが必要である旨、またアメリカの「プードル犬」として見られないことは内政上、外交上、ヨーロッパ政治上のメリットがある旨が指摘された。そして、今後の政策の方向性として、アメリカとの関係を維持する一方、レーガン政権と立場が異なる点ではヨーロッパが一体となって協力すべきであるとされた。また、イギリスがイニシアチブをとりうる領域として、CDE、中欧相互兵力削減交渉および通常戦力の不均衡の是正が挙げられた。なお、ここでの議論がアメリカに手厳しかったのは、前週四月一五日のリビア空爆がイギリス国内において不評であったという点を考慮に汲み入れる必要がある。[211] ただ、それ以上にヨーロッパ独自の対東側外交の必要性が認識され、そのターゲットとしてCDEが選ばれたことを如実に物語るものであった。

ロンドンのホワイトホールで東西関係面でのイニシアチブが検討される間も、ストックホルムでのCDEの交渉は引き続き膠着状態に陥っていた。イースター休暇明けの四月一六日から五月二三日にかけての会期(それは一月末から三月中旬にかけての会期に続く一九八六年の第二会期であった)の成果はきわめて限定的であり、失望を呼んだ。[212] たしかに、最終日には東側諸国が譲歩し、通告対象となる軍事演習の規模を二万人から一万八千人へ引き下げる(一方でNATOは六千人を要求していた)[213] などの動きはあった。また、代表団のレベルではアメリカも通告面でより柔軟な態度を見せる可能性について同盟国と議論を始めていた。[214] しかし、通告面(東側諸国は空軍の単独演習を対象に含めるよう主張した）や視察面（東側諸国は視察員の待遇をめぐり視察の受け入れ国に最大限の裁量を与えようとした）など[215]、基本的な点で東西の立場に隔たりが残されていた。残された会期が二つ（六月一〇日から七月一八日および八月一九日から九月一九日）となるなか、イギリスのイーズCDE大使は、代表団の間では会議が成功する確率が五〇％以上であると考える者はもはや存在しないであろうと報告した（同時に、彼は柔軟性と努力をもって合意が達成できることへの希望を捨てていないとも述べた）[216]。

そこで、イギリス外務省では先のハウ外相の方針にもとづいてCDEでのイニシアチブの詳細を詰めるようになった。五月一二日、外務省防衛局長はレントン閣外大臣および外務次官補に対し、ストックホルムでの最終交渉に向けた姿勢を検討すべきであると書面で進言した[217]。具体的には、議論が着手されている通告面に限らず包括的な妥協案を作成し、仏独と緊密に連携してアメリカの考えに影響を与えるべきであると提案した。つまり、西ヨーロッパが主体的にアメリカを巻き込んでCDEで合意を実現すべきことを訴えたのである。この動きに内閣府も関与した結果[218]（それはサッチャー政権が一体となってストックホルムでの合意を目指していたことを示した）、六月一七日に妥協案の方針が固まった。その主な内容は、以下の各点であった。(1)通告対象に（部分的に）空軍の演習を含むことを明記する、(2)通告対象となる軍事演習の規模を引き上げる（現状は西側諸国が六千人以上の演習を通告対象とすべきとしているが、その数値を一万人とする）、(3)西側諸国の要求する現地査察面で譲歩する（詳細は数日以内に決定）[219]。これらの点は一見慎ましやかであるが、西側諸国が従来の立場から離れることを想定した点で画期的とも言える内容を含んでいた。また、単一の論点での譲歩を検討しただけでなく、それらをパッケージにした点でも重要であった。イギリスは、最終会期の一つ前の会期（六月一〇日から七月一八日）が終わる前に行動に移すつもりであった[220]。

西ドイツのイニシアチブ

イギリスと前後するタイミングで、今一つの重要なアクターとなる西ドイツもCDEでのイニシアチブに向けて動き始めた。西ドイツ政府内でCDEでのイニシアチブが検討され始めたタイミングについて知る手がかりはないが[221]、同国の行動を変化させる直接のきっかけとなったのはＣＳＣＥの枠組み下で開催された「人的接触に関する専門家会合」の結末であった。まず、その経緯を見ていきたい。

「人的接触に関する専門家会合」とは、前章で見たようにＣＳＣＥマドリード再検討会議の土壇場で合意されたものであり[222]、一九八六年四月一六日から五月二七日にかけてスイスのベルンにて開催された。西側諸国は、同会合を通じて家族の再統合を促進することを目指していた[223]。なかでも西ドイツでは、東西に引き裂かれた家族を多く抱えていたこともあって会合に対する期待は高かった。西ドイツ大使は、「鉄のカーテン」の向こう側にいる数百万人のドイツ人の存在を指摘し、ＮＡＴＯ諸国やＥＣ諸国に対して合意が達成されることは重要であると働きかけた[224]。また、一月三〇日にコール首相がゴルバチョフ書記長に送った書簡でも、同会合を重視していると言及された[225]ほどであった。

ところが、「人的接触に関する専門家会合」は最終文書の採択に失敗し、成果のないまま終了した。その原因を作ったのはアメリカであった。閉会日が迫るなか、非同盟中立諸国が東西の歩み寄りのための妥協案（それは完璧なものではなかったが、たとえば緊急時の家族の再会を容易にする規定などが含まれていた）を提示したが、アメリカ一国のみが受け入れを頑なに拒んだのである[226]。アメリカのノヴァク大使はその理由として、東側諸国によるヘルシンキ合意の遵守が後退しているからこそ、ベルンでの合意文書の水準を高めることは必須であると述べた[227]。アメリカは自らの高い要求が通らない場合には、コンセンサスを阻むことすら辞さない姿勢を明らかにしたのである。こうしたアメリカの姿勢に対して同盟国、とりわけ西ドイツは苛立ちを募らせた[228]。

以上の顚末を受けて、西ドイツはＣＤＥでのイニシアチブに着手した。つまり、西ドイツはストックホルムがベルンの二の舞となることを回避し、ＥＣ諸国の意向を東西関係に反映させるべく動き始めたのであった[229]。そして、イギリスの史料からは正確な作成日は不明であるが、西ドイツは六月二五日の時点で妥協案のノンペーパーの作成を終えていた。その主な内容は、以下の各点であった。(1)軍事情報の交換に関する措置の提案を取り下げる（かわりに、年間計画の提出および通告の際により多くの情報を盛り込む）、⑵非同盟中立諸国の求める「制限措置」は導入しない、⑶通告対象となる軍事演習の規模を一万人に引き上げる、⑷海軍・空軍の演習に関する情報をさらに提供する、⑷視察員の招待については申告対象のすべての活動を対象とする、⑸現地査察は現時点では合意の見通しがないため、「要請にもとづく視察」を導入する。[230] 西ドイツの妥協案はイギリスの妥協案よりもさらに包括的なものであったが、両案の方向性は似通っていた。たとえば、両案はいずれも通告対象の規模を一万人まで引き上げることを想定し、また現地査察の代わりとなる措置の導入を目指していた。

英独のイニシアチブの融合と西側諸国の妥協案の完成

このようにイギリスと西ドイツがそれぞれ妥協案を策定するなか、両国が手を携えたのは自然なことであった。六月二五日、英独実務者間のテレビ会議を踏まえ、西ドイツは在独イギリス大使館に対して先の妥協案を内々に手交した。[231] これを機に、二国間で急速に議論が進み始めた。ストックホルムでは六月一〇日に幕開けした最終会期の一つ前の会期での交渉が一向に進展しないなか、[232] ロンドンとボンの間では七月二日に妥協案の内容が暫定的に合意された。その内容は、先の西ドイツ案をベースにイギリスの修正を反映したものであった。[233]

その後、英独の妥協案はまずは主要国のアメリカとフランスに共有された。そして、七月七日にストックホルムで開かれた米英仏独四ヶ国の大使級協議において、米仏は妥協案の内容に原則的に合意した。また、この際に同案をソ連側に知らせるタイミングが話し合われた結果、最終会期（八月一九日から九月一九日）の冒頭部に通知すべきであるという米仏の立場ではなく、現在の会期中（七月一八日まで）に通知すべきであるという英独の立場が受け入れられた。[234] この方針は、同妥協案にもとづく交渉に二ヶ月という期間を確保し、夏期休暇中の接触を可能としたことで、交渉の成り行きに影響を与えることになった。

主要四ヶ国間で立場の調整が終わったことを受け、英独の妥協案はＮＡＴＯ諸国にも共有された。ＮＡＴＯ諸国間での議論および合意を経て、最終的には七月一七日に同案の内容が英独両国のＣＤＥ大使からソ連のＣＤＥ大使へと伝達された。[235] 西側諸国はCDEの大詰めでの交渉に向けた方針を確定させ、先手を打ったのである。これに対するソ連側の反応は好意的であり、柔軟性を見せる態度を示唆した。[236] これにより、『ル・モンド』紙が報じたように、最終の一つ前の会期は楽観的なムードのなかで終わり、[237] ストックホルムでの合意の見通しが高まった。以上の経緯が示す通り、イギリスと西ドイツは西側諸国の議論において主導的な役割を果たしたのであった。

フランスの役割

CDEの生みの親であるフランスもまた、英独タンデムの役割にこそかなわなかったもののCDEの交渉の推進に独自の貢献をした。その第一の貢献とは、東側諸国へのシグナリングを主導したことであった。六月二七日、フランスはCDEで譲歩しうる点を記載したペーパーをNATO諸国に回覧した。[238] 同ペーパーは英独の妥協案とは異なり、具体的なパラメーター（通告の対象の人数など）の記載はなかったが、通告対象の軍事演習の規模の引き上げなどに言及した。フランスの意図は、このペーパーを活用して東側諸国に妥協の用意があるとシグナリングすることであった。[239] その後、ペーパーの内容は西側諸国での検討を経たうえで、六月三〇日のカナダ大使の議場でのスピーチにより東側諸国に明らかにされた。[240] つまり、フランスの行動がきっかけとなり、西側諸国は一体となって交渉姿勢の軟化に前向きであることを示したのであった。このような下地が作られたことは、その後の英独の妥協案をめぐる議論を後押しすることにつながった。

第二の貢献は、七月七日から一〇日にかけてミッテラン大統領が訪ソした際にCDEで合意を目指すことを確認し合ったことであった。七月七日、クレムリンで開かれた晩餐会の祝辞において、ゴルバチョフ書記長はCDEに言及した。そこでは、CDEに残された時間はわずかであるとして、実質的かつ相互的な譲歩を通じてのみ合意が達成されると述べた。さらに、CDEの発案国であるソ連［ママ］[241] とフランスは、その方法について一致できる可能性があると示唆した。[242] 一方でミッテラン大統領は、CDEがマンデートにもとづいて信頼醸成措置を採択し、それが以後の通常戦力の削減につながることへの期待を述べた。[243] 仏ソ両首脳は、CDEでの合意実現への意思を伝え合ったのである。以上の取り組みを通じて、フランスもまたCDEの交渉に寄与した。他方、その後の交渉への直接的影響という点では、先の英独のイニシアチブよりも限定的であった。

（4）超大国の状況

英独主導でCDEの妥協案が準備される一方、超大国においてもストックホルムでの最終交渉に資することになる変化が徐々に芽生え始めた。先に動きが見られたのはソ連であった。一九八六年五月二三日、ゴルバチョフは外務省に出向き（書記長本人が外務省に足を運んだのはソ連史上初めてのことであった）、高官や大使らの前でスピーチを行った。その主な内容は、(1)「新思考[244]」にもとづくソ連外交の修正は国際的な政治プロジェクトの手段となる、(2)ソ連の安全保障は政治的手段により確保されることが望ましい、の二点であった[245]。ゴルバチョフは新思考外交の追求へと本格的に舵を切ったのであった。

ソ連の新たな外交姿勢は少しずつ姿を現すようになった。六月一一日、ワルシャワ条約機構・政治諮問委員会はゴルバチョフらの出席下で開かれたブダペスト会合を踏まえ、軍縮に関するコミュニケを発出した[246]。そこでは、以下の通りヨーロッパの通常戦力を大幅に削減することが提案された。(1)削減の対象範囲は「大西洋からウラル」とする、(2)今後一、二年間に東西双方の兵力を一〇万人から一五万人ほど削減し、一九九〇年代初頭には現行より二五％削減（東西それぞれで五〇万人以上削減）する、(3)プロセスの最初に戦術空軍を大幅に削減し、また東西の接触する前線における兵力の集中度を低下させる、(4)現地査察を含む検証措置をともなう、(5)同問題はCDEの第二段階での議論の対象となり得るが、特別フォーラムの開催や中欧相互兵力削減交渉の拡大も可能性としてある、以上である。東側諸国が自ら優位に立つ通常戦力の削減について詳細な提案をしたのは、態度の軟化と交渉への意欲を物語った。

ソ連の立場の変化は、政治局での政策決定過程にも表出した。その最初の対象となったのが、軍備管理の第一歩であると認識されていたＣＤＥであった。六月二六日、グリネフスキーＣＤＥ大使も出席して開かれた政治局の議論（大使が出席するのは異例のことであった）[247]では、ゴルバチョフはアフロメーエフ参謀総長が反対するなかでＣＤＥ大使の肩をもち、交渉のボトルネックとなっていた現地査察に前向きな姿勢を見せた。[248]ゴルバチョフは軍部の反対を押し切ってでも政治主導で軍備管理交渉を妥結させる意思を示したのである。この場では問題が決着を見ることはなかったが、これを機にソ連はストックホルムでも条件付きで現地査察の受け入れをほのめかすようになった。[249]そして、最終的には八月七日の政治局の会合において、ゴルバチョフはアフロメーエフに対して最終的な決定を下すのは政治指導者であることを告げた。[250]英独の妥協案でも想定されていなかった現地査察が実現することになったのである。[251]

アメリカもまた、ソ連との対話の再加速に次第に前向きになり始めた。七月中旬には、四月のリビア空爆によりキャンセルされた米ソ外相会談を九月に開催する方針を固めた。[252]七月二五日から二六日には、リッジウェイ国務次官補とソ連のベススメルトヌイフ副外相との間の副外相級協議をワシントンで開催し、外相会談に向けて安全保障問題、地域問題や二国間問題を議論した。[253]ちなみに、同協議ではＣＤＥも議論に上ったが、その際にベススメルトヌイフは通常戦力の削減を中欧相互兵力削減交渉ではなくＣＤＥの第二段階で行うことを望んでいると述べた。それは、ＣＤＥの今後にとって重要な含意をもつものであった。なぜならば、既存の中欧相互兵力削減交渉を潰してＣＤＥこそを今後のヨーロッパの軍備管理交渉の場とする意図を示したからであった（そして、ＣＳＣＥウィーン再検討会議がＣＤＥの次のステップに相当するヨーロッパ通常戦力〔ＣＦＥ〕交渉のマンデートに合意したことで、その意図は現実になる）。この議論は、九月にＣＤＥで合意が実現することが確実視されていたことを示唆した。

（５）交渉妥結へ

以上の状況のなか、一九八六年八月一九日にストックホルムでＣＤＥの最終会期が幕開けした。前日の八月一八日にゴルバチョフは軍縮に関する声明を発表し、すべての軍縮交渉において国際的な検証を行うことに異存がないと述べた[255]。首脳レベルから査察に前向きな姿勢が明らかにされたのである。また、八月二九日には長らく現地査察に反対していた張本人であるアフロメーエフ参謀総長[256]がCDEの全体会合（プレナリーセッション）に出席し、使用される航空機は被査察国（査察を受け入れる国）が提供することを条件に空陸からの現地査察の受け入れを表明した[257]。それは、ソ連国内で大きく報道されたほどの一大事であった。これにより、最大の難関が突破されたのであった。また、現地査察をめぐる譲歩は、CDEでの合意を可能にしたのみならず、核の領域においてもソ連が同様の措置を受け入れうることを示した点で重要であった[258][259]。

出席国の間で原則的立場に収斂が見られるなか、ストックホルムでの交渉は細部を詰める作業に移った。技術的側面をめぐる交渉の詳細は先行研究（当事者の回顧録など）に譲るが[260]、以下では交渉でフォーカスされた重要な論点について簡潔に説明したい。まず通告の問題であるが、八月二六日には具体的な通告対象を陸軍の演習、移動および集結（concentration）とすることが合意された[261]。これは、通告対象を広げて「駐屯地を離れるすべての陸軍の活動（out-of-garrison land activities）」を一律で通告することを望む西側諸国と、通告対象を限定したい東側諸国との間をとったものであるが、一九七五年のCSCEヘルシンキ合意の規定からは通告対象が広がることとなった[262]。あとは、そのパラメーター（何人以上を通告対象とするか）を決定することが必要であった。

次に、現地査察の問題については、その実施回数の上限を各国の受け入れ回数（一年間に三回）にもとづいて定める受動的回数制限（Passive Quota）のアプローチが合意された。本問題に対しては、西側諸国は当初は各国が一年間に査察を要求できる回数に上限を設ける能動的回数制限（Active Quota）を要求していた[263]。しかし、その場合には東側諸国が不利となる（たとえば、六月三〇日に西側諸国は各国が一年間に要求できる査察回数を二回から一回に引き下げたのであるが[264]、その場合でもNATOは一六ヶ国×一＝一六回の査察要求ができる反面、ワルシャワ条約機構は七ヶ国×一＝七回の査察要求しかできない）こともあり、東側諸国の求めた受動的回数制限が導入されることになった。ただし、その際には英ソ間で接触が行われた結果[265]、ソ連の求める年一、二回ではなく西側諸国の求める年三回が受け入れの上限とされた。また、現地査察の際に使用する航空機については、東側諸国が被査察国（査察を受け入れる国）の航空機の使用を主張したのに対して西側諸国は査察国（査察を実施する国）の航空機の使用を主張したが、最終的には西ドイツが発案した「査察で使用する航空機は、査察国と被査察国の双方の合意により決定される」という文言に落ち着いた[266]。このようにして、CDEで導入される信頼醸成レジームの中核となる通告と査察の詳細が順次決められていった。

最後の一ヶ月間のインテンシブな交渉に際しても、西ヨーロッパ（とりわけ妥協案を主導してきたイギリスと西ドイツ）は東西交渉の前面に立ち続けた。上記の通り、英独は現地査察のあり方に関する交渉で東西間の媒介役を務めた。また、これら二国は最後に残された論点である通告のパラメーター[267]をめぐる交渉においても決定的な役割を果たした。イギリスおよび西ドイツこそが中心となって東側諸国との交渉をとりまとめたのである。具体的には、パラメーターの問題を協議するために五ヶ国のグループが立ち上げられたのであるが、そこに西側諸国から入ったのがイギリス、西ドイツおよびノルウェーであった（一方で東側諸国からはソ連とポーランドが入った）[268]。これらの国の交渉により、通告対象の軍事演習は一万三千人以上、または戦車三〇〇台以上の規模であることが合意された。この合意をもってCDEでの最終交渉に決着がついたのであった[269]。

西ヨーロッパが最後まで主体的な役割を手放さなかった背景には、ベルンでの「人的接触に関する専門家会合」の教訓があった。つまり、交渉の土壇場でアメリカが「ちゃぶ台返し」をすることを恐れてイニシアチブを掌握し続けたのである。九月のEC諸国の非公式外相会合のために作成されたハウ外相用のブリーフ資料には、ヨーロッパではアメリカが「ベルンでの行動を再びとる」ことへの懸念があると記された[270]。また、ハウ外相が九月九日に訪米した際[271]には、シュルツ国務長官およびワインバーガー国防長官に対してベルンの出来事を繰り返すわけにはいかないと訴えた[272]。さらに、九月一六日にはハウはシュルツに改めてメッセージを送り、同じことを伝えた[273]。このような考えにより、英独は最終交渉をまとめ上げたのであった。もちろん、最終的には米ソ両超大国も合意への意図を持ち続けていたことが[274]、西ヨーロッパの国々に活躍の場を与えたことは否定できないであろう。とはいえ、西ヨーロッパは交渉を成功に導くうえで大きな役割を果たしたのである。

三年近くにわたるストックホルムでの交渉が妥結したのは予定より三日遅れの一九八六年九月二二日のことであった。当初予定されていた九月一九日中には終わらず、一九日の二三時五六分に議場の時計を止めた状態で最後の交渉がまとめられた[275]。CSCEの枠組みで開かれた会合で合意文書が採択されたのは、唯一の例外である八四年一〇月の「地中海における経済・科学・文化協力に関するヴェネチア・セミナー」を除くと八三年九月のCSCEマドリード再検討会議以来のことであり、東西間の軍備管理合意が実現したのは七九年六月の第二次戦略兵器制限条約（SALT Ⅱ）（発効することはなかったが、米ソはおおむね条約の規定に従ってきた[276]）以来のことであった。CDEは新冷戦後の緊張緩和を初めて合意文書として形にしたのである[277]。

ストックホルムでの合意は、何よりもまずは通告対象の拡大、現地査察の導入、視察員の招待の義務などを規定し、信頼醸成を通じたヨーロッパの国際関係の安定化と戦争の予防に貢献した。合意内容は、「遵守されればもはや奇襲攻撃や偶発戦争など起り得ようのないほど徹底したものであった[278]」。しかし、合意の意義は文書上の規定に留まらなかった。軍備管理・軍縮への影響に着目すると、CDEで現地査察が導入されたことは翌年末の中距離核戦力全廃条約の合意に影響を与えたほか[279]、その後に結ばれた数々の軍縮合意に含まれる現地査察の規定[280]の嚆矢となった。また、上空からの査察の受け入れをめぐり、ソ連が「ルビコン川を渡って」前向きになったことは、領空開放（オープンスカイズ）条約につながった[281]。通常戦力の軍備管理という観点では、CDEでの合意はその次のステップに相当するヨーロッパ通常戦力交渉へと途を開いた。米ソが想定した通り、CDEは軍備管理の第一歩としてその後の合意の礎となったのである。一方、政治への影響に着目すると、CDEの成功はヨーロッパの東西関係におけるCSCEプロセスを強化した。そこで得られたモーメンタムは、同年一一月に開会したCSCEウィーン再検討会議へと引き継がれた。そして、最終的にはヨーロッパ冷戦の終結を確認した一九九〇年一一月のパリでのCSCE首脳会議へとつながるのである。すなわち、ヨーロッパが主体的な役割を引き続き維持し、ポスト冷戦期の新たなヨーロッパ秩序の構築に関与する原点となったのである。

おわりに

本章の議論を改めて簡潔に振り返りたい。「はじめに」では、一九八〇年代半ばのヨーロッパデタントの中心的枠組みであったヨーロッパ軍縮会議（CDE）は、対話による政府間の信頼構築を通じた東西関係の変化のきっかけとなったという本書の立場を明らかにした。第一節では、CDEの準備が始まった八三年九月から八四年一月の開会式までの経緯を取り上げ、米ソ両超大国間の新冷戦がエスカレートするなかでもCDEの開会式が閣僚級で開かれた経緯を説明した。第二節では八四年一月のCDEの開会式にフォーカスし、ストックホルムでの東西外相の接触が関係改善の出発点となったことを明らかにした。第三節以降では、CDEでの交渉の様子と東西関係における役割を一年ごとに検討した。第三節では八四年一月から一二月に焦点をあて、チェルネンコ政権の強硬姿勢にともない東西関係が不安定になるなか、CDEは対話のチャンネルとして関係の安定化に寄与したと論じた。第四節では八五年一月から一二月を取り上げ、核軍備管理交渉の再開でCDEの相対的な重要性は低下する一方、CDEはそれらの軍備管理の第一歩とみなされて、超大国の後押しを受けたことを説明した。第五節では八六年一月から九月にフォーカスし、前年と変わって米ソ関係の改善の勢いが失われるなか、ヨーロッパ共同体（EC）諸国が中心となってCDEを妥結へと導いたことを解明した。

では、CDEは当時の国際政治においていかなる意義をもったのであろうか。その最大の意義とは、一九八四年一月の新冷戦のピーク時において唯一の軍備管理交渉として対話の場を提供することで、超大国が新冷戦を克服するきっかけを作り出したことであった。ＣＤＥでの対話は東西間の貴重な意思疎通の場となり、少しずつではあるが着実に政府間の信頼関係を育んでいった。この過程が冷戦終結に向けてレーガンとゴルバチョフが協力し合う環境を用意したのである。八五年以降の米ソ間の急速な関係改善が可能となったのは、八四年のＣＤＥでの対話を通して新冷戦の最悪の時期を脱していたことが背景にあった。

一九八六年九月のＣＤＥの妥結は、八四年の開会に勝るとも劣らぬ意義をもった。八六年の年明けから半年間にわたり、米ソ関係は決して順風満帆とは言えない時期が続いた。その影響は米ソ関係に留まらず、軍備管理交渉のなかでもっとも進捗していたＣＤＥをはじめとする東西関係全般に対しても影を落とした。そのようななか、ＣＳＣＥウィーン再検討会議の開会を前に八六年九月に妥結させる必要があったＣＤＥは、東西に再び歩み寄らせるきっかけを作った。つまり、他の軍備管理交渉とは異なり事前にタイムリミットが定められていたＣＤＥこそが両陣営を譲歩へと駆り立て、東西交渉に改めてモーメンタムを与えたのである。[282]その際、ソ連が軍部の反対を押し切って政治主導で「現地査察」を受け入れたことは、シェワルナゼ外相が回顧するように歴史的な意義を有し、[283]中距離核戦力全廃条約をはじめとするその後の軍備管理合意へと途を開いた。また、ＣＤＥでの三五ヶ国による合意は、米ソ交渉に後れをとっていたヨーロッパの東西関係の再活性化に結びつくことになった。

以上で論じた一九八〇年代半ばの国際政治におけるＣＤＥの意義、すなわち軍事的安全保障の次元でのヨーロッパデタントの意義は、同時期に米ソ両超大国以外のアクターが果たした役割を浮き彫りにするものである。なかでもＥＣ諸国は閣僚級でのＣＤＥの開会式の開催、最終交渉の取りまとめなどの重大な局面において決定的な役割を担った。それは、冷戦の「終わりの始まり」は決して米ソ両超大国のみの意思によるものではなく、ヨーロッパによる緊張緩和の努力もまた重要であったことの証である。

終章　新冷戦をこえて

――ヨーロッパデタントが残したもの

本書は、軍事的安全保障の次元に焦点をあて、一九七七年から八六年にかけてのヨーロッパデタントの分析を行ってきた。本書が取り上げた一〇年間のうち最後の二、三年を除くと、米ソ両超大国は激しく対立し、なかでも八〇年代前半は「新冷戦」と呼ばれる状況にあった。米ソ首脳は七九年六月から八五年一一月までの六年半にわたって顔をあわせることがなく（この空白期間は冷戦史上では四五年から五五年までの一〇年間に次ぐ長さである）、それどころか実務家間の軍備管理交渉すら取り止められる時期もあった。このような国際情勢下にもかかわらず、ヨーロッパでは七〇年代に隆盛を見せたデタントがその後も存続できた理由を考察した。さらに、その国際政治上の貢献、とくに新冷戦の克服にあたっての役割を実証した。

本章では、まず各章の議論を振り返ったうえで本書の研究上の貢献を論じる。続いて、軍事的安全保障の次元でのヨーロッパデタントの意義、ヨーロッパ共同体（ＥＣ）諸国によるイニシアチブの意義、ヨーロッパ軍縮会議（ＣＤＥ）を基調とする軍備管理・軍縮交渉の意義をそれぞれ検討する。最後に、冷戦終結過程におけるヨーロッパデタントの役割とその後の展開について論じたい。

1　各章の議論の概要

序章では、米ソが新冷戦に突入するなかでもヨーロッパではデタントが存続したという先行研究の見方を紹介し、それらは人的次元や経済的次元での動向に着目していることを指摘した。これに対し、本書はヨーロッパデタントの持続性という議論を受け入れつつも、軍事的安全保障の次元こそがデタントの維持にあたり重要であったとの立場をとることを説明した。なかでも、軍事的安全保障の次元での取り組みの中心となったのが、「大西洋からウラル」を対象とする軍備管理・軍縮の枠組みとして議論されたヨーロッパ軍縮会議（CDE）であった。

第1章では一九七七年から七九年に焦点をあて、CDEの立ち上げを通じて軍事的安全保障の次元でのヨーロッパデタントを目指す動きが出現する過程を明らかにした。その際、まずはCDEがヨーロッパデタントの中心的な地位を獲得した背景を説明するために、「ヨーロッパデタント」と「軍備管理・軍縮デタント」の二つの流れが融合したという視角を提示した。

「ヨーロッパデタント」の文脈では、ヨーロッパ安全保障協力会議（CSCE）ベオグラード再検討会議（一九七七年一〇月から七八年三月）の経緯を検討した。人権をめぐる米ソ対立が原因となって実質的な合意文書の採択に失敗したことを受け、ヨーロッパ共同体（EC）諸国はCSCEにおけるイニシアチブを検討するようになった。その一環として、イギリスは信頼醸成措置の提案を目指したのであった。

「軍備管理・軍縮デタント」の文脈では、フランスが「空位政策」を放棄して軍備管理・軍縮に前向きな態度をとるに至った経緯を分析した。ソ連のSS-20配備にともなう軍事的緊張の高まりはフランスの政策転換の大きな要因となった。そこで、フランスは「大西洋からウラル」を対象とした信頼醸成措置および通常戦力の軍縮について議論するCDEを発案したのであった。このときには、CDEは既存のヨーロッパデタントの枠組みである

ＣＳＣＥとは関係性をもたないことが想定されていた。

その後、一九七九年になるとＥＣ諸国によるヨーロッパ政治協力（ＥＰＣ）での議論を通じて、「ヨーロッパデタント」および「軍備管理・軍縮デタント」の各々の文脈でのイニシアチブが融合する過程を解明した。二つの文脈でのイニシアチブが一体化した結果、ＣＳＣＥの枠組みでの新規イニシアチブとしてＣＤＥの開催を提案することが合意されたのである。そして、ＣＤＥの開催提案は七九年一一月のヨーロッパ政治協力外相会合のコミュニケおよび一二月のＮＡＴＯ北大西洋理事会・閣僚会合によって対外的に発表された。これにより、「軍事的安全保障の次元でのヨーロッパデタント」が誕生することとなった。

第２章では、一九七九年一二月末のソ連のアフガニスタン侵攻から八〇年一二月のＣＳＣＥマドリード再検討会議の開会直後にかけての時期を取り上げた。米ソ両国が新冷戦へと足を踏み入れるなか、ヨーロッパでは軍事的安全保障の次元が中心となってデタントが維持された経緯を検討した。

まず、ソ連のアフガニスタン侵攻の経緯を概観した後、西側諸国の対応を分析した。アメリカは政治面、経済面、軍事面で対抗措置をとった反面、ＥＣ諸国は二国間、多国間（ＣＳＣＥ）の枠組みの双方で対話の継続を模索したのであった。この流れの一環として、ＥＣ諸国はＣＳＣＥの枠内でＣＤＥの開催を引き続き目指す方針をとった。それは、八〇年一一月に開会を控えた「ソ連のアフガニスタン侵攻後初めての東西間の主要なイベント」であるＣＳＣＥマドリード再検討会議に向けて東西に共通する関心領域を生み出した点で重要であった。

次に、対東側政策をめぐる米欧間の議論を検討した。議論の過程では、米欧はＣＤＥを提案することの可否をめぐり対立した。カーター政権はＣＤＥを提案してヨーロッパデタントを追求することに難色を示し、最後までＣＤＥにコミットすることはなかった。

続いて、米欧の方針が相容れないなかで、ＥＣ諸国の後ろ盾を得たフランスがＣＤＥマンデートを提出した経緯を説明した。ＣＤＥマンデートの提出を受け、ＣＤＥは正式にＣＳＣＥマドリード再検討会議のアジェンダに含まれることになった。この結果、マドリードでの三年間にわたる交渉の礎が築かれたのである。

第3章では、一九八〇年一一月から八三年九月の三年間に及んだCSCEマドリード再検討会議にフォーカスし、交渉の継続と妥結に際してCDEが重要であったことを明らかにした。言い換えると、軍事的安全保障の次元こそがヨーロッパデタントの象徴であるCSCEでの合意形成に貢献したことを実証した。

マドリード会議の一年目（一九八〇年一一月から八一年一二月）には、ソ連のアフガニスタン侵攻の余波が残るなか、CDEが中心的テーマとなって交渉を前進させたことを説明した。その証の一つが、非同盟中立諸国による仲介のタイミング（米ソ両国による軍事的安全保障の次元でのイニシアチブを受けて妥協案を提出した）であった。八一年一二月には、非同盟中立諸国案“RM.39”にもとづき妥結が成立する直前の状態となった。

マドリード会議の二年目（一九八一年一二月から八二年一一月）には、ポーランドでの戒厳令によってCSCEが東西対立の最前線に立たされるなか、東西両陣営（アメリカを除く）はCDEを望んでいたからこそマドリードを継続させたと論じた。各陣営の思惑は異なったが、CDEは双方に対して会議を継続するインセンティブを提供した。その結果、半年以上の休会をはさみつつもCSCEは史上最大の存続の危機を乗り切れたのであった。

マドリード会議の三年目（一九八二年一一月から八三年九月）には、東西関係が一時的に改善するなか、両陣営がCDEマンデートを手に入れるべく最終文書の文言交渉で譲歩しあった経緯を検討した。また、ソ連はCDEマンデートのために米ソ間の秘密交渉でもアメリカの要求を受け入れ、ソ連国内のペンテコステ派の出国を容認したことを明らかにした。CDEの役割は三年間の交渉のなかで変化したものの、それは絶えず対話と合意の糸口であり続けたのであった。

第4章では、一九八四年一月から八六年九月にかけて開催されたCDEを、直前の準備期間（八三年九月から）も含めて考察した。一時的には東西間で唯一の軍備管理・軍縮交渉となったCDEは、ヨーロッパでの東西関係の維持および再活性化において中心的な役割を果たすのみならず、米ソ両国が新冷戦を克服する足がかりとなったことを明らかにした。

まず、一九八三年秋に超大国間関係の緊張がエスカレートするなかでもＥＣ諸国は東西対話の強化を志向し、ＣＤＥをその中心的手段として位置づけたと論じた。具体的には、ＥＣ諸国はＣＤＥの開会式を閣僚レベルで開催し、対話のきっかけを作り出すことを目指すようになった。この方針は米ソにも受け入れられ、中距離核戦力（ＩＮＦ）配備を受けて米ソ間のあらゆる軍備管理交渉が停止するなかで、ＣＤＥは東西間のただ一つの対話のチャンネルとなった。

次に、一九八四年一月のＣＤＥの開会式に焦点をあて、それが新冷戦のピークを脱する第一歩となったことを示した。議場での外相スピーチおよび二国間の外相会談は東西が意思疎通を図る場となった。これを機に、東西間の交流は再び活発化し始めた。

その後、ＣＤＥでの三年間にわたる交渉の経緯とその国際政治上の役割を分析した。一九八四年には、ＣＤＥは不安定な東西関係のなかで数少ない対話の場となり、新冷戦のピークへの逆戻りを防いだ。八五年には、米ソの雪解けのなかでＣＤＥは軍備管理交渉の第一歩と位置づけられ、関係改善の試金石として超大国からの後押しを受けた。八六年には、ＣＤＥはＥＣ諸国から自らにとって望ましいヨーロッパの安全保障秩序を構築する場であるとみなされ、英独の主導下で新冷戦後初めての軍備管理合意が実現した。

以上を通じて、本書では軍事的安全保障の次元がヨーロッパデタントの中心的テーマとなり、新冷戦下での東西対話の継続に貢献してきたことを示した。さらに、それが新冷戦の克服にも寄与したことを明らかにした。

2　本書の研究に対する貢献

では、本書は研究史に対するいかなる貢献をもたらすものであろうか。序章で述べた通り、本書はヨーロッパデタントの軍事的安全保障の次元に着目することでヨーロッパ冷戦史研究、軍備管理・軍縮史研究、米ソ冷戦史研究、ヨーロッパ統合史研究のそれぞれに貢献するものであった。なかでも、とくに前者二つに対して資するものであった。

まずヨーロッパ冷戦史研究の文脈では、先行研究が一九八〇年代前半のヨーロッパデタント（とりわけ八〇年一一月から八三年九月のヨーロッパ安全保障協力会議〔ＣＳＣＥ〕マドリード再検討会議）を集中的に取り上げてきたことに対し、本書は七七年から八六年という長期的スパンから捉えることで新冷戦を通してヨーロッパデタントが存続できた理由を明らかにした。七〇年代後半にアイデアが生まれたヨーロッパ軍縮会議（ＣＤＥ）は、ソ連のアフガニスタン侵攻後から八六年九月の交渉妥結に至るまで東西双方に交渉の動機を提供することでヨーロッパデタントを持続させたのであった。また、先行研究では八〇年代前半のヨーロッパデタントと八〇年代末の冷戦終結との関係性を十分に検討してこなかったのに対して、本書は八四年から八六年にかけてのヨーロッパデタントの中心であったＣＤＥに着目することで、そこでの緊張緩和が新冷戦の克服と冷戦の「終わりの始まり」につながったことを解明した。

軍備管理・軍縮史研究の文脈では、本書は米ソ間の核軍備管理交渉の陰に隠れて先行研究から看過されがちであったヨーロッパにおける多国間の軍備管理交渉の展開とその意義を明らかにした。軍備管理の第一歩として位置づけられたＣＤＥでの交渉と合意が、後の米ソ間の軍備管理交渉の基礎（検証手段としての現地査察の導入など）を築いたのであった。また、一九七〇年代後半から八〇年代半ばにかけての三五ヶ国間での交渉の成功は、ＣＳＣＥ

とその後身のヨーロッパ安全保障協力機構（ＯＳＣＥ）を軸とするポスト冷戦期のヨーロッパの安全保障の枠組みへとつながったのであった。

上の二つと比べると副次的であるが、米ソ冷戦史研究の文脈では、一九八五年のゴルバチョフ政権の誕生前の米ソ関係を取り上げた先行研究が比較的手薄であるのに対し、本書は八四年以前を含めて考察することで、八五年以降の東西関係の土台が形成される過程を明らかにした。ヨーロッパデタントの枠組みであるＣＳＣＥやＣＤＥは、新冷戦下での米ソ間の接触に寄与した。そして、アメリカがＣＤＥを活用してソ連にシグナルを発し続けたことが、ゴルバチョフ政権の発足前から少しずつ米ソ間の協力関係を芽生えさせ、その後のレーガン―ゴルバチョフ関係の礎となった。

ヨーロッパ統合史研究の文脈では、先行研究によって一九八〇年代の統合の再活性化に関する知見が深まるなか、本書は、この動きの背景にあったヨーロッパ共同体（ＥＣ）諸国の国際政治上（とくに東西関係）の立場および安全保障面でのイニシアチブを解明した。超大国間の対立に巻き込まれることを避けようとするＥＣ諸国の立場が、ＥＣ諸国間の緊密な協調を促進したのであった。ちなみに、同時期には政治外交面でのヨーロッパ統合の制度的強化が模索され、ＥＣ諸国による共通外交政策を目指す西ドイツとイタリアのイニシアチブ（両国外相の名を冠して「ゲンシャー・コロンボ提案」と呼ばれる）が見られた。しかしながら、このイニシアチブが実現することはなかった。このようななか、ＣＳＣＥやＣＤＥをめぐるＥＣ諸国の協力の実態が、単一欧州議定書をはじめとするヨーロッパ政治協力（ＥＰＣ）の制度的強化を後押ししたのである。

本書は上述の意義をもつものであるが、一方でいくつかの課題を残しているのも事実である。第一の課題としては、同時期の西ヨーロッパにおける中距離核戦力（ＩＮＦ）配備の具体的な動向にまで十分に言及できていない点である。ＥＣ諸国はヨーロッパデタントを追求すると同時に、ソ連のＳＳ-20に対抗すべく中距離核戦力配備の動きを粛々と進めていた。この二つの動きがどのように交錯し影響し合ったのかは、さらに研究を深める必要があろう。第二の課題としては、国際レベルでの交渉に重点を置く反面、国内レベルでの政策過程を捨象しがちな点である。多国間交渉に大きな影響を与えた主要国の政策形成過程については、より深くまで立ち入って分析する必要があろう。

本節では本書の研究上の貢献と今後の課題について概観したが、続く三つの節では、本書の主な貢献分野であるヨーロッパ冷戦史研究および軍備管理・軍縮史研究の文脈での知見を掘り下げて検討したい。

3　軍事的安全保障の次元でのヨーロッパデタントの意義

本書はヨーロッパ軍縮会議（CDE）に着目することでヨーロッパ冷戦史研究に貢献するものであった。では、当時のヨーロッパの東西関係において、軍事的安全保障の次元でのヨーロッパデタントはいかなる意義を有したのであろうか。その最大の意義は、何よりも東西に共通する関心領域を作り出して対話を維持したことであった。それは政治的な思惑により二国間交渉が進まなかった際[1]にも、東西間の対話のチャンネルを確保し続けた。結果的に、ヨーロッパにおける対立のエスカレーションが抑制されるとともに、超大国間の新冷戦の克服へと途が開かれたのであった。

各国が軍事的安全保障の次元でのヨーロッパデタントに関心を示した理由はさまざまであった。また、各国が重視するファクターはその時々によっても変化した。ヨーロッパ共同体（EC）諸国は少なくとも以下五点の理由からCDEを重視した。(1)東西対話のチャンネルの維持、(2)ヨーロッパの安全保障環境の改善、(3)東側諸国の軍縮攻勢への対抗、(4)国内世論への対策、(5)自らに望ましいヨーロッパ秩序の構築。CDEが発案された当初は、フランスは(2)の安全保障面に重きを置く一方、イギリスは(3)の軍縮攻勢への対抗手段としてみなす傾向が強かった。その後、新冷戦が進むにつれて(1)の東西対話のチャンネルとしての価値が高まるようになり、一九八四年一月にＥＣ諸国は閣僚級でのＣＤＥ開会式を実現させたのであった。

これに対し、東側諸国は以下五点の理由よりＣＤＥを追求した。(1)ヨーロッパの安全保障環境の改善、(2)西側諸国の世論への働きかけ、(3)対話のチャンネルの維持、(4)人権問題へのフォーカスの防止、(5)米欧の引き離し。ソ連はとりわけ西側諸国の中距離核戦力（ＩＮＦ）配備への対抗を念頭にＣＤＥを推進した。しかし、八三年一一月にひとたび中距離核戦力が配備された後にもＣＤＥから引き上げなかったのは、ＣＤＥに対話のチャンネルとしての意義を見出したからであった。

アメリカは、ＣＤＥに消極的な姿勢をとった時期が長かったが、まずは人権とのリンケージの材料として、続いて「レーガン・リバーサル」のタイミングで対話のチャンネルとしてＣＤＥの有用性を認識した。このように各国は異なる思惑をもっていたが、ＣＤＥはそれらの利害や関心が重なり合う場となったのである。そして、最終的には各国はＣＤＥが対話のチャンネルとして重要であるという点で立場を一致させていた。

では、軍事的安全保障の次元でのヨーロッパデタントは、ヨーロッパ冷戦史の先行研究で取り上げられてきた人的次元および経済的次元でのヨーロッパデタントとはいかなる関係にあるのだろうか。人的次元でのヨーロッパデタントの効果は、中長期的に人権規範を浸透させ、冷戦終結に向けた東側諸国での改革を後押しすることになった。[2]ところが、第3章で論じたように、人的次元でのヨーロッパデタントは短期的には東西間の政治的対立を激化させた。また一九八〇年代前半には、ソ連による人権活動家サハロフの流刑、ポーランドにおける「連帯」の非合法化、ヘルシンキ合意の履行を監視するヘルシンキグループの解散[3]をはじめとする東側諸国での抑圧の強まりにより、人的次元でのヨーロッパデタントは下火となった。この状況は新冷戦がピークを脱した後もしばらく続き、ヨーロッパ安全保障協力会議（ＣＳＣＥ）の「人権に関する専門家会合」（八五年五月から六月）や「人的接触に関する専門家会合」（八六年四月から五月）では何ら具体的な成果が生まれなかった。対照的に、軍事的安全保障の次元での

ＣＤＥでは対話が継続され、東西間の緊張緩和をもたらした。その結果、ヨーロッパデタントの人的次元が再び機能できるようになったのである。つまり、軍事的安全保障の次元でのヨーロッパデタントは、人的次元でのヨーロッパデタントの前提となるものであった。

一方、経済的次元に関する先行研究は、ＥＣ諸国がアメリカの対ソ制裁に同調せずに相互依存を深化させてきた点を重視する。しかしながら、経済的次元でのヨーロッパデタントが同時期の東西関係全般に与えた影響には限界があったと言わざるを得ない。たしかに、ＥＣ諸国が熱心に推進したソ連―ヨーロッパ間の天然ガスパイプラインの建設事業は、ＣＳＣＥマドリード再検討会議が休会を余儀なくされたときにデタントに貢献した。しかしながら、それはヨーロッパデタントの中心的な枠組みであるＣＳＣＥマドリード再検討会議の存続と妥結には直接の影響を与えなかった。さらに、一九八四年一月のパイプラインの運用開始は、同じタイミングにストックホルムで開会したＣＤＥと比べると東西関係へのインパクトに乏しい出来事であった。デタントの維持には政治的関与が必要なハイ・ポリティクスでの対話が不可欠であった。

4　ヨーロッパ共同体諸国によるイニシアチブの意義

以上の意義を有する軍事的安全保障の次元でのヨーロッパデタントの展開にあたり、欠かせない役割を果たしたのがヨーロッパ共同体（ＥＣ）諸国であった。ではＥＣ諸国はいかにしてヨーロッパ軍縮会議（ＣＤＥ）の議論を牽引したのであろうか。ＥＣ諸国は、ヨーロッパ安全保障協力会議（ＣＳＣＥ）マドリード再検討会議においてＣＤＥのマンデート交渉が本格化するまで（本書の第1章と第2章に該当）は米ソ以上に中核的な役割を担い、フランスが発案したＣＤＥの構想を具体化させてヨーロッパデタントのアジェンダに組み込んだ。つまり、ＥＣ諸国は軍事的安全保障の次元でのヨーロッパデタントの「産みの親」としての役割を果たしたのであった。その後、米ソが関与してマドリードおよびストックホルムでの交渉が軌道に乗り始めると（第3章と第4章に該当）、EC諸国の存在感は相対的に低下したものの、引き続き大きな影響力を行使した。なかでも、EC諸国の立場は、ポーランド戒厳令後の対応、マドリードでの“RM.39 Revised”をめぐる最終交渉、ストックホルムの終盤での交渉など決定的な局面で事態の展開を大きく左右した。その際には、EC諸国はヨーロッパデタントの枠組みを維持するべく交渉を存続させ、妥結へと導いたのである。

EC諸国がヨーロッパデタントを手放さなかった背景には、デタントの成果に対する肯定的な評価が存在した。ヨーロッパにとり、一九六〇年代に始まったデタントがもつ意味は小さくなかった。それは東西ヨーロッパ間の関係を安定化させ、ヨーロッパの新たな貿易先を開拓し、相互訪問の増加を実現した。すなわち、デタントは「鉄のカーテン」の敷居を引き下げたのであった。それゆえ、これらの果実を残すためにEC諸国はデタントの維持に努めたのである。

反面、アメリカではデタントはソ連を利したものであるとの認識があった。超大国デタントは核軍備管理合意を通じて戦略的安定に貢献した側面はあったが、今度はSS-20など既存の枠組みに含まれない兵器の出現をもたらし「グレーエリア問題」を生み出した。さらに、「アフリカの角」をはじめとする第三世界での競争は加速することになった。ヨーロッパデタントもまた東欧でのソ連の支配の正当化に結びつくものであるとみなされ、一九七五年のヘルシンキ合意の成立前の時点で反対の声が上がっていた。(4) だからこそアメリカはデタントの維持に向けて特段のアクションを起こすことなく、その役割はもっぱらEC諸国が担うことになった。

EC諸国によるデタントに向けた取り組みは、制度面にも支えられた。とりわけ重要であったのが外交協力の枠組みのヨーロッパ政治協力（EPC）である。ヨーロッパ政治協力は一九七〇年代後半から八〇年代半ばにかけて強化が図られ、新冷戦下でのEC諸国の政策協調を促進した。具体的には、ヨーロッパ政治協力の対象となるテーマはNATOの専管領域であった安全保障問題にも漸進的に拡大し、[5] EC諸国によるCDEの推進に寄与した。EC諸国がNATOの枠組みに拘束されずにCDEの議論を進められたのも、このような背景があった。ただし、八三年九月のCSCEマドリード再検討会議の妥結まではヨーロッパ政治協力の役割は大きかった一方で、八四年一月にCDEが開幕して以降はヨーロッパ政治協力の役割は限定的であった。軍事面でのテクニカルな話ではNATO、もしくは英仏独の西ヨーロッパの大国間協力が重要となり、ヨーロッパ政治協力は政策形成の場というよりも意見交換の場としての性格が強くなった。それでも、ヨーロッパ政治協力での継続的な議論はその有用性を示すものであり、後のEUの共通外交・安全保障政策の基礎を作ることになった。

本書の議論は一九七〇年代後半から八〇年代半ばにかけての冷戦下におけるヨーロッパ外交の再評価につながるものである。第4章で指摘したように、従前は八〇年代半ばの東西関係の転機におけるEC諸国の外交的貢献は十分に評価されてこなかった。しかし、CSCEやCDEの経緯が物語るように、EC諸国は何年間も続いた多国間交渉において巧みに立ち回り、かつ「数の力」[6]で同盟の盟主であるアメリカを動かすことを通じて東西関係に影響を与えたのであった。

5　ヨーロッパ軍縮会議を基調とする軍備管理・軍縮交渉の意義

本書はヨーロッパ軍縮会議（CDE）に着目することで冷戦後期から末期にかけての軍備管理・軍縮史研究にも貢献するものであった。では、ヨーロッパ安全保障協力会議（CSCE）およびCDEでの安全保障をめぐる交渉と合意にはいかなる意義があったのだろうか。

第一の意義は、「大西洋からウラル」を対象とした軍備管理・軍縮の枠組みを生み出したことである。CDE構想が生まれる前（一九七七年以前）にもヨーロッパを対象とする軍備管理交渉（中欧相互兵力削減交渉〔ＭＢＦＲ〕）が存在したが、その地理的範囲は限定されておりヨーロッパ全域を対象とするものではなかった。また、ＣＳＣＥヘルシンキ合意の信頼醸成措置は中欧相互兵力削減交渉より広い範囲を対象とするものであったが、第1章で論じたように軍備管理の枠組みとしての実効性に乏しいものであった。このようななか、ＣＤＥはヨーロッパ全域を対象とする軍備管理・軍縮を根付かせるきっかけとなった。

第二の意義は、現地査察という検証の手段を導入したことである。従来の軍備管理合意の検証は第一次戦略兵器制限交渉（ＳＡＬＴ Ｉ）の暫定協定にも規定がある「自国の技術手段（National Technical Means）」が中心であった。これは偵察衛星による監視などを念頭に置くものであるが、基本的には相互不信を前提に自らの手で条約の履行を目指すものであった。これに対し、ＣＤＥで導入された現地査察は、相互の信頼と協力の下に履行を追求する点で検証のあり方を本質的に変えるものであった。信頼にもとづく検証は、その後レーガン大統領が繰り返し用いた「信頼せよ、されど検証せよ（Trust, but verify）[7]」というアプローチの礎となった。

では、なぜＣＤＥは新冷戦下でも継続し、他の軍備管理交渉に先駆けて合意を達成することができたのだろうか。まず、ＣＤＥでの信頼醸成措置の議論は当事国の兵員や兵器の構成を根本的に変えるものではなかったため、それらの削減に関する交渉と比べて合意が相対的に容易であったことを指摘できる。兵員や兵器の削減となると、東西両陣営が「同じ数量」を削減するのか、あるいは「同じパーセンテージ分」を削減するのかが問題となり、議論は困難になる。また、交渉の前提となる兵員・兵器のデータについても、当事国間で立場を一致させることは簡単ではない。これに対し、ＣＤＥは信頼醸成措置に特化することで、行き詰まりを迎えることを回避したのである。

さらに、三五ヶ国の枠組みでの交渉がプラスに作用したことも挙げられる。二国間交渉が多国間交渉に先行する昨今の自由貿易交渉の現状が物語るように、交渉を進めるには二国間または少数国間での議論のほうがスピーディーである。しかし、多くの国で交渉することは関係するアクターを増やし、交渉が特定の二国間の関係（たとえば米ソ関係）のみに左右されない利点がある。そのうえ、第三国による仲介の余地が生まれる。それゆえ、CSCEおよびCDEは米ソ新冷戦下でも生きながらえたのである。

しかし、より重要なのは、CDEは異なる思惑をもつ各国の利害や関心が重なり合う場となったことである。東西両陣営はともに偶発戦争や奇襲攻撃の危険性を認識し、その可能性を低下させる必要性を認識していた。また、そのためには安全保障の枠組みを設置すべきであるという点でも一致していた。それゆえにCDEは新冷戦下でも継続され、最終的には一九八六年九月に合意へと漕ぎ着けたのである。この各国の利害のオーバーラップこそがCDEと他の軍備管理交渉との違いであった。東西双方に共通する利益が欠如していた中欧相互兵力削減交渉[8]、また交渉の出発点の違いが長きにわたって解消されなかった中距離核戦力（INF）交渉（東側諸国はSS-20を配備済みであった一方、西側諸国は八三年末まで配備を待つ必要があった。さらに、西側諸国はSS-20を先行配備していた東側諸国にとって受け入れ難い「ゼロ・オプション」を主張した）に対し、CDEは早くから東西の意見が収斂したことで他に先駆けた合意が可能となったのである。

6　冷戦終結過程におけるヨーロッパデタントの役割とその後の展開

最後に、本書の議論と冷戦終結との関係について考察したうえで、ヨーロッパ安全保障協力会議（CSCE）とヨーロッパ軍縮会議（CDE）の流れを汲むヨーロッパ安全保障秩序のポスト冷戦期の展開について論じたい。本書で取り上げた一九七七年から八六年は冷戦末期の一〇年間であり、いわば冷戦の「終わりの始まり」の時期であった。では、この一〇年間にCSCEおよびCDEを中心に展開したヨーロッパデタントは、冷戦終結過程においていかなる意義を有したのであろうか。

議論の前提として、冷戦終結に関する研究はアメリカのナラティブが中心であった。[9] このようななか、従来の研究では冷戦終結過程におけるヨーロッパの役割は捨象されがちであった。たしかに、ドイツ統一およびＮＡＴＯへの帰属をめぐる問題では、西ドイツを中心とするヨーロッパ各国の役割についての研究が進んでいるのは事実である。また、「人的次元」でのヨーロッパデタントに関する研究も異なる見方を提供する。しかしながら、中長期スパンでのヨーロッパ各国およびヨーロッパの多国間枠組みの役割については議論の余地が残されているのが現状である。

本書で取り上げた軍事的安全保障の次元でのヨーロッパデタントの経緯は、ヨーロッパにおける緊張緩和の模索が冷戦の終焉と深い関係にあることを如実に示している。本書冒頭の「用語解説」で述べた通り、「新冷戦の克服」は「東西冷戦の終結」に自動的に結びつくものではない。それでも、新冷戦下におけるヨーロッパデタントはさまざまな形で冷戦終結の下準備をすることになったのである。では、軍事的安全保障の次元でのヨーロッパデタントはいかにして冷戦終結に影響を及ぼしたのであろうか。

第一に、新冷戦がピークを迎えるなかでも東西間の関係の断絶を回避し、事態の打開に向けた対話の場を提供した。その対話こそが冷戦の終わりに向けた超大国の「雪解け」の出発点であった。アメリカにとって、ＣＤＥは一九八四年初頭に「レーガン・リバーサル」が実際の政策に移された最初の場となり、東西対立の緩和の第一歩となった。また、ソ連にとって、ＣＤＥは軍備管理交渉から引き上げるなかでも自国の面子を保ちつつ西側と対話を再開させるきっかけを作った。さらに、ＣＤＥはその後も東西関係が安定しないなかで対話のチャンネルとして機能した。このように、軍事的安全保障の次元でのヨーロッパデタントを通じた米ソ接近の場の創出は、冷戦終結に先立つ東西間の歩み寄りの下地となった。もちろん、最終的には米ソの指導者の歩み寄りが重要であったが、ヨーロッパデタントによって彼らが歩み寄れる国際環境が醸成された意義は小さくなかった。反実仮想であるが、もし八四年一月にＣＤＥが始まらなかったならば、（その後のチェルネンコ政権の動向を考えると）米ソ間の外相会談やあらゆる軍備管理交渉の再開は一年ほど遅れ、その後の米ソ関係にも影響することとなったかもしれない。

第二に、軍事的安全保障の次元を中心としたヨーロッパデタントの存続とその定着は、「デタントの制度化」をもたらし、ヨーロッパにおける東西の共存に現実性をもたせることになった。ヨーロッパはもともと冷戦の始まりの地であり、長きにわたり東西対立の最前線であった。このようななか、ヨーロッパデタントはヨーロッパが「対立」の場であるとの印象を薄め、「協力」の場であるというイメージを広げることに一役買ったのである（対照的に、アフガニスタンをはじめとする第三世界では敵対的なムードの払拭に時間を要した）。この背景下で、新たなヨーロッパ国際秩序の構想としてゴルバチョフの「ヨーロッパ共通の家」やミッテランの「ヨーロッパ国家連合」などの多様なアイデアが登場することになる。つまり、ヨーロッパデタントは地域内の国際政治に対するイメージを変化させ、新秩序構築の機運を高めたのであった。

第三に、軍事的安全保障の次元でのヨーロッパデタントは、「大西洋からウラル」というヨーロッパの一体性を具現化することになった。「大西洋からウラル」とは一九五〇年代末にフランスのド・ゴール大統領が打ち出したヨーロッパの国際秩序の構想である。[10]しかしながら、それ以降も「大西洋からウラル」を包摂する国際的な枠組みは存在せず、ヨーロッパは「バルト海からアドリア海」に引かれた「鉄のカーテン」によって分断されていた。CSCEヘルシンキ合意で導入された信頼醸成措置をもってしても、その地理的範囲は制約されていたためウラル山脈に届くことはなかった。これに対し、CDEはその発案国であるフランスの熱意もあって「大西洋からウラル」を包摂する初めての枠組みとして誕生し、ヨーロッパ全域を対象とする国際秩序の嚆矢となったのである。CDEをきっかけに実態をともなうようになった「大西洋からウラル」という理念は、後のヨーロッパ通常戦力（CFE）の削減をめぐる交渉にも引き継がれ、最終的には「バルト海からアドリア海」の分断を乗り越えていくことになる。

第四に、ヨーロッパデタントの成果であるCDEでの軍備管理合意の実現は、冷戦終結に向けた軍事的緊張の緩和の出発点となった。ＣＤＥの妥結による新冷戦後初めての軍備管理合意の誕生は、東西双方が合意のために歩み寄る覚悟があることを示した（象徴的な事例がソ連による現地査察の受け入れであろう）。各国は単に世論に対するアピールを目的として交渉をしているわけではないことを明らかにしたのである。これにより、中距離核戦力（ＩＮＦ）交渉をはじめとする他の交渉においても妥結が視野に入ることとなった。ＣＤＥが突破口となったことで、中距離核戦力全廃条約、ヨーロッパ通常戦力条約をはじめとする東西間の軍備管理・軍縮合意が次々と誕生し、冷戦の源の一つであった東西間の軍事的対立が取り除かれることになるのである。

第五に、ＣＤＥを通じた「共通の安全保障」の実践と成功は、安全保障をめぐる「協力」の可能性を示すことになった。すなわち、従来の「抑止・防衛を通じた安全保障」とは異なるタイプの安全保障を根付かせる一つの契機となった。「共通の安全保障」とは一九八二年に国連の「軍縮と安全保障問題に関する独立委員会」（通称「パルメ委員会」）が提示した概念であり、戦争の脅威の高まりを背景に、軍備の優位性ではなく軍備の削減を通じた安全保障の必要性を訴えたものである。そして、ＣＤＥはまさに「共通の安全保障」のアイデアが早くより実行に移され、成果をあげた場であった。この経験は、安全保障をめぐる協力にリアリティを与えることになった。これにより、ヨーロッパが冷戦からポスト冷戦へと移行するなか、旧ソ連圏の大量破壊兵器の廃棄を目指した「ナン・ルーガー計画」の実施や、ヨーロッパ安全保障協力機構（ＯＳＣＥ）の設立に見られる協調的安全保障の出現につながることになる。

以上論じた通り、ＣＳＣＥおよびＣＤＥは新冷戦を克服して冷戦に変容をもたらした。しかしながら、その後冷戦は想定外の進展を見せた。わずか数年のうちに、東側諸国での一党支配の終焉、「シナトラ・ドクトリン」（ソ連が東欧各国に対して国内問題は自国で解決するべきであるとの立場をとり、軍事介入の可能性を否定したことを指す）とソ連ブロックの事実上の解体、ドイツ統一、ソ連の瓦解という経緯を辿り、冷戦構造が解消されたのである。その過程ではＮＡＴＯを中心とした西側諸国の枠組みが重視され、ＣＳＣＥの体現する全ヨーロッパを包摂する多国間秩序の存在感は相対的に低下することになった。それでも、ヨーロッパの枠組みは国際政治において欠かせない役割を果たし続けた。たとえば、CSCEの枠組み下で一九九〇年一一月に合意されたヨーロッパ通常戦力条約は、「統一をめぐるパッケージ合意の法的な要（legal linchpin）」[11]として東西ドイツの統一を下支えした。また、同月エリゼ宮で開かれたCSCE首脳会議において採択されたパリ憲章は、ヨーロッパでの対立と分断の時代の終わりを宣言した。そして、ヨーロッパデタントの流れを汲むCSCE／OSCEは引き続きヨーロッパの国際秩序の一端を担い、ポスト冷戦期の重層的なヨーロッパ秩序の構築に寄与することとなる。

本書を締めくくるにあたり、CSCE／CDEに端を発するヨーロッパ安全保障枠組みの以後の展開とロシアのウクライナ侵攻について言及したい。軍事的安全保障の次元でのヨーロッパデタントは、ポスト冷戦期のヨーロッパの安全保障秩序の礎を築いた。CDEでの交渉妥結から間もなくして幕開けしたCSCEウィーン再検討会議（一九八六年一一月から八九年一月に開催）では、⑴東西両陣営（二三ヶ国）間のヨーロッパ通常戦力交渉および⑵CSCE三五ヶ国間の信頼醸成措置の交渉の立ち上げが合意された。そして交渉の結果、前者では「大西洋からウラル」を対象とする通常戦力の削減を定めたヨーロッパ通常戦力条約が署名された（九〇年）。また、後者ではCDEで導入された信頼醸成措置[12]を強化したウィーン文書が合意された（ウィーン文書はCDEで合意されたストックホルム文書の後継であり、九〇年に合意された後、九二年、九四年、九九年および二〇一一年に改定されている）。さらに、信頼醸成のために締約国が相互に上空から査察することを認めた領空開放（オープンスカイズ）条約も署名された（九二年）[13]。

これらの枠組みは、冷戦の象徴であった圧倒的規模のヨーロッパ通常戦力を削減し、わずか数年前まで軍事的に対峙していた国家間の信頼関係を構築することで、ポスト冷戦期のヨーロッパ安全保障に貢献した。なかでも、ヨーロッパ通常戦力条約は「ヨーロッパ安全保障の礎石（cornerstone of European security）」と呼ばれて大きな存在感を示した。一九九〇年代半ばから世紀の終わりにかけて、チェチェン紛争、コソボ紛争やNATOの第一次東方拡大などNATO―ロシア関係に次々と壁が立ちはだかるなか、ヨーロッパ通常戦力条約の改定交渉（改定されたヨーロッパ通常戦力条約は九九年にイスタンブールのOSCE首脳会議にて署名されたが、現在まで発効していない）やウィーン文書の改定がなされたのも、これらの安全保障枠組みに対する各国の評価と期待が表出したものであった。

ところが、二〇〇〇年代に入るとこれらの枠組みは次第に機能不全に陥った。最初がヨーロッパ通常戦力条約であった。NATOとロシアの間に軋轢が生じるなか、〇七年にはロシアがヨーロッパ通常戦力条約の履行停止を発表した。その後もロシアはしばらくヨーロッパ通常戦力条約の運用をめぐる協議・情報交換の場である合同協議グループには参加を継続したものの、クリミア併合の翌一五年に同グループから離脱した。ポスト冷戦期のヨーロッパ安全保障秩序の要であったヨーロッパ通常戦力条約の役割は実質的に終焉したのであった（最終的にロシアは二三年に条約から正式に脱退した）。

二〇一〇年代後半以降、米ロ対立や米中対立を背景に（本書とは異なる文脈で）「新冷戦」という言葉が用いられるようになると、ヨーロッパの安全保障枠組みの置かれた状況はますます厳しくなった。二〇年五月には、アメリカが領空開放条約からの脱退を表明し、同年一一月に正式に離脱した。翌二一年一月には、ロシアが対抗措置として領空開放条約からの脱退を表明し、同年一二月に正式に離脱した。ヨーロッパにおける信頼関係を醸成する手段がまた一つ消失した。また、先立つこと数年、ヨーロッパのみを対象とするわけではないが、ポスト冷戦期のヨーロッパ安全保障に大きく貢献してきた中距離核戦力全廃条約も失効した（一九年八月）。さらには、地域内の安全保障に寄与してきた化学兵器禁止条約も、度重なる「ノビチョク」の使用（一八年のイギリスでのスクリパリ事件や二〇年のロシアでのナワリヌイ事件など）を受けて危機に瀕している。対話と協調への意欲が低下するなか、冷戦期から多大な労力をかけて築かれてきたヨーロッパの安全保障の枠組みは浸食されていった。

このようなか、最後まで残されたのがCDEの血を直接受け継いできたウィーン文書であった。それは、一九八〇年代の新冷戦下においてもCDEが生きながらえてきたことを彷彿とさせるものであった。ロシアがウクライナ侵攻に踏み切る直前の二〇二二年二月中旬、アメリカがウィーン文書の規定にもとづきロシアに情報提供や査察の受け入れを要求したという事実[14]は、この時点では同枠組みが依然として有効であることを示した。また、ウィーン文書を主管するOSCEも対話のチャンネルとして機能していた。[15]しかしながら、侵攻を固く決意した国を前にして、ウィーン文書とOSCEは無力であった（ただし、ロシアがウィーン文書にもとづく諸要求を受け入れなかったことは、OSCE加盟国にモスクワの侵攻の意図を気づかせたともいえよう）。二二年二月二四日、ロシアがウクライナへの全面侵攻を開始したことで、七五年のCSCEヘルシンキ合意から半世紀近くにわたって継続してきた全ヨーロッパの安全保障枠組みは一つの区切りを迎えた。そして、翌二三年三月にロシアはウィーン文書への参加の取り止めを表明した。

冷戦終結からウクライナ侵攻に至る経緯は、一九八〇年代の新冷戦下のヨーロッパデタントの意義を浮き彫りにしている。新冷戦下のヨーロッパでは、軍事的な緊張緩和への意志および国際的な枠組み（CSCEやCDE）が完全に失われることはなかった。そして、その枠組みにおいて対話を重ね、譲歩の余地を探ることで危機を乗り越えてきたのであった。ところが、二〇〇〇年代以降になると、緊張緩和のための対話と歩み寄りへの意志が低下し、国際的な枠組みも形骸化していった。この流れは、自国第一主義の台頭も相俟ってさらに勢いを増した。ウクライナ戦争は、このような負のスパイラルのなれの果ての出来事であった。軍事的な緊張緩和への意志および国際的な枠組みが失われると、危機のエスカレーションを制御することは困難になってしまうのである。本書執筆時点ではウクライナでの持続可能な平和を見通すことはできない。しかし、来るべき日に向けて、今後のヨーロッパの国際秩序を考える上で、我々が新冷戦下でのヨーロッパデタントから学べることは少なくないはずである。

あとがき

二〇二二年四月、私は関空からパリへと向かうエールフランスの機上にいた。パンデミックの影響で二年以上におよんだ渡航制限の緩和を受け、イギリスとフランスで研究をするためである。ヨーロッパには幾度となく足を運んできたが、これほどまでに普段とは異なる渡航は経験したことがなかった。空席の目立つ飛行機は従来の飛行経路であったロシア領空を避けるように南へと迂回し、中国、中央アジア、トルコの上空を抜けてヨーロッパへと入った。そして、これまでよりも三時間長い一五時間をかけて、シャルル・ド・ゴール空港に降り立った。冷戦終結と同時に消滅したはずの「南回りヨーロッパ線」が復活を遂げていた。

パリやロンドン、オックスフォード、そしてケンブリッジでは、公共施設から店舗、大学、観光地にいたるまで、あらゆる場所に青と黄の国旗が掲げられており、ウクライナへの連帯の意思表示が見られた。訪問先でお会いした方々は、二ヶ月前に起こったばかりの侵攻の話題で持ちきりであった。ロンドンの滞在先の宿では、「侵攻のせいで電気代が高騰しているから、必要のないときには部屋の電気を消してね」と申し訳なさそうにお願いされた。ロシアのウクライナ侵攻は、ヨーロッパ社会の隅々にまで影響を及ぼしていたのである。東西ドイツが統一を果たした一九九〇年一〇月生まれの私からすると、幼少期の記憶として残る「対テロ戦争」を除けば、大国を巻き込んだ大規模な戦争の恐ろしさをこれほど強く実感したことはなかった。

ロシアのウクライナ侵攻は、ヨーロッパ社会に激震をもたらしたのみならず、アカデミアに対しても測り知れないインパクトを与えた。いまや現代の国際政治、とくにヨーロッパの国際政治を研究するうえで、この戦争について議論することを避けては通れないであろう。たしかに、二〇一四年のクリミア併合をきっかけにナラティブは少しずつ変化し、「新冷戦」といった言葉を目にするようになっていたのも事実である。それでも、二二年の衝撃は一四年をはるかに凌駕するものであった。冷戦後のヨーロッパにおける新たな国際秩序と見なされてきたものは、いまや「危機の三十年」の過渡的なものに過ぎなかったとして評価が変わり始めているようにさえ見受けられる。

ヨーロッパでの戦争は、私の研究にとって二つの大きな意味を持つこととなった。第一に、ヨーロッパの国際政治を研究する必要性を改めて認識する機会となった。私が大学院に入学した二〇一〇年代前半は「アジアへのピボット」が叫ばれていた時代であり、あえてヨーロッパを研究する意味について自問自答することもあった——ヨーロッパの国際政治を研究することがいかなる社会貢献につながるのかと。しかし、このたびの戦争をきっかけに、その淵源を探究するためにも、ヨーロッパ研究に取り組むことがこれまでになく重要であると考えるようになった。

第二に、ヨーロッパデタントの評価という難問に直面することとなった。戦争が始まって以来、「西ヨーロッパは冷戦期にソ連に対して融和的姿勢を取り過ぎたのでは」や「西ヨーロッパがモスクワをつけ上がらせたことが、今回の戦争の遠因となったのでは」とのご指摘をいただくようになった。この点については、私自身まだ結論を出せておらず、引き続き研究を深めねばならないと痛感している。

それでも、私のなかでロシアによるウクライナ侵攻の前後で変わらなかったことがある。それが、新冷戦下のヨーロッパデタントに対する見方である。新冷戦のピークであった一九八〇年代前半当時、ヨーロッパデタントは国際政治においてやはり意義があったのではないだろうか。また、ヨーロッパデタントは東西間の緊張緩和に欠かせない役割を果たしたのではないだろうか。この見方は、博士論文、そして本書に受け継がれている。読者の皆様からは、忌憚のないご意見を賜ることができれば幸いである。

本書が出版される二〇二五年は、ヨーロッパ安全保障協力会議（ＣＳＣＥ）ヘルシンキ合意が署名されてから半世紀を迎える。現時点では、その理念はかつてない挑戦にさらされている。しかし、今後のヨーロッパ国際秩序の再建にあたり、CSCE、ひいてはヨーロッパデタントの理念が何らかの道標となることを願ってやまない。

さて、本書は二〇二三年一月に京都大学に提出した博士論文をベースとしつつ、その後の研究成果を盛り込んで書き改め、単著としたものである。第一章は二一年に『法学論叢』に掲載された論文（「ヨーロッパ軍縮会議構想の登場——西ヨーロッパによるデタントの試み、七七年—七九年」）にもとづいているが、本書に取り込むにあたって大幅に改変している。出版にあたっては、令和六年度の「京都大学人と社会の未来研究院若手出版助成」を受けている。また、これまでの海外での史料調査の実施にあたっては、京都大学の学生海外研究活動助成金、公益財団法人青井奨学会の青井交換留学奨学金、および京都大学法政策共同研究センターの短期在外研究に係る旅費の支援を受けている。これらのご支援に感謝申し上げます。

本書のもとになった研究に着手したのは、二〇一九年のことである。同年一月に在オランダ日本国大使館・化学兵器禁止条約班（化学兵器禁止機関の日本政府代表部としての役割を担う）の専門調査員としての任期を終え、四月に京都大学大学院法学研究科の博士後期課程に復学して研究を再開させた。この際に、以前からのヨーロッパの国際政治に対する関心と、ハーグで得られた多国間の軍縮外交の知見が組み合わさることで、研究テーマが浮上したのであった。その後、パンデミックによる影響で研究環境の変化や海外調査の延期に見舞われたものの、研究成果をまとめあげることができた。

ここまでの道は決して一人で歩んできたわけではない。多くの先生方や皆様のおかげであると実感している。私にとってひときわ重要であったのが、中西寛先生によるご指導である。漠然とした問題関心しか持たなかった私が、国際政治の研究に取り組み、最終的には単著の出版にまでこぎ着けられたのも、学部、修士課程、博士後期課程と長きにわたる先生のご指導の賜物であると感じている。何度も面談をしていただき、原稿にコメントをいただくなかで、自分自身では思いもよらなかった物の見方や考え方を学ばせていただいた。また、大学院の授業では国際政治を理論、思想、歴史などさまざまな角度から勉強させていただき、幅広い視野から自身の研究を見つめ直すきっかけとなった。途中では休学や研究テーマの変更でご心配をおかけすることもあったが、先生の温かい激励のおかげで最終的には研究を形にすることができた。これまでのご指導に心より御礼を申し上げます。

学部生から特定助教に至るまで、留学と休学を含めて一五年以上にわたって在籍した京都大学では、他の先生方からも多くの薫陶を受けた。なかでも、博士論文審査の副査であった唐渡晃弘先生と島田幸典先生には、論文を細部までお読みいただき、貴重なコメントを賜った。お二人の先生の授業は学部生時代に受けた講義のなかでも印象に残っており、ヨーロッパ研究を志すきっかけの一つでもあった。また、唐渡先生には学部三回生のゼミで、島田先生には大学院の授業でもそれぞれ学ばせていただいた。御礼を申し上げます。

日本学術振興会特別研究員として京都大学にいらっしゃった黒田友哉先生と藤山一樹先生にもご指導を賜った。黒田先生には二〇二〇年度日本国際政治学会の分科会で討論者を引き受けていただいたほか、二三年の統合史研究会での報告にお声掛けをいただき、さらには博士論文に対してもコメントを賜るなど、多くのご指導をいただいた。藤山先生には、初めての学会報告や大学院復学後の研究にあたってご指導をいただいたほか、単著の出版に向けても背中を押していただいた。御礼を申し上げます。

学外の先生方からも多くのことを学ばせていただいた。第一章のもとになる部分を報告した二〇二〇年度の日本国際政治学会では、もうお一人の討論者である上原良子先生、司会の山本健先生、責任者の池田亮先生から数々のコメントやご助言をいただいた。また、オンライン開催ということでご挨拶は叶わなかったものの、多くの先生方や会員の皆様よりご質問とコメントをいただいた。この経験は、以後の研究にあたり大きな財産となった。関係の先生方に御礼を申し上げます。

二〇二三年の統合史研究会ではこれまでの研究の概要を報告させていただき、コメントを賜った。この研究会は、その後の単著化に向けた取り組みのきっかけの一つにもなった。このような場を設けてくださった鈴木均先生、林大輔先生、工藤芽衣先生をはじめとする先生方、直接コメントをいただいた川嶋周一先生、板橋拓己先生、伊藤頌文先生、窪内尊之氏、また対面やオンラインで参加してくださった先生方に御礼を申し上げます。

先生方のご指導に加え、大学院での出会いもまた、私の研究にとってかけがえのないものだった。なかでも、同じ専門分野の西村真彦氏、岩崎総則氏、張帆氏、アデバー・デイヴィッド氏、夫津木廣大氏、篠本創氏とは、研究面で切磋琢磨しただけでなく、プライベートでの交流を通じて精神面でも支えられた。また、隣接分野の川瀬朗氏と明海輝氏には、本書の原稿に対して数々のコメントをいただき、大変勉強になった。お名前を挙げた方以外にも、京都大学では日頃より刺激しあえる同志に恵まれていたと感じている。皆様に御礼を申し上げます。

ここに至る過程では、研究に加えて、大使館での実務経験も重要であった。私の興味・関心に応じて多様な仕事を任せていただいたことは、外交官の立場から国際政治を眺める貴重な経験となり、その後の研究にも活かされることになった。さらに、私が将来の進路に迷うなかで、（実務家という選択肢は否定することなく）研究の道を後押ししていただいたからこそ、復学し、研究を続けることができたと感じている。在オランダ日本国大使館の猪俣弘司大使、貴島善子公使、吉澤隆夫氏、早川健太郎氏、佐野村博氏、水上新氏、また外務省本省の生物・化学兵器禁止条約室の礒崎恒明氏、大森優一郎氏（所属・肩書きはすべて当時）には、御礼を申し上げます。

これまでの研究成果の単著としての出版は、名古屋大学出版会の三木信吾氏のお力添えなくしては実現し得なかった。出版構想が固まる前に突然ご相談を差し上げたにもかかわらず、私の研究に関心を示してくださり、出版を快く引き受けてくださった。そして、初めて学術書を執筆する不慣れな私に対して温かくご指南をいただき、本書を完成へと導いてくださった。心より御礼を申し上げます。

最後に、長きにわたる研究生活は周りの理解と支援がなければ続けることができなかった。本書の出版は間に合わなかったものの大学院進学を応援してくれた二人の祖母、日々研究に明け暮れている私のことを信じてくれた妹、温かく見守ってくれた親戚たち、そしてオックスフォードでいつも温かく迎え入れてくれたドナルド・ジョーンズ氏。彼・彼女らの支えは私の研究にとって大切であった。

そして、私にとって何よりも重要であったのが、いつも最大の味方として支え続けてくれた両親であった。私が研究の道を歩むことができたのも、両親が私の選択を尊重してくれたからである。今までさまざまな紆余曲折があったが、両親の理解と支援があってこそ、ここまで来ることができた。心からの感謝を伝えたい。

髙坂博史

二〇二五年二月　京都にて

《著者略歴》

高坂《こうさか》 博史《ひろふみ》

1990 年生
2023 年　京都大学大学院法学研究科博士課程修了
現　在　京都大学大学院法学研究科特定助教，博士（法学）

新冷戦をこえて
—ヨーロッパデタントから冷戦の終焉へ—

2025 年 3 月 31 日　初版第 1 刷発行

定価はカバーに
表示しています

著　者　髙 坂 博 史
発行者　西 澤 泰 彦

発行所　一般財団法人 名古屋大学出版会
〒 464-0814　名古屋市千種区不老町 1 名古屋大学構内
電話(052)781-5027 / FAX(052)781-0697

印刷・製本 ㈱太洋社　ISBN978-4-8158-1191-4
乱丁・落丁はお取替えいたします。

索　引

A–Z

あ　行

か　行

さ　行

た　行

な　行

は　行

ま　行

や　行

ら　行

わ　行

略語一覧

AMAE フランス外交史料館（Archives du ministère des Affaires étrangères）
AN フランス国立公文書館（Archives nationales）
CBM 信頼醸成措置（Confidence-Building Measures）
CDE ヨーロッパ軍縮会議（Conference on Disarmament in Europe）
CDU キリスト教民主同盟（西独）（Christlich-Demokratische Union Deutschlands）
CE ヨーロッパ審議会（Council of Europe）
CFE ヨーロッパ通常戦力（Conventional Armed Forces in Europe）
CIA 中央情報局（米）（Central Intelligence Agency）
CMDD ヨーロッパでの軍事デタントおよび軍縮に関する会議（Conference on Military Détente and Disarmament in Europe）
COCOM 対共産圏輸出統制委員会（Coordinating Committee for Multilateral Export Controls）
CSBM 信頼・安全醸成措置（Confidence- and Security-Building Measures）
CSCE ヨーロッパ安全保障協力会議（Conference on Security and Cooperation in Europe）
CSU キリスト教社会同盟（西独）（Christlich-Soziale Union in Bayern）
DBPO イギリス外交文書史料集（Documents on British Policy Overseas）
EC ヨーロッパ共同体（European Communities）
EPC ヨーロッパ政治協力（European Political Cooperation）
EU ヨーロッパ連合（European Union）
FDP 自由民主党（西独）（Freie Demokratische Partei）
FRUS アメリカ外交文書史料集（Foreign Relations of the United States）
GLCM 地上配備巡航ミサイル（Ground-Launched Cruise Missile）
G7 主要七ヶ国（Group of Seven）
INF 中距離核戦力（Intermediate-Range Nuclear Forces）
KGB 国家保安委員会（ソ）（Komitet Gosudarstvennoy Bezopasnosti）
MBFR 中欧相互兵力削減交渉（Mutual and Balanced Force Reductions）
NATO 北大西洋条約機構（North Atlantic Treaty Organization）
NPT 核兵器不拡散条約（Treaty on the Non-Proliferation of Nuclear Weapons）
NSC 国家安全保障会議（米）（National Security Council）
NST 核・宇宙交渉（Nuclear and Space Talks）
OECD 経済協力開発機構（Organisation for Economic Co-operation and Development）
OSCE ヨーロッパ安全保障協力機構（Organization for Security and Co-operation in Europe）
PDPA アフガニスタン人民民主党（People's Democratic Party of Afghanistan）
PTBT 部分的核実験禁止条約（Partial Test Ban Treaty）
RPR 共和国連合（仏）（Rassemblement pour la République）
SALT 戦略兵器制限交渉または戦略兵器制限条約（Strategic Arms Limitation Talks or Treaty）

SDI	戦略防衛構想（米）（Strategic Defense Initiative）
SPD	社会民主党（西独）（Sozialdemokratische Partei Deutschlands）
START	戦略兵器削減交渉または戦略兵器削減条約（Strategic Arms Reduction Talks or Treaty）
TNA	イギリス国立公文書館（The National Archives）
WEU	西ヨーロッパ同盟（Western European Union）
WTO	ワルシャワ条約機構（Warsaw Treaty Organization）

参考文献

＊一部についてはオンライン上で公開されている史料を使用する。ウェブサイトから引用した際には，本文の注にその都度 URL とアクセス日を記載している。

I 史　料

アーカイブ史料

イギリス

The National Archives of the United Kingdom, Kew（https://www.margaretthatcher.org/〔オンライン上での公開は一部のみ〕）

CAB 128 Series : Cabinet Conclusions.

FCO 28 Series : Foreign and Commonwealth Office, East European and Soviet Department, 1968–1983 ; Foreign and Commonwealth Office, Eastern European Department, 1984–1992 ; Foreign and Commonwealth Office, Soviet Department, 1984–1991.

FCO 33 Series : Foreign and Commonwealth Office, Western European Department, 1968–1993.

FCO 46 Series : Foreign and Commonwealth Office, Defence Department, 1970–1990.

FCO 98 Series : Foreign and Commonwealth Office, European Integration Department（External）, 1973–1980 ; Foreign and Commonwealth Office, European Community Department（External）, 1980–1994.

PREM 16 Series : Prime Minister's Office records, 1974–1979.

PREM 19 Series : Prime Minister's Office records, 1979–.

Thatcher Archive（https://www.margaretthatcher.org/）

Thatcher MSS（Digital Collection）, Churchill Archive Centre（https://www.margaretthatcher.org/）

フランス

Archives du ministère des Affaires étrangères, La Courneuve

Direction d'Europe, 1976–1980

Direction d'Europe, 1981–1985

Direction d'Europe, 1986–1990

Direction des Nations Unies et des Organisations internationales, 1986–1990

Archives nationales, Pierrefitte-sur-Seine

AG/5（3）

アメリカ

Central Intelligence Agency's Freedom of Information Act Electronic Reading Room（https://www.cia.gov/readingroom/）

Department of State Freedom of Information Act Virtual Reading Room（https://foia.state.gov/）

The Digital National Security Archive（https://proquest.libguides.com/dnsa ; https://nsarchive.gwu.edu/digital-national-security-archive）

Ronald Reagan Presidential Library（https://www.margaretthatcher.org/ ; https://www.reaganlibrary.gov/ ; https://www.thereaganfiles.com/）

北大西洋条約機構（NATO）

NATO Archives, Brussels（https://www.nato.int/cps/en/natohq/index.htm〔オンライン上での公開は一部のみ〕）

文書集，公開資料（データベースを含む）

イギリス

Documents on British Policy Overseas（*DBPO*）

DBPO, Series III, Volume VIII : The Invasion of Afghanistan and UK-Soviet Relations, 1979–1982, Whitehall History Publishing, 2012.

DBPO, Series III, Volume X : The Polish Crisis and Relations with Eastern Europe, 1979–1982, Whitehall History Publishing, 2017.

Hansard, UK Parliament（https://hansard.parliament.uk/）

Mackie, Colin, *A Directory of British Diplomats*, Foreign and Commonwealth Office, 2014.（https://issuu.com/fcohistorians/docs/bdd_part_2_with_covers）

フランス

Élysée, Présidence de la République（https://www.elysee.fr/）

Journal officiel, Assemblée nationale（https://archives.assemblee-nationale.fr）

Journal officiel, Sénat（http://www.senat.fr/）

Vie Publique, Direction d'administration centrale des services du Premier ministre（https://www.vie-publique.fr/）

アメリカ

Commission on Security and Cooperation in Europe, *The Madrid CSCE Review Meeting : Phase V Interim Report*, January 14, 1983.（https://books.google.co.jp/books/about/The_Madrid_CSCE_review_meeting.html?id=UKcVAAAAIAAJ&redir_esc=y）

Department of State, "Special Report No.43- The Belgrade Followup Meeting to the Conference on Security and Cooperation in Europe, October 4 1977 - March 9 1978", June 1978.（https://play.google.com/store/books/details?id=Kc9d9z52Km0C&rdid=book-Kc9d9z52Km0C&rdot=1）

The Department of State Bulletin, Department of State

Documents on Disarmament

Documents on Disarmament 1977, United States Arms Control and Disarmament Agency, 1979.

Documents on Disarmament 1978, United States Arms Control and Disarmament Agency, 1980.

Documents on Disarmament 1980, United States Arms Control and Disarmament Agency, 1983.

Documents on Disarmament 1981, United States Arms Control and Disarmament Agency, 1985.

Documents on Disarmament 1986, United States Arms Control and Disarmament Agency, 1991.

Foreign Relations of the United States（*FRUS*）

FRUS, 1977–1980, Volume VI, Soviet Union, United States Government Printing Office, 2013.

FRUS, 1977–1980, Volume XII, Afghanistan, United States Government Printing Office, 2018.

FRUS, 1981–1988, Volume I, Foundations of Foreign Policy, United States Government Printing Office, 2022.

FRUS, 1981–1988, Volume III, Soviet Union, January 1981-January 1983, United States Government Printing Office, 2016.

FRUS, 1981–1988, Volume IV, Soviet Union, January 1983-March 1985, United States Government Printing Office, 2021.
FRUS, 1981–1988, Volume V, Soviet Union, March 1985-October 1986, United States Government Printing Office, 2020.
Joint Economic Committee, *East-West Trade : The Prospects to 1985- Studies Prepared for the Use of the Joint Economic Committee Congress of the United States*, U.S. Government Printing Office, 1982.（https://www.jec.senate.gov/public/index.cfm/1982/12/report-10333790-2d9c-44c5-b66c-839159f14158）
Library of Congress（https://www.congress.gov/）
Miller Center, The University of Virginia（https://millercenter.org/）
U.S. Mission to the OSCE（https://osce.usmission.gov）

ヨーロッパ共同体（EC）・ヨーロッパ政治協力（EPC）

Archive of European Integration, University of Pittsburgh（http://aei.pitt.edu/）
Bulletin of the European Communities
Le Centre virtuel de la connaissance sur l'Europe（CVCE）, l'Université du Luxembourg（https://www.cvce.eu/）
European Council（https://www.consilium.europa.eu/）
Hill, Christopher, and Karen E. Smith（eds.）, *European Foreign Policy : Key Documents*, Routledge, 2000.

その他

ヨーロッパ安全保障協力機構（OSCE）（https://www.osce.org）
国際連合（https://undocs.org）
外務省（https://www.mofa.go.jp/）

報道記事

イギリス

BBC
The Times
The Guardian

フランス

Le Monde

アメリカ

The Christian Science Monitor
The New York Times
UPI（*United Press International*）
The Washington Post

オランダ

NRC Handelsblad

II 文　献

外国語文献

Aldous, Richard, *Reagan and Thatcher : The Difficult Relationship*, W. W. Norton & Company, 2012.

Ali, S. Mahmud, *US-China Cold War Collaboration, 1971–1989*, Routledge, 2005.

Anderson, Martin, and Annelise Anderson, *Reagan's Secret War : The Untold Story of His Fight to Save the World from Nuclear Disaster*, Crown Archetype, 2009.

Andréani, Jacques, *Le piège : Helsinki et la chute du communisme*, Odile Jacob, 2005.

Attali, Jacques, *Verbatim. Tome 1 : Chronique des années 1981–86*, Fayard, 1993.

Badalassi, Nicolas, "Un continent, deux visions. La France, les États-Unis et le processus d'Helsinki", *Relations internationales*, 154 : 2, 2013, pp. 107–123.

Bange, Oliver, and Poul Villaume (eds.), *The Long Détente : Changing Concepts of Security and Cooperation in Europe, 1950s-1980s*, CEU Press, 2017.

Bange, Oliver, "Transformation by Linkage ? : Arms Control, Human Rights and the Rift between Moscow and East Berlin in the Late 1980s", in Nicolas Badalassi and Sarah B. Snyder (eds.), *The CSCE and the End of the Cold War : Diplomacy, Societies and Human Rights, 1972–1990*, Berghahn Books, 2018, Chapter 12 [Kindle Version].

Barrass, Gordon, *The Great Cold War : A Journey Through the Hall of Mirrors*, Stanford University Press, 2009.

Barrass, Gordon, "Able Archer 83 : What Were the Soviets Thinking ?", *Survival*, 58 : 6, 2016, pp. 7–30.

Békés, Csaba, "Why Was There No 'Second Cold War' in Europe ? Hungary and the East-West Crisis Following the Soviet Invasion of Afghanistan", in Mary Ann Heiss and S. Victor Papacosma (eds.), *NATO and the Warsaw Pact : Intrabloc Conflicts*, The Kent State University Press, 2008, pp. 219–229.

Benning, Elizabeth, "The Road to Rambouillet and the Creation of the Group of Five", in Emmanuel Mourlon-Druol and Frederico Romero (eds.), *International Summitry and Global Governance : The Rise of the G7 and the European Council, 1974–1991*, Routledge, 2014, pp. 39–63.

Bilandžić, Vladimir, Dittmar Dahlmann and Milan Kosanović (eds.), *From Helsinki to Belgrade : The First CSCE Follow-up Meeting and the Crisis of Détente*, Bonn University Press/V & R unipress, 2012.

Bilandžić, Vladimir, Dittmar Dahlmann and Milan Kosanović, "Introduction. Belgrade CSCE Follow-up Meeting 1977–1978 Thirty Years on : Relevance for Today's Europe", in Vladimir Bilandžić, Dittmar Dahlmann and Milan Kosanović (eds.), *From Helsinki to Belgrade : The First CSCE Follow-up Meeting and the Crisis of Détente*, Bonn University Press/V & R unipress, 2012, pp. 7–24.

Bily, Matej, *The Warsaw Pact, 1985-1991 : Disintegration and Dissolution*, Routledge, 2022.

Birnbaum, Karl E., "Alignments in Europe : The CSCE Experience", *The World Today*, 37 : 6, 1981, pp. 219–223.

Blacker, Coit D., "The MBFR Experience", in Alexander L. George, Philip J. Farley and Alexander Dallin (eds.), *U.S.-Soviet Security Cooperation : Achievements, Failures, Lessons*, Oxford University Press, 1988, pp. 123–143.

Blinken, Antony J., *Ally Versus Ally : America, Europe, and the Siberian Pipeline Crisis*, Praeger, 1987.

Borawski, John, *From the Atlantic to the Urals : Negotiating Arms Control at the Stockholm Conference*, Pergamon-Brassey's, 1987.

Bozo, Frédéric, *La France et l'OTAN : De la guerre froide au nouvel ordre européen*, Masson, 1991.

Bozo, Frédéric, "La France, fille aînée de l'Alliance ? La politique atlantique de François Mitterrand", in Serge Berstein, Pierre Milza and Jean-Louis Bianco (eds.), *Les années Mitterrand : Les années du changement (1981–1984)*, Perrin, 2001, pp. 195–219.

Bozo, Frédéric, "Before the Wall : French Diplomacy and the Last Decade of the Cold War", in Olav Njølstad (ed.), *The Last Decade of the Cold War : From Conflict Escalation to Conflict Transformation*, Routledge, 2004, pp. 288–316.

Bozo, Frédéric, *Mitterrand, the End of the Cold War, and German Unification*, Berghahn Books, 2009.

Bozo, Frédéric, "Mitterrand, la diplomatie française et la « nouvelle » guerre froide (1981–1984)", in Frédéric Bozo (ed.), *Relations internationales et stratégie : De la guerre froide à la guerre contre le terrorisme*, Presses universitaires de Rennes, 2005, pp. 29–46.

Brady, Linda P., "Negotiating European Security : Mutual and Balanced Force Reductions (MBFR)", *International Security Review*, I : II, 1981, pp. 189–208.

Brands, Hal, *Making the Unipolar Moment : U.S. Foreign Policy and the Rise of the Post-Cold War Order*, Cornell University Press, 2016.

Bresselau von Bressensdorf, Agnes, *Frieden durch Kommunikation : Das System Genscher und die Entspannungspolitik im Zweiten Kalten Krieg 1979–1982/83*, De Gruyter Oldenbourg, 2015.

Brier, Robert, *Poland's Solidarity Movement and the Global Politics of Human Rights*, Cambridge University Press, 2021.

Brinkley, Douglas (ed.), *The Reagan Diaries*, HarperCollins, 2007.

Brown, Archie, "The Change to Engagement in Britain's Cold War Policy", *Journal of Cold War Studies*, 10 : 3, 2008, pp. 3–47.

Brown, Archie, *The Human Factor : Gorbachev, Reagan, and Thatcher, and the End of the Cold War*, Oxford University Press, 2020.

Brown, Martin, and Angela Romano, "Executors or Creative Deal-Makers ? : The Role of the Diplomats in the Making of the Helsinki CSCE", in Nicolas Badalassi and Sarah B. Snyder (eds.), *The CSCE and the End of the Cold War : Diplomacy, Societies and Human Rights*, Berghahn Books, 2018, Chapter 2 [Kindle Version].

Brunet, Luc-André, "Unhelpful Fixer ? Canada, the Euromissile Crisis, and Pierre Trudeau's Peace Initiative, 1983–1984", *The International History Review*, 41 : 6, 2019, pp. 1145–1167.

Brunet, Luc-André (ed.), *NATO and the Strategic Defence Initiative : A Transatlantic History of the Star Wars Programme*, Routledge, 2022.

Bryne, Malcolm, "The Warsaw Pact and the Euromissile Crisis", in Leopold Nuti, Frédéric Bozo,

Marie-Pierre Rey and Bernd Rother (eds.), *The Euromissile Crisis and the End of the Cold War*, Woodrow Wilson Center Press, 2015, pp. 104–120.

Brzezinski, Zbigniew, *Power and Principle : Memoirs of the National Security Adviser, 1977–1981*, Weidenfeld and Nicolson, 1983.

Bull, Hedley, "Arms Control : A Stocktaking and Prospectus", *The Adelphi Papers*, 9 : 55, 1969, pp. 11–20.

Bull, Hedley, "The Classical Approach to Arms Control : Twenty Years After", in Uwe Nerlich (ed.), *Soviet Power and Western Negotiating Policies, vol. 2 : The Western Panacea : Constraining Soviet Power through Negotiation*, Ballinger, 1983, pp. 21–30.

Burrell, Raymond, "The French Communist Party, Nuclear Weapons, and National Defense : Issues of the 1978 Election Campaign", *National Security Affairs Monograph Series*, 79 : 2, 1979.

Carrington, Lord, "European Political Co-Operation : America Should Welcome It", *International Affairs*, 58 : 1, 1981, pp. 1–6.

Carter, Jimmy, *Keeping Faith : Memoirs of a President*, The University of Arkansas Press, 1995.

Carter, Jimmy, *White House Diary*, Picador, 2011.

Casey, Steven (ed.), *The Cold War : From Détente to the End of the Cold War*, Routledge, 2013.

Chernoff, Fred, "Negotiating Security and Disarmament in Europe", *International Affairs*, 60 : 3, 1984, pp. 429–437.

Chernyaev, Anatoly, *My Six Years with Gorbachev*, Pennsylvania State University Press, 2000.

Chiampan, Andrea, " 'Those European Chicken Littles' : Reagan, NATO, and the Polish Crisis, 1981–2", *The International History Review*, 37 : 4, 2015, pp. 682–699.

Chiampan, Andrea, "The Reagan Administration and the INF Controversy, 1981–83", *Diplomatic History*, 44 : 5, 2020, pp. 860–884.

Clarke, Michael, "British Perspectives on the Soviet Union", in Alex Pravda and Peter J. S. Duncan (eds.), *Soviet-British Relations since the 1970s*, Cambridge University Press, 1990, pp. 68–91.

Cohen, Samy, and Marie-Claude Smouts (eds.), *La politique extérieure de Valéry Giscard d'Estaing*, Presses de la Fondation nationale des science politiques, 1985.

Colbourn, Susan, "An Interpreter or Two : Defusing NATO's Siberian Pipeline Dispute, 1981–1982", *Journal of Transatlantic Studies*, vol. 18, 2020, pp. 131–151.

Colbourn, Susan, "Debating Détente : NATO's Tindemans Initiative, or Why the Harmel Report Still Mattered in the 1980s", *Journal of Strategic Studies*, 43 : 6–8, 2020, pp. 897–919.

Colbourn, Susan, *Euromissiles : The Nuclear Weapons That Nearly Destroyed NATO*, Cornell University Press, 2022.

Cox, Michael, "Whatever Happened to the 'Second' Cold War ? Soviet-American Relations : 1980–1988", *Review of International Studies*, 16 : 2, 1990, pp. 155–172.

Cox, Michael, "Another Transatlantic Split ? American and European Narratives and the End of the Cold War", *Cold War History*, 7 : 1, 2007, pp. 121–146.

Crump, Laurien, Lenna Lammertink and Eva Zeilstra, "Ferm, doch onopvallend : Nederland en de Conferentie over Veiligheid en Samenwerking in Europa (1973–1983)", *Tijdschrift voor Geschiedenis*, 132 : 2, 2019, pp. 257–279.

Dean, Jonathan, "MBFR : From Apathy to Accord", *International Security*, 7 : 4, 1983, pp. 116–139.

Davy, Richard, *Defrosting the Cold War and Beyond : An Introduction to the Helsinki Process, 1954–2022*, Routledge, 2023.

Demidova, Ksenia, "The Deal of the Century : The Reagan Administration and the Soviet Pipeline", in Kiran Klaus Patel and Kenneth Weisbrode (eds.), *European Integration and the Atlantic Community in the 1980s*, Cambridge University Press, 2013, pp. 59–82.

DiCicco, Jonathan M., "Fear, Loathing, and Cracks in Reagan's Mirror Images : Able Archer 83 and an American First Step toward Rapprochement in the Cold War", *Foreign Policy Analysis*, 7 : 3, 2011, pp. 253–274.

Dimitrakis, Panagiotis, "The Soviet Invasion of Afghanistan : International Reactions, Military Intelligence and British Diplomacy", *Middle Eastern Studies*, 48 : 4, 2012, pp. 511–536.

Dobrynin, Anatoly, *In Confidence : Moscow's Ambassador to America's Six Cold War Presidents (1962–1986)*, Times Books, 1995.

Domber, Gregory F., "Transatlantic Relations, Human Rights, and Power Politics", in Poul Villaume and Odd Arne Westad (eds.), *Perforating the Iron Curtain : European Détente, Transatlantic Relations, and the Cold War, 1965–1985*, Museum Tusculanum Press, 2010, pp. 195–214.

Donaghy, Aaron, *The Second Cold War : Carter, Reagan, and the Politics of Foreign Policy*, Cambridge University Press, 2021.

Downing, Taylor, *1983 : Reagan, Andropov, and a World on the Brink*, Da Capo Press, 2018.

Dumas, Roland, *Affaires étrangères I : 1981–1988*, Fayard, 2007.

Dunn, David H., "Challenges to the Nuclear Orthodoxy", in Stuart Croft (ed.), *British Security Policy : The Thatcher Years and the End of the Cold War*, HarperCollins Academic, 1991, pp. 9–28.

Editorial, "Three minutes to midnight", *Bulletin of the Atomic Scientists*, 40 : 1, 1984.

Falkenrath, Richard A., *Shaping Europe's Military Order : The Origins and Consequences of the CFE Treaty*, The MIT Press, 1995.

Fasanaro, Laura, "Continuity and Transformation : Alternate Visions of Italy's Three Decades of Détente", in Oliver Bange and Poul Villaume (eds.), *The Long Détente : Changing Concepts of Security and Cooperation in Europe, 1950s–1980s*, CEU Press, 2017, pp. 155–182.

Fascell, Dante B., "The CSCE Follow-up Mechanism from Belgrade to Madrid", *Vanderbilt Journal of Transnational Law*, 13 : 2, 1980, pp. 335–357.

Favier, Pierre, and Michel Martin-Roland, *La décennie Mitterrand*, vol.1, *Les ruptures (1981–1984)*, Seuil, 1990.

Fischer, Beth A., *The Reagan Reversal : Foreign Policy and the End of the Cold War*, University of Missouri Press, 1997.

Fischer, Thomas, "Getting To Know Their Limits : The N+N and the Follow-up Meeting in Belgrade 1977/78", in Vladimir Bilandžić, Dittmar Dahlmann and Milan Kosanović (eds.), *From Helsinki to Belgrade : The First CSCE Follow-up Meeting and the Crisis of Détente*, Bonn University Press/V & R unipress, 2012, pp. 163–184.

Fischer, Thomas, *Keeping the Process Alive : The N+N and the CSCE Follow-up from Helsinki to Vienna (1975–1986)*, Center for Security Studies (CSS), ETH Zürich, 2012.

Fraise, Thomas, and Kjølv Egeland, "Able Archer : How Close of a Call Was It ?", *Bulletin of the Atomic Scientists*, 79, 2023, pp. 155–160.

Freeman, John, *Security and the CSCE Process : The Stockholm Conference and Beyond*, Macmillan, 1991.

French Government Statement, "The French Position on Disarmament", *Survival*, 20 : 3, 1978, pp. 127–129.

Friend, Julius W., *Seven Years in France : François Mitterrand and the Unintended Revolution, 1981–1988*, Westview Press, 1989.

Froment-Meurice, Henri, *Vu du Quai : Mémoires 1945–1983*, Fayard, 1998.

Frybes, Marcin, "French Enthusiasm for Solidarność", *European Review*, 16 : 1, 2008, pp. 65–73.

Găinar, Maria, *Aux origines de la diplomatie européenne : Les Neuf et la Coopération politique européenne de 1973 à 1980*, Peter Lang, 2009.

Garthoff, Raymond L., *Détente and Confrontation : American-Soviet Relations from Nixon to Reagan (Revised Edition)*, Brookings Institution, 1994.

Garthoff, Raymond L., *The Great Transition : American-Soviet Relations and the End of the Cold War*, Brookings Institution, 1994.

Garton Ash, Timothy, *In Europe's Name : Germany and the Divided Continent*, Vintage Books, 1993.

Garton Ash, Timothy, *The Polish Revolution : Solidarity*, 3rd ed., Yale University Press, 2002.

Gassert, Philipp, Tim Geiger and Hermann Wentker (eds.), *The INF Treaty of 1987 : A Reappraisal*, Vandenhoeck & Ruprecht, 2020.

Gehler, Michael, and Wilfried Loth (eds.), *Reshaping Europe : Towards a Political, Economic and Monetary Union, 1984–1989*, Nomos, 2020.

Ghebali, Victor-Yves, *Confidence Building Measures within the CSCE Process : Paragraph by Paragraph Analysis of the Helsinki and Stockholm Regimes*, United Nations/UNIDIR, 1989.

Ghebali, Victor-Yves, *La diplomatie de la détente : la CSCE, d'Helsinki à Vienne (1973–1989)*, Bruylant, 1989.

Giscard d'Estaing, Valéry, *Le pouvoir et la vie : L'affrontement*, Cie. 12, 1991.

Goodby, James E., "The Stockholm Conference : Negotiating a Cooperative Security System for Europe", in Alexander L. George, Philip J. Farley and Alexander Dallin (eds.), *U.S.-Soviet Security Cooperation : Achievements, Failures, Lessons*, Oxford University Press, 1988, pp. 144–172.

Grachev, Andrei, *Gorbachev's Gamble : Soviet Foreign Policy and the End of the Cold War*, Polity Press, 2008.

Grasselli, Gabriella, *British and American Responses to the Soviet Invasion of Afghanistan*, Dartmouth Pub., 1996.

Greenwood, Sean, "Helping to Open the Door ? Britain in the Last Decade of the Cold War", in Olav Njølstad (ed.), *The Last Decade of the Cold War : From Conflict Escalation to Conflict Transformation*, Routledge, 2004, pp. 317–331.

Grinevski, Oleg, and Lynn M. Hansen, *Making Peace : Confidence and Security in a New Europe*, Eloquent Books, 2009.

Gromyko, Andrei, *Memoirs*, translated by Harold Shukman, Doubleday, 1989.

Grosser, Pierre, "Serrer le jeu sans le fermer : l'Élysée et les relations franco - soviétiques, 1981–1984", in Serge Berstein, Pierre Milza and Jean-Louis Bianco (eds.), *Les années Mitterrand :*

Les années du changement (1981-1984), Perrin, 2001, pp. 253–281.

Guasconi, Maria Eleonora, "'Keeping Détente Alive' : European Political Cooperation and East-West Dialogue during the 1980s", *De Europa*, 2 : 2, 2019, pp. 87–101.

Haeussler, Mathias, *Helmut Schmidt and British-German Relations : A European Misunderstanding*, Cambridge University Press, 2019.

Halliday, Fred, *The Making of the Second Cold War,* Verso, 1983.

Hanisch, Anja, "From Helsinki to Afghanistan : The CSCE Process and the Beginning of the Second Cold War", in Christoph Becker-Schaum, Philipp Gassert, Martin Klimke, Wilfried Mausbach, Marianne Zepp (eds.), *The Nuclear Crisis : The Arms Race, Cold War Anxiety, and the German Peace Movement of the 1980s*, Berghahn Books, 2016, pp. 37–51.

Hanhimäki, Jussi, "Détente in Europe, 1962–1975", in Melvyn P. Leffler and Odd Arne Westad (eds.), *The Cambridge History of the Cold War : Volume II : Crises and Détente,* Cambridge University Press, 2010, pp. 198–218.

Hanhimäki, Jussi, *The Rise and Fall of Détente : American Foreign Policy and the Transformation of Cold War*, Potomac Books, 2013.

Hasman, Jonathan, "Moscow's Misjudgment in Deploying SS-20 Missiles", in Leopold Nuti, Frédéric Bozo, Marie-Pierre Rey and Bernd Rother (eds.), *The Euromissile Crisis and the End of the Cold War*, Woodrow Wilson Center Press, 2015, pp. 31–48.

Hassner, Pierre, "Eurocommunism and Detente", *Survival,* 19 : 6, 1977, pp. 251–254.

Hassner, Pierre, "Les mots et les choses", in Samy Cohen and Marie-Claude Smouts (eds.), *La politique extérieure de Valéry Giscard d'Estaing*, Presses de la Fondation nationale des science politiques, 1985, pp. 232–241.

Hazewinkel, Harm J., "The Madrid Meeting 1980–1983 : An Eye-Witness Account", in Arie Bloed and Peter van Dijk (eds.), *Essays on Human Rights in the Helsinki Process*, Martinus Nijhoff Publishers, 1985, pp. 9–27.

Heraclides, Alexis, *Security and Co-operation in Europe : The Human Dimension, 1972–1992*, Frank Cass, 1993.

Herspring, Dale R., "Gorbachev and the Soviet Military", *Proceedings of the Academy of Political Science*, 36 : 4, 1987, pp. 42–53.

Heuser, Beatrice, "The Soviet Response to the Euromissiles Crisis", in Leopoldo Nuti (ed.), *The Crisis of Détente in Europe : From Helsinki to Gorbachev, 1975-1985*, Routledge, 2009, pp. 137–149.

Heyde, Veronika, "Ambiguous Détente. The French Perception of Stability at the End of the Seventies", in Claudia Hiepel (ed.), *Europe in a Globalising World : Global Challenges and European Responses in the "Long" 1970s*, Nomos, 2014, pp. 69–87.

Heyde, Veronika, *Frankreich im KSZE-Prozess. Diplomatie im Namen der europäischen Sicherheit 1969–1983*, De Gruyter Oldenbourg, 2016.

Holloway, David, "The Dynamics of the Euromissile Crisis, 1977–1983", in Leopold Nuti, Frédéric Bozo, Marie-Pierre Rey and Bernd Rother (eds.), *The Euromissile Crisis and the End of the Cold War*, Woodrow Wilson Center Press, 2015, pp. 11–28.

Hong, Ki-Joon, *The CSCE Security Regime Formation : An Asian Perspective*, Macmillan Press, 1997.

Howe, Geoffrey, "East-West Relations : The British Role", *International Affairs*, 63 : 4, 1987, pp. 555–562.

Howe, Geoffrey, *Conflict of Loyalty*, Macmillan, 1994.

Hubert, Thierry, "La nouvelle politique française du désarmement", *Annuaire français de droit international*, 24, 1978, pp. 512–519.

Inboden, William, *The Peacemaker : Ronald Reagan, the Cold War, and the World on the Brink*, Dutton, 2022.

Ionescu, Mihael E., "Romania's Special Position within the Eastern Bloc during the CSCE Follow-Up Conferences of Belgrade and Madrid", in Matthias Peter and Hermann Wentker (eds.), *Die KSZE im Ost-West Konflikt : Internationale Politik und gesellschaftliche Transformation (1975–1990)*, Oldenbourg Wissenschaftsverlag, 2012, pp. 137–154.

Jansen, Sabine, "La politique étrangère et l'élection présidentielle de 1981", *Revue historique*, 662 : 2, 2012, pp. 445–475.

Jenkins, Peter, *Mrs Thatcher's Revolution : The Ending of the Socialist Era*, Jonathan Cape, 1987.

Jentleson, Bruce W., *Pipeline Politics : The Complex Political Economy of East-West Energy Trade,* Cornell University Press, 1986.

Jones, Nate, *Able Archer 83 : The Secret History of the NATO Exercise That Almost Triggered Nuclear War*, The New Press, 2016.

Jones, Peter, *Open Skies : Transparency, Confidence-Building, and the End of the Cold War,* Stanford Univercity Press, 2014.

Jurrjens, Rudolf Th., and Jan Sizoo, *Efficacy and Efficiency in Multilateral Policy Formation : The Experience of Three Arms Control Negotiations : Geneva, Stockholm, Vienna*, Kluwer Law International, 1997.

Kalinovsky, Artemy M., "New Histories of the End of the Cold War and the Late Twentieth Century", *Contemporary European History*, 27 : 1, 2018, pp. 149–161.

Kampelman, Max, *Entering New Worlds : The Memoirs of a Private Man in Public Life*, Harper Collins, 1991.

Kaplan, Lawrence S., "NATO United, NATO Divided : The Transatlantic Relationship", in Mary Ann Heiss and S. Victor Papacosma (eds.), *NATO and the Warsaw Pact : Intrabloc Conflicts*, The Kent State University Press, 2008, pp. 3–24.

Keliher, John G., *The Negotiations on Mutual and Balanced Force Reductions : The Search for Arms Control in Central Europe*, Pergamon Press, 1980.

Kieninger, Stephan, *The Diplomacy of Détente : Cooperative Security Policies from Helmut Schmidt to George Shultz*, Routledge, 2018.

Kieninger, Stephan, "Freer Movement in Return for Cash. Franz Josef Strauss, Alexander Schalck-Golodkowski and the Milliardenkredit for the GDR, 1983–1984", in Bernhard Blumenau, Jussi Hanhimäki and Barbara Zanchetta (eds.), *New Perspectives on the End of the Cold War : Unexpected Transformation ?*, Routledge, 2018, pp. 117–137.

Kieninger, Stephan, " 'Human Rights, Peace and Security Are Inseparable' : Max Kampelman and the Helsinki Process", in Nicolas Badalassi and Sarah B. Snyder (eds.), *The CSCE and the End of the Cold War : Diplomacy, Societies and Human Rights, 1972–1990,* Berghahn Books, 2018, Chapter 4 [Kindle Version].

Klein, Jean, "The French Nuclear Force in the Era of Negotiations", in Carlo Schaerf and David Carlton (eds.), *Reducing Nuclear Arsenals*, Palgrave Macmillan, 1991, pp. 125–140.

Korey, William, *The Promises We Keep : Human Rights, the Helsinki Process, and American Foreign Policy*, St. Martin's Press, 1993.

Kramer, Mark, "The Soviet Union, the Warsaw Pact, and the Polish Crisis of 1980–1981", in Lee Trepanier, Spasimir Domaradzki and Jaclyn Stanke (eds.), *The Solidarity Movement and Perspectives on the Last Decade of the Cold War*, Andrzej Frycz Modrzewski Krakow University Press, 2010, pp. 27–66.

Krehbiel, Carl C., *Confidence- and Security-Building Measures in Europe : The Stockholm Conference*, Praeger, 1989.

Lahey, Daniel James, "The Thatcher Government's Response to the Soviet Invasion of Afghanistan, 1979–1980", *Cold War History*, 13 : 1, 2013, pp. 21–42.

Legault, Albert, and Michel Fortmann, *A Diplomacy of Hope : Canada and Disarmament 1945–1988*, McGill-Queen's University Press, 1992.

Lettow, Paul, *Ronald Reagan and His Quest to Abolish Nuclear Weapons*, Random House, 2005.

Lippert, Werner D., "European Long-Term Investments in Détente : The Implications of East-West Economic Cooperation", in Oliver Bange and Poul Villaume (eds.), *The Long Détente : Changing Concepts of Security and Cooperation in Europe, 1950s–1980s*, CEU Press, 2017, pp. 77–93.

Loth, Wilfried, *Overcoming the Cold War : A History of Détente, 1950–1991*, Palgrave, 2002.

Ludlow, N. Piers, "The Unnoticed Apogee of Atlanticism ? : US-Western European Relations during the Early Reagan Era", in Kiran K. Patel and Ken Weisbrode (eds.), *European Integration and the Atlantic Community in the 1980s*, Cambridge University Press, 2013, pp. 17–38.

Ludlow, N. Piers, "More than Just a Single Market : European Integration, Peace and Security in the 1980", *The British Journal of Politics and International Relations*, 19 : 1, 2017, pp. 48–62.

Ludlow, N. Piers, "Solidarity, Sanctions and Misunderstanding : The European Dimension of the Falklands Crisis", *The International History Review*, 43 : 3, 2021, pp. 508–524.

Lundestad, Geir, *The United States and Western Europe Since 1945 : From "Empire" by Invitation to Transatlantic Drift*, Oxford University Press, 2005.

MacEachin, Douglas E., *U.S. Intelligence and the Confrontation in Poland, 1980–1981*, Pennsylvania State University Press, 2002.

Manchanda, Arnav, "When Truth is Stranger than Fiction : The *Able Archer* Incident", *Cold War History*, 9 : 1, 2009, pp. 111–133.

Martin, Lisa L., *Coercive Cooperation : Explaining Multilateral Economic Sanctions,* Princeton University Press, 1992.

Mastny, Vojtech, and Malcolm Byrne (eds.), *A Cardboard Castle ? : An Inside History of the Warsaw Pact, 1955–1991*, CEU Press, 2005.

Mastny, Vojtech, "How Able Was 'Able Archer' ? : Nuclear Trigger and Intelligence in Perspective", *Journal of Cold War Studies*, 11 : 1, 2009, pp. 108–123.

Matlock, Jack, *Reagan and Gorbachev : How the Cold War Ended*, Random House, 2005.

Miles, Simon, *Engaging the Evil Empire : Washington, Moscow, and the Beginning of the End of the Cold War*, Cornell University Press, 2020.

Miles, Simon, "The War Scare That Wasn't : Able Archer 83 and the Myths of the Second Cold War", *Journal of Cold War Studies*, 22 : 3, 2020, pp. 86–118.

Mitchell, Nancy, "The Cold War and Jimmy Carter", in Melvyn P. Leffler and Odd Arne Westad (eds.), *The Cambridge History of the Cold War : Volume III : Endings*, Cambridge University Press, 2010, pp. 66–88.

Möckli, Daniel, *European Foreign Policy During the Cold War : Heath, Brandt, Pompidou and the Dream of Political Unity*, I.B.Tauris, 2008.

Moore, Charles, *Margaret Thatcher : The Authorized Biography; from Grantham to the Falklands*, Knopf, 2013.

Morgan, Michael Cotey, *The Final Act : The Helsinki Accords and the Transformation of the Cold War*, Princeton University Press, 2018.

Newell, Richard S., "International Responses to the Afghanistan Crisis", *The World Today*, 37 : 5, 1981, pp. 172–181.

Newton, Julie M., *Russia, France, and the Idea of Europe*, Palgrave Macmillan, 2003.

Niederhart, Gottfried, "East-West Conflict : Short Cold War and Long Détente. An Essay on Terminology and Periodization", in Oliver Bange and Poul Villaume (eds.), *The Long Détente : Changing Concepts of Security and Cooperation in Europe, 1950s–1980s*, CEU Press, 2017, pp. 19–30.

Njølstad, Olav (ed.), *The Last Decade of the Cold War : From Conflict Escalation to Conflict Transformation*, Routledge, 2004.

Njølstad, Olav, "The Collapse of Superpower Détente, 1975–1980", in Melvyn P. Leffler and Odd Arne Westad (eds.), *The Cambridge History of the Cold War : Volume III : Endings*, Cambridge University Press, 2010, pp. 135–155.

Nuti, Leopold, Frédéric Bozo, Marie-Pierre Rey and Bernd Rother (eds.), *The Euromissile Crisis and the End of the Cold War*, Woodrow Wilson Center Press, 2015.

Nuttall, Simon J., *European Political Cooperation*, Clarendon Press, 1992.

Ouimet, Matthew J., *The Rise and Fall of the Brezhnev Doctrine in Soviet Foreign Policy*, The University of North Carolina Press, 2003.

Peter, Matthias, *Die Bundesrepublik im KSZE-Prozess 1975-1983. Die Umkehrung der Diplomatie*, De Gruyter Oldenbourg, 2015.

Peter, Matthias, "Saving Détente : The Federal Republic of Germany and the CSCE in the 1980s", in Nicolas Badalassi and Sarah B. Snyder (eds.), *The CSCE and the End of the Cold War : Diplomacy, Societies and Human Rights, 1972–1990*, Berghahn Books, 2018, Chapter 11 [Kindle Version].

Peterson, Christian Philip, " 'Confronting' Moscow : The Reagan Administration, Human Rights, and the Final Act", *The Historian*, 74 : 1, 2012, pp. 57–86.

Poggiolini, Ilaria, "Thatcher's Double-track Road to the End of the Cold War : The Irreconcilability of Liberalization and Preservation", in Frédéric Bozo, Marie-Pierre Rey, N. Piers Ludlow and Bernd Rother (eds.), *Visions of the End of the Cold War in Europe, 1945–1990*, Berghahn Books, 2012, pp. 266–279.

Reagan, Ronald, *An American Life : The Autobiography*, Simon & Schuster, 2011.

Reddaway, Peter, "Dissent in the Soviet Union", *Problems of Communism*, 32 : 6, 1983, pp. 1–15.

Rey, Marie-Pierre, *La tentation du rapprochement : France et URSS à l'heure de la détente, 1964–1974*, Publications de la Sorbonne, 1992.

Rey, Marie-Pierre, "Gorbachev's New Thinking and Europe, 1985–1989", in Frédéric Bozo, Marie-Pierre Rey, N. Piers Ludlow, Leopoldo Nuti (eds.), *Europe and the End of the Cold War : A Reappraisal*, Routledge, 2009, pp. 23–35.

Reynolds, David, *Summits : Six Meetings that Shaped the Twentieth Century*, Penguin, 2008.

Rohan, Sally, *The Western European Union : International Politics Between Alliance and Integration*, Routledge, 2014.

Romano, Angela, *From Détente in Europe to European Détente : How the West Shaped the Helsinki CSCE*, Peter Lang, 2009.

Romano, Angela, "The Main Task of the European Political Cooperation : Fostering Détente in Europe", in Poul Villaume and Odd Arne Westad (eds.), *Perforating the Iron Curtain : European Détente, Transatlantic Relations, and the Cold War, 1965–1985*, Museum Tusculanum Press, 2010, pp. 123–141.

Romano, Angela, "The European Community and the Belgrade CSCE", in Vladimir Bilandžić, Dittmar Dahlmann and Milan Kosanović (eds.), *From Helsinki to Belgrade : The First CSCE Follow-up Meeting and the Crisis of Détente*, Bonn University Press/V & R unipress, 2012, pp. 205–224.

Romano, Angela, "More Cohesive, Still Divergent : Western Europe, the US and the Madrid CSCE Follow-Up Meeting", in Kiran K. Patel and Ken Weisbrode (eds.), *European Integration and the Atlantic Community in the 1980s*, Cambridge University Press, 2013, pp. 39–58.

Romano, Angela, "G7 Summits, European Councils and East-West Economic Relations (1975–1982)", in Emmanuel Mourlon-Druol and Frederico Romero (eds.), *International Summitry and Global Governance : The Rise of the G7 and the European Council, 1974–1991*, Routledge, 2014, pp. 198–222.

Romano, Angela, "Re-designing Military Security in Europe : Cooperation and Competition between the European Community and NATO during the early 1980s", *European Review of History : Revue européenne d'histoire*, 24 : 3, 2017, pp. 445–471.

Sarantakes, Nicholas Evan, *Dropping the Torch : Jimmy Carter, the Olympic Boycott, and the Cold War*, Cambridge University Press, 2010.

Sargent, Daniel J., *A Superpower Transformed : The Remaking of American Foreign Relations in the 1970s*, Oxford University Press, 2015.

Sarotte, Mary Elise, *1989 : The Struggle to Create Post-Cold War Europe (Revised Edition)*, Princeton University Press, 2014.

Sartori, Leo, "Will SALT II Survive?", *International Security*, 10 : 3, 1985, pp. 147–174.

Savranskaya, Svetlana, "Learning to Disarm : Milkahil Gorbachev's Interactive Learning and Changes in the Soviet Negotiating Positions Leading to the INF Treaty" in Leopold Nuti, Frédéric Bozo, Marie-Pierre Rey and Bernd Rother (eds.), *The Euromissile Crisis and the End of the Cold War*, Woodrow Wilson Center Press, 2015, pp. 85–103.

Schmidt, Helmut, "The 1977 Alastair Buchan Memorial Lecture", *Survival*, 20 : 1, 1978.

Sell, Louis, *From Washington to Moscow : US-Soviet Relations and the Collapse of the USSR*, Duke University Press, 2016.

Selvage, Douglas, "The Politics of the Lesser Evil : The West, the Polish Crisis, and the CSCE Review Conference in Madrid, 1981-1983", in Leopold Nuti (ed.), *The Crisis of Détente in Europe : From Helsinki to Gorbachev, 1975-1985*, Routledge, 2009, pp. 41-54.

Selvage, Douglas, "The Superpowers and the Conference on Security and Cooperation in Europe, 1977-1983 : Human Rights, Nuclear Weapons, and Western Europe", in Matthias Peter and Hermann Wentker (eds.), *Die KSZE im Ost-West Konflikt : Internationale Politik und gesellschaftliche Transformation (1975-1990)*, Oldenbourg Wissenschaftsverlag, 2012, pp. 15-58.

Selvage, Douglas, "The Limits of Repression : Soviet Bloc Security Services vs. Transnational Helsinki Networks, 1976-1986", in Nicolas Badalassi and Sarah B. Snyder (eds.), *The CSCE and the End of the Cold War : Diplomacy, Societies and Human Rights, 1972-1990,* Berghahn Books, 2018, Chapter 8 [Kindle Version].

Service, Robert, *The End of the Cold War : 1985-1991*, Macmillan, 2015.

Sharp, Paul, *Thatcher's Diplomacy : The Revival of British Foreign Policy*, Macmillan Press, 1997.

Shevardnadze, Eduard, *The Future Belongs to Freedom,* Sinclair-Stevenson Ltd., 1991.

Shultz, George P., *Turmoil and Triumph : My Years as Secretary of State*, Scribner, 1993.

Sizoo, Jan, and Rudolph Th. Jurrjens, *CSCE Decision-making : The Madrid Experience*, M. Nijhoff Publishers, 1984.

Sjursen, Helene, *The United States, Western Europe and the Polish Crisis : International Relation in the Second Cold War*, Palgrave Macmillan, 2003.

Skilling, H. Gordon, "CSCE in Madrid", *Problems of Communism*, 30 : 4, 1981, pp. 1-16.

Smith, Richard, "The UK Response to the Soviet Invasion of Afghanistan : Proposals for a Neutral and non-aligned Afghanistan, 1980-1981", *Cambridge Review of International Affairs*, 26 : 2, 2013, pp. 355-373.

Snyder, Sarah, "The CSCE and the Atlantic Alliance : Forging a New Consensus in Madrid", *Journal of Transatlantic Studies*, 8 : 1, 2010, pp. 56-68.

Snyder, Sarah, "The Foundation for Vienna : A Reassessment of the CSCE in the mid-1980s", *Cold War History*, 10 : 4, 2010, pp. 493-512.

Snyder, Sarah B., "'Jerry, Don't Go' : Domestic Opposition to the 1975 Helsinki Final Act", *Journal of American Studies*, 44 : 1, 2010, pp. 67-81.

Snyder, Sarah, *Human Rights Activism and the End of the Cold War : A Transnational History of the Helsinki Network*, Cambridge University Press, 2011.

Snyder, Sarah B., "Compartmentalizing US Foreign Policy : Human Rights in the Reagan Years", in Jonathan R. Hunt and Simon Miles (eds.), *The Reagan Moment : America and the World in the 1980s*, Cornell University Press, 2021, Chapter 9 [Rakuten Kobo Version].

Søndergaard, Rasmus Sinding, *Reagan, Congress, and Human Rights : Contesting Morality in US Foreign Policy*, Cambridge University Press, 2020.

Soutou, Georges-Henri, *La Guerre froide de la France : 1941-1990*, Tallandier, 2018.

Spohr, Kristina, *The Global Chancellor : Helmut Schmidt and the Reshaping of the International Order*, Oxford, 2016.

Stevenson, Richard, *The Rise and Fall of Détente : Relaxations of Tension in U.S.-Soviet Relations, 1953-1984*, Macmillan, 1985.

Tatu, Michel, "Valéry Giscard d'Estaing et la détente", in Samy Cohen and Marie-Claude Smouts (eds.), *La politique extérieure de Valéry Giscard d'Estaing*, Presses de la Fondation nationale des science politiques, 1985, pp. 196–217.

Taubman, Philip, *In the Nation's Service : The Life and Times of George P. Shultz*, Stanford University Press, 2023.

Taubman, William, *Gorbachev : His Life and Times*, Simon & Schuster, 2017.

Thomas, Daniel C., *The Helsinki Effect : International Norms, Human Rights, and the Demise of Communism*, Princeton University Press, 2001.

Tulli, Umberto, *A Precarious Equilibrium : Human Rights and Détente in Jimmy Carter's Soviet Policy*, Manchester University Press, 2020.

Vaïsse, Maurice, "Le chemin de Varsovie. La France face à l'intervention soviétique en Afghanistan (décembre 1979–juin 1980)", *Revue d'histoire diplomatique*, 120, 2006, pp. 169–187.

Varsori, Antonio, "The Relaunching of Europe in the Mid-1980s", in Kiran Klaus Patel and Kenneth Weisbrode (eds.), *European Integration and the Atlantic Community in the 1980s*, Cambridge University Press, 2013, pp. 226–242.

Vaughan, Patrick, "Zbigniew Brzezinski and the Helsinki Final Act", in Leopold Nuti (ed.), *The Crisis of Détente in Europe : From Helsinki to Gorbachev, 1975–1985*, Routledge, 2009, pp. 11–25.

Védrine, Hubert, *Les mondes de François Mitterrand : À l'Élysée, 1981–1995*, Fayard, 1996.

Walker, Breck, "Neither Shy nor Demagogic : The Carter Administration Goes to Belgrade", in Vladimir Bilandžić, Dittmar Dahlmann and Milan Kosanović (eds.), *From Helsinki to Belgrade : The First CSCE Follow-up Meeting and the Crisis of Détente*, Bonn University Press/ V & R unipress, 2012, pp. 185–204.

Wenkel, Christian, "Overcoming the Crisis of Détente, 1979–1983 : Coordinating Eastern Policies between Paris, Bonn and London", in Oliver Bange and Poul Villaume (eds.), *The Long Détente : Changing Concepts of Security and Cooperation in Europe, 1950s–1980s*, CEU Press, 2017, pp. 235–251.

Westad, Odd Arne (ed.), *The Fall of Détente : The Soviet-American Relations during the Carter Year*, Scandinavian University Press, 1997.

Wettig, Gerhard, "The Last Soviet Offensive in the Cold War : Emergence and Development of the Campaign Against NATO Euromissiles, 1979–1983", *Cold War History*, 9 : 1, 2009, pp. 79–110.

Wilson, James Graham, *The Triumph of Improvisation : Gorbachev's Adaptability, Reagan's Engagement, and the End of the Cold War*, Cornell University Press, 2014.

Wheeler, Nicholas J., Joshua Baker and Laura Considine, "Trust or Verification ? Accepting Vulnerability in the Making of the INF Treaty", in Martin Klimke, Reinhild Kreis and Christian F. Ostermann (eds.), *Trust but Verify : The Politics of Uncertainty and the Transformation of the Cold War Order, 1969–1991*, Stanford University Press, 2016, pp. 121–140.

White, Brian, *Britain, Détente and Changing East-West Relations*, Routledge, 1992.

Wright, Kevin, *Arms Control and Security : The Changing Role of Conventional Arms Control in Europe*, Ashgate, 2000.

Zanchetta, Barbara, *The Transformation of American International Power in the 1970s*, Cambridge

University Press, 2014.
Zelizer, Julian E., “Détente and Domestic Politics”, *Diplomatic History,* 33 : 4, 2009, pp. 653–670.
Zubok, Vladislav M., *A Failed Empire : The Soviet Union in the Cold War from Stalin to Gorbachev*, 2009, University of North Carolina Press.

日本語文献

浅田正彦「CSCE プロセスと信頼醸成措置（一）」『岡山大学法学会雑誌』第 40 巻第 1 号（1990 年）87–132 頁。

浅田正彦「CSCE プロセスと信頼醸成措置（二）」『岡山大学法学会雑誌』第 40 巻第 2 号（1990 年）167–271 頁。

板橋拓己『分断の克服 1989–1990——統一をめぐる西ドイツ外交の挑戦』（中央公論新社，2022 年）。

岩間陽子『核の一九六八年体制と西ドイツ』（有斐閣，2021 年）。

O・A・ウェスタッド『グローバル冷戦史——第三世界への介入と現代世界の形成』佐々木雄太（監訳），（名古屋大学出版会，2010 年）。

O・A・ウェスタッド『冷戦——ワールド・ヒストリー（下）』益田実（監訳），（岩波書店，2020 年）。

植田隆子「欧州安全保障協力会議における信頼醸成措置の発達——視察・査察問題を中心に」『国際法外交雑誌』第 88 巻第 5 号（1989 年）1–34 頁。

遠藤乾（編）『ヨーロッパ統合史（第 2 版）』（名古屋大学出版会，2024 年）。

遠藤乾『統合の終焉——EU の実像と論理』（岩波書店，2013 年）。

岡田美保「ソ連による弱さの自覚と対外政策の転換——INF 交渉の再検討」『国際政治』第 157 号（2009 年）13–26 頁。

尾身悠一郎『国際経済と冷戦の変容——カーター政権と危機の 1979 年』（千倉書房，2024 年）。

粕谷真司「「新冷戦」下のイギリス外交と欧州政治協力——アフガニスタン中立・非同盟構想，1980–1981 年」『国際情勢 紀要』（世界政経調査会国際情勢研究所事務局編，2021 年）83–95 頁。

粕谷真司「サッチャー政権のヨーロッパ政策と欧州政治協力——単一欧州議定書と欧州政治協力事務局の設置をめぐって，1984–1986 年」『国際情勢 紀要』（世界政経調査会国際情勢研究所事務局編，2023 年）79–108 頁。
J. L. ガディス『冷戦——その歴史と問題点』河合秀和・鈴木健人（訳），（彩流社，2007 年）。
金子讓『NATO 北大西洋条約機構の研究——米欧安全保障関係の軌跡』（彩流社，2008 年）。

吉川元『ヨーロッパ安全保障会議——人権の国際化から民主化支援への発展過程の考察』（三嶺書房，1994 年）。

金成浩「ブレジネフ政治局と政治局小委員会——対アフガンと対ポーランド外交政策決定構造の比較」『スラヴ研究』第 45 号（1998 年）263–285 頁。

栗栖薫子「欧州安全保障協力会議（CSCE）の人的次元——レジーム論による分析」『国際政治』第 112 号（1996 年）139–157 頁。

合六強「NATO「二重決定」と INF 条約」森本敏・高橋杉雄（編）『新たなミサイル軍拡

競争と日本の防衛——INF 条約後の安全保障』(並木書房，2020 年) 150–200 頁。

マーガレット・サッチャー『サッチャー回顧録 ダウニング街の日々 (上)』石塚雅彦 (訳)，(日本経済新聞社，1996 年)。

エドアルド・A・シェワルナゼ『希望』朝日新聞外報部 (訳)，(朝日新聞社，1991 年)。

志田淳二郎『米国の冷戦終結外交——ジョージ・H・W・ブッシュ政権とドイツ統一』(有信堂，2020 年)。

芝崎祐典「新冷戦とヨーロッパの反核運動——一九八〇年代初頭の西ヨーロッパにおける市民運動の一断面」益田実・齋藤嘉臣・三宅康之 (編)『デタントから新冷戦へ——グローバル化する世界と揺らぐ国際秩序』(法律文化社，2022 年) 295–315 頁。

ヘルムート・シュミット『シュミット外交回想録 上』永井清彦・萩谷順 (訳)，(岩波書店，1989 年)。
R. W. スチーブンスン『デタントの成立と変容——現代米ソ関係の政治力学』滝田賢治 (訳)，(中央大学出版部，1989 年)。
瀬川高央『米ソ核軍縮交渉と日本外交——INF 問題と西側の結束 1981–1987』(北海道大学出版会，2016 年)。

瀬川高央『核軍縮の現代史——北朝鮮・ウクライナ・イラン』(吉川弘文館，2019 年)。

関場誓子『超大国の回転木馬——米ソ核交渉の 6000 日』(サイマル出版会，1988 年)。

妹尾哲志「西独シュミット外交と独米関係——人権問題をめぐる西側同盟の協調と対立」益田実・齋藤嘉臣・三宅康之 (編)『デタントから新冷戦へ——グローバル化する世界と揺らぐ国際秩序』(法律文化社，2022 年) 27–48 頁。

妹尾哲志『冷戦変容期の米独関係と西ドイツ外交』(晃洋書房，2022 年)。

高橋進「西欧のデタント——東方政策試論」犬童一男・山口定・馬場康雄・高橋進 (編)『戦後デモクラシーの変容』(岩波書店，1991 年) 1–68 頁。

辰巳浅嗣『EU の外交・安全保障政策——欧州政治統合の歩み』(成文堂，2001 年)。

玉井雅隆『欧州安全保障協力機構 (OSCE) の多角的分析 ——「ウィーンの東」と「ウィーンの西」の相克』(志学社，2021 年)。

ストローブ・タルボット『米ソ核軍縮交渉——成功への歩み』加藤紘一・茂田宏・桂誠 (訳)，(サイマル出版会，1988 年)。

津崎直人『ドイツの核保有問題——敗戦から NPT 加盟，脱原子力まで』(昭和堂，2019 年)。

坪内淳「欧州安全保障協力会議 (CSCE) における信頼醸成措置 (CBM) の確立と発展——ヘルシンキ宣言とストックホルム文書を中心として」『早稲田政治公法研究』第 47 号 (1994 年) 63–90 頁。

セイモア・M・ハーシュ『目標は撃墜された——大韓航空機事件の真実』篠田豊 (訳)，(文藝春秋，1986 年)。

橋口豊「米ソ・デタントと新冷戦 (1)——ヨーロッパにおける東西対立の本質」『名古屋大学法政論集』第 162 号 (1995 年) 37–69 頁。

橋口豊「米ソ・デタントと新冷戦 (2)——ヨーロッパにおける東西対立の本質」『名古屋大学法政論集』第 163 号 (1996 年) 89–130 頁。

ロドリク・ブレースウェート『アフガン侵攻 1979–89——ソ連の軍事介入と撤退』河野純治 (訳)，(白水社，2013 年)。

福田毅「軍縮／軍備管理概念の再検討——軍備の道徳的評価をめぐる冷戦期の対立と現

代における再燃」日本軍縮学会（編）『軍縮・不拡散の諸相』（信山社，2019 年）45-68 頁。

堀田主「ストックホルム軍縮会議の再生——現地査察問題をめぐるソ連外交，1985-1986」『ロシア・東欧研究』第 50 号（2021 年）104-125 頁。

堀田主「「欧州共通の家」構想の成立——ミハイル・ゴルバチョフとソ連の対ヨーロッパ政策，一九八四——九八七年」『法学政治学論究』第 134 号（2022 年）307-345 頁。

デイヴィッド・E・ホフマン『死神の報復（上）——レーガンとゴルバチョフの軍拡競争』平賀秀明（訳），（白水社，2016 年）。

益田実「アフガニスタン侵攻と英米関係——対ソ制裁をめぐる西側同盟内の対立」益田実・齋藤嘉臣・三宅康之（編）『デタントから新冷戦へ——グローバル化する世界と揺らぐ国際秩序』（法律文化社，2022 年）92-112 頁。

宮脇昇『CSCE の人権レジームの研究』（国際書院，2003 年）。

百瀬宏・植田隆子（編）『欧州安全保障協力会議（CSCE）1975-92』（日本国際問題研究所，1992 年）。

森聡「ドイツ統一と NATO の変容——統一ドイツの NATO 帰属合意をめぐる政治と外交」菅英輝（編）『冷戦と同盟——冷戦終焉の視点から』（松籟社，2014 年）257-286 頁。

J＝S・モングルニエ『ヨーロッパの地政学　安全保障の今』中村雅治（訳），（白水社，2024 年）。

山本健太郎『ドゴールの核政策と同盟戦略——同盟と自立の狭間で』（関西学院大学出版会，2012 年）。

山本健『同盟外交の力学——ヨーロッパ・デタントの国際政治史 1968-1973』（勁草書房，2010 年）。

山本健「天然ガス・パイプライン建設をめぐる西側同盟　一九八一〜一九八二年」益田実・青野利彦・池田亮・齋藤嘉臣（編）『冷戦史を問いなおす——「冷戦」と「非冷戦」の境界』（ミネルヴァ書房，2015 年）125-145 頁。

山本健「ポーランド危機と西側諸国の対応，1980-81 年——安定化政策と緊急対応政策」『西南学院大学法学論集』第 49 巻第 1 号（2016 年）102-120 頁。

山本健「新冷戦とヨーロッパ・デタント」『西南学院大学法学論集』第 54 巻第 2 号（2022 年）41-70 頁。

山本真智子「一九七〇年代及び一九八〇年代におけるフランスの「抑止，防衛，デタント」政策」『国際政治』第 157 号（2009 年）43-56 頁。

マーティン・ユアンズ『アフガニスタンの歴史——旧石器時代から現在まで』金子民雄（監修），柳沢圭子ほか（訳），（明石書店，2002 年）。

吉田徹「政権交代とミッテラン外交——「ユーロ・ミサイル危機」をケースとして」『国際政治』第 177 号（2014 年）57-69 頁。

吉留公太『ドイツ統一とアメリカ外交』（晃洋書房，2021 年）。

吉留公太「冷戦史研究における「新冷戦」論の問題点」『国際経営論集』第 66 号（2023 年）1-25 頁。

李雄賢『ソ連のアフガン戦争——出兵の政策決定過程』（信山社，2002 年）。

李秉哲『新冷戦・新デタントと日本の東アジア外交——大平・鈴木・中曽根政権の対韓協力を中心に』（東京大学出版会，2023 年）。

若月秀和『冷戦の終焉と日本外交——鈴木・中曽根・竹下政権の外政 1980〜1989 年』（千倉書房，2017 年）。

渡邊啓貴『ミッテラン時代のフランス（増補版）』(RFP 叢書，1993 年)。

注

用語解説

（1）ルーマニアのヨーロッパ安全保障協力会議（CSCE）政策については以下参照。Mihael E. Ionescu, "Romania's Special Position within the Eastern Bloc during the CSCE Follow-Up Conferences of Belgrade and Madrid", in Matthias Peter and Hermann Wentker (eds.), *Die KSZE im Ost-West Konflikt : Internationale Politik und gesellschaftliche Transformation (1975-1990)*, Oldenbourg Wissenschaftsverlag, 2012, pp. 137-154.

（2）宮脇昇『CSCE の人権レジームの研究』（国際書院，2003 年）18 頁。

（3）Matej Bily, *The Warsaw Pact, 1985-1991 : Disintegration and Dissolution*, Routledge, 2022.

（4）Ibid., Chapter 9 [Rakuten Kobo Version].

（5）スペインは加盟前より西側諸国間のヨーロッパ安全保障協力会議（CSCE）政策面での協議に加わっていた。Karl E. Birnbaum, "Alignments in Europe : The CSCE Experience", *The World Today*, 37 : 6, 1981, pp. 219-223.

（6）フランスと NATO とのかかわりについては以下を参照。Frédéric Bozo, *La France et l'OTAN : De la guerre froide au nouvel ordre européen*, Masson, 1991.

（7）ヨーロッパ政治協力（EPC）は政府間協力の枠組みであるため，超国家的な EC 委員会（今日の欧州委員会）などの関与は制約されていた。詳しくは第 1 章参照。

（8）本文は以下参照。"Final Recommendation of The Helsinki Consultations", Helsinki, 1973, available at https://www.osce.org/files/f/documents/f/c/40213.pdf, accessed August 21, 2022.

（9）Nicolas Badalassi, "Un continent, deux visions. La France, les États-Unis et le processus d'Helsinki", *Relations internationales*, 154 : 2, 2013, pp. 107-123.

（10）Michel Tatu, "Valéry Giscard d'Estaing et la détente", in Samy Cohen and Marie-Claude Smouts (eds.), *La politique extérieure de Valéry Giscard d'Estaing*, Presses de la Fondation nationale des science politiques, 1985, pp. 196-217, at p. 210.

（11）Pierre Hassner, "Eurocommunism and Detente", *Survival*, 19 : 6, 1977, pp. 251-254.

（12）R. W. スチーブンスン『デタントの成立と変容——現代米ソ関係の政治力学』滝田賢治（訳），（中央大学出版部，1989 年）。

（13）高橋進「西欧のデタント——東方政策試論」犬童一男・山口定・馬場康雄・高橋進（編）『戦後デモクラシーの変容』（岩波書店，1991 年）1-68 頁。

（14）スチーブンスン，前掲書，16 頁。なお，原文では "process of easing of tension between states whose interests are so radically divergent that reconciliation is inherently limited." となっており，「……国家間の緊張緩和の過程」と訳すのが正確であろう。Richard Stevenson, *The Rise and Fall of Détente : Relaxations of Tension in U. S.-Soviet Relations, 1953-1984*, Macmillan, 1985, p. 11.

（15）Jussi Hanhimäki, "Détente in Europe, 1962-1975", in Melvyn P. Leffler and Odd Arne Westad (eds.), *The Cambridge History of the Cold War : Volume II : Crises and Détente*, Cambridge University Press, 2010, pp. 198-218, at p. 198.

（16）先行研究でも「1970 年代に「新冷戦」が開始したと論じられることはない」と指摘されている。山本健「新冷戦とヨーロッパ・デタント」『西南学院大学法学論集』第 54 巻第 2 号（2022 年）41–70 頁，脚注 3。
（17）新冷戦（原文では「第二次冷戦」）を取り上げたドナヒーの先行研究も，1985 年 11 月の首脳会談までを対象としている。Aaron Donaghy, *The Second Cold War : Carter, Reagan, and the Politics of Foreign Policy*, Cambridge University Press, 2021.
（18）山本，前掲論文；吉留公太「冷戦史研究における「新冷戦」論の問題点」『国際経営論集』第 66 号（2023 年）1–25 頁。
（19）当時の認識からしても，新冷戦の収束と冷戦終結は異なると考えられていたようである。1990 年 4 月に出版されたコックスの論文では，「第二次冷戦」は終わったと見られる一方で，東西関係の新たなフェーズが「冷戦の終わり」か「新たな超大国間のデタント」であるかは見解が分かれていたと論じられている。Michael Cox, “Whatever Happened to the ‘Second’ Cold War ? Soviet-American Relations : 1980–1988”, *Review of International Studies*, 16 : 2, 1990, pp. 155–172.
（20）Fred Halliday, *The Making of the Second Cold War*, Verso, 1983.

序　章

（1）核弾頭数については以下参照。“Data Page : Estimated nuclear warhead stockpiles”, part of the following publication : Bastian Herre, Pablo Rosado, Max Roser and Joe Hasell（2024）- “Nuclear Weapons”. Data adapted from Federation of American Scientists. Retrieved from https://ourworldindata.org/grapher/nuclear-warhead-stockpiles-lines [online resource], accessed March 25, 2024. アメリカの核弾頭数自体は 1980 年代前半に大きく変化していないが，先制攻撃能力は高まっていた。“Data Page : Estimated number of nuclear warheads deliverable in first strike”, part of the following publication : Bastian Herre, Pablo Rosado, Max Roser and Joe Hasell（2024）- “Nuclear Weapons”. Data adapted from Suh. Retrieved from https://ourworldindata.org/grapher/estimated-nuclear-warheads-deliverable-in-first-strike [online resource], accessed March 25, 2024.
（2）*Foreign Relations of the United States*（以下 *FRUS*）, 1981–1988, IV, Doc. 108.
（3）Andrei Gromyko, *Memoirs*, translated by Harold Shukman, Doubleday, 1989, p. 301.
（4）Vladislav M. Zubok, *A Failed Empire : The Soviet Union in the Cold War from Stalin to Gorbachev*, 2009, University of North Carolina Press, p. 274.
（5）会議の正式名称は The Conference on Confidence- and Security-Building Measures and Disarmament in Europe であるが，同名称が長いこともあり一般的には Conference on Disarmament in Europe または CDE と呼称される。
（6）新冷戦とヨーロッパデタントについて検討した最近の研究（研究動向への言及も含む）は以下参照。山本健「新冷戦とヨーロッパ・デタント」『西南学院大学法学論集』第 54 巻第 2 号（2022 年）41–70 頁。なお，新冷戦下でのヨーロッパデタントの持続性を指摘する見方は一次史料開示前の 1990 年代にも見られた。初期の例としては，米ソ関係研究の大家であるガーソフの著者を参照。Raymond Garthoff, *The Great Transition : American-Soviet Relations and the End of the Cold War*, Brookings, 1994, p. 597. また日本においても，90 年代にカルドー（Mary Kaldor）の研究の視座を取り入れて新冷戦下におけるヨーロッパデタントの構造化を論じた研究がある。橋口豊「米

ソ・デタントと新冷戦（1）——ヨーロッパにおける東西対立の本質」『名古屋大学法政論集』第162号（1995年）37-69頁；橋口豊「米ソ・デタントと新冷戦（2）——ヨーロッパにおける東西対立の本質」『名古屋大学法政論集』第163号（1996年）89-130頁。

（7）Oliver Bange and Poul Villaume (eds.), *The Long Détente : Changing Concepts of Security and Cooperation in Europe, 1950s–1980s*, CEU Press, 2017.　本書の一部を構成するニーダーハルトの立場は独特であり，「冷戦」は1940年代から50年代にかけての時期を指し，その後は「デタント」であったと論じる。Gottfried Niederhart, “East-West Conflict : Short Cold War and Long Détente. An Essay on Terminology and Periodization”, in Oliver Bange and Poul Villaume (eds.), *The Long Détente*, pp. 19–30.

（8）この立場をとる先行研究の例としては以下参照。Lawrence S. Kaplan, “NATO United, NATO Divided : The Transatlantic Relationship”, in Mary Ann Heiss and S. Victor Papacosma (eds.), *NATO and the Warsaw Pact : Intrabloc Conflicts*, The Kent State University Press, 2008, pp. 3–24, at p. 15 ; Angela Romano, “The Main Task of the European Political Cooperation : Fostering Détente in Europe”, in Poul Villaume and Odd Arne Westad (eds.), *Perforating the Iron Curtain : European Détente, Transatlantic Relations, and the Cold War, 1965–1985*, Museum Tusculanum Press, 2010, pp. 123–141 ; Laura Fasanaro, “Continuity and Transformation : Alternate Visions of Italy's Three Decades of Détente”, in Oliver Bange and Poul Villaume (eds.), *The Long Détente*, pp. 155–182 ; Werner D. Lippert, “European Long-Term Investments in Détente : The Implications of East-West Economic Cooperation”, in Oliver Bange and Poul Villaume (eds.), *The Long Détente*, pp. 77–93 ; Stephan Kieninger, *The Diplomacy of Détente : Cooperative Security Policies from Helmut Schmidt to George Shultz*, Routledge, 2018 ; Maria Eleonora Guasconi, “ ‘Keeping Détente Alive’ : European Political Cooperation and East-West Dialogue during the 1980s”, *De Europa*, 2 : 2, 2019, pp. 87–101 ; O・A・ウェスタッド『冷戦——ワールド・ヒストリー（下）』益田実（監訳），（岩波書店，2020年）268–269頁。

（9）Daniel C. Thomas, *The Helsinki Effect : International Norms, Human Rights, and the Demise of Communism*, Princeton University Press, 2001 ; J. L. ガディス『冷戦——その歴史と問題点』河合秀和・鈴木健人（訳），（彩流社，2007年）217–219頁；Sarah Snyder, *Human Rights Activism and the End of the Cold War*, Cambridge University Press, 2011 ; Michael Cotey Morgan, *The Final Act : The Helsinki Accords and the Transformation of the Cold War*, Princeton University Press, 2018. フランスの外交官であり駐米大使も務めたアンドレアーニも同様の見方をする。Jacques Andréani, *Le piège : Helsinki et la chute du communisme*, Odile Jacob, 2005.

（10）人的次元とは，ヨーロッパ安全保障協力会議（CSCE）の文脈で用いられる“The Human Dimension”の訳語である。CSCEの人的次元は以下の二分野より構成される。（1）第1バスケットの10原則（主権平等，武力行使または武力による威嚇の禁止，国境不可侵などを規定）のなかの第7原則「人権並びに基本的自由の尊重」，（2）第3バスケット（人道およびその他の分野における協力を規定。主な内容としては人や情報の移動の自由）。つまり，「人的次元」とは人権および人道の双方を指し，第1バスケットと第3バスケットにまたがる。なお，CSCE第1バスケットは10原則の他に軍事的安全保障の次元（信頼醸成措置）を含んでいる。そして，一般的に

「第1バスケット」という言い方は軍事面を指すことが多い。要するに「バスケット」という括りは誤解を招きかねない表現である。そこで，本書では可能な限り「人的次元」「軍事的安全保障の次元」「経済的次元」（経済的次元は第2バスケットにそのまま相当する）という表記を用いる。

（11）前掲注6で紹介したガーソフの研究でも，「貿易，旅行，二国間のあらゆる種類の接触を通じた有機的なネットワークの発展」，つまり経済的次元および人的次元が重要であったと論じられている。Raymond Garthoff, *The Great Transition*, p. 597.

（12）軍事的安全保障の次元でのヨーロッパデタントに着目する数少ない研究としては，以下が挙げられる。Veronika Heyde, *Frankreich im KSZE-Prozess. Diplomatie im Namen der europäischen Sicherheit 1969–1983*, De Gruyter Oldenbourg, 2016 ; Angela Romano, “Re-designing Military Security in Europe : Cooperation and Competition between the European Community and NATO during the early 1980s”, *European Review of History : Revue européenne d'histoire*, 24 : 3, 2017, pp. 445–471. また例外的に，ヨーロッパ安全保障協力会議（CSCE）マドリード再検討会議を取り上げた先行研究の多くは，1981年12月のポーランド戒厳令後にCSCEが存続した背景にはヨーロッパ軍縮会議（CDE）があったことを指摘する。それらの研究は第3章で紹介する。

（13）ヨーロッパ政治協力（EPC）とは，ヨーロッパ共同体（EC）加盟国が外交政策面での調整を図り，そして可能な場合には共同行動をとるための政府間のメカニズムである。ヨーロッパ政治協力については第1章を参照。

（14）「共通の安全保障」の概念は，1982年に国連事務総長に提出された「軍縮と安全保障問題に関する独立委員会」（「パルメ委員会」）の報告書によって打ち出された。

（15）その帰結としてフランスは部分的核実験禁止条約（PTBT），核兵器不拡散条約（NPT）を批准せず，また中欧相互兵力削減交渉（MBFR）にも参加していなかった。

（16）英仏はともに核保有国であるうえ，西ドイツに兵力を駐留させていた。

（17）サッチャーが「鉄の女」として知られるきっかけとなったのが，1976年1月24日に保守党党首として実施したスピーチであった。彼女がスピーチでソ連を強く非難したことを受け，ソ連の『クラスナヤ・ズヴェズダ（赤い星）（*Krasnaya Zvezda*）』紙は彼女を「鉄の女」と名づけた。“‘Irony Lady’ : How a Moscow Propagandist Gave Margaret Thatcher Her Famous Nickname”, *The Washington Post*, April 8, 2013.

（18）Brian White, *Britain, Détente and Changing East-West Relations*, Routledge, 1992, p. 14.

（19）Peter Jenkins, *Mrs Thatcher's Revolution : The Ending of the Socialist Era*, Jonathan Cape, 1987, p. 285.

（20）Paul Sharp, *Thatcher's Diplomacy : The Revival of British Foreign Policy*, Macmillan Press, 1997, p. 30.

（21）Lord Carrington, “European Political Co-Operation : America Should Welcome It”, *International Affairs*, 58 : 1, 1981, pp. 1–6.

（22）なお，フランスにとって，イギリスの対ソ姿勢はアメリカに近く，強硬に映ることもあった。同時に，フランスはイギリスがヨーロッパ軍縮会議（CDE）の擁護者であるともみなしていた（Archives nationales-Pierrefitte-sur-Seine, AG/5（3）/996, “Note pour la président de la République : Sommet franco-britannique”, September 15, 1980, Paris）。これは，イギリスのヨーロッパデタントへの取り組みのなかで，CDEが顕著な事例であったことを物語るものであろう。

（23）N. Piers Ludlow, “The Unnoticed Apogee of Atlanticism ? : US-Western European Relations during the Early Reagan Era”, in Kiran K. Patel and Ken Weisbrode（eds.）, *European Integration and the Atlantic Community in the 1980s*, Cambridge University Press, 2013, pp. 17–38, at p. 20.

（24）Pierre Hassner, “Les mots et les choses”, in Samy Cohen and Marie-Claude Smouts（eds.）, *La politique extérieure de Valéry Giscard d'Estaing*, Presses de la Fondation nationale des science politiques, 1985, pp. 232–241, at p. 239.

（25）Frédéric Bozo, “La France, fille aînée de l'Alliance ? La politique atlantique de François Mitterrand”, in Serge Berstein, Pierre Milza and Jean-Louis Bianco（eds.）, *Les années Mitterrand : Les années du changement（1981–1984）*, Perrin, 2001, pp. 195–219, at p. 200.

（26）Frédéric Bozo, “Before the Wall : French Diplomacy and the Last Decade of the Cold War”, in Olav Njølstad（ed.）, *The Last Decade of the Cold War : From Conflict Escalation to Conflict Transformation*, Routledge, 2004, pp. 288–316, at p. 296.

（27）Ronald Reagan Presidential Library, National Security Decision Directive Number 32, “U. S. National Security Strategy”, May 20, 1982. Available at https://www.reaganlibrary.gov/public/archives/reference/scanned-nsdds/nsdd32.pdf, accessed March 29, 2024. なお，近年ではレーガンは就任直後からソ連への関与を試みていたと指摘する研究もある。Simon Miles, *Engaging the Evil Empire : Washington, Moscow, and the Beginning of the End of the Cold War*, Cornell University Press, 2020.

（28）Ronald Reagan Presidential Library, National Security Decision Directive Number 75, “U. S. Relations with the USSR”, January 17, 1983. Available at https://www.reaganlibrary.gov/public/archives/reference/scanned-nsdds/nsdd75.pdf, accessed August 28, 2023.

（29）前掲注 8。このほか，ヨーロッパデタントの核であるヨーロッパ安全保障協力会議（CSCE）マドリード再検討会議の経緯を取り上げた代表的研究としては以下がある。Douglas Selvage, “The Politics of the Lesser Evil : The West, the Polish Crisis, and the CSCE Review Conference in Madrid, 1981–1983”, in Leopold Nuti（ed.）, *The Crisis of Détente in Europe : From Helsinki to Gorbachev, 1975–1985*, Routledge, 2009, pp. 41–54 ; Sarah Snyder, “The CSCE and the Atlantic Alliance : Forging a New Consensus in Madrid”, *Journal of Transatlantic Studies*, 8 : 1, 2010, pp. 56–68 ; Angela Romano, “More Cohesive, Still Divergent : Western Europe, the US and the Madrid CSCE Follow-Up Meeting”, in Kiran K. Patel and Ken Weisbrode（eds.）, *European Integration and the Atlantic Community in the 1980s*, Cambridge University Press, 2013, pp. 39–58.

（30）先行研究が指摘するように，従来は 1984 年から 86 年にかけてはヨーロッパ安全保障協力会議（CSCE）の停滞期であったとみなされてきた（Sarah Snyder, “The Foundation for Vienna : A Reassessment of the CSCE in the mid-1980s”, *Cold War History*, 10 : 4, 2010, pp. 493–512）こともその一因であろう。

（31）ドイツ統一と NATO 帰属をめぐる経緯についての研究は数多くあるが，もっとも代表的なものとしては以下参照。Mary Elise Sarotte, *1989 : The Struggle to Create Post-Cold War Europe（Revised Edition）*, Princeton University Press, 2014. 主要な邦語文献としては，以下参照。森聡「ドイツ統一と NATO の変容——統一ドイツの NATO 帰属合意をめぐる政治と外交」菅英輝（編）『冷戦と同盟——冷戦終焉の視点から』（松籟社，2014 年）257–286 頁；志田淳二郎『米国の冷戦終結外交——ジョージ・H・

W・ブッシュ政権とドイツ統一』（有信堂，2020 年）；吉留公太『ドイツ統一とアメリカ外交』（晃洋書房，2021 年）；板橋拓己『分断の克服 1989-1990——統一をめぐる西ドイツ外交の挑戦』（中央公論新社，2022 年）。なお，ドイツ統一に関する近年の研究動向は吉留，前掲書の第 1 部を参照。

（32）軍備管理はもともと軍縮とは異なる概念として冷戦期に生み出された。しかし，実政策面では両者を切り分けることは難しく，一括りにされることが多い。日本の外務省の所管課が「軍備管理軍縮課」であることも，両者を峻別することの難しさを示している。それゆえ本書は両者を区分せずに用いることにしたい。なお，軍備管理と軍縮の関係については以下参照。福田毅「軍縮／軍備管理概念の再検討——軍備の道徳的評価をめぐる冷戦期の対立と現代における再燃」日本軍縮学会（編）『軍縮・不拡散の諸相』（信山社，2019 年）45-68 頁。

（33）主な論文集は以下参照。Leopold Nuti, Frédéric Bozo, Marie-Pierre Rey and Bernd Rother (eds.), *The Euromissile Crisis and the End of the Cold War*, Woodrow Wilson Center Press, 2015 ; Philipp Gassert, Tim Geiger and Hermann Wentker (eds.), *The INF Treaty of 1987 : A Reappraisal*, Vandenhoeck & Ruprecht, 2020. 主な単著は以下参照。瀬川高央『米ソ核軍縮交渉と日本外交——INF 問題と西側の結束 1981-1987』（北海道大学出版会，2016 年）；Susan Colbourn, *Euromissiles : The Nuclear Weapons That Nearly Destroyed NATO*, Cornell University Press, 2022.

（34）Svetlana Savranskaya, “Learning to Disarm : Milkahil Gorbachev’s Interactive Learning and Changes in the Soviet Negotiating Positions Leading to the INF Treaty”, in Leopold Nuti, Frédéric Bozo, Marie-Pierre Rey and Bernd Rother (eds.), *The Euromissile Crisis and the End of the Cold War*, Woodrow Wilson Center Press, 2015, pp. 85-103.

（35）Eduard Shevardnadze, *The Future Belongs to Freedom,* Sinclair-Stevenson Ltd., 1991, p. 89. なお，本書には日本語版があるが（エドアルド・A・シェワルナゼ『希望』朝日新聞外報部（訳）朝日新聞社，1991 年），該当部（149 頁）ではヨーロッパ軍縮会議（CDE）の合意した年を 1985 年と誤記していることから，英語版を参照した。

（36）それらの研究は第 4 章で紹介する。他方でヨーロッパ軍縮会議（CDE）に関する同時代研究は多く見られ，当時の国際政治における CDE の重要性を物語る。

（37）この点は近著でも指摘されている。Aaron Donaghy, *The Second Cold War : Carter, Reagan, and the Politics of Foreign Policy*, Cambridge University Press, 2021, Introduction [Rakuten Kobo Version]. ただし近年では 1980 年代前半の動向に言及する研究は増加傾向にある。主要な研究としては以下参照。James Graham Wilson, *The Triumph of Improvisation : Gorbachev’s Adaptability, Reagan’s Engagement, and the End of the Cold War*, Cornell University Press, 2014 ; Hal Brands, *Making the Unipolar Moment : U. S. Foreign Policy and the Rise of the Post-Cold War Order*, Cornell University Press, 2016 ; Archie Brown, *The Human Factor : Gorbachev, Reagan, and Thatcher, and the End of the Cold War*, Oxford University Press, 2020 ; Simon Miles, *Engaging the Evil Empire.*

（38）複数の関係論文を収録した論文集として以下を参照。Michael Gehler and Wilfried Loth (eds.), *Reshaping Europe : Towards a Political, Economic and Monetary Union, 1984-1989*, Nomos, 2020.

（39）イギリスの役割に着目した研究は以下参照。粕谷真司「サッチャー政権のヨーロッパ政策と欧州政治協力——単一欧州議定書と欧州政治協力事務局の設置をめぐって，

1984–1986 年」『国際情勢 紀要』（世界政経調査会国際情勢研究所事務局編，2023 年）79–108 頁。

（40） Sally Rohan, *The Western European Union : International Politics Between Alliance and Integration*, Routledge, 2014.

（41） 先行研究では，新冷戦という国際環境とヨーロッパ統合との連関が指摘されている。Antonio Varsori, “The Relaunching of Europe in the Mid-1980s”, in Kiran Klaus Patel and Kenneth Weisbrode（eds.）, *European Integration and the Atlantic Community in the 1980s*, Cambridge University Press, 2013, pp. 226–242 ; N. Piers Ludlow, “More than Just a Single Market : European Integration, Peace and Security in the 1980”, *The British Journal of Politics and International Relations*, 19 : 1, 2017, pp. 48–62.

（42） Available at https://www.margaretthatcher.org/.

（43） Available at https://www.vie-publique.fr/ ; https://www.elysee.fr/.

（44） Available at https://foia.state.gov/.

（45） Available at https://www.cia.gov/readingroom/home.

（46） Available at https://www.reaganlibrary.gov/.

（47） Available at https://www.thereaganfiles.com/index.html. 同ウェブサイトに掲載されている史料は，レーガン大統領図書館に所蔵されているものの同図書館のウェブサイトでは公開されていないものが多い。

（48） Available at https://proquest.libguides.com/dnsa ; https://nsarchive.gwu.edu/digital-national-security-archive.

（49） 実務家の著作は同時代研究の形で出版されていることが多い。1980 年から 83 年のヨーロッパ安全保障協力会議（CSCE）マドリード再検討会議についての代表的な著作としては以下参照。Jan Sizoo and Rudolph Th. Jurrjens, *CSCE Decision-making : The Madrid Experience*, M. Nijhoff Publishers, 1984. また，84 年から 86 年のヨーロッパ軍縮会議（CDE）についての代表的な著作としては以下参照。John Freeman, *Security and the CSCE Process : The Stockholm Conference and Beyond*, Macmillan, 1991 ; Oleg Grinevski and Lynn M. Hansen, *Making Peace : Confidence and Security in a New Europe*, Eloquent Books, 2009.

（50） Martin Brown and Angela Romano, “Executors or Creative Deal-Makers ? : The Role of the Diplomats in the Making of the Helsinki CSCE”, in Nicolas Badalassi and Sarah B. Snyder（eds.）, *The CSCE and the End of the Cold War : Diplomacy, Societies and Human Rights*, Berghahn Books, 2018, Chapter 2［Kindle Version］. また，1980 年代後半の通常戦力をめぐる軍備管理交渉を取り上げた先行研究も，関係者間の認識共同体が存在したと想定している。Kevin Wright, *Arms Control and Security : The Changing Role of Conventional Arms Control in Europe*, Ashgate, 2000.

（51） 1979 年 11 月のヨーロッパ政治協力（EPC）外相会合のコミュニケ，そして 12 月の北大西洋理事会・閣僚会合のコミュニケをもって，ヨーロッパ軍縮会議（CDE）は西側諸国の対東側政策に位置づけられた。

（52） *Documents on British Policy Overseas, Series III, Volume VIII : The Invasion of Afghanistan and UK-Soviet Relations, 1979–1982*, Doc. 72, pp. 168–173.

第1章

（1）米ソデタントの崩壊過程に関する研究は数多い。古典的研究としては以下参照。R. W. スチーブンスン『デタントの成立と変容——現代米ソ関係の政治力学』滝田賢治（訳）（中央大学出版部，1989年）。また，近年では一次史料にもとづく研究も進んでいる。代表的なものとしては以下参照。Odd Arne Westad（ed.), *The Fall of Détente : The Soviet-American Relations during the Carter Year*, Scandinavian University Press, 1997 ; Nancy Mitchell, "The Cold War and Jimmy Carter", in Melvyn P. Leffler and Odd Arne Westad（eds.), *The Cambridge History of the Cold War : Volume III : Endings*, Cambridge University Press, 2010, pp. 66–88 ; Olav Njølstad, "The Collapse of Superpower Détente, 1975–1980", in Melvyn P. Leffler and Odd Arne Westad（eds.), *The Cambridge History of the Cold War : Volume III : Endings*, pp. 135–155 ; Jussi Hanhimäki, *The Rise and Fall of Détente : American Foreign Policy and the Transformation of Cold War*, Potomac Books, 2013 ; Barbara Zanchetta, *The Transformation of American International Power in the 1970s*, Cambridge University Press, 2014.

（2）フォード大統領は大統領選挙前に「デタント」という語の使用を取り止めている。経緯は以下参照。Julian E. Zelizer, "Détente and Domestic Politics", *Diplomatic History*, 33 : 4, 2009, pp. 653–670.

（3）ヨーロッパ安全保障協力会議（CSCE）プロセスの後身であるヨーロッパ安全保障協力機構（OSCE）プロセスの研究者でさえ，これまでは1977年から78年のCSCEベオグラード再検討会議を無視してきたことが指摘されている。Vladimir Bilandžić, Dittmar Dahlmann and Milan Kosanović, "Introduction. Belgrade CSCE Follow-up Meeting 1977–1978 Thirty Years on : Relevance for Today's Europe", in Vladimir Bilandžić, Dittmar Dahlmann and Milan Kosanović（eds.), *From Helsinki to Belgrade : The First CSCE Follow-up Meeting and the Crisis of Détente*, Bonn University Press/V & R unipress, 2012, pp. 7–24, at p. 8. ただしレジーム論の見地からは，75年にヘルシンキで合意されたレジームがいかにして発展したかを取り上げた研究が見られる。栗栖薫子「欧州安全保障協力会議（CSCE）の人的次元——レジーム論による分析」『国際政治』第112号（1996年）139–157頁；宮脇昇『CSCEの人権レジームの研究』（国際書院，2003年）。

（4）それらの研究は，同時期のヨーロッパ安全保障協力会議（CSCE）プロセスの最大の出来事であるベオグラード再検討会議に目を向けている。包括的な研究としては以下の論文集がある。Vladimir Bilandžić, Dittmar Dahlmann and Milan Kosanović（eds.), *From Helsinki to Belgrade*. また，邦語文献としては米独関係の観点から同会議を取り上げたものがある。妹尾哲志「西独シュミット外交と独米関係——人権問題をめぐる西側同盟の協調と対立」益田実・齋藤嘉臣・三宅康之（編）『デタントから新冷戦へ——グローバル化する世界と揺らぐ国際秩序』（法律文化社，2022年）27–48頁；妹尾哲志『冷戦変容期の米独関係と西ドイツ外交』（晃洋書房，2022年）141–178頁。さらに，アメリカの人権外交の観点からCSCEベオグラード再検討会議の役割を評価する研究もある。Sarah Snyder, *Human Rights Activism and the End of the Cold War : A Transnational History of the Helsinki Network*, Cambridge University Press, 2011, pp. 81–114.

（5）Veronika Heyde, "Ambiguous Détente. The French Perception of Stability at the End of the

Seventies", in Claudia Hiepel (ed.), *Europe in a Globalising World : Global Challenges and European Responses in the "Long" 1970s*, Nomos, 2014, pp. 69–87 ; Veronika Heyde, *Frankreich im KSZE-Prozess. Diplomatie im Namen der europäischen Sicherheit 1969–1983*, De Gruyter Oldenbourg, 2016.

（6）Angela Romano, "Re-designing Military Security in Europe : Cooperation and Competition between the European Community and NATO during the Early 1980s", *European Review of History : Revue européenne d'histoire*, 24 : 3, 2017, pp. 445–471.

（7）Matthias Peter, *Die Bundesrepublik im KSZE-Prozess 1975–1983. Die Umkehrung der Diplomatie*, De Gruyter Oldenbourg, 2015.

（8）経緯については以下参照。山本健『同盟外交の力学——ヨーロッパ・デタントの国際政治史 1968–1973』（勁草書房，2010 年）。

（9）軍事的安全保障の次元でのデタントを指す用語として，先行研究では「軍事デタント」（金子讓『NATO 北大西洋条約機構の研究——米欧安全保障関係の軌跡』彩流社，2008 年）や「軍縮・軍備管理デタント」（山本，前掲書）など多様な表現が見受けられる。

（10）核兵器不拡散条約（NPT）がヨーロッパの安全保障秩序や東方外交に与えた影響に関する最近の研究としては以下参照。津崎直人『ドイツの核保有問題——敗戦から NPT 加盟，脱原子力まで』（昭和堂，2019 年）；岩間陽子『核の一九六八年体制と西ドイツ』（有斐閣，2021 年）。第一次戦略兵器制限交渉（SALT I）の進展がヨーロッパ安全保障協力会議（CSCE）をめぐる交渉開始条件の 1 つであることは，1970 年 5 月の北大西洋理事会コミュニケにも記載されている。Final Communiqué (26–27 May 1970). Available at https://www.nato.int/docu/comm/49-95/c700526a.htm, accessed September 9, 2020.

（11）中欧相互兵力削減交渉（MBFR）については以下参照。John G. Keliher, *The Negotiations on Mutual and Balanced Force Reductions : The Search for Arms Control in Central Europe*, Pergamon Press, 1980.

（12）Hedley Bull, "Arms Control : A Stocktaking and Prospectus", *The Adelphi Papers*, 9 : 55, 1969, pp. 11–20.

（13）Hedley Bull, "The Classical Approach to Arms Control : Twenty Years After", in Uwe Nerlich (ed.), *Soviet Power and Western Negotiating Policies, vol. 2 : The Western Panacea : Constraining Soviet Power through Negotiation*, Ballinger, 1983, pp. 21–30. この考え方は NATO の役割を再検討した 1967 年のアルメル報告書（Harmel Report）にも表出した。同報告書は NATO の役割は抑止・防衛とデタントの 2 つであるとした上で，軍事的安全保障とデタントは相互補完的であると論じた。

（14）NATO 長期防衛プログラムは通常戦力の強化に取り組むものであった。同プログラムの概要は以下参照。Report to the Congress of the United States by the Comptroller General, "NATO's New Defense Program : Issues for Consideration", July 9, 1979. Available at https://www.gao.gov/assets/id-79-4a.pdf, accessed April 28, 2024.

（15）山本，前掲書。

（16）ヨーロッパ安全保障協力会議（CSCE）ヘルシンキ合意に至る過程においてヨーロッパ政治協力（EPC）が果たした役割の重要性を指摘する研究は多く存在する。代表的研究は以下参照。Daniel Möckli, *European Foreign Policy During the Cold War : Heath,*

Brandt, Pompidou and the Dream of Political Unity, I. B.Tauris, 2008 ; Angela Romano, *From Détente in Europe to European Détente : How the West Shaped the Helsinki CSCE*, Peter Lang, 2009 ; 山本，前掲書。

（17）Maria Găinar, *Aux origines de la diplomatie européenne : Les Neuf et la Coopération politique européenne de 1973 à 1980*, Peter Lang, 2009, p. 478.

（18）Angela Romano, “The European Community and the Belgrade CSCE”, in Vladimir Bilandžić, Dittmar Dahlmann and Milan Kosanović（eds.）, *From Helsinki to Belgrade*, pp. 205–224, at p. 216.

（19）吉川元『ヨーロッパ安全保障会議——人権の国際化から民主化支援への発展過程の考察』（三嶺書房，1994年）121頁。

（20）紛争の平和的解決に関する会合（1978年10月），地中海協力に関する会合（79年2月），科学フォーラム（80年2月）。

（21）ヨーロッパ安全保障協力会議（CSCE）プロセスへの関与はフォード敗北の一因となった。Olav Njølstad, “The Collapse of Superpower Détente”.

（22）“Sakharov Receives Carter Letter Affirming Commitment on Rights”, *The New York Times*, February 18, 1977.

（23）“Carter and Mondale See Bukovsky, a Soviet Dissident”, *The New York Times*, March 2, 1977.

（24）Breck Walker, “Neither Shy nor Demagogic : The Carter Administration Goes to Belgrade”, in Vladimir Bilandžić, Dittmar Dahlmann and Milan Kosanović（eds.）, *From Helsinki to Belgrade*, pp. 185–204, at pp. 196–197.

（25）Sarah Snyder, *Human Rights Activism*, pp. 99–103.

（26）Breck Walker, “Neither Shy nor Demagogic”, p. 185.

（27）非同盟中立諸国の動向については以下参照。Thomas Fischer, “Getting To Know Their Limits : The N+N and the Follow-up Meeting in Belgrade 1977/78”, in Vladimir Bilandžić, Dittmar Dahlmann and Milan Kosanović（eds.）, *From Helsinki to Belgrade*, pp. 163–184. ヨーロッパ共同体（EC）諸国によるアメリカへの説得（ただしEC内部でも足並みの乱れがあった）については以下参照。妹尾，前掲書。

（28）Douglas Selvage, “The Superpowers and the Conference on Security and Cooperation in Europe, 1977–1983 : Human Rights, Nuclear Weapons, and Western Europe”, in Matthias Peter and Hermann Wentker（eds.）, *Die KSZE im Ost-West Konflikt : Internationale Politik und gesellschaftliche Transformation（1975–1990）*, Oldenbourg Wissenschaftsverlag, 2012, pp. 15–58, at p. 25.

（29）イギリス外務省の閣外大臣（Minister of State）は外務大臣（Foreign Secretary）に次ぐ地位にあるが，その名前の通り（通常は）閣議に参加することはなかった。

（30）Hansard report, HL Deb 13 March 1978 vol. 389 cc1053–60. Available at https://api.parliament.uk/historic-hansard/lords/1978/mar/13/the-belgrade-conference, accessed September 9, 2020.

（31）*Journal officiel, Sénat*, séance du 24 octobre 1978. Available at http://www.senat.fr/comptes-rendus-seances/5eme/pdf/1978/10/s19781024_2801_2872.pdf, accessed September 9, 2020.

（32）“Disappointment, not disaster”, *The Times*, March 10, 1978.

（33）“Un échec à 99%”, *Le Monde*, March 10, 1978.

（34）Archives du ministère des Affaires étrangères（以下 AMAE）-La Courneuve, Direction d'Europe 1976–1980, 4210, "Report of the CSCE Working Group on the state of the CSCE Process after Belgrade", April 21, 1978, Copenhagen COREU to All COREU.

（35）The National Archives of the United Kingdom（以下 TNA）, FCO 98/695, "Report by the Nine on specific areas in the Final Act which might be pursued with Eastern Countries", February 1, 1979, CSCE Unit, FCO.

（36）『ベオグラード後の CSCE プロセスの現状についての CSCE 専門家会合報告書』（前掲注 34）にも，新規提案をめぐる合意の余地を見出すには東側諸国との二国間の事前接触が重要であると言及されている。

（37）Archives nationales（以下 AN）- Pierrefitte-sur-Seine, AG/5（3）/1094, "Note de synthèse : Visite officielle de M. le Président de la République en Union soviétique（26–28 avril 1979）", April 20, 1979, Direction d'Europe.

（38）Patrick Vaughan, "Zbigniew Brzezinski and the Helsinki Final Act", in Leopold Nuti（ed.）, *The Crisis of Détente in Europe*, pp. 11–25, at p. 20.

（39）"Giscard Speaks Out", *Newsweek*, 90 : 4, July 25, 1977, pp. 45–48.

（40）西ドイツによるアメリカへの働きかけの経緯は以下参照。妹尾，前掲書。

（41）Angela Romano, "More Cohesive, Still Divergent", p. 43.

（42）AN-Pierrefitte-sur-Seine, AG/5（3）/872, "La détente et ses résultats après Helsinki", March 29, 1977, Direction des affaires politiques.

（43）AMAE-La Courneuve, Direction d'Europe 1976–1980, 4210, "Réunion du Groupe de travail sur la CSCE, 3–4 Avril -Copenhague-", April 5, 1978, Direction d'Europe.

（44）ド・ゴール政権の核政策については以下参照。山本健太郎『ドゴールの核政策と同盟戦略——同盟と自立の狭間で』（関西学院大学出版会，2012 年）。

（45）Jean Klein, "The French Nuclear Force in the Era of Negotiations", in Carlo Schaerf and David Carlton（eds.）, *Reducing Nuclear Arsenals*, Palgrave Macmillan, 1991, pp. 125–140, at p. 130.

（46）United States Arms Control and Disarmament Agency, *Documents on Disarmament 1977*, 1979, pp. 539–540.

（47）AMAE-La Courneuve, Direction d'Europe 1976–1980, 3889, Télégramme 640, "Initiative français en matière de désarmement", August 26, 1977.

（48）"Déclaration du gouvernement français sur le désarmement"（25 janvier 1978）. Available at https://www.cvce.eu/obj/declaration_du_gouvernement_francais_sur_le_desarmement_25_janvier_1978-fr-6dfd2165-88c1-468d-936d-aa2778fb68e0.html, accessed September 9, 2020.

（49）French Government Statement, "The French Position on Disarmament", *Survival*, 20 : 3, 1978, pp. 127–129.

（50）Official Records of the General Assembly, Tenth Special Session, A/S-10/PV.3. Available at https://undocs.org/fr/A/S-10/PV.3, accessed September 9, 2020.

（51）AMAE-La Courneuve, Direction d'Europe 1976–1980, 3889, Télégramme 384, "Projet de Conférence du désarmement en Europe", May 19, 1978, and Télégramme 385, "Projet de Conférence de［sic］désarmement en Europe", May 22, 1978.

（52）Ibid.

（53）ヨーロッパ安全保障協力会議（CSCE）ヘルシンキ合意の規定については以下参照。

"Conference on Security and Co-Operation in Europe : Final Act", Helsinki, 1975. Available at https://www.osce.org/files/f/documents/5/c/39501.pdf, accessed August 19, 2024.

（54）ヘルシンキ合意の信頼醸成措置の実施状況をめぐっては，義務的である措置はほぼ100％実施されたのに対して，任意的である措置の実施状況は相対的に芳しくないとの指摘がなされている。浅田正彦「CSCE プロセスと信頼醸成措置（一）」『岡山大学法学会雑誌』第 40 巻第 1 号（1990 年）87–132 頁，127 頁。

（55）この他に西側 5 ヶ国，東側 3 ヶ国がオブザーバーとして参加した反面，西ドイツに兵力を駐留させていたフランスは空位政策により交渉に参加していなかった。

（56）Jonathan Dean, "MBFR : From Apathy to Accord", *International Security*, 7 : 4, 1983, pp. 116–139.

（57）西側諸国はヨーロッパ軍縮会議（CDE）構想が発表された当初から，同構想が中欧相互兵力削減交渉（MBFR）に与える影響を懸念していた。たとえば，アメリカの最初期の反応は，CDE が中欧相互兵力削減交渉での今後の展開を妨げないことをフランスに求めるものであった。AMAE-La Courneuve, Direction d'Europe 1976–1980, 3889, Télégramme 1627/30, "Réponse Américaine à la proposition française de conférence européenne de désarmement", June 23, 1978.

（58）François Mitterrand, "La Question Préalable", *Le Monde*, December 14, 1977 ; François Mitterrand, "Deux Façons d'Avancer", *Le Monde*, December 15, 1977.

（59）フランス語では "conférence européenne sur la réduction des forces et des tensions"。

（60）Thierry Hubert, "La nouvelle politique française du désarmement", *Annuaire français de droit international*, 24, 1978, pp. 512–519, at pp. 512–513.

（61）Fred Chernoff, "Negotiating Security and Disarmament in Europe", *International Affairs*, 60 : 3, 1984, pp. 429–437.

（62）TNA, FCO 33/3842, "French Proposal for a European Disarmament Conference", January 12, 1979, Burns（Defence Department, FCO）to Gillmore（Defence Department, FCO）and Moberly（Assistant Under-Secretary of State）.

（63）TNA, FCO 33/3842, "French Proposal for a European Disarmament Conference（EDC）", January 22, 1979, Young（British Embassy Paris）to Burns（Defence Department, FCO）.

（64）Veronika Heyde, *Frankreich im KSZE-Prozess*, p. 272.

（65）ただし，軍備管理・軍縮面での「空位政策」の廃止を主張する社会党の存在が，1977 年のジスカール・デスタンによる軍縮政策の見直しの動機の 1 つとなった可能性はある旨，ハイデは指摘している（Ibid., p. 264）。

（66）技術的進歩によりフランスは大気中の核実験をもはや必要としておらず，1974 年を最後に大気中では核実験を行っていなかった。

（67）Thierry Hubert, "La nouvelle politique française", p. 514.

（68）AMAE-La Courneuve, Direction d'Europe 1976–1980, 3889, Télégramme 640, "Initiative français en matière de désarmement", August 26, 1977, and Télégramme 119, "Initiative français en matière de désarmement", February 13, 1978.

（69）前掲注 63。

（70）この点は，NATO 二重決定の出発点の 1 つとみなされることが多い 1977 年 10 月のロンドンでのシュミット首相のスピーチのなかでも言及がされている。Helmut Schmidt, "The 1977 Alastair Buchan Memorial Lecture", *Survival*, 20 : 1, 1978, pp. 2–10.

（71）山本真智子「一九七〇年代及び一九八〇年代におけるフランスの「抑止，防衛，デタント」政策」『国際政治』第157号（2009年）43-56頁。

（72）Loi n° 77-531 du 19 juin 1976 portant approbation de la programmation militaire pour les années 1977-1982.

（73）「71年から76年にかけての軍事計画法」の調達費用に占める通常兵器の割合が63.1%（核兵器の割合が36.9%）であったのに対し，「77年から82年にかけての軍事計画法」の調達費用に占める通常兵器の割合は72.5%（核兵器の割合が27.5%）まで上昇している。また，国防費の総額も1982年には77年の2倍とすることが目標とされた。Raymond Burrell, “The French Communist Party, Nuclear Weapons, and National Defense : Issues of the 1978 Election Campaign”, *National Security Affairs Monograph Series*, 79 : 2, 1979.

（74）Veronika Heyde, *Frankreich im KSZE-Prozess*, p. 264.

（75）Ibid., pp. 269-270.

（76）アメリカの反応については前掲注57。

（77）会合の記録は以下参照。AMAE-La Courneuve, Direction d’Europe 1976-1980, 3889, Télégramme 769, “Projet de conférence du désarmement en Europe- présentation faite au Conseil atlantique le 9 novembre”, November 13, 1978.

（78）Veronika Heyde, *Frankreich im KSZE-Prozess*, p. 280.

（79）ロマーノの先行研究はNATO史料館所蔵の議事録にもとづき，同会合ではすべての国が軍縮面でのフランスのイニシアチブを歓迎する旨発言したと論じている（Angela Romano, “Re-designing Military Security”, p. 451）。しかし，「イニシアチブを歓迎する」という外交上の発言は，具体的な構想の内容を受け入れたことと同義ではなく，本書はむしろ同会合ではNATO諸国間の立場の隔たりが明らかになったと考える。

（80）Angela Romano, “Re-designing Military Security”, p. 452. 引用であるため「デタントの論理」という言葉が用いられた文脈は分からない。ただし，ド・ゴール大統領はかつて東西関係の発展段階を“détente”，“entente”，“coopération”というロジックにより表現したことを想起すると，「デタントの論理」という表現は，フランスがヨーロッパ軍縮会議（CDE）を東西関係発展の第一歩とみなしたことの表れとも推察できる。

（81）Final Communiqué (7-8 December 1978). Available at https://www.nato.int/docu/comm/49-95/c781207a.htm, accessed September 9, 2020.

（82）グレーエリア問題については以下参照。合六強「NATO「二重決定」とINF条約」森本敏・高橋杉雄（編）『新たなミサイル軍拡競争と日本の防衛——INF条約後の安全保障』（並木書房，2020年）150-200頁。

（83）グアドループサミットを発案したのはシュミットであったが，西ドイツが発起人であるとみなされないようにするべく，サミット準備の責任をアメリカにシフトするとともに，サミットのホスト国の引き受けをフランスに依頼した。Kristina Spohr, *The Global Chancellor : Helmut Schmidt and the Reshaping of the International Order*, 2016, pp. 94-96. なお，中距離核戦力（INF）という名称は，1981年11月にレーガン大統領がソ連との軍備管理交渉を呼びかけた際に初めて公式に使用されたものであるが（瀬川高央『核軍縮の現代史——北朝鮮・ウクライナ・イラン』吉川弘文館，2019年，6-17頁），簡潔さを重視して本書では中距離核戦力に表記を統一する。

（84）会合の記録については以下を参照。Stephan Kieninger, *The Diplomacy of Détente : Cooperative Security Policies from Helmut Schmidt to George Shultz*, Routledge, 2018, p. 103 ; TNA, FOI release（FOI249141）, "G7 : Guadeloupe Quadripartite meeting（Hunt account to Canadian High Commissioner）", January 15, 1979. Available at https://www.margaretthatcher.org/document/111525, accessed September 9, 2020.

（85）TNA, PREM 16/2049, "Guadeloupe : European Arms Control", December 18, 1978, David Owen（Secretary of State for FCO）to Prime Minister.

（86）イギリス軍の西ドイツ駐留経費は長らくの間イギリスの懸案事項であった。西ドイツは主権回復後，「サポート費用」や「オフセット合意」を通じてイギリス軍の駐留経費を負担してきたが，オフセット合意を求めるイギリスと廃止を求める西ドイツの間で立場の隔たりは次第に大きくなっていた。そして，1977 年に実施されたオフセット合意の再交渉は首脳レベルに持ち込まれるほど政治化していた。このとき，最終的に西ドイツが支払うことに合意した金額は，イギリスの当初の要求額を下回っていた。Mathias Haeussler, *Helmut Schmidt and British-German Relations : A European Misunderstanding*, Cambridge University Press, 2019, pp. 112–114.

（87）AMAE-La Courneuve, Direction d'Europe 1976–1980, 3889, Télégramme 513, "Consultation sur le désarmement", July 11, 1978, Paris to REPAN Bruxelles.

（88）1979 年 5 月にも，フランス外務省は「従来の路線を堅持し，［NATO の］15 ヶ国での議論に先立ち［ヨーロッパ共同体（EC）の］9 ヶ国でさらに検討が行われることを望む」と NATO 代表部に伝達している。AMAE-La Courneuve, Direction d'Europe 1976–1980, 4210, Télégramme 398, "Conférence du désarmement en Europe et la réunion de Madrid", May 18, 1979, Paris to REPAN Bruxelles.

（89）Douglas Selvage, "The Limits of Repression : Soviet Bloc Security Services vs. Transnational Helsinki Networks, 1976–1986", in Nicolas Badalassi and Sarah B. Snyder（eds.）, *The CSCE and the End of the Cold War : Diplomacy, Societies and Human Rights*, Berghahn Books, 2018, Chapter 8, Section 3, Para. 2［Kindle Version］. なお，政治デタントと軍事デタントをめぐる東側のアイデアの基礎は，1969 年 6 月の共産党・労働者党代表者会議に見られると指摘する先行研究も存在する。Gerhard Wettig, "The Last Soviet Offensive in the Cold War : Emergence and Development of the Campaign against NATO Euromissiles, 1979–1983", *Cold War History*, 9 : 1, 2009, pp. 79–110, at p. 80.

（90）United States Department of State, "Special Report No. 43—The Belgrade Followup Meeting to the Conference on Security and Cooperation in Europe, October 4 1977–March 9 1978", June 1978. Available at https://play.google.com/store/books/details?id=Kc9d9z52Km0C&rdid=book-Kc9d9z52Km0C&rdot=1, accessed September 9, 2020.

（91）TNA, FCO 33/3842, "Summary Record - Political Cooperation : Disarmament Experts of the Nine : European Disarmament Conference", January 17, 1979, Defence Department, FCO. なお，フランス側の史料によると，グロムイコはヨーロッパ軍縮会議（CDE）の対象とする地理的範囲および兵器に対してとくに批判的であり，また中欧相互兵力削減交渉（MBFR）での交渉を優先していると強調したとのことである。AN-Pierrefitte-sur-Seine, AG/5（3）/1094, "Note : L'URSS et la Conférence du Désarmement en Europe", April 13, 1979, Le Directeur Adjoint des Affaires Politiques.

（92）"Le président de la République est invité à se rendre en U. R. S. S. en 1979", *Le Monde*, Oc-

tober 28, 1978.

(93) ワルシャワ条約機構（WTO）・政治諮問委員会には，ソ連のブレジネフをはじめとするワルシャワ条約機構加盟国の最高指導者が出席した。

(94) United States Arms Control and Disarmament Agency, *Documents on Disarmament 1978*, 1980, pp. 655–665.

(95) United States Arms Control and Disarmament Agency, *Documents on Disarmament 1979*, 1982, pp. 67–70.

(96) なお，通告の対象となるエリアについては，ヨーロッパ安全保障協力会議（CSCE）ヘルシンキ合意が事前通告を義務づける軍事演習の地理的範囲と同一とされた。

(97) 1979年1月1日に米中は正式な外交関係を樹立した。また，両国は安全保障面での協力を進めていた。後者の詳細は以下参照。S. Mahmud Ali, *US-China Cold War Collaboration, 1971–1989*, Routledge, 2005.

(98) 前掲注35。

(99) ヨーロッパ政治協力（EPC）の議長国は半年でローテーションする仕組みをとっており，フランスは1979年1月から6月にかけての議長国であった。政府間主義の原則に立脚するヨーロッパ政治協力では議長国が主導的役割を担うことになっており，各会合で議長を務めることに加えて，会合のアジェンダの設定や会合へのインプットの提供を行う立場にあった。ヨーロッパ政治協力の議長国の権能については以下参照。Simon Nuttall, *European Political Cooperation*, Oxford University Press, 1992, p. 18.

(100) TNA, FCO 33/3842, "Summary Record - Political Cooperation : Disarmament Experts of the Nine : European Disarmament Conference", January 17, 1979, Defence Department, FCO.

(101) ヨーロッパ政治協力（EPC）・政治委員会は，ヨーロッパ政治協力の意思決定機関の中では外相レベルが出席するヨーロッパ政治協力・外相会合と担当部局レベルが出席するヨーロッパ政治協力・専門家会合（ヨーロッパ政治協力・軍縮専門家会合やヨーロッパ政治協力・ヨーロッパ安全保障協力会議〔CSCE〕専門家会合を含む）の間のレベルに位置づけられ，ヨーロッパ共同体（EC）各国の外務省の政務局長が出席する。

(102) TNA, FCO 33/3842, "French Proposal for a European Disarmament Conference", February 28, 1979, Millington（Defence Department, FCO）to Goulden, Gillmore and Moberly.

(103) なお，ヨーロッパ政治協力（EPC）・軍縮専門家会合とヨーロッパ政治協力・ヨーロッパ安全保障協力会議（CSCE）専門家会合では出席者が異なり，イギリスの外務省を例にとると，前者は防衛政策の担当部局（Defence Department）から，後者はCSCE政策の担当部局（CSCE Unit）からそれぞれ担当官が出席していた。

(104) Maria Găinar, *Aux origines de la diplomatie européenne*, p. 521.

(105) AMAE-La Courneuve, Direction d'Europe 1976–1980, 4210, "Réunion du Groupe de travail CSCE du 8 Mars", April 2, 1979, Paris COREU to All COREU.

(106) TNA, FCO 98/696, "CSCE Working Group Meeting, Paris, 8 March 1979", March 12, 1979, CSCE Unit, FCO.

(107) Ibid.

(108) Maria Găinar, *Aux origines de la diplomatie européenne*, p. 524.

(109) TNA, FCO 98/697, "CSCE Working Group Meeting, 14–15 May : Report on Objectives of the Nine for Madrid Meeting", April 25, 1979, Paris COREU to all COREU ; TNA, FCO

98/697, “Record of CSCE Working Group Meeting, Paris, 14/15 May 1979”, May 21, 1979, CSCE Unit, FCO.

(110) AMAE-La Courneuve, Direction d’Europe 1976-1980, 4210, “Réunion du Groupe de travail CSCE (Paris 14-15 mai 1979)”, May 17, 1979.

(111) TNA, PREM 19/238, “Planning Paper on Détente and the Future Management of East/West Relations”, December 15, 1976, Planning Staff, FCO.

(112) 合意された報告書は以下を参照。TNA, FCO 98/698, “Report : Objectives of the Nine and of the other States taking part in the Madrid Meeting”, Annex of “European Political Co-operation, Ministerial Meeting, Paris, 18 June 1979”, June 14, 1979, CSCE Unit, FCO.

(113) AMAE-La Courneuve, Direction d’Europe 1976-1980, 4207 bis, Conférence du Désarmement en Europe : Note pour M. Pagniez “Consultation sur la CDE au Comité politique. Schéma de réponse au questionnaire établi par les Neuf”, March 13, 1979, Service des Pactes et du Désarmement.

(114) TNA, FCO 98/697, “Record of CSCE Working Group Meeting, Paris, 14/15 May 1979”, May 21, 1979, CSCE Unit, FCO ; 前掲注 110。

(115) TNA, FCO 33/3842, May 21, 1979, Reginald Hibbert to FCO (Mr James, Mr Evans and Lord Gordon Lennox).

(116) AMAE-La Courneuve, Direction d’Europe 1976-1980, 4207 bis, Conférence du Désarmement en Europe : Note “Discussions des Directeurs politiques sur la Conférence du Désarmement en Europe (3 Mai 1978) -Réactions autres que celles des Neuf”, April 24, 1979, Service des Pactes et du Désarmement. なお，原文書は「78年5月3日」のヨーロッパ政治協力（EPC）・政治委員会の対処方針と記載されているが，文書作成日および内容を勘案するとこれは誤植であり，「79年5月3日」のヨーロッパ政治協力・政治委員会の対処方針であると考えられる。フランスの史料によれば，1979年4月13日の時点でソ連は条件付きでヨーロッパ軍縮会議（CDE）を受け入れる姿勢を見せている。その理由としては，ソ連はCDE構想を真っ向から否定することは，同国に対する国際世論にネガティブな影響を与えうると認識するようになったからであるとフランスは分析している（AMAE-La Courneuve, Direction d’Europe 1976-1980, 4327, Note “L’URSS et la Conférence du Désarmement en Europe”, April 13, 1979, Le Directeur Adjoint des Affaires Politiques)。他方，ソ連の立場の変化はジスカール・デスタン大統領の訪ソを目前にして起こっており，かつ訪ソの目的の1つはCDEをソ連に受け入れさせることであった（Christian Wenkel, “Overcoming the Crisis of Détente, 1979-1983 : Coordinating Eastern Policies between Paris, Bonn and London”, in Oliver Bange and Poul Villaume (eds.), *The Long Détente*, pp. 235-251, at p. 238）ことを考慮すると，この点がソ連の判断に影響を与えたとしても不思議ではない。

(117) AN-Pierrefitte-sur-Seine, AG/5 (3) /1094, “Programme de développement de la coopération entre la France et l’Union soviétique dans l’intérêt de la détente et de la paix”, April 28, 1979, Moscow.

(118) TNA, FCO 33/3842, Telegram 206, “European Political Cooperation : Political Committee, Paris, 3/4 May 1979”, May 4, 1979, Paris to FCO.

(119) ヨーロッパ共同体（EC）諸国がヨーロッパ軍縮会議（CDE）を支持した理由は多様であった。デンマークはソ連の軍縮イニシアチブ対策としての価値に言及する一方，

イタリアは世論への影響および非同盟中立諸国との関係で有益であると述べている。アイルランドは，ヨーロッパ全域を対象とする点，他の軍縮交渉を活性化しうる点，世論への影響で望ましい点の3点を利点として挙げている。

(120) 前掲注118。

(121) TNA, FCO 98/698, Telegram 280, “European Political Cooperation, Political Committee, Paris, 5/6 June 1979”, June 6, 1979, Paris to FCO ; AMAE-La Courneuve, Direction d’Europe 1976-1980, 4211 bis, Note “Comité politique des 5-6 juin -C. S. C. E.-”, June 6, 1979, Direction d’Europe.

(122) Ibid.

(123) TNA, FCO 33/3842, “French Proposal for a European Disarmament Conference”, June 20, 1979, Gillmore（Defence Department, FCO）to Moberly（Assistant Under-Secretary of State）and Private Secretary.

(124) 当初よりヨーロッパ軍縮会議（CDE）に前向きであった西ドイツも，CDE はヨーロッパ安全保障協力会議（CSCE）の枠組み内に置かれることが望ましいと考えていた。Matthias Peter, *Die Bundesrepublik im KSZE-Prozess 1975-1983*, p. 347.

(125) TNA, FCO 98/698, Telegram 207, “European Political Cooperation, Ministerial Meeting, Paris 18 June 1979”, June 18, 1979, FCO to Paris.

(126) ヨーロッパ審議会はヨーロッパ共同体（EC）の機関ではないため，EC 諸国に加えてオーストリア，スイス等の非同盟中立諸国が参加していた。

(127) TNA, FCO 98/698, “Record of the Council of Europe : CSCE Experts’ Meeting, Strasbourg, 18 June 1979”, No date, CSCE Unit, FCO.

(128) 同コミュニケは，会合の開催地の名を冠して「ブダペストコミュニケ」と称される。

(129) コミュニケで言及された信頼醸成措置としては，大規模な軍隊移動および大規模な空軍・海軍演習の事前通告，軍事同盟の不拡大，軍事演習の規模の制約，信頼醸成措置の地中海地域への拡大があった。

(130) United States Arms Control and Disarmament Agency, *Documents on Disarmament 1979*, 1982, pp. 175-179.

(131) AMAE-La Courneuve, Direction d’Europe 1976-1980, 4327, Note “Projet de conférence du désarmement en Europe et proposition du Pacte de Varsovie”, June 9, 1979, Direction Politique.

(132) TNA, FCO 98/698, “Réunion du Groupe CSCE avec les experts du désarmement（25 et 26 juin）. Aspects sécurité de la Réunion Madrid”, June 27, 1979, Paris COREU to all COREU.

(133) AMAE-La Courneuve, Direction d’Europe 1976-1980, 4210, “Coopération politique à Neuf（C. S. C. E.）- Compte rendu de la réunion du Groupe de travail à Paris les 25 et 26 juin 1979”, June 27, 1979, Direction d’Europe.

(134) Ibid.

(135) TNA, FCO 98/698, “Record of CSCE Working Group Meeting, Paris, 25/26 June 1979”, CSCE Unit, FCO.

(136) Ibid.

(137) なお，フランスは1979年5月15日の時点でヨーロッパ安全保障協力会議（CSCE）マドリード再検討会議に向けたイニシアチブの一環としてヨーロッパ軍縮会議（CDE）を組み込むことを検討していた（AMAE-La Courneuve, Direction d’Europe

1976–1980, 4211 bis, Fiche d'actualisation -C. S. C. E., May 15, 1979, Direction d'Europe)。つまり，同国はこの時点でCDEをCSCEに埋め込む可能性を検討していたのであった。しかし，6月に入ってからもフランスは引き続きCSCEとCDEの分離を試みていた点を考慮すると，上述の3要因がフランスの態度に変化をもたらすうえで重要であった。

(138) TNA, FCO 33/3842, "French Proposal for a European Disarmament Conference (CDE)", September 21, 1979, Millington (Defence Department, FCO) to Gillmore (Defence Department, FCO) and Moberly (Assistant Under-Secretary of State). これは1979年8月の閣議においてジスカール・デスタン大統領により承認を受けたものであった（Veronika Heyde, *Frankreich im KSZE-Prozess*, p. 332)。

(139) John Borawski, *From the Atlantic to the Urals*, pp. 21–23. 同書によるとフランスのリストには信頼醸成措置にかかる16点の具体的提案が記載されていた。

(140) TNA, FCO 33/3842, "French Proposal for a European Disarmament Conference", October 19, 1979, Goulden (Defence Department, FCO) to Private Secretary / Permanent Under-Secretary of State.

(141) TNA, FCO 98/699, "Groupe de travail CSCE. Rapport sur la stratégie des Neuf avant et pendant la réunion de Madrid", September 7, 1979, Dublin COREU to all COREU.

(142) TNA, FCO 98/699, "Report of the CSCE Working Group, Dublin, 25/26 September 1979", October 1, 1979, CSCE Unit, FCO.

(143) TNA, FCO 98/699, "European Political Cooperation : Political Committee : Dublin, 11/12 October 1979", October 9, 1979, CSCE Unit, FCO.

(144) Ibid.

(145) TNA, FCO 98/699, Telegram 336, "European Political Cooperation : Political Committee : Dublin : 11–12 October 1979", October 12, 1979, Dublin to FCO.

(146) TNA, PREM 19/469, "Visit of President Giscard : French Proposal for a European Disarmament Conference", November 17, 1979, Lever (FCO) to Alexander (No 10 Downing Street).

(147) Ibid.

(148) 1979年下半期のヨーロッパ政治協力（EPC）議長国はアイルランドであった。

(149) TNA, FCO 33/3842, "French Proposal for a European Disarmament Conference", October 26, 1979, Tait (CSCE Unit, FCO) to Fergusson and Bullard.

(150) 前掲注146。

(151) その証拠として，首脳会談後の英仏共同記者会見の質問の大多数はヨーロッパ共同体（EC）予算に関連していたことが指摘できる。Thatcher Archive, Joint Press Conference with French President (Giscard d'Estaing), November 20, 1979. Available at https://www.margaretthatcher.org/document/104174, accessed September 9, 2020.

(152) AN-Pierrefitte-sur-Seine, AG/5(3)/996, "Sommet franco-britannique : 19–20 novembre 1979 : Entretien entre le Président et Mme THATCHER" ; TNA, PREM 19/469, "Note of a meeting held in 10 Downing Street at 1445 on Monday 19 November 1979", November 21, 1979.

(153) サッチャーは，前月の10月18日にルクセンブルクで実施したスピーチにおいて，ヨーロッパにおける軍事バランスの回復は東西関係の発展の必要条件であると論じていた。Thatcher Archive, Winston Churchill Memorial Lecture ("Europe-the obligations

of liberty”), October 18, 1979. Available at https://www.margaretthatcher.org/document/104149, accessed September 9, 2020.

(154) 英仏首脳会談が翌日のヨーロッパ政治協力（EPC）・外相会合でのコミュニケの合意につながったことを直接示す史料はないが，キャリントン外相の秘書官がサッチャー首相の秘書官に対して，英仏首脳会談でヨーロッパ軍縮会議（CDE）が取り上げられた場合にはヨーロッパ政治協力・外相会合の前に報告するよう要請していた記録が残されている（前掲注146）。つまり，両者は連関していたのであった。このことから，英仏首脳会談でサッチャーがCDEに否定的態度をとらなかったことが，翌日のヨーロッパ政治協力・外相会合でのイギリスのコミュニケへの肯定的態度につながったと推察できる。

(155) Maria Găinar, *Aux origines de la diplomatie européenne*, p. 526.

(156) United States Arms Control and Disarmament Agency, *Documents on Disarmament 1979*, 1982, pp. 604–607.

(157) Ibid., pp. 607–609.

(158) ヘルムート・シュミット『シュミット外交回想録 上』永井清彦・萩谷順（訳），（岩波書店，1989年）106頁。

(159) “Germans Uncertain on Brezhnev Offer”, *The New York Times*, October 13, 1979.

(160) AMAE-La Courneuve, Direction d’Europe 1976–1980, 4207 bis, Déclarations des Neuf concernant les proposition français tendant à la réunion d’une conférence du désarmement en Europe : “Position des Neuf concernant les propositions françaises tendant à la réunion d’une conférence du désarmement en Europe”, November 6, 1979, Paris COREU to Dublin COREU.

(161) TNA, FCO 98/699, “CSCE : Joint Meeting of CSCE and Disarmament Working Group of the Nine in Dublin on 8/9 November”, November 12, 1979, Tait (CSCE Unit) to Bullard.

(162) TNA, FCO 98/699, Telegram 417, “European Political Cooperation : Political Committee Meeting, Dublin 14/15 November 1979”, November 15, 1979, Dublin to FCO.

(163) AMAE-La Courneuve, Direction d’Europe 1976–1980, 4207 bis, Déclarations des Neuf concernant les proposition français tendant à la réunion d’une conférence du désarmement en Europe : Télégramme 806 “Déclarations des Neuf concernant les propositions françaises tendant à la réunion d’une conférence du désarmement en Europe”, November 21, 1979.

(164) Statement on the French proposal on a conference on disarmament in Europe (CSCE), November 20, 1979. Available at http://aei.pitt.edu/id/eprint/5581, accessed September 9, 2020.

(165) 代表的な先行研究であるロマーノの論文（Angela Romano, “Re-designing Military Security”）もまた，同コミュニケはフランスのヨーロッパ軍縮会議（CDE）のアイデアを完全に承認したと論じている。

(166) Final Communiqué (13–14 December 1979). Available at https://www.nato.int/docu/comm/49-95/c791213a.htm, accessed September 9, 2020.

(167) John Borawski, *From the Atlantic to the Urals*, p. 26.

(168) William Korey, *The Promises We Keep : Human Rights, the Helsinki Process, and American Foreign Policy*, St. Martin’s Press, 1993, pp. 103–104.

(169) このヨーロッパ共同体（EC）とNATOとの分業体制は，ヨーロッパ統合史の文脈において「EU-NATO-CE体制」（遠藤乾〔編〕『ヨーロッパ統合史（第2版）』名古屋

大学出版会，2024年）とも呼ばれるものである。

第2章

（1）Zbigniew Brzezinski, *Power and Principle : Memoirs of the National Security Adviser, 1977–1981*, Weidenfeld and Nicolson, 1983, p. 430.

（2）*Documents on British Policy Overseas*（以下 *DBPO*）, *Series III, Volume VIII : The Invasion of Afghanistan and UK-Soviet Relations, 1979–1982*（以下 *III, VIII*）, Doc. 72, pp. 168–173.

（3）イギリスの対応を取り上げた研究は以下参照。Gabriella Grasselli, *British and American Responses to the Soviet Invasion of Afghanistan*, Dartmouth Pub., 1996 ; Panagiotis Dimitrakis, "The Soviet Invasion of Afghanistan : International Reactions, Military Intelligence and British Diplomacy", *Middle Eastern Studies*, 48 : 4, 2012, pp. 511–536 ; Daniel James Lahey, "The Thatcher Government's Response to the Soviet Invasion of Afghanistan, 1979–1980", *Cold War History*, 13 : 1, 2013, pp. 21–42 ; Richard Smith, "The UK Response to the Soviet Invasion of Afghanistan : Proposals for a Neutral and Non-aligned Afghanistan, 1980–1981", *Cambridge Review of International Affairs*, 26 : 2, 2013, pp. 355–373 ; 益田実「アフガニスタン侵攻と英米関係——対ソ制裁をめぐる西側同盟内の対立」益田実・齋藤嘉臣・三宅康之（編）『デタントから新冷戦へ——グローバル化する世界と揺らぐ国際秩序』（法律文化社，2022年）92–112頁。フランスの対応を取り上げた研究は以下参照。Maurice Vaïsse, "Le chemin de Varsovie. La France face à l'intervention soviétique en Afghanistan（décembre 1979–juin 1980）", *Revue d'histoire diplomatique*, 120, 2006, pp. 169–187. ヨーロッパ共同体（EC）諸国によるヨーロッパ政治協力（EPC）での対応を取り上げた研究は以下参照。Maria Găinar, *Aux origines de la diplomatie européenne : Les Neuf et la Coopération politique européenne de 1973 à 1980*, Peter Lang, 2009, pp. 544–569. 一方，アメリカの対応を単独で取り上げた研究は少なく，むしろ次の注4で挙げる研究のように冷戦史の一部として扱われる傾向が強い。ただし，アメリカの対応に重点を置いた研究も少ないながらある。以下参照。Gabriella Grasselli, *British and American Responses* ; 益田，前掲論文。

（4）ソ連のアフガニスタン侵攻は冷戦の転機の1つであることから，多くの冷戦史研究が取り上げている。代表的な研究としては以下参照。Raymond L. Garthoff, *Détente and Confrontation : American-Soviet Relations from Nixon to Reagan（Revised Edition）*, Brookings Institution, 1994 ; Wilfried Loth, *Overcoming the Cold War : A History of Détente, 1950–1991*, Palgrave, 2002 ; Geir Lundestad, *The United States and Western Europe Since 1945 : From "Empire" by Invitation to Transatlantic Drift,* Oxford University Press, 2005 ; Daniel J. Sargent, *A Superpower Transformed : The Remaking of American Foreign Relations in the 1970s*, Oxford University Press, 2015. また，以下の論文集に収録されたものの多くがアフガニスタン侵攻への西側諸国の対応に言及する。Melvyn Leffler and Odd Arne Westad（eds.）, *The Cambridge History of the Cold War : Volume III : Endings*, Cambridge University Press, 2010.

（5）ヨーロッパ安全保障協力会議（CSCE）マドリード再検討会議の先行研究は第3章で紹介する。

（6）例外的に，仏独のヨーロッパ安全保障協力会議（CSCE）政策を検討した研究はこの点に触れている。Matthias Peter, *Die Bundesrepublik im KSZE-Prozess 1975–1983. Die*

Umkehrung der Diplomatie, De Gruyter Oldenbourg, 2015 ; Veronika Heyde, *Frankreich im KSZE-Prozess. Diplomatie im Namen der europäischen Sicherheit 1969–1983*, De Gruyter Oldenbourg, 2016. しかしこれらの研究はあくまで一国の政策に焦点をあてている以上，西側諸国の対応の全体像を論じてはいない。

（7）Csaba Békés, “Why Was There No ‘Second Cold War’ in Europe ? Hungary and the East-West Crisis Following the Soviet Invasion of Afghanistan”, in Mary Ann Heiss and S. Victor Papacosma（eds.）, *NATO and the Warsaw Pact : Intrabloc Conflicts*, The Kent State University Press, 2008, pp. 219–229.

（8）アフガニスタンの歴史については以下参照。マーティン・ユアンズ『アフガニスタンの歴史——旧石器時代から現在まで』金子民雄（監修），柳沢圭子ほか（訳），（明石書店，2002年）。ソ連のアフガニスタン侵攻に関する先行研究は数多い。冷戦史の文脈から同問題に言及した主要な研究としては以下参照。O・A・ウェスタッド『グローバル冷戦史——第三世界への介入と現代世界の形成』佐々木雄太（監訳），（名古屋大学出版会，2010年）。また，ソ連がアフガニスタン侵攻に至る経緯を掘り下げた研究としては以下参照。李雄賢『ソ連のアフガン戦争——出兵の政策決定過程』（信山社，2002年）；ロドリク・ブレースウェート『アフガン侵攻1979-89——ソ連の軍事介入と撤退』河野純治（訳），（白水社，2013年）。

（9）金成浩「ブレジネフ政治局と政治局小委員会——対アフガンと対ポーランド外交政策決定構造の比較」『スラヴ研究』第45号（1998年）263–285頁。

（10）O・A・ウェスタッド，前掲書，318–327頁。

（11）“U. S. Reports Soviet Flying Many Troops to Afghan Conflict”, *The New York Times*, December 27, 1979.

（12）“Carter’s Statement on Iran and Afghan Situations”, *The New York Times*, December 29, 1979.

（13）Jimmy Carter, *Keeping Faith : Memoirs of a President*, The University of Arkansas Press, 1995, p. 481.

（14）*Foreign Relations of the United States*（以下 *FRUS*）, 1977–1980, VI, Doc. 248.

（15）The National Archives of the United Kingdom（以下 TNA）, TNA, PREM 19/134, “Afghanistan : FCO to UKE Kabul（“Afghan Coup D’Etat”）（British Government statement on USSR actions in Afghanistan）”, December 28, 1979. Available at https://www.margaretthatcher.org/document/118099, accessed December 7, 2020.

（16）*DBPO, III, VIII*, Doc. 7, p. 13. 同書簡の要旨は対外的に公表された。“Brezhnev Is Told by Mrs. Thatcher She Is ‘Disturbed’ by Afghan Coup”, *The New York Times*, December 31, 1979.

（17）サッチャーの反応が抑制的であったことは先行研究も指摘する。益田，前掲論文，99頁。

（18）“Les réactions-Les prises de positions occidentales-Paris rappelle que la détente doit être ‘globale’”, *Le Monde*, December 31, 1979.

（19）Jean François-Poncet, “L’intervention soviétique en Afghanistan”, January 9, 1980. Available at https://www.vie-publique.fr/discours/150678-cm-9-janvier-1980-lintervention-sovietique-en-afghanistan, accessed January 26, 2021.

（20）Mathias Haeussler, *Helmut Schmidt and British-German Relations : A European Misunder-*

standing, Cambridge University Press, 2019, p. 163.

（21）ステートメント本文は以下参照。Agnes Bresselau von Bressensdorf, *Frieden durch Kommunikation : Das System Genscher und die Entspannungspolitik im Zweiten Kalten Krieg 1979–1982/83*, De Gruyter Oldenbourg, 2015, p. 115.

（22）Kristina Spohr, *The Global Chancellor : Helmut Schmidt and the Reshaping of the International Order*, Oxford University Press, 2016, p. 110.

（23）Jimmy Carter, *Keeping Faith*, pp. 482–483.

（24）カーター大統領は，12 月 31 日のテレビインタビューにて「ロシアに対する私の見方は，先週，過去 2 年半の間よりも劇的に変わった」と述べている。“Interview with President Carter 31 December 1979”, *Survival*, 22 : 2, 1980, p. 68.

（25）1979 年 6 月の第二次戦略兵器制限条約（SALT II）署名の際には，ソ連とは可能な際には協力し，必要ならば対抗すべきとカーターは考えていた（Jimmy Carter, *Keeping Faith*, p. 266）。ところが，ソ連による侵攻を受けて，カーターはもはや同国を信頼できないとみなした（Jimmy Carter, *White House Diary*, Picador, 2011, p. 383）。

（26）マーガレット・サッチャー『サッチャー回顧録 ダウニング街の日々（上）』石塚雅彦（訳），（日本経済新聞社，1996 年）115 頁；Charles Moore, *Margaret Thatcher : The Authorized Biography ; from Grantham to the Falklands*, Knopf, 2013, p. 589［Kindle Version］.

（27）益田，前掲論文，99 頁。

（28）Veronika Heyde, *Frankreich im KSZE-Prozess*, p. 357. ただしフランス政府内も一枚岩ではなく，駐ソフランス大使はソ連の拡張主義を警戒して対ソ強硬姿勢をとることを主張した。Henri Froment-Meurice, *Vu du Quai : Mémoires 1945–1983*, Fayard, 1998, pp. 563–565.

（29）Panagiotis Dimitrakis, “The Soviet Invasion of Afghanistan”, p. 517.

（30）コミュニケ全文は以下参照。Communique—Statement by the Sec Gen Following the Meeting of the NAC in Special Session to Discuss the Soviet Military Intervention in Afghanistan, December 29, 1979. Available at https://archives.nato.int/communique-statement-by-sec-gen-following-meeting-of-nac-in-special-session-to-discuss-soviet-military-intervention-in-afghanistan, accessed December 1, 2020.

（31）同会合にはイギリスからはハード外務閣外大臣が，フランスからはド・ルース外務事務次官（Bruno de Leusse）が，アメリカからはクリストファー国務副長官（Warren Christopher）が出席した。

（32）*DBPO*, *III*, *VIII*, Doc. 13, p. 30 ; *FRUS*, 1977–1980, XII, Doc. 107, Footnote 2.

（33）*FRUS*, 1977–1980, XII, Doc. 135.

（34）この時点で西ヨーロッパ各国がヨーロッパ安全保障協力会議（CSCE）の存続を求めた理由は史料からは直接分からないが，仏独をはじめ対話路線をとる国からすると，ヨーロッパデタントの集大成であり，かつ伝統的にヨーロッパ共同体（EC）諸国がリーダーシップをとってきた CSCE でのデタントの継続を志向したのは自然なことであると言えよう。この点は，以下で見るようにその後の EC 諸国間の議論によっても裏付けられる。

（35）*FRUS*, 1977–1980, VI, Doc. 295.

（36）Jimmy Carter, “Speech on Afghanistan”, January 4, 1980, Miller Center, The University of

Virginia. Available at https://millercenter.org/the-presidency/presidential-speeches/january-4-1980-speech-afghanistan, accessed December 9, 2020.

（37）Gabriella Grasselli, *British and American Responses*, p. 126.

（38）"Derailment of a Treaty", *The Washington Post*, January 4, 1980.

（39）Raymond L. Garthoff, *Détente and Confrontation*, p. 146.

（40）アメリカによる対ソ制裁の概要は以下参照。Ibid., pp. 1061-1063.

（41）カーター政権のモスクワオリンピックへの対応については以下参照。Nicholas Evan Sarantakes, *Dropping the Torch : Jimmy Carter, the Olympic Boycott, and the Cold War*, Cambridge University Press, 2010.

（42）Jimmy Carter, "State of the Union Address", January 23, 1980, Miller Center, The University of Virginia. Available at https://millercenter.org/the-presidency/presidential-speeches/january-23-1980-state-union-address, accessed December 9, 2020. カータードクトリンの構想は，イラン危機が切迫した 1979 年 11 月末以降（ソ連によるアフガニスタン侵攻より以前）から存在しており，その背景には石油輸送の防衛のみならず金融市場の信頼性を守る意図があったことが指摘されている。以下参照。尾身悠一郎『国際経済と冷戦の変容——カーター政権と危機の 1979 年』（千倉書房，2024 年）220-224 頁。

（43）*DBPO, III, VIII*, Doc. 19, pp. 41-44.

（44）Maurice Vaïsse, "Le chemin de Varsovie", p. 173.

（45）Valéry Giscard d'Estaing, *Le pouvoir et la vie : L'affrontement*, Cie. 12, 1991, p. 407.

（46）ヘルムート・シュミット『シュミット外交回想録 上』永井清彦・萩谷順（訳），（岩波書店，1989 年）280 頁。

（47）*DBPO, III, VIII*, Doc. 19, pp. 41-44.

（48）*DBPO, III, VIII*, Doc. 16, pp. 34-35.

（49）Archives du ministère des Affaires étrangères（以下 AMAE）- La Courneuve, Direction d'Europe 1976-1980, 4327, Note "Entretien du Secrétaire Général avec l'Ambassadeur des Etats-Unis（7 Janvier, 11 h. 30）", January 7, 1980, Le Directeur d'Amérique.

（50）なお，ヨーロッパ共同体（EC）各国は単独ではアフガニスタン問題への対応に取り組んでおり，一例としてイギリスは国連総会決議の採択を目指して活発に外交を展開していた（Daniel James Lahey, "The Thatcher Government's Response", pp. 34-36）。しかし，通商政策面では共同体化が進み，かつ政治面でもヨーロッパ政治協力（EPC）の重要性が高まるなか，EC 諸国が一体となって政策決定することは不可欠であった。

（51）Maria Găinar, *Aux origines de la diplomatie européenne*, pp. 559-560. ヨーロッパ政治協力（EPC）・アジア専門家会合にはヨーロッパ共同体（EC）各国の外務省からアジア政策の担当官が出席した。ヨーロッパ政治協力の機構については第 1 章第 1 節の図 1-1 を参照。

（52）"L'Europe divisée", *Le Monde*, January 11, 1980.

（53）AMAE-La Courneuve, Direction d'Europe 1976-1980, 4327, Schéma d'Intervention pour le Ministre "Conséquences des évènements d'Afghanistan sur la détente Est-Ouest", January 29, 1980, Cabinet du Ministre.

（54）*DBPO, III, VIII*, Doc. 47, pp. 106-109.

（55）*DBPO, III, VIII*, Doc. 49, pp. 111-113.

（56）Lord Carrington, “European Political Co-Operation : America Should Welcome It”, *International Affairs*, 58 : 1, 1981, pp. 1-6.
（57）なお，「EC 諸国とソ連との二国間関係」という括りで「EC 諸国（複数国）による共同でのソ連への外交」を論じることには違和感があるかもしれない。しかし，ヨーロッパ共同体（EC）諸国による共同での外交とはいっても，その措置の多くはEC 各国（イギリス，フランスなど）とソ連との二国間の文脈でとられることが多かった。また，それはヨーロッパ安全保障協力会議（CSCE）のような制度化された意思決定手続きを有する多国間枠組みとは大きく異なるものであった。そこで，多国間枠組みの状況と対比させるためにも，本書はEC 諸国による共同での対ソ外交を「ソ連との二国間関係」の一部として扱う。
（58）TNA, FCO 98/893, “Statement on Afghanistan”, January 11, 1980, Rome COREU to all COREU.
（59）Christopher Hill and Karen E. Smith（eds.）, *European Foreign Policy : Key Documents*, Routledge, 2000, pp. 259-260.
（60）TNA, FCO 98/894, “Groupe de travail Pays de l'Est”, January 25, 1980, Rome COREU to all COREU.
（61）Valéry Giscard d'Estaing, “Déclaration commune publiée a l'issue des entretiens du 35eme Sommet franco-allemand des 4 et 5 février 1980”, February 5, 1980, Paris, Palais De L'Élysée. Available at https://www.elysee.fr/valery-giscard-d-estaing/1980/02/05/declaration-commune-publiee-a-lissue-des-entretiens-du-35eme-sommet-franco-allemand-des-4-et-5-fevrier-1980-paris-palais-de-lelysee-le-mardi-5-fevrier-1980, accessed February 2, 2021.
（62）Christopher Hill and Karen E. Smith（eds.）, *European Foreign Policy*, pp. 260-261.
（63）モスクワオリンピックをめぐるヨーロッパ政治協力（EPC）での議論の経緯は以下参照。Maria Găinar, *Aux origines de la diplomatie européenne*, pp. 562-565.
（64）中立化構想が生まれた経緯は以下参照。Richard Smith, “The UK Response to the Soviet Invasion of Afghanistan”, pp. 359-362. 邦語での研究としては以下参照。粕谷真司「「新冷戦」下のイギリス外交と欧州政治協力——アフガニスタン中立・非同盟構想，1980-1981 年」『国際情勢 紀要』（世界政経調査会国際情勢研究所事務局編，2021年）83-95 頁。
（65）Christopher Hill and Karen E. Smith（eds.）, *European Foreign Policy*, pp. 260-261.
（66）*Bulletin of the European Communities*, Bull. EC 1-1980.
（67）Daniel James Lahey, “The Thatcher Government's Response”, pp. 31-32.
（68）Ibid. ; *Bulletin of the European Communities*, Bull. EC 2-1980.
（69）1970 年代の東西貿易のデータは以下参照。Joint Economic Committee, *East-West Trade : The Prospects to 1985- Studies Prepared for the Use of the Joint Economic Committee Congress of the United States*, U. S. Government Printing Office, 1982. Available at https://www.jec.senate.gov/public/index.cfm/1982/12/report-10333790-2d9c-44c5-b66c-839159f14158, accessed December 30, 2021.
（70）東西ドイツ間の人的交流については以下参照。Timothy Garton Ash, *In Europe's Name : Germany and the Divided Continent*, Vintage Books, 1993. 同書 pp. 655-656 の図によると，東ドイツから西ドイツへの訪問者数は 1970 年代を通じて漸増に留まる一方，西ドイツから東ドイツへの訪問者数は 69 年の年間約 100 万人から 79 年の年間約 700 万人

へと大幅に増加している。

（71）*DBPO, III, VIII*, Doc. 73, pp. 173–176.

（72）Olav Njølstad, "The Collapse of Superpower Détente, 1975–1980", in Melvyn Leffler and Odd Arne Westad (eds.), *The Cambridge History of the Cold War : Volume III : Endings*, Cambridge University Press, 2010, pp. 135–155, at p. 137.

（73）TNA, FCO 46/2215, "Réunion du groupe de travail CSCE des 9, 10 et 11 janvier 1980–Rapport de la présidence", January 15, 1980, Rome COREU to All COREU.

（74）ソ連のアフガニスタン侵攻はヘルシンキ合意への違反であるとみなされた。Hansard report, HL Deb 23 October 1980 vol 413. cc2041–5. Available at https://api.parliament.uk/historic-hansard/lords/1980/oct/23/helsinki-final-act-soviet-violations, accessed January 15, 2022.

（75）前掲注73。

（76）TNA, FCO 46/2215, "CSCE Working Group Meeting, Rome, 10–11 January 1980", January 14, 1980, CSCE Unit, FCO.

（77）AMAE-La Courneuve, Direction d'Europe 1976–1980, 4211 bis, Télégramme 3288 "Comité politique des 22 et 23 janvier 1980. C. S. C. E.", January 25, 1980 ; TNA, FCO 98/894, Telegram 70, "European Political Cooperation : Political Committee Meeting, Rome 22–23 January 1980", January 23, 1980, Arculus to FCO.

（78）*DBPO, III, VIII*, Doc. 32, pp. 71–72.

（79）この点では，イギリスはアメリカの立場にも近いものであったが，イギリスは東西関係から「デタント」の要素をすべて排除しようとしたわけではなかった。イギリスはあくまで積極的にヨーロッパデタントを進めることに難色を示したのである。

（80）前掲注76。

（81）フランス外務省は，アフガニスタンの事例は通常戦力を用いた示威行為のコストを上げる信頼醸成措置の重要性を示した点で，ヨーロッパ軍縮会議（CDE）の必要性を高めたとすら受け止めていた。AMAE-La Courneuve, Direction d'Europe 1976–1980, 4211 bis, Note "Réunion de Comité politique du 22 janvier 1980 -C. S. C. E.", January 17, 1980, Direction d'Europe (CSCE).

（82）TNA, FCO 46/2215, "Preparation of the Meeting of the CSCE Working Group with Disarmament Eksperts [sic] on February 4–5, French Proposal for a Conference on Disarmament in Europe (CDE) ", January 18, 1980, Bonn COREU to Rome COREU.

（83）TNA, FCO 46/2216, "Meeting between Lord Carrington and Herr Genscher : 26 February", February 29, 1980, Western European Department, FCO.

（84）イギリスは前年にヨーロッパ軍縮会議（CDE）を支持する方針を決定したが，それはCDEの軍事的安全保障上の意義を評価したからではなく，東側諸国の軍縮攻勢への対抗，国内世論対策および西側諸国の結束の手段としてCDEが有用であると考えたからであった。第1章参照。

（85）TNA, FCO 46/2215, "CSCE : EDC : Rome Meeting, 4/5 February", January 31, 1980, Tait to Robinson.

（86）当時英仏間の懸案事項となっていたのがヨーロッパ共同体（EC）予算の問題であった。産業構造上ECの予算配分で不利な立場にあったイギリスへの還付金を求めるサッチャー政権の方針は，フランスとの間で摩擦を引き起こしていた。遠藤乾『統

合の終焉——EU の実像と論理』（岩波書店，2013 年）144–149 頁。

（87）TNA, FCO 46/2215, “Secretary of State’s Meeting with the French Foreign Minister : 2/3 February”, January 29, 1980, Western European Department.

（88）TNA, FCO 46/2215, “Réunion du groupe de travail CSCE des 4–5 février 1980”, February 7, 1980, Rome COREU to all COREU. 作成されたペーパーは以下参照。AMAE-La Courneuve, Direction d’Europe 1976–1980, 4211 bis, “CSCE（80）2/Rev.1/5.2.1980. Aspects militaires de la sécurité -Rapport sur la base du questionnaire des Neuf”, February 6, 1980, Rome COREU to All COREU.

（89）先行研究も同ペーパーをもってヨーロッパ共同体（EC）諸国はヨーロッパ軍縮会議（CDE）に対する方針に合意したと論じている（Veronika Heyde, *Frankreich im KSZE-Prozess*, p. 361）。ただし，先行研究はそのタイミングが 3 月であったと指摘する一方，本書は 2 月の時点で EC 諸国の立場の形成が進んでおり，背景にはイギリスの立場の変化があったと考える。

（90）ヨーロッパでの軍事デタントおよび軍縮に関する会議（CMDD）はヨーロッパを対象とする軍縮会議構想という点でヨーロッパ軍縮会議（CDE）と共通する一方，信頼醸成措置に空軍・海軍の活動を含めることを目指した点や核・通常戦力の先制不使用の条約の議論を想定していた点で CDE とは異なった。概要は以下参照。John Borawski, *From the Atlantic to the Urals : Negotiating Arms Control at the Stockholm Conference*, Pergamon-Brassey’s, 1987, p. 24.

（91）TNA, FCO 46/2215, “Conference on Disarmament in Europe”, January 25, 1980, Pakenham（British Embassy Washington DC）to Millington（Defence Department, FCO）.

（92）John Borawski, *From the Atlantic to the Urals*, p. 26.

（93）TNA, FCO 46/2215, Telegram 821, “US/French Consultations on European Disarmament Conference（EDC）”, February 22, 1980, Washington to FCO.

（94）TNA, FCO 46/2216, “Note of Bilateral Meeting with French CBM Experts, Rome, 16 April 1980”, No date, FCO.

（95）TNA, FCO 46/2216, “French Proposal for a European Disarmament Conference”, March 31, 1980, Reginald Hibbert to Bullard.

（96）TNA, FCO 46/2216, “CSCE/CDE : French Draft Mandate”, May 29, 1980, Pearce（Defence Department）to Gillmore.

（97）TNA, FCO 46/2216, “US Attitude to a Post-Madrid Meeting”, April 23, 1980, Weston（British Embassy Washington DC）to Gillmore（Defence Department, FCO）.

（98）TNA, FCO 46/2216, “CSCE/CBMs/CDE”, May 13, 1980, Weston（British Embassy Washington DC）to Gillmore（Defence Department, FCO）.

（99）TNA, FCO 28/4265, “Mr Wilberforce’s Visit : Call at the NSC”, June 19, 1980, Weston（British Embassy Washington DC）to Soutar（British Embassy Washington DC）.

（100）7 月 29 日のマスキー国務長官のスピーチでは，マドリードでの第 1 目標は人権面での進展，第 2 目標は人的接触の拡大であると述べられている。これに対して，安全保障の議論はマドリードでの第 3 目標であり，かつその議論が人権への注目をそらすことがあってはならないと言及されている。“Continuing the CSCE Process”, *The Department of State Bulletin*, 80 : 2042, September 1980, pp. 49–52, at p. 52. 先行研究でも，ソ連のアフガニスタン侵攻後にアメリカがソ連の人権問題への圧力を強めたことが

論じられている。Umberto Tulli, *A Precarious Equilibrium : Human Rights and Détente in Jimmy Carter's Soviet Policy*, Manchester University Press, 2020, Chapter 5［Rakuten kobo Version］.

(101) AMAE-La Courneuve, Direction d'Europe 1976–1980, 4211 bis, Télégramme 872 "Position des Etats-Unis concernant la CSCE la réunion de Madrid et les Mesures des Confiance", April 18, 1980, Washington DC to Paris.

(102) AMAE-La Courneuve, Direction d'Europe 1976–1980, 4211 bis, Télégramme 14562 "Comité politique du 23 Avril 1980 - C. S. C. E.-", April 24, 1980.

(103) Veronika Heyde, *Frankreich im KSZE-Prozess*, pp. 362–364. 同書によると，新規提案には人的接触，情報，教育などに関する措置が含まれていた。また，時を同じくして第2バスケットでの新規提案も検討された。

(104) AMAE-La Courneuve, Direction d'Europe 1976–1980, 4327, Proposition polonaise de Conférence sur le Désarmement et la Détente Militaire : Télégramme 135 "Discours de M. Gierek : Politique extérieure", March 7, 1980, Warsaw to Paris.

(105) AMAE-La Courneuve, Direction d'Europe 1976–1980, 4327, Note "Les relations franco-soviétiques et la détente après la visite de M. Gromyko à Paris", May 14, 1980, Direction d'Europe.

(106) United States Arms Control and Disarmament Agency, *Documents on Disarmament 1980*, 1983, pp. 222–230.

(107) AMAE-La Courneuve, Direction d'Europe 1976–1980, 4327, Proposition polonaise de Conférence sur le Désarmement et la Détente Militaire : Note "Entretien avec l'Ambassadeur de Pologne sur la CSCE et la préparation de la réunion de Madrid", May 21, 1980, Direction d'Europe. このときポーランドは，フランスがヨーロッパ軍縮会議（CDE）のマンデートをあらかじめ厳密に定義すると同プロジェクトは失敗に終わるリスクがあると指摘した。つまり，ポーランドは西側の要求するCDEの条件（「大西洋からウラル」を対象とする，検証可能である等）を骨抜きにすることを目論んでいた。しかし，フランスはCDEとヨーロッパでの軍事デタントおよび軍縮に関する会議（CMDD）の隔たりは大きいと述べ，提案に乗ることはなかった。

(108) Douglas Selvage, "The Superpowers and the Conference on Security and Cooperation in Europe, 1977–1983 : Human Rights, Nuclear Weapons, and Western Europe", in Matthias Peter and Hermann Wentker (eds.), *Die KSZE im Ost-West Konflikt : Internationale Politik und gesellschaftliche Transformation (1975–1990)*, Oldenbourg Wissenschaftsverlag, 2012, pp. 15–58, at pp. 28–29.

(109) David Holloway, "The Dynamics of the Euromissile Crisis, 1977–1983", in Leopold Nuti, Frédéric Bozo, Marie-Pierre Rey and Bernd Rother (eds.), *The Euromissile Crisis and the End of the Cold War*, Woodrow Wilson Center Press, 2015, pp. 11–28, at p. 18.

(110) John Freeman, *Security and the CSCE Process : The Stockholm Conference and Beyond*, Macmillan, 1991, p. 83.

(111) 背景には，モスクワオリンピックの開催にあたり，訪ソ外国人のもつ印象が反体制派によって損なわれることへのソ連側の懸念があったと指摘されている。Peter Reddaway, "Dissent in the Soviet Union", *Problems of Communism*, 32 : 6, 1983, pp. 1–15, at p. 9.

（112）TNA, PREM 19/1973, "Repression in the Soviet Union", November 17, 1980, Lever（FCO）to Alexander（10 Downing Street）.
（113）フランスは，東側諸国がヨーロッパでの軍事デタントおよび軍縮に関する会議（CMDD）を推進する背景には自らがデタントの擁護者であることを示す狙いがあるとみなしていた。TNA, FCO 46/2216, "CSCE Working Group Meeting, Rome, 14/15 April 1980", April 18, 1980, CSCE Unit, FCO.
（114）TNA, FCO 28/4265, "Secretary of State's Visit to Washington", April 30, 1980, Cox（CSCE Unit）to Fergusson.
（115）Matthias Peter, *Die Bundesrepublik im KSZE-Prozess 1975–1983*, p. 428.
（116）西側諸国はソ連のアフガニスタン侵攻を受けて二国間での接触を控えていた。TNA, FCO 28/4261, "Relations with the Soviet Union Post-Afghanistan : Bilateral Consultations", June 25, 1980, Mallaby to Fergusson.
（117）前掲注 105。
（118）Archives nationales（以下AN）- Pierrefitte-sur-Seine, AG/5（3）/1095, "Note pour le président de la République : audience de M. GROMYKO 24 avril-10 heures. -", April 23, 1980, Paris.
（119）Maurice Vaïsse, "Le chemin de Varsovie", p. 181.
（120）Digital National Security Archive, *Afghanistan : The Making of U. S. Policy, 1973–1990*, "Gromyko Press Conference in Paris", April 25, 1980, accession number AF00931.
（121）*National Intelligence Daily*, April 23, 1980, CIA Electronic FOIA Reading Room, Document No. 0005148713. Available at https://www.cia.gov/readingroom/, accessed March 5, 2021.
（122）会談に至る経緯は以下参照。Maurice Vaïsse, "Le chemin de Varsovie", pp. 181–187.
（123）Valéry Giscard d'Estaing, "Interview de M. Valéry Giscard d'Estaing sur les entretiens franco-soviétiques de Varsovie et le sixième anniversaire de son élection à la présidence de la République, fêté à Sion, le lundi 19 mai 1980", May 19, 1980, Sion. Available at https://www.elysee.fr/valery-giscard-d-estaing/1980/05/19/interview-de-m-valery-giscard-destaing-sur-les-entretiens-franco-sovietiques-de-varsovie-et-le-sixieme-anniversaire-de-son-election-a-la-presidence-de-la-republique-fete-a-sion-le-lundi-19-mai-1980, accessed December 28, 2021.
（124）Valéry Giscard d'Estaing, "Interview télévisée de M. Valéry Giscard d'Estaing à la suite de sa rencontre avec M. Brejnev à Varsovie, Paris, Palais de l'Élysée, le vendredi 23 mai 1980", May 23, 1980, Paris. Available at https://www.elysee.fr/valery-giscard-d-estaing/1980/05/23/interview-televisee-de-m-valery-giscard-destaing-a-la-suite-de-sa-rencontre-avec-m-brejnev-a-varsovie-paris-palais-de-lelysee-le-vendredi-23-mai-1980, accessed December 28, 2021.
（125）AN-Pierrefitte-sur-Seine, AG/5（3）/1095, "Compt rendu : Entretiens de Vilanow 19 mai 1980".
（126）"Témoignages et interventions sur les rapports politiques et économiques avec les pays de l'Est", in Samy Cohen and Marie-Claude Smouts（eds.）, *La politique extérieure de Valéry Giscard d'Estaing*, Presses de la Fondation nationale des science politiques, 1985, pp. 246–260, at p. 251.
（127）前掲注 125。なお，この発言は首脳会談の開催地であるポーランドへの「リップサービス」であるとも考えられる。
（128）Jimmy Carter, *Keeping Faith*, p. 548.

(129) Valéry Giscard d'Estaing, *Le pouvoir et la vie : L'affrontement*, pp. 419-420.

(130) ヘルムート・シュミット，前掲書，113 頁。

(131) ただしフランス国内も一枚岩ではなく，仏ソ首脳会談に批判的な報道も見られた。フランス各紙の論調は以下参照。Sabine Jansen, "La politique étrangère et l'élection présidentielle de 1981", *Revue historique*, 662 : 2, 2012, pp. 445-475, at pp. 464-465.

(132) 経緯については以下参照。Elizabeth Benning, "The Road to Rambouillet and the Creation of the Group of Five", in Emmanuel Mourlon-Druol and Frederico Romero（eds.）, *International Summitry and Global Governance : The Rise of the G7 and the European Council, 1974-1991*, Routledge, 2014, pp. 39-63.

(133) TNA, PREM 19/188, "G7 : Paris Quadripartite meeting（UK, USA, West Germany, France）（Political Discussion at the Venice Summit）, June 6, 1980. Available at https://www.margaretthatcher.org/document/115744, accessed January 6, 2022.

(134) 先行研究では，1980 年代初頭までは東西関係はサミットの主要なテーマではなかったことが指摘されている。Angela Romano, "G7 Summits, European Councils and East-West Economic Relations（1975-1982）", in Emmanuel Mourlon-Druol and Frederico Romero（eds.）, *International Summitry and Global Governance*, pp. 198-222.

(135) コミュニケ本体とは別に宣言が出された声明としては，当時は以下のものに限定されていた。ボンサミット（1978 年）での「航空機のハイジャックに関する声明」，東京サミット（79 年）での「航空機ハイジャックに関するプレス・リリース」および「インドシナ難民問題に関するサミットの特別声明」。

(136) TNA, PREM 19/188, "G7 : Vienna Quadripartite meeting（representatives of UK, USA, France, West Germany）（preparation for Venice summit）", May 16, 1980. Available at https://www.margaretthatcher.org/document/115741, accessed October 12, 2021.

(137) 前掲注 133。

(138) TNA, PREM 19/188, "G7 : Rome 7-power meeting（preparation for proposed political discussions at Venice summit）", June 17, 1980. Available at https://www.margaretthatcher.org/document/115748, accessed January 6, 2022.

(139) アメリカのマスキー国務長官はアンカラ到着時の声明において，アフガニスタン問題，ヨーロッパ安全保障協力会議（CSCE）マドリード再検討会議および軍備管理の 3 点を議論すると言及している。"Secretary Attends NATO Meeting in Turkey ; Consults With ASEAN in Malaysia", *The Department of State Bulletin*, 80 : 2041, August 1980, pp. 33-45, at p. 33.

(140) ただし，それは米欧の関係が円滑であったことを意味しなかった。カーター大統領とシュミット首相の間では，ミスコミュニケーションを一因として中距離核戦力（INF）の軍備管理交渉の進め方をめぐる対立が表面化し，両国のメディアを巻き込んだ応酬へと発展した。歴史的研究としては以下参照。Kristina Spohr, *The Global Chancellor*, pp. 114-118 ; Stephan Kieninger, *The Diplomacy of Détente*, pp. 135-136. また，当事者の回顧録は以下参照。Jimmy Carter, *Keeping Faith*, pp. 544-547 ; Zbigniew Brzezinski, *Power and Principle*, pp. 309-310, pp. 461-463 ; ヘルムート・シュミット，前掲書，289-301 頁。

(141) TNA, FCO 28/4282, "NAC Ankara Meeting, 24 June : CDE and CSCE", June 23, 1980, Gillmore to Bullard.

（142）Ibid.
（143）ロンドンからはモバリー外務次官補（Patrick Moberly）が出席した。
（144）TNA, FCO 28/4283, Telegram 2284, “Your Telno 1123 (not to Paris) : US Attitude to NATO Communique CSCE/CDE”, June 17, 1980, Washington to FCO.
（145）TNA, FCO 28/4283, Telegram 306, “Washington Tel 2284 : US Attitude to NATO Communique : CSCE/CDE.”, June 20, 1980, UK DEL NATO to FCO.
（146）なお，日本より出席を予定していた大平正芳首相は直前の6月12日に急逝したため，大来佐武郎外相が代わりに出席した。
（147）TNA, PREM 19/189, “G7 : Venice Summit (Session 2)”, June 22, 1980. Available at https://www.margaretthatcher.org/document/115755, accessed January 7, 2022.
（148）Political Topics (June 22, 1980). Available at https://www.mofa.go.jp/policy/economy/summit/2000/past_summit/06/e06_e.html, accessed May 3, 2021.
（149）ジスカール・デスタン大統領の反応は以下参照。Valéry Giscard d'Estaing, “Conférence de presse de M. Valéry Giscard d'Estaing sur la situation en Afghanistan, l'énergie et les relations occidentales à l'issue du sommet des pays industrialisés, Venise, le lundi 23 juin 1980”, June 23, 1980, Venice. Available at https://www.elysee.fr/valery-giscard-d-estaing/1980/06/23/conference-de-presse-de-m-valery-giscard-destaing-sur-la-situation-en-afghanistan-lenergie-et-les-relations-occidentales-a-lissue-du-sommet-des-pays-industrialises-venise-le-lundi-23-juin-1980, accessed March 10, 2021. サッチャー首相の反応は以下参照。TNA, CAB 128/68/2, “Conclusion of a Meeting of the Cabinet held at 10 Downing Street on Thursday 26 June 1980 at 11.00 am”, June 26, 1980.
（150）Daniel J. Sargent, *A Superpower Transformed,* p. 290.
（151）たとえば，『ニューヨーク・タイムズ』紙は「アンカラ会合のコミュニケはソ連にアフガニスタンからの撤退を要求しつつも東西対話のチャンネルを開くことを呼びかけた」と報じている。“NATO, Favoring Soviet Dialogue, Demands a Pullout in Afghanistan”, *The New York Times*, June 27, 1980.
（152）Final Communiqué (25–26 June 1980). Available at https://www.nato.int/docu/comm/49-95/c800625a.htm, accessed March 16, 2021.
（153）Department of State, “Notes for Meeting with the Vice President,” circa 26 (or 20) June 1980, JCL NLC-133-1-2-22-6. Available at https://nsarchive.gwu.edu/document/23824-department-state-notes-meeting-vice-president-circa-26-or-20-june-1980-secret, accessed July 14, 2022.
（154）“Les Occidentaux veulent que les problèmes militaires de l'Europe soient discutés en priorité à la rencontre de Madrid”, *Le Monde*, July 27, 1980.
（155）TNA, FCO 46/2216, “CSCE : CDE”, July 1, 1980, Tait to Moberly.
（156）NATO Archives, Brussels, C-M (80) 40, “Preparation for the CSCE Follow-Up Meeting at Madrid in 1980 : Aspects of Security And Disarmament : Note by the Secretary General”, July 13, 1980.
（157）TNA, FCO 46/2216, “NATO Council Meeting on 17 July : French Draft Mandate”, July 11, 1980, Pearce (Defence Department) to Robinson (CSCE Unit).
（158）TNA, FCO 28/4268, “CSCE : Franco/Soviet Bilateral Consultations”, July 23, 1980, Fell to Robinson.

(159) TNA, FCO 28/4268, "CSCE : France and the Soviet Union", July 21, 1980, Tait to Young.
(160) Ibid.
(161) TNA, FCO 28/4268, "CSCE : France/Soviet Union", July 17, 1980, Fergusson to Young.
(162) ワルシャワ条約機構（WTO）・副外相会合では，ワルシャワ条約機構諸国はヨーロッパ安全保障協力会議（CSCE）マドリード再検討会議に対する西側諸国の立場の違いを利用することに合意していた。Vojtech Mastny and Malcolm Byrne（eds.）, *A Cardboard Castle ? : An Inside History of the Warsaw Pact, 1955–1991*, CEU Press, 2005, p. 438.
(163) なお，以上の様子はイギリスの史料にもとづくものであるが，この時のフランスの態度は前後する時期のフランスの史料からも裏付けられる。たとえば，7月18日のフランス外務次官と駐仏ソ連大使の会談では，フランス側は，マドリードに向けた協議の準備はできているとしつつ，信頼醸成措置をめぐる仏ソ間の立場には違いがあると指摘し，安易に妥協することはなかった。AN-Pierrefitte-sur-Seine, AG/5（3）/1095, "Compt rendu : Entretien de l'ambassadeur soviétique avec le secrétaire générale : 17 juillet 1980–17h. 30", July 18.
(164) TNA, FCO 28/4268, "CSCE : Talks with French Delegate", No date, Wilberforce to Bullard.
(165) AN-Pierrefitte-sur-Seine, AG/5（3）/996, "Sommet franco-britannique : 19 septembre 1980–10 h 30".
(166) Kieninger, *Diplomacy of Détente*, pp. 93–94［Kindle Version］.
(167) この手続き規則は，表紙の色から通称「イエロー・ブック（Yellow Book）」と呼ばれていた。
(168) AMAE-La Courneuve, Direction d'Europe 1976–1980, 4211 bis, Coopération Politique à Neuf（C. S. C. E.）- Rapport sur les considérations générales en vue de la réunion préparatoire de Madrid（CSCE（80）4/CP/27.6.1980）, June 30, 1980, Direction d'Europe.
(169) TNA, FCO 28/4283, Telegram 368, "NATO Council Discussion on CSCE : 5 September", September 5, 1980, Rose（UK DEL NATO）to FCO.
(170) 前掲注168。
(171) 東側諸国は，10月20日のワルシャワ条約機構（WTO）・外相委員会コミュニケでもヨーロッパでの軍事デタントおよび軍縮に関する会議（CMDD）の開催を改めて呼びかけていた。United States Arms Control and Disarmament Agency, *Documents on Disarmament 1980*, 1983, pp. 458–462.
(172) Jan Sizoo and Rudolph Th. Jurrjens, *CSCE Decision-making*, pp. 194–197.
(173) Mattias Peter, *Die Bundesrepublik im KSZE-Prozess 1975–1983*, p. 443. 同妥協案はオーストリア外相が主導したものである。非同盟中立諸国間で行われた議論の経緯については以下参照。Thomas Fischer, *Keeping the Process Alive : The N+N and the CSCE Follow-up from Helsinki to Vienna (1975–1986)*, Center for Security Studies（CSS）, ETH Zürich, 2012, pp. 83–84.
(174) Jan Sizoo and Rudolph Th. Jurrjens, *CSCE Decision-making*, pp. 290–295.
(175) H. Gordon Skilling, "CSCE in Madrid", *Problems of Communism*, 30 : 4, 1981, pp. 1–16, at pp. 4–6.
(176) TNA, FCO 28/4284, "CSCE : Preparations for Madrid", October 28, 1980, Reeve（CSCE Unit）to Fell（UK DEL NATO）.

(177) 10月27日の北大西洋理事会については以下参照。TNA, FCO 28/4284, Telegram 5 Saving, “Council Meeting on CSCE Security Issues”, October 29, 1980, Rose（UK DEL NATO）to FCO. また，11月6日の北大西洋理事会については以下参照。TNA, FCO 28/4284, Telegram 423, “Council 6 November : CSCE Security Issues”, November 7, 1980, UK DEL NATO to FCO.

(178) TNA, FCO 46/2667, “The Alliance and the Conference on Disarmament in Europe”, January 22, 1981, Rose to Carrington.

(179) なお，信頼醸成措置のパッケージが最終的に合意されたのは12月に入ってからであった。「信頼醸成措置に関するアドホックグループ」での議論の経緯および作成された信頼醸成措置のパッケージの内容は以下参照。Albert Legault and Michel Fortmann, *A Diplomacy of Hope : Canada and Disarmament 1945–1988*, McGill-Queen's University Press, 1992, pp. 505–508, pp. 522–524.

(180) 前掲注177。

(181) AMAE-La Courneuve, Direction d'Europe 1976–1980, 4211 bis, Télégramme 157 “Comité politique des Neuf（Luxembourg, 28 Octobre 1980）-C. S. C. E.-”, October 29, 1980, Luxembourg to Paris.

(182) TNA, FCO 28/4284, Telegram 185, “Council Discussion on CSCE CBMs”, November 3, 1980, Carrington（FCO）to UK DEL NATO.

(183) European Council - Luxembourg, 1 and 2 December 1980, Conclusions. Available at https://www.consilium.europa.eu/media/20730/luxembourg_december_1980__eng_.pdf, accessed April 8, 2021.

(184) 同会合のコミュニケでは，ヨーロッパ軍縮会議（CDE）は「留意された（took note)」と言及されるに留まった。その表現は先のNATOアンカラ会合と比較しても弱いものであった。本文は以下参照。Final Communiqué（11–12 December 1980). Available at https://www.nato.int/docu/comm/49-95/c801211a.htm, accessed February 17, 2022. また，コミュニケにかかる米英仏独間の議論は以下参照。TNA, FCO 46/2218, Telegram 465, “NAC Draft Communique : CBMs and CDE”, December 6, 1980, UK DEL NATO to FCO.

(185) John Borawski, *From the Atlantic to the Urals*, p. 26.

(186) Matthias Peter, *Die Bundesrepublik im KSZE-Prozess 1975–1983*, p. 423.

(187) “La capitale des dissidences”, *Le Monde*, November 12, 1980.

(188) なお，カンペルマンとともに前司法長官のベル（Griffin Bell）もツートップの1人として代表団長に選ばれている。しかし，ベルはレーガン政権への移行にともない辞任したため，3年にわたるマドリードでの交渉のほとんどをカンペルマンが担った。

(189) カンペルマンと「現在の危機に関する委員会」とのつながりについては以下参照。Max Kampelman, *Entering New Worlds : The Memoirs of a Private Man in Public Life*, HarperCollins, 1991, pp. 232–234.

(190) Stephan Kieninger, “ ‘Human Rights, Peace and Security Are Inseparable' : Max Kampelman and the Helsinki Process”, in Nicolas Badalassi and Sarah B. Snyder (eds.), *The CSCE and the End of the Cold War : Diplomacy, Societies and Human Rights, 1972–1990,* Berghahn Books, 2018, Chapter 4, Section 1, Paras. 6 and 8［Kindle Version］.

（191）“Soviet Demotes Khrushchev Aide ; Ilyichev, Ideology Expert, Is Named to Foreign Ministry”, *The New York Times*, March 24, 1965.

（192）Colin Mackie, *A Directory of British Diplomats*, Foreign and Commonwealth Office, 2014, p. 523. Available at https://issuu.com/fcohistorians/docs/bdd_part_2_with_covers, accessed April 8, 2021.

（193）“M. Jacques Martin Ambassadeur à Belgrade”, *Le Monde*, February 16, 1977.

（194）なお，ヨーロッパ安全保障協力会議（CSCE）マドリード再検討会議は当初の予定（手続き規則の「パープル・ブック」では 1981 年 3 月 5 日までの合意を目指すとされていた）を大幅に超過して 3 年にわたり続いたため，英仏の両大使は途中で交代している。一方，カンペルマンは 83 年 9 月の閉会まで大使の任務を全うした。

（195）作業部会は政策領域ごとに設置されていた。作業部会は “Subsidary working body”（Jan Sizoo and Rudolph Th. Jurrjens, *CSCE Decision-making*）や “Committee”（H. Gordon Skilling, “CSCE in Madrid”）と呼ばれたが，本書では「作業部会」と意訳している。

（196）William Korey, *The Promises We Keep : Human Rights, the Helsinki Process, and American Foreign Policy*, St. Martin’s Press, 1993, p. 131.

（197）H. Gordon Skilling, “CSCE in Madrid”, p. 11.

（198）Daniel C. Thomas, *The Helsinki Effect : International Norms, Human Rights, and the Demise of Communism*, Princeton University Press, 2001, pp. 142–148 ; Sarah Snyder, *Human Rights Activism and the End of the Cold War : A Transnational History of the Helsinki Network*, Cambridge University Press, 2011, p. 104.

（199）H. Gordon Skilling, “CSCE in Madrid”, p. 10.

（200）Douglas Selvage, “The Superpowers and the Conference on Security and Cooperation in Europe”, p. 29.

（201）ポーランド情勢については以下参照。Timothy Garton Ash, *The Polish Revolution : Solidarity*, 3rd ed., Yale University Press, 2002.

（202）H. Gordon Skilling, “CSCE in Madrid”, p. 11.

（203）1980 年から 81 年の西側のポーランド政策では，ソ連に介入の口実を与えないことがポーランドへの経済援助およびソ連への警告とならんで重視されていた。山本健「ポーランド危機と西側諸国の対応，1980–81 年——安定化政策と緊急対応政策」『西南学院大学法学論集』第 49 巻第 1 号（2016 年）102–120 頁。ただし西側諸国はマドリードでこそポーランド問題を取り上げなかったものの，NATO およびヨーロッパ政治協力（EPC）において情勢の推移を議論していた。80 年 12 月にソ連による軍事介入の懸念が高まった際には，欧州理事会および北大西洋理事会・閣僚会合はコミュニケを発出し，ポーランドの自己決定権への支持および介入への警告を表明した。

（204）Jan Sizoo and Rudolph Th. Jurrjens, *CSCE Decision-making*, pp. 91–94.

（205）ヨーロッパでの軍事デタントおよび軍縮に関する会議（CMDD）マンデートの原文は以下参照。TNA, FCO 46/2668, “Proposal Submitted by the Delegation of the Polish People’s Republic on Convening the Conference on Military Détente and Disarmament in Europe”, December 8, 1980. ヨーロッパ軍縮会議（CDE）マンデートの原文は以下参照。TNA, FCO 46/2218, “Proposal Submitted by the Delegation of France Concerning Security in Europe”（CSCE/RM.7), December 9, 1980.

（206）TNA, FCO 46/2218, "Mr. Hurd's Meeting with M. Bernard Raymond, Monday 8 December 1980", No Date.

（207）それぞれの国が提出した軍縮会議案の概要は以下参照。Jan Sizoo and Rudolph Th. Jurrjens, *CSCE Decision-making*, pp. 94–106.

第3章

（1）先行研究では，ヨーロッパ安全保障協力会議（CSCE）マドリード再検討会議はヨーロッパでのデタント継続の象徴であると言及する。山本健「新冷戦とヨーロッパ・デタント」『西南学院大学法学論集』第54巻第2号（2022年）41-70頁。

（2）なお，(1) と (3) は相互に排他的ではなく，双方に言及する研究もある。本書は，それらの研究がいずれにウェイトを置いているかに着目して分類をしている。この他，一次史料に依拠しない研究も多数存在する。代表的なものとしては以下参照。Jan Sizoo and Rudolph Th. Jurrjens, *CSCE Decision-Making : The Madrid Experience*, M. Nijhoff Publishers, 1984 ; Victor-Yves Ghebali, *La diplomatie de la détente : la CSCE, d'Helsinki à Vienne (1973–1989)*, Bruylant, 1989 ; William Korey, *The Promises We Keep : Human Rights, the Helsinki Process, and American Foreign Policy*, St. Martin's Press, 1993.

（3）Douglas Selvage, "The Politics of the Lesser Evil : The West, the Polish Crisis, and the CSCE Review Conference in Madrid, 1981–1983", in Leopold Nuti (ed.), *The Crisis of Détente in Europe : From Helsinki to Gorbachev, 1975–1985*, Routledge, 2009, pp. 41–54 ; Angela Romano, "More Cohesive, Still Divergent : Western Europe, the US and the Madrid CSCE Follow-Up Meeting", in Kiran K. Patel and Ken Weisbrode (eds.), *European Integration and the Atlantic Community in the 1980s*, Cambridge University Press, 2013, pp. 39–58.

（4）西ドイツに焦点をあてた研究は以下参照。Matthias Peter, *Die Bundesrepublik im KSZE-Prozess 1975–1983. Die Umkehrung der Diplomatie*, De Gruyter Oldenbourg, 2015 ; Matthias Peter, "Saving Détente : The Federal Republic of Germany and the CSCE in the 1980s", in Nicolas Badalassi and Sarah B. Snyder (eds.), *The CSCE and the End of the Cold War : Diplomacy, Societies and Human Rights, 1972–1990*, Berghahn Books, 2018, Chapter 11 [Kindle Version]. フランスに焦点をあてた研究は以下参照。Veronika Heyde, *Frankreich im KSZE-Prozess. Diplomatie im Namen der europäischen Sicherheit 1969–1983*, De Gruyter Oldenbourg, 2016. この他，一国に焦点をあてたものとして，アメリカ（とりわけカンペルマン・ヨーロッパ安全保障協力会議〔CSCE〕大使）やオランダの役割を取り上げた比較的短い論文もある。このうち後者の論文は，人権問題にフォーカスして対ソ強硬路線をとりがちであると見られてきたオランダも，CSCEでの東西対話の維持を重視していたことを明らかにしている。アメリカについては以下参照。Sarah Snyder, "The CSCE and the Atlantic Alliance : Forging a New Consensus in Madrid", *Journal of Transatlantic Studies*, 8 : 1, 2010, pp. 56–68 ; Stephan Kieninger, "'Human Rights, Peace and Security Are Inseparable' : Max Kampelman and the Helsinki Process", in Nicolas Badalassi and Sarah B. Snyder (eds.), *The CSCE and the End of the Cold War*, Chapter 4 [Kindle Version]. オランダについては以下参照。Laurien Crump, Lenna Lammertink and Eva Zeilstra, "Ferm, doch onopvallend : Nederland en de Conferentie over Veiligheid en Samenwerking in Europa (1973–1983)", *Tijdschrift voor Geschiedenis*, 132 : 2, 2019, pp. 257–279.

（5）Sarah Snyder, *Human Rights Activism and the End of the Cold War : A Transnational History of the Helsinki Network*, Cambridge University Press, 2011, pp. 135–157 ; Stephan Kieninger, *The Diplomacy of Détente : Cooperative Security Policies from Helmut Schmidt to George Shultz*, Routledge, 2018, pp. 151–156 [Kindle Version].

（6）例外的に，マクロな観点よりヨーロッパ安全保障協力会議（CSCE）マドリード再検討会議の交渉を通史的に取り上げた研究もある。Douglas Selvage, “The Superpowers and the Conference on Security and Cooperation in Europe, 1977–1983 : Human Rights, Nuclear Weapons, and Western Europe”, in Matthias Peter and Hermann Wentker（eds.）, *Die KSZE im Ost-West Konflikt : Internationale Politik und gesellschaftliche Transformation (1975–1990)*, Oldenbourg Wissenschaftsverlag, 2012, pp. 15–58. しかし，同研究はあくまで米ソに焦点をあてたものであり，主要アクターであるヨーロッパについては十分に論じられていない。

（7）この点で，本書はマドリードでの合意形成の背景にはヨーロッパ軍縮会議（CDE）をめぐる交渉があったと指摘する以下の先行研究と立場を共にする。Anja Hanisch, “From Helsinki to Afghanistan : The CSCE Process and the Beginning of the Second Cold War”, in Christoph Becker-Schaum, Philipp Gassert, Martin Klimke, Wilfried Mausbach, Marianne Zepp（eds.）, *The Nuclear Crisis : The Arms Race, Cold War Anxiety, and the German Peace Movement of the 1980s*, Berghahn Books, 2016, pp. 37–51. ただし，同研究は主に二次文献に依拠しており，一次史料にもとづくものではない。

（8）このうち，第 2 章と重複する 1980 年 11 月から 12 月にかけては，その後の議論に大きくかかわってくる部分にのみ言及する。

（9）H. Gordon Skilling, “CSCE in Madrid”, *Problems of Communism*, 30 : 4, 1981, pp. 1–16, at pp. 10–11.

（10）ソ連は，軍縮会議のマンデートが含まれることがマドリードの最終文書に合意する条件であると述べるほど軍事的安全保障の次元を重視していた（The National Archives of the United Kingdom〔以下 TNA〕, FCO 46/2218, “CDE”, December 16, 1980, Hulse to Tait and Wilberforce）。だからこそ，人権面での非難には目をつぶることにしたのである。

（11）Archives du ministère des Affaires étrangères（以下 AMAE）- La Courneuve, Direction d’Europe 1976–1980, 4211 bis, Réunion de Madrid : Allocution d’ouverture : Prononcée par M. Jacques Martin, Chef de la délégation française le 14 novembre 1980, November 14, 1980.

（12）TNA, FCO 28/4261, Telegram 58, “Madrid CSCE Review Meeting”, June 20, 1980, FCO to Routine Certain Missions and Dependent Territories.

（13）Douglas Selvage, “The Superpowers and the Conference on Security and Cooperation in Europe”, pp. 29–30.

（14）ヨーロッパ軍縮会議（CDE）マンデートは以下参照。TNA, FCO 46/2218, “Proposal Submitted by the Delegation of France Concerning Security in Europe”（CSCE/RM.7）, December 9, 1980. ヨーロッパでの軍事デタントおよび軍縮に関する会議（CMDD）マンデートは以下参照。TNA, FCO 46/2668, “Proposal Submitted by the Delegation of the Polish People’s Republic on Convening the Conference on Military Détente and Disarmament in Europe”, December 8, 1980.

（15）ヨーロッパ安全保障協力会議（CSCE）マドリード再検討会議の手続き規則（通称「パープル・ブック」）には 1981 年 3 月 5 日までの合意を目指すと記されていた。Jan Sizoo and Rudolph Th. Jurrjens, CSCE Decision-making, pp. 290–295. 一方，CSCE の再検討会議が当初の予定より延びることは決して珍しいわけではなかった。前回のベオグラード再検討会議においても会議日程は当初の予定を超過していた。Dante B. Fascell, "The CSCE Follow-up Mechanism from Belgrade to Madrid", *Vanderbilt Journal of Transnational Law*, 13 : 2, 1980, pp. 335–357.

（16）United States Arms Control and Disarmament Agency, *Documents on Disarmament 1981*, 1985, pp. 61–64.

（17）アメリカは，自国のヨーロッパ軍縮会議（CDE）に対する立場の決定が，ヨーロッパ安全保障協力会議（CSCE）マドリード再検討会議のさらなる進展のカギを握ると認識していた。Ronald Reagan Presidential Library（以下 Reagan Library）: Executive Secretariat NSC : Agency File（Secretary Haig's Evening Report, Box 6）, Secretary of State Haig's Evening Report, February 11, 1981. Available at https://www.margaretthatcher.org/document/226958, accessed July 24, 2022.

（18）直近では，1 月 26 日に在米フランス大使館がヘイグ国務長官の協力者であり国務省参事官に就任予定のマクファーレンに対してヨーロッパ軍縮会議（CDE）への支持を働きかけていた。AMAE-La Courneuve, Direction d'Europe 1981–1985, 5639, Télégramme 190, "Objet : C. D. E.", January 27, 1981, Washington to Paris.

（19）Reagan Library : Executive Secretariat NSC : Agency File（Secretary Haig's Evening Report, Box 6）, Secretary of State Haig's Evening Report, February 11, 1981. Available at https://www.margaretthatcher.org/document/226958, accessed May 25, 2022 ; TNA, FCO 46/2668, "France/United States", February 20, 1981, Young（British Embassy Paris）to Armour（FCO）.

（20）TNA, FCO 46/2670, "CSCE/CBMs/CDE : US Views", June 11, 1981, Pearce to Hulse.

（21）"Excerpts From Haig's Remarks at First News Conference as Secretary of State", *The New York Times*, January 29, 1981.

（22）*Foreign Relations of the United States*（以下 *FRUS*）, 1981–1988, I, Doc. 13.

（23）United States Arms Control and Disarmament Agency, *Documents on Disarmament 1981*, pp. 64–69.

（24）"Le délégué soviétique s'oppose catégoriquement à un contrôle des armements jusqu'à l'Oural", *Le Monde*, January 29, 1981.

（25）当時のソ連側の認識については以下参照。Gordon S. Barrass, *The Great Cold War : A Journey through the Hall of Mirrors*, Stanford University Press, 2009, pp. 277–284.

（26）TNA, FCO 46/2669, "CDE", March 10, 1981, Hulse to Pearce.

（27）AMAE-La Courneuve, Direction d'Europe 1981–1985, 5020, "Note : Comite Politique : La Haye—10–11 mars 1981— : C. S. C. E.", March 6, 1981.

（28）Jan Sizoo and Rudolph Th. Jurrjens, *CSCE Decision-making*, pp. 142–149.

（29）経緯については以下参照。Thomas Fischer, *Keeping the Process Alive : The N+N and the CSCE Follow-up from Helsinki to Vienna（1975–1986）*, Center for Security Studies（CSS）, ETH Zürich, 2012, pp. 90–93. なお，オーストリアがイニシアチブをとった背景として，同国がヨーロッパ安全保障協力会議（CSCE）をヨーロッパデタントの重要な推進力

とみなしていたことが同書で指摘されている。

(30) "Brezhnev Proposes Talks with Reagan to Mend Relations", *The New York Times*, February 24, 1981. ただし，イギリスのキャリントン外相が指摘した通り，ヨーロッパでの軍事デタントおよび軍縮に関する会議（CMDD）の適用範囲をめぐる譲歩こそがブレジネフの提案の目玉であった。TNA, CAB 128/70/9, "Conclusion of a Meeting of the Cabinet held at 10 Downing Street on Thursday 5 March 1981 at 10.30 am", March 5, 1981.

(31) Simon Miles, *Engaging the Evil Empire : Washington, Moscow, and the Beginning of the End of the Cold War*, Cornell University Press, 2020, p. 42.

(32) *FRUS*, 1981-1988, III, Doc. 35.

(33) *FRUS*, 1981-1988, III, Doc. 47.

(34) "Mr. Reagan and SALT", *The Washington Post*, October 4, 1980.

(35) 西側同盟国の働きかけを受け，1981年5月の北大西洋理事会のコミュニケにおいて年内の中距離核戦力（INF）交渉の開始が発表されることになる。コミュニケは以下参照。Final Communiqué (4-5 May 1981). Available at https://www.nato.int/docu/comm/49-95/c810504a.htm, accessed November 29, 2022. INF交渉をめぐる西側同盟国の働きかけについては以下参照。Andrea Chiampan, "The Reagan Administration and the INF Controversy, 1981-83", *Diplomatic History*, 44 : 5, 2020, pp. 860-884.

(36) "Weinberger Begins Drive for Big Rise in Military Budget", *The New York Times*, March 5, 1981.

(37) Linda P. Brady, "Negotiating European Security : Mutual and Balanced Force Reductions (MBFR)", *International Security Review*, I : II, 1981, pp. 189-208.

(38) 非同盟中立諸国が提出した妥協案の本文は以下参照。TNA, FCO 28/4688, "Proposal Submitted by the Delegations of Austria, Cyprus, Finland, Liechtenstein, San Marino, Sweden, Switzerland and Yugoslavia : Draft Concluding Document of the Madrid Meeting 1980 of Representatives of the Participating States of the Conference on Security and Co-operation in Europe, held on the Basis of the Provisions of the Final Act Relating to the Follow-up to the Conference".

(39) 反面，これらの条件はヨーロッパでの軍事デタントおよび軍縮に関する会議（CMDD）マンデートには記載がなかった。CMDDマンデートに記された具体的な点は以下のみであった。CMDDの開催場所（ワルシャワ），開催日（1981年10月20日）および参加国（ヨーロッパ安全保障協力会議〔CSCE〕参加国）。Victor-Yves Ghebali, *La diplomatie de la détente : la CSCE, d'Helsinki à Vienne (1973-1989)*, Bruylant, 1989, p. 162.

(40) John Borawski, *From the Atlantic to the Urals : Negotiating Arms Control at the Stockholm Conference*, Pergamon Brassey's, 1987, p. 28 ; Victor-Yves Ghebali, *Confidence Building Measures within the CSCE Process : Paragraph by Paragraph Analysis of the Helsinki and Stockholm Regimes*, United Nations/UNIDIR, 1989, p. 28.

(41) Matthias Peter, *Die Bundesrepublik im KSZE-Prozess 1975-1983*, pp. 458-459.

(42) TNA, FCO 46/2669, "CSCE : Meeting with Mr Bullard and Mr Wilberforce at 1100 am on Monday 13 April", April 13, 1981, Fall to Fergusson.

(43) AMAE-La Courneuve, Direction d'Europe 1981-1985, 5162, "Réunion de Madrid sur les suites de la C. S. C. E. : Le Débat sur la sécurité et le projet de CDE", May 26, 1982.

（44）これはソ連の対外的な立場とは隔たりがある。1985年10月の仏ソ首脳会談の際の共同記者会見では，ゴルバチョフはヨーロッパ軍縮会議（CDE）（原文では「ストックホルム会議」）がフランスおよびソ連の共同提案であったと言及している。言い換えると，ソ連は “Conference on Confidence- and Security-Building Measures and Disarmament in Europe” は西側提案のCDEと東側提案のヨーロッパでの軍事デタントおよび軍縮に関する会議（CMDD）の双方の流れを汲むという立場をとっているのである。記者会見の内容は以下参照。François Mitterrand and Mikhail Gorbachev, “Conférence de presse conjointe de M. François Mitterrand, Président de la République et de M. Mikhaïl Gorbatchev, Secrétaire général du Comité Central du PCUS, notamment sur les relations franco-soviétiques et les négociations sur le désarmement, Paris, Palais de l'Élysée, vendredi 4 octobre 1985”, October 4, 1985, Paris. Available at https://www.elysee.fr/francois-mitterrand/1985/10/04/conference-de-presse-conjointe-de-m-francois-mitterrand-president-de-la-republique-et-de-m-mikhail-gorbatchev-secretaire-general-du-comite-central-du-pcus-notamment-sur-les-relations-franco-sovietiques-et-les-negociations-sur-le-desarmement-paris, accessed May 28, 2022.

（45）ただし，東側諸国はその後もしばらくは折に触れて “CMDD” の名称を使用していることには留意する必要がある。一例としては1981年8月6日付の『プラウダ』紙を参照。TNA, FCO 46/2672, “CSCE : Soviet View”, August 13, 1981, Madden to CSCE Unit.

（46）TNA, FCO 46/2670, Telegram 57, “MIPT : CDE”, June 3, 1981, UK DEL NATO to FCO.

（47）AMAE-La Courneuve, Direction d'Europe 1981–1985, 5162, “Fiche d'information sur le projet français de conférence sur le désarmement en Europe à la veille de la reprise de la réunion de Madrid”, October 28, 1982.

（48）Douglas Selvage, “The Superpowers and the Conference on Security and Cooperation in Europe”, p. 30.

（49）ヨーロッパ政治協力（EPC）・ヨーロッパ安全保障協力会議（CSCE）専門家会合での議論は以下参照。TNA, FCO 46/2670, “Meeting of the CSCE Working Group 27/28 April in the Hague”, No Date. 北大西洋理事会での議論は以下参照。TNA, FCO 46/2669, Telegram 181, “NATO Council : CSCE”, April 29, 1981, UK DEL NATO to FCO.

（50）Matthias Peter, *Die Bundesrepublik im KSZE-Prozess 1975–1983*, p. 461. なお，原文では「隣接する海空域での軍事演習は陸上での軍事演習の一部を構成するときのみ事前通告の対象とする」となっているが，事前通告の対象となることは同軍事演習が他国からの視察員の招待や検証措置の実施の対象となりうることでもあった。

（51）Hansard report, HC Deb 24 July 1981 vol. 9 cc258–61w. Available at https://api.parliament.uk/historic-hansard/written-answers/1981/jul/24/helsinki-final-act, accessed June 26, 2022.

（52）*FRUS*, 1981–1988, III, Doc. 65.

（53）*Documents on British Policy Overseas*（以下 *DBPO*）, *Series III, Volume VIII : The Invasion of Afghanistan and UK-Soviet Relations, 1979–1982*,（以下 *III, VIII*）, Doc. 108, pp. 262–268.

（54）Timothy Garton Ash, *The Polish Revolution : Solidarity*, 3rd ed., Yale University Press, 2002, pp. 154–168.

（55）Douglas E. MacEachin, *U. S. Intelligence and the Confrontation in Poland, 1980–1981*, Pennsylvania State University Press, 2002, p. 156.

（56） Ibid.

（57） 同演習は 3 月 17 日に開始され，当初は 3 月 22 日までを予定していたものの 4 月 7 日まで延長された。Mark Kramer, “The Soviet Union, the Warsaw Pact, and the Polish Crisis of 1980–1981”, in Lee Trepanier, Spasimir Domaradzki and Jaclyn Stanke（eds.）, *The Solidarity Movement and Perspectives on the Last Decade of the Cold War*, Andrzej Frycz Modrzewski Krakow University Press, 2010, pp. 27–66, at p. 49.

（58） NATO ではソ連がポーランドに軍事介入した際にとるべき対応策についての検討が再開されている。Andrea Chiampan, “ ‘Those European Chicken Littles’ : Reagan, NATO, and the Polish Crisis, 1981–2”, *The International History Review*, 37 : 4, 2015, pp. 682–689, at p. 687.

（59） AMAE-La Courneuve, Direction d’Europe 1981–1985, 5020, “Note : Réunion informelle des ministres des Affaires étrangères des Dix（9–10 mai 1981）: C. S. C. E.”, May 6, 1981.

（60） AMAE-La Courneuve, Direction d’Europe 1981–1985, 5020, Télégramme 19595, “Objet : 107 me réunion du Comité politique politique［sic］（La Haye–20 mai 1981）: -C. S. C. E.-”, May 22, 1981, Paris to Madrid.

（61） 1968 年のチェコスロバキアでの民主化運動（「プラハの春」）に対するワルシャワ条約機構（WTO）軍の軍事介入は，同国における党大会前のタイミングを狙ったものであった。

（62） TNA, FCO 46/2670, “Schmidt Visit to the US : Community Briefing”, May 26, 1981, Pakenham to Gladstone.

（63） Pierre Grosser, “Serrer le jeu sans le fermer : l’Élysée et les relations franco-soviétiques, 1981–1984”, in Serge Berstein, Pierre Milza and Jean-Louis Bianco（eds.）, *Les années Mitterrand : Les années du changement (1981–1984)*, Perrin, 2001, pp. 253–281, at pp. 254–257.

（64） 渡邊啓貴『ミッテラン時代のフランス（増補版）』（RFP 叢書，1993 年）310 頁。近年では中距離核戦力（INF）問題をめぐるミッテラン政権の政策転換はより長期的スパンで実現したことを指摘する研究もある。吉田徹「政権交代とミッテラン外交——「ユーロ・ミサイル危機」をケースとして」『国際政治』第 177 号（2014 年）57–69 頁。なお，サッチャー首相はミッテランの大統領就任直後の英仏首脳会談において，彼の西側防衛に対する姿勢を評価している。TNA, PREM 19/470, “No. 10 record of conversation（MT-Mitterrand）”, July 29, 1981. Available at https://www.margaretthatcher.org/document/129536, accessed May 31, 2022.

（65） Sabine Jansen, “La politique étrangère et l’élection présidentielle de 1981”, *Revue historique*, 662 : 2, 2012, pp. 445–475.

（66） Frédéric Bozo, “La France, fille aînée de l’Alliance ? La politique atlantique de François Mitterrand”, in Serge Berstein, Pierre Milza and Jean-Louis Bianco（eds.）, *Les années Mitterrand*, pp. 195–219, at p. 200.

（67）「ソルジェニーツィン効果」とは，1974 年にフランスでソルジェニーツィン（Alexandr Solzhenitsyn）の『収容所群島』が出版されてソ連の内実が明らかにされたことをきっかけに，伝統的にソ連に好意的であったフランスの知識人の態度が変化したことを指す。詳細は以下参照。Julius W. Friend, *Seven Years in France : François Mitterrand and the Unintended Revolution, 1981–1988*, Westview Press, 1989, pp. 74–80 ; Ma-

rie-Pierre Rey, *La tentation du rapprochement : France et URSS à l'heure de la détente, 1964-1974*, Publications de la Sorbonne, 1992, pp. 305-327.

(68) 前掲注 43。

(69) TNA, FCO 46/2670, "CSCE Review Conference, Madrid", June 25, Broomfield to Fergusson.

(70) TNA, FCO 46/2671, Telegram 76, "My Tel No 68 : CSCE Review Meeting : Phase 3, 6 to 10 July", July 10, 1981, UK DEL Madrid to FCO.

(71) なお，ソ連の共産党政治局は 1981 年 6 月中旬にはポーランドへの軍事介入を行わない決定を下していた。Matthew J. Ouimet, *The Rise and Fall of the Brezhnev Doctrine in Soviet Foreign Policy*, The University of North Carolina Press, 2003, pp. 199-202.

(72) TNA, FCO 46/2671, Telegram 78, "My Tel No 76 : CSCE Review Meeting : Phase 3, 13-17 July", July 17, 1981, UK DEL Madrid to FCO.

(73) Douglas Selvage, "The Superpowers and the Conference on Security and Cooperation in Europe", p. 34.

(74) アメリカが主導したことを示す史料は見あたらないが，同日にヘイグ国務長官がキャリントン外相に発出した書簡（TNA, FCO 46/2671, Haig to Carrington, July 20, 1981）はヨーロッパ軍縮会議（CDE）マンデートおよび人権面の両面での成果のために協力を要請していることを考慮すると，ワシントンのイニシアチブが背景にあったと推察できる。

(75) 外務省「オタワ サミット- 政治問題に関する議長総括（仮訳）」（1981 年 7 月 20 日）。Available at https://www.mofa.go.jp/mofaj/gaiko/summit/ottawa81/j07_b.html, accessed May 31, 2022.

(76) レーガン政権期になると，議会はこれまで以上にソ連の人権状況を非難する決議を通過させるようになった。Christian Philip Peterson, "'Confronting' Moscow : The Reagan Administration, Human Rights, and the Final Act", *The Historian*, 74 : 1, 2012, pp. 57-86, at p. 65.

(77) Sarah B. Snyder, "Compartmentalizing US Foreign Policy : Human Rights in the Reagan Years", in Jonathan R. Hunt and Simon Miles (eds.), *The Reagan Moment : America and the World in the 1980s*, Cornell University Press, 2021, Chapter 9 [Rakuten Kobo Version].

(78) H. Con. Res. 121-97th Congress (1981-1982) : A concurrent resolution recommending certain actions to be taken to further compliance with the provisions of the Helsinki Final Act of the Conference on Security and Cooperation in Europe, and for other purposes. Available at https://www.congress.gov/bill/97th-congress/house-concurrent-resolution/121, accessed November 30, 2022.

(79) 先行研究では，1981 年を通してレーガン政権が人権政策への関与を次第に深めるようになったことが指摘されている。Rasmus Sinding Søndergaard, *Reagan, Congress, and Human Rights : Contesting Morality in US Foreign Policy*, Cambridge University Press, 2020.

(80) TNA, FCO 46/2671, Telegram 81, "My Tel No 76 : Para 1 : CDE Zone", July 20, 1981, UK DEL Madrid to FCO ; TNA, FCO 46/2671, Telegram 82, "See MIPT", July 20, 1981, UK DEL Madrid to FCO.

(81) オランダ外務省欧州局の審議官は，この時点でほとんどの者がマドリードでの合意

が手の届く範囲にあると考えていたと回顧している。Harm J. Hazewinkel, "The Madrid Meeting 1980–1983 : An Eye-Witness Account", in Arie Bloed and Peter van Dijk (eds.), *Essays on Human Rights in the Helsinki Process*, Martinus Nijhoff Publishers, 1985, pp. 9–27, at pp. 19–20.

(82) TNA, FCO 46/2672, Telegram 694, "Informal Meeting of Foreign Ministers, Brocket Hall, 5–6 September", September 7, 1981, FCO to UKREP Brussels.

(83) 同構想の出発点は，1981年1月にジスカール・デスタン大統領がテレビインタビューにて言及したことであった。5月になるとイギリスが同イニシアチブの担い手となり，6月の欧州理事会においてヨーロッパ共同体（EC）諸国のイニシアチブとして打ち出された（Richard Smith, "The UK Response to the Soviet Invasion of Afghanistan : Proposals for a Neutral and Non-aligned Afghanistan, 1980–1981", *Cambridge Review of International Affairs*, 26 : 2, 2013, pp. 355–373)。構想の内容は，二段階で構成される国際会議を開き，第一段階では「外部による干渉を停止させるための取り決め［ソ連軍の撤退を指す］」に合意し，第二段階では「アフガニスタンが中立を維持する取り決め」に合意をすることであった。内容については以下を参照。"Conclusions of the Luxembourg European Council : Excerpt on Afghanistan (29 and 30 June 1981)". Available at https://www.cvce.eu/en/obj/conclusions_of_the_luxembourg_european_council_excerpt_on_afghanistan_29_and_30_june_1981-en-4d6c2839-4e70-4d6f-a58a-04cdba910624.html, accessed November 30, 2022.

(84) TNA, FCO 46/2673, "Informal Meeting of Foreign Ministers, Brocket Hall, 5/6 September", September 7, 1981.

(85) イギリスの立場は以下参照。TNA, FCO 46/2672, "Discussion with US State Department Official about CSCE", September 1, 1981, Hughes to Broomfield. フランスの立場は以下参照。AMAE-La Courneuve, Direction d'Europe 1981–1985, 5020, Télégramme 465, "Objet : Comité politique du 16 juillet. Réunion de Madrid", July 17, 1981, London to Paris.

(86) TNA, FCO 46/2672, "Discussion with US State Department Official about CSCE", September 1, 1981, Hughes to Broomfield ; TNA, FCO 46/2673, "CSCE", September 17, 1981, Tait to Wilberforce ; TNA, FCO 46/2673, "Meeting with Mr Spencer Oliver, Deputy Head, US Delegation, Madrid : 3 September 1981", September 3, 1981, Hughes to Broomfield/Fergusson.

(87) TNA, FCO 46/2673, Telegram 365, "European Political Cooperation : Foreign Ministers Meeting 13 October : CSCE", October 12, 1981, UK DEL NATO to FCO.

(88) TNA, FCO 46/2672, "Discussion with US State Department Official about CSCE", September 1, 1981, Hughes to Broomfield ; TNA, FCO 46/2673, "CSCE", September 17, 1981, Tait to Wilberforce ; TNA, FCO 46/2673, "Meeting with Mr Spencer Oliver, Deputy Head, US Delegation, Madrid : 3 September 1981", September 3, 1981, Hughes to Broomfield/Fergusson.

(89) "250,000 at Bonn Rally Assail US Arms Policy", *The New York Times*, October 11, 1981.

(90) "150,000 in London Rally Against Bomb", *The New York Times*, October 25, 1981.

(91) 11月の英独首脳会談の際には，両国の外相は内政上の観点からもヨーロッパ軍縮会議（CDE）が合意されることが望ましいという点で合意している。TNA, PREM 19/766, "Germany : No. 10 record of conversation ("Record of a plenary discussion between

British and West German ministers")", November 18, 1981. Available at https://www.margaretthatcher.org/document/137901, accessed June 1, 2022. この背景にあった英独における反核運動を論じた邦語文献としては以下参照。芝崎祐典「新冷戦とヨーロッパの反核運動——一九八〇年代初頭の西ヨーロッパにおける市民運動の一断面」益田実・齋藤嘉臣・三宅康之（編）『デタントから新冷戦へ——グローバル化する世界と揺らぐ国際秩序』（法律文化社，2022 年）295-315 頁。

（92） David H. Dunn, "Challenges to the Nuclear Orthodoxy", in Stuart Croft (ed.), *British Security Policy : The Thatcher Years and the End of the Cold War*, HarperCollins Academic, 1991, pp. 9-28, at p. 16.

（93） TNA, FCO 28/4671, "CSCE/CDE", October 12, 1981 ; Angela Romano, "Re-designing Military Security in Europe", p. 456.

（94） TNA, FCO 46/2674, "CSCE : Soviet Views", October 20, 1981, Tait to Sheinwald.

（95） *FRUS*, 1981-1988, III, Doc. 90.

（96） アメリカの立場については前掲注 95 参照。ヨーロッパ共同体（EC）諸国の立場については以下参照。AMAE-La Courneuve, Direction d'Europe 1981-1985, 5020, "Note : 43 ème Réunion ministérielle de Coopération politique (Londres- 13 octobre 1981 : C. S. C. E.)", October 9, 1981. 東側諸国の立場については以下参照。TNA, FCO 28/4671, "Objet : CSCE-CDE : Entretiens franco-polonais", October 26, 1981, Paris COREU to London COREU.

（97） スピーチ本文は以下参照。Ronald Reagan, "Speech on the Strategic Arms Reduction Talks", November 18, 1981, Miller Center, The University of Virginia. Available at https://millercenter.org/the-presidency/presidential-speeches/november-18-1981-speech-strategic-arms-reduction-talks, accessed February 27, 2022. アメリカは単に「核廃絶」というベナインな意図によりゼロ・オプションを提案したわけではなかった。史料にもとづく研究で明らかにされているように，アメリカはソ連がゼロ・オプションを受け入れるとは想定していなかった。むしろ，軍縮提案を通じて自らの評判を高めるとともに，ソ連との交渉材料とする（ソ連の立場との中間点を作り出すために最大限の要求をする）のが真の狙いであった。Martin Anderson and Annelise Anderson, *Reagan's Secret War : The Untold Story of His Fight to Save the World from Nuclear Disaster*, Crown Archetype, 2009, pp. 65-72 [Kindle Version].

（98） シャランスキーはモスクワ・ヘルシンキグループの中心人物の一人であった。

（99） *FRUS*, 1981-1988, III, Doc. 101.

（100） *FRUS*, 1981-1988, III, Doc. 103.

（101） サッチャー首相は，ソ連がゼロ・オプションを受け入れないと考えたからこそ，対外的にはゼロ・オプションへの支持を表明した。Charles Moore, *Margaret Thatcher : The Authorized Biography ; from Grantham to the Falklands*, Knopf, 2013, p. 600 [Kindle Version]. ミッテラン大統領は，アメリカはソ連との真剣な交渉を拒否する口実としてゼロ・オプションを利用していると信じていた。Frédéric Bozo, *Mitterrand, the End of the Cold War, and German Unification*, Berghahn Books, 2009, p. 12.

（102） TNA, FCO 46/2675, Telegram 100, "My Tel No 95 : CSCE Review Meeting : Autumn Session : Fourth Week : 16-20 November", November 20, 1981, UK DEL Madrid to FCO.

（103） European Council - London, 26-27 November 1981, Conclusions. Available at https://www.

consilium.europa.eu/media/20710/london_november_1981__eng_.pdf, accessed February 28, 2022.

（104）“Excerpts from Communique on Schmidt-Brezhnev Meeting”, *The New York Times*, November 26, 1981.

（105）Thomas Fischer, *Keeping the Process Alive*, p. 99. 同書によると，フィンランドは事前に米ソ両国に接触し，後押しを受けていた。

（106）Alexis Heraclides, *Security and Co-operation in Europe : The Human Dimension, 1972–1992*, Frank Cass, 1993, p. 62.

（107）Jan Sizoo and Rudolph Th. Jurrjens, *CSCE Decision-making*, p. 235.

（108）原文は前掲注 43。適用地域は以下の通り定義されている。「信頼醸成措置はヨーロッパ全域および隣接する海空域に適用される。……隣接する海域および空域に関しては，これらの措置はそこで活動するすべての参加国の軍隊の軍事活動が，参加国が通知することに同意するヨーロッパにおける活動の一部を構成する限りにおいて，適用されるものとする」。

（109）Douglas Selvage, “The Superpowers and the Conference on Security and Cooperation in Europe, 1977–1983”, p. 36.

（110）Veronika Heyde, *Frankreich im KSZE-Prozess*, p. 411.

（111）TNA, FCO 46/2675, Telegram 137, “My Telno 132 : CSCE Review Meeting : Autumn Session : 8th Week 14–18 December”, December 19, 1981, UK DEL Madrid to FCO.

（112）Harm J. Hazewinkel, “The Madrid Meeting 1980–1983”, p. 20.

（113）Timothy Garton Ash, *The Polish Revolution*, pp. 273–275.

（114）Reagan Library : Executive Secretariat NSC : Agency File（Secretary Haig’s Evening Report, Box 6), Secretary of State Haig’s Evening Report, December 14, 1981. Available at https://www.margaretthatcher.org/document/227824, accessed August 29, 2022. なお，NATO としての声明の発出はなかった。“NATO Officials Express ‘Concern’ About Poland”, *The Washington Post*, December 15, 1981.

（115）声明は以下参照。Hansard report, HC Deb 15 December 1981 vol. 15 cc149–52. Available at https://api.parliament.uk/historic-hansard/commons/1981/dec/15/engagements, accessed March 11, 2022.

（116）*DBPO, Series III, Volume X : The Polish Crisis and Relations with Eastern Europe, 1979–1982*,（以下 *III, X*), Doc. 116, pp. 281–282.

（117）Pierre Grosser, “Serrer le jeu sans le fermer”, p. 267.

（118）François Mitterrand, “CM. 16 décembre 1981 Situation en Pologne”, December 16, 1981. Available at https://www.vie-publique.fr/discours/152688-cm-16-decembre-1981-situation-en-pologne, accessed March 11, 2022.

（119）フランス国内での「連帯」に対する見方は以下参照。Marcin Frybes, “French Enthusiasm for Solidarność”, *European Review*, 16 : 1, 2008, pp. 65–73.

（120）Robert Brier, *Poland’s Solidarity Movement and the Global Politics of Human Rights*, Cambridge University Press, 2021, Chapter 3, Section IV［Rakuten Kobo Version］.

（121）Pierre Favier and Michel Martin-Roland, *La décennie Mitterrand*, vol. 1, *Les ruptures*（*1981–1984*), Seuil, 1990, pp. 377–378.

（122）“The view from the West”, *The Times*, December 18, 1981.

（123） Ronald Reagan, "The President's New [sic] Conference, December 17, 1981", December 17, 1981. Available at https://www.reaganlibrary.gov/archives/speech/presidents-new-conference-december-17-1981, accessed March 12, 2022.

（124） Gregory F. Domber, "Transatlantic Relations, Human Rights, and Power Politics", in Poul Villaume and Odd Arne Westad (eds.), *Perforating the Iron Curtain : European Détente, Transatlantic Relations, and the Cold War, 1965–1985*, Museum Tusculanum Press, 2010, pp. 195–214, at p. 201.

（125） Hansard report, HC Deb 22 December 1981 vol. 15 cc933–61, Available at https://api.parliament.uk/historic-hansard/commons/1981/dec/22/trades-union-congress, accessed March 10, 2022.

（126） AMAE-La Courneuve, Direction d'Europe 1981–1985, 5428, "Poland : Proposed Presidency Demarche in Warsaw", December 21, 1981, London COREU to All COREU ; AMAE-La Courneuve, Direction d'Europe 1981–1985, 5428, "Poland : Presidency Demarche in Warsaw", December 23, 1981, London COREU to All COREU.

（127） AMAE-La Courneuve, Direction d'Europe 1981–1985, 5428, Télégramme 1303, "Objet : Réunion de Madrid - plénière du 18 décembre 1981. Pologne (1)", December 18, 1981, Madrid to Paris.

（128） TNA, FCO 46/2675, "My Telno 137 : CSCE Review Meeting : Autumn 1981", December 21, 1981, UK DEL Madrid to FCO.

（129） Reagan Library, "Dec. 21, 1981 : NSC 33 : Poland", December 21, 1981. Available at https://www.thereaganfiles.com/19811221-nsc-33.pdf, accessed March 15, 2022.

（130） Reagan Library, "Dec. 22, 1981 : NSC 34 : Poland", December 22, 1981. Available at https://www.thereaganfiles.com/19811222-nsc-34.pdf, accessed March 15, 2022.

（131） Reagan Library, National Security Council, "Measures to be taken Against the Soviet Union", December 23, 1981, Norman A. Bailey to James W. Nance. Available at https://www.reaganlibrary.gov/public/digitallibrary/smof/nsc-europeanandsovietaffairs/matlock/box-034/40-351-7452065-034-005-2018.pdf, accessed August 30, 2022.

（132） *Journal officiel, Assemblée nationale*, séance du mercredi 23 Décembre 1981. Available at https://archives.assemblee-nationale.fr/7/cri/1981-1982-extraordinaire1/003.pdf, accessed March 10, 2022.

（133） NATO Archives, Brussels, NATO Documents on Poland-Private Records, PR (81) 82, "Summary Record of a Restricted Meeting of the Council held on Wednesday, 23rd December, 1981 at 10.15 a.m. : The Situation in Poland", January 8, 1982. Available at https://www.nato.int/nato_static_fl2014/assets/pdf/pdf_archives/20120105_18_19820108_PR_81_82-BIL.pdf, accessed March 15, 2022.

（134） NATO Archives, Brussels, NATO Documents on Poland-Private Records, PR (81) 84, "Summary Record of a Restricted Meeting of the Council held on Wednesday, 30th December, 1981 at 3 p.m. : The Situation in Poland", January 18, 1982. Available at https://www.nato.int/nato_static_fl2014/assets/pdf/pdf_archives/20111213_19_19820118_PR_81_84-BIL.pdf, accessed March 16, 2022.

（135） TNA, PREM 19/871, Telegram 521, "My Tel No 516 Poland and CSCE", December 31, 1981, UK DEL NATO to FCO.

(136) 第2章で論じたように，1980年11月の開会直後の「ヘルシンキ合意の実施状況のレビュー」では西側諸国はポーランド問題に言及することを避けていた。また，前出の通り戒厳令が布告された直後はあくまで内政不干渉の文脈でのみヨーロッパ安全保障協力会議（CSCE）に言及されていた。

(137) Robert Brier, *Poland's Solidarity Movement*, Chapter 3, Section III [Rakuten Kobo Version].

(138) イギリスの駐米大使は，レーガン政権が戒厳令への対抗措置を決定するにあたり，ヨーロッパ安全保障協力会議（CSCE）から引き上げるべきでないという同盟国の立場に配慮したとの見立てを報告している。*DBPO, III, VIII*, No. 120, pp. 297–298.

(139) TNA, PREM 19/871, Telegram 274, "MIPT : Poland and CSCE", December 30, 1981, FCO to UK DEL NATO.

(140) AMAE-La Courneuve, Direction d'Europe 1981–1985, 5162, "La Finlande et la proposition américaine de reprise anticipée des travaux de Madrid", December 31, 1981.

(141) "Declaration on Events in Poland", January 11, 1982. Available at https://www.nato.int/docu/comm/49-95/c820111a.htm, accessed March 23, 2022.

(142) AMAE-La Courneuve, Direction d'Europe 1981–1985, 5428, "Objet : Pologne et la C. S. C. E.", January 25, 1982, COREU BRU to All COREU.

(143) "Statement at CSCE, Madrid, Feb. 9, 1982", *The Department of State Bulletin*, 82 : 2061, April 1982, pp. 37–39.

(144) "Speech by Mr. Leo Tindemans, Foreign Minister of Belgium, on the occasion of the reopening of the Conference of Madrid", February 9, 1982. Available at http://aei.pitt.edu/5584/1/5584.pdf, accessed March 22, 2022.

(145) "La conférence de Madrid est très compromise", *Le Monde*, February 11, 1982.

(146) ヨーロッパ安全保障協力会議（CSCE）では議長国が日替わりでローテーションすることになっていた。Victor Yves Ghebali, *La diplomatie de la détente*, pp. 16–17.

(147) 議論の詳細は以下参照。Jan Sizoo and Rudolph Th. Jurrjens, *CSCE Decision-making*, pp. 197–203.

(148) TNA, FCO 46/3067, "CSCE Follow-Up Meeting : 8-Month Break", March 18, 1982, Wilberforce (UK Delegation to CSCE Madrid) to Carrington.

(149) Reagan Library : Executive Secretariat NSC : Agency File (Secretary Haig's Evening Report, Box 6), Secretary of State Haig's Evening Report, February 12, 1982. Available at https://www.margaretthatcher.org/document/228256, accessed August 31, 2022.

(150) Douglas Selvage, "The Superpowers and the Conference on Security and Cooperation in Europe", p. 43.

(151) 一時休会に至る経緯は以下参照。Jan Sizoo and Rudolph Th. Jurrjens, *CSCE Decision-making*, pp. 203–208.

(152) AMAE-La Courneuve, Direction d'Europe 1981–1985, 5162, Télégramme 266, "Objet : Réunion de Madrid. Bilan au 5 mars et perspectives. (1)", March 5, 1982, Madrid to Paris.

(153) 前節で取り上げた通り，前年（1981年）の議論の中心がヨーロッパ軍縮会議（CDE）であったことを想起すると，ヨーロッパ共同体（EC）諸国がCDEの維持に重点を置いたことは自然なことであろう。なお，先行研究でもポーランド戒厳令後にEC諸国が依然としてCDEを重視していたことを指摘する。Douglas Selvage, "The Politics of the Lesser Evil", pp. 44–45 ; Angela Romano, "More Cohesive, Still Divergent",

pp. 49–50.

(154) U. S. Department of State, Telegram 1134, "EC Foreign Ministers Meeting : Draft Communication for Secretary Haig", January 25, 1982, Brussels to Washington. Available at https://foia.state.gov/, accessed March 20, 2022.

(155) 1 月 28 日に訪米したイギリス外務省のギルモア次官補（David Gillmore）は国務省および軍備管理・軍縮庁に対し，ヨーロッパ軍縮会議（CDE）の合意を得ることを引き続き重視していると述べている。TNA, FCO 46/3067, "CDE", January 28, 1982, Pakenham（British Embassy Washington DC）to Gillmore（FCO）.

(156) Douglas Selvage, "The Politics of the Lesser Evil", p. 45.

(157) 対ポーランド制裁の内容は，ポーランド政府に対する輸出入銀行の輸出信用保険の更新の停止，アメリカにおけるポーランド民間航空機の特権の停止，アメリカの水域におけるポーランドの漁業権の停止であった。Ronald Reagan, "Address to the Nation on Christmas and the Situation in Poland", December 23, 1981, Miller Center, The University of Virginia. Available at https://millercenter.org/the-presidency/presidential-speeches/december-23-1981-address-nation-christmas-and-situation-poland, accessed March 15, 2022.

(158) 対ソ制裁の内容は，アエロフロート航空のアメリカへの乗り入れの中止，ハイテク資材の対ソ輸出許可の発行および更新の停止，新規の米ソ穀物協定の交渉の延期，石油・ガス関連資材の対ソ輸出における許可制の拡大および同許可の発行の停止などであった。Ronald Reagan, "Statement on U. S. Measures Taken Against the Soviet Union Concerning Its Involvement in Poland", December 29, 1981. Available at https://www.reaganlibrary.gov/archives/speech/statement-us-measures-taken-against-soviet-union-concerning-its-involvement-poland, accessed March 16, 2022.

(159) 天然ガスパイプラインをめぐる米欧関係を取り上げた先行研究は数多い。主要なものとしては以下参照。Bruce W. Jentleson, *Pipeline Politics : The Complex Political Economy of East-West Energy Trade,* Cornell University Press, 1986 ; Antony J. Blinken, *Ally Versus Ally : America, Europe, and the Siberian Pipeline Crisis*, Praeger, 1987 ; Ksenia Demidova, "The Deal of the Century : The Reagan Administration and the Soviet Pipeline", in Kiran Klaus Patel and Kenneth Weisbrode (eds.), *European Integration and the Atlantic Community in the 1980s*, Cambridge University Press, 2013, pp. 59–82 ; Andrea Chiampan, " 'Those European Chicken Littles' : Reagan, NATO, and the Polish Crisis, 1981–2", *The International History Review*, 37 : 4, 2015, pp. 682–699 ; 山本健「天然ガス・パイプライン建設をめぐる西側同盟 一九八一～一九八二年」益田実・青野利彦・池田亮・齋藤嘉臣（編）『冷戦史を問いなおす――「冷戦」と「非冷戦」の境界』（ミネルヴァ書房，2015 年）125–145 頁；Susan Colbourn, "An Interpreter or Two : Defusing NATO's Siberian Pipeline Dispute, 1981–1982", *Journal of Transatlantic Studies*, vol. 18, 2020, pp. 131–151.

(160) "L'U. R. S. S. livrera chaque année 8 milliards de m3 pendant 25 ans à partir de 1984", *Le Monde*, January 25, 1982.

(161) Pierre Favier and Michel Martin-Roland, *La décennie Mitterrand*, vol. 1, pp. 250–251.

(162) Stephan Kieninger, *The Diplomacy of Détente*, p. 122［Kindle Version］.

(163) Reagan Library : NSA Head of State File（Box 35）, Haig telegram to Reagan（MT on Polish sanctions）, January 29, 1982. Available at https://www.margaretthatcher.org/document/109312, accessed September 2, 2022.

（164）Ronald Reagan, "Statement on the Extension of United States Sanctions on the Export of Oil and Gas Equipment to the Soviet Union", June 18, 1982. Available at https://www.reaganlibrary.gov/archives/speech/statement-extension-united-states-sanctions-export-oil-and-gas-equipment-soviet, accessed September 2, 2022.

（165）Christopher Hill and Karen E. Smith（eds.）, *European Foreign Policy : Key Documents*, Routledge, 2000, p. 267.

（166）Lisa L. Martin, *Coercive Cooperation : Explaining Multilateral Economic Sanctions,* Princeton University Press, 1992, p. 220.

（167）制裁の解除をめぐる西側同盟内の交渉過程は以下参照。山本，前掲「天然ガス・パイプライン建設をめぐる西側同盟 一九八一～一九八二年」。

（168）NATO 二重決定とパイプライン問題との関係は以下参照。山本，前掲「新冷戦とヨーロッパ・デタント」55–56 頁。

（169）Reagan Library : Cold War : Weinberger note of meeting with MT（Middle East ; John Brown Engineering ; Falklands）, September 8, 1982. Available at https://www.margaretthatcher.org/document/110636, accessed December 2, 2022.

（170）ノット国防相（John Nott）は「ミッテランとフランスは最大の同盟国であった」とフォークランド紛争後に書き記したという。Richard Aldous, *Reagan and Thatcher : The Difficult Relationship*, W. W. Norton & Company, 2012, p. 101［Kindle Version］.

（171）フォークランド紛争に対するヨーロッパ共同体（EC）諸国の経済制裁を分析した研究は数多い。最近の研究としては以下参照。N. Piers Ludlow, "Solidarity, Sanctions and Misunderstanding : The European Dimension of the Falklands Crisis", *The International History Review*, 43 : 3, 2021, pp. 508–524.

（172）Douglas Selvage, "The Politics of the Lesser Evil", p. 47 ; Angela Romano, "More Cohesive, Still Divergent", p. 50.

（173）ストローブ・タルボット『米ソ核軍縮交渉——成功への歩み』加藤紘一・茂田宏・桂誠（訳），（サイマル出版会，1988 年）183–189 頁；関場誓子『超大国の回転木馬——米ソ核交渉の 6000 日』（サイマル出版会，1988 年）107–118 頁。

（174）"U. S. and Soviet Begin to Discuss Strategic Arms", *The New York Times*, June 30, 1982.

（175）TNA, FCO 46/3069, "Summary Record of Meeting with the Secretary of State on the Conference on Security and Cooperation in Europe on 23 September 1982 at 11.45 AM", No Date. 史料には記載がないが，アメリカがポーランドへの姿勢を硬化させた背景には，8 月 31 日にルブリンでの抗議行動が当局により制圧された際に死者が出たことがあったと考えられる。本事案についてのアメリカ政府の声明は以下参照。Reagan Library, "Statement by Deputy Press Secretary Speakes on Violence in Poland", September 1, 1982. Available at https://www.reaganlibrary.gov/archives/speech/statement-deputy-press-secretary-speakes-violence-poland, accessed October 21, 2022.

（176）TNA, FCO 46/3068, "CSCE Policy : Outcome of the 'Brain Storm' ", September 15, 1982, A J Williams to Bullard.

（177）Agnes Bresselau von Bressensdorf, *Frieden durch Kommunikation : Das System Genscher und die Entspannungspolitik im Zweiten Kalten Krieg 1979–1982/83*, De Gruyter Oldenbourg, 2015, p. 264.

（178）TNA, FCO 46/3069, "CSCE : Luncheon Conversation with the Soviet Charge d'Affaires",

October 7, 1982, Williams to Broomfield.

(179) TNA, FCO 46/3069, “CSCE : The UK Negotiating Position”, October 29, 1982, Williams to Bullard.

(180) 西ドイツはゲンシャー外相がシュルツ国務長官に働きかけた。Agnes Bresselau von Bressensdorf, *Frieden durch Kommunikation*, p. 264. イギリスはハード閣外大臣がイーグルバーガー国務次官（Lawrence Eagleburger）に働きかけた。TNA, FCO 46/3069, Telegram 3437, “Your Telno 909 to UKMIS New York : CSCE”, October 27, 1982, Washington to FCO. フランスはアンドレアーニ政務局長がバート国務次官補（Richard Burt）に働きかけた。AMAE-La Courneuve, Direction d’Europe 1981–1985, 5162, Télégramme 43020, “Objet : Réunion de Madrid”, October 19, 1982, Paris to Washington.

(181) Matthias Peter, *Die Bundesrepublik im KSZE-Prozess 1975–1983*, pp. 492–494.

(182) 前掲注 179。

(183) AMAE-La Courneuve, Direction d’Europe 1981–1985, 5162, Télégramme 633, “Objet : CSCE”, October 27, 1982, REPAN Bruxelles to Paris.

(184) TNA, FCO 46/3070, November 8, 1982, Schultz [sic] to Pym.

(185) “U. S. Drops Refusal to Talk to Soviet at Madrid Parley”, *The New York Times*, November 7, 1982.

(186) 大西洋同盟の危機を受け，制裁を推進してきたワインバーガー国防長官ですら解決に向けて同盟国に関与する必要があることに合意した。Stephan Kieninger, *The Diplomacy of Détente*, p. 130 [Kindle Version].

(187) 戒厳令は 1982 年 12 月に停止され，83 年 7 月に解除された。また，西ヨーロッパでは 83 年初頭にポーランドとの関係の正常化を目指すようになっていた（Helene Sjursen, *The United States, Western Europe and the Polish Crisis : International Relation in the Second Cold War*, Palgrave Macmillan, 2003, pp. 83–84）。

(188) AMAE-La Courneuve, Direction d’Europe 1981–1985, 5162, Télégramme 1049, “Objet : Réunion de Madrid”, November 19, 1982, Madrid to Paris.

(189) Louis Sell, *From Washington to Moscow : US-Soviet Relations and the Collapse of the USSR*, Duke University Press, 2016, p. 119.

(190) “Excerpts from Andropov’s Speech to the Soviet Party’s Central Committee”, *The New York Times*, November 23, 1982.

(191) Commission on Security and Cooperation in Europe, *The Madrid CSCE Review Meeting : Phase V Interim Report*, January 14, 1983, p. 1. Available at https://books.google.co.jp/books/about/The_Madrid_CSCE_review_meeting.html?id=UKcVAAAAIAAJ&redir_esc=y, accessed September 7, 2022. ただし彼は代表団長ではなく，32 人の代表団のなかの序列は 5 番手であった。“Andropov’s Son Speaks at East-West Session”, *The New York Times*, December 1, 1982.

(192) *DBPO, III, X*, Doc. 188, pp. 451–452.

(193) アメリカの政府高官は，制裁解除はソ連の新政権への「オリーブの枝」ではないと述べている。また，レーガン大統領自身も制裁の解除はソ連における権力移行やポーランドでのワレサの釈放とは無関係であると述べている。“President Lifts Sanctions on Soviet Pipeline”, *The Washington Post*, November 14, 1982.

(194) 全米商工会議所や全米製造業者協会は議会に対して圧力をかけており，8 月には下

院外交委員会は22対12の賛成多数で制裁解除を求める決議を可決していた。Antony J. Blinken, *Ally Versus Ally*, p. 108.

(195) AMAE-La Courneuve, Direction d'Europe 1981–1985, 5162, Télégramme 1109, "Objet : Réunion de Madrid-CDE", December 3, 1982, Madrid to Paris.

(196) TNA, FCO 46/3070, Telegram 192, "European Political Cooperation Political Committee Copenhagen 20–21 December", December 21, Copenhagen to FCO.

(197) TNA, FCO 46/3440, Telegram 34, "My Telno 32 (Not to All) : CSCE", January 31, Berne to FCO. なお，同史料には言及がないものの，非同盟中立諸国は1983年末に予定されている中距離核戦力（INF）配備による東西関係の悪化を念頭に置いて早期妥結を目指したものと推察できる。

(198) AMAE-La Courneuve, Direction d'Europe 1981–1985, 5163, Télégramme 352, "Objet : Réunion de Madrid - Séance plénière du 15 mars 1983 : Présentation officielle du document des NNA", March 15, 1983, Madrid to Paris.

(199) 内容については以下参照。Matthias Peter, *Die Bundesrepublik im KSZE-Prozess 1975–1983*, pp. 501–502.

(200) 内容については以下参照。Douglas Selvage, "The Superpowers and the Conference on Security and Cooperation in Europe", p. 50.

(201) Douglas Selvage, "The Superpowers and the Conference on Security and Cooperation in Europe", p. 51.

(202) AMAE-La Courneuve, Direction d'Europe 1981–1985, 5163, Télégramme 538, "Objet : Réunion de Madrid. Attitude soviétique", April 21, 1983, Madrid to Paris.

(203) AMAE-La Courneuve, Direction d'Europe 1981–1985, 5163, Télégramme 615, "Objet : Réunion de Madrid : Acceptation par les Soviétiques du document des NNA", May 6, 1983, Madrid to Paris.

(204) AMAE-La Courneuve, Direction d'Europe 1981–1985, 5163, Télégramme 372, "Objet : Réunion de Madrid - Nouveau document des NNA : Evaluation d'ensemble par les occidentaux", March 17, 1983, Madrid to Paris.

(205) Matthias Peter, *Die Bundesrepublik im KSZE-Prozess 1975–1983*, p. 505.

(206) AMAE-La Courneuve, Direction d'Europe 1981–1985, 5163, Télégramme 445, "Objet : Réunion de Madrid - Vues occidentales concernant les améliorations à apporter à RM.39 révise", March 25, 1983, Madrid to Paris.

(207) *FRUS*, 1981–1988, I, Doc. 149.

(208) 一例としては以下のシュルツからレーガンへのメモランダムを参照。*FRUS*, 1981–1988, IV, Doc. 13.

(209) 4月22日には米英仏独4ヶ国の政務局長およびヨーロッパ安全保障協力会議（CSCE）大使がロンドンにて協議を行っている。AMAE-La Courneuve, Direction d'Europe 1981–1985, 5163, "Note : a.s. C. S. C. E. - Réunion à 4 du 22 avril 1983.-", April 25, 1983, Le Directeur Adjoint des Affaires Politiques.

(210) AMAE-La Courneuve, Direction d'Europe 1981–1985, 5163, Télégramme 575, "Objet : CSCE : deuxième semaine", April 29, 1983, Madrid to Paris.

(211) AMAE-La Courneuve, Direction d'Europe 1981–1985, 5163, "Note : a.s. C. S. C. E.", May 16, 1983, Direction d'Europe (CSCE).

（212）たとえば，1983年1月13日に開かれたNATOの会合では，アメリカのカンペルマン大使は，ソ連がヨーロッパ軍縮会議（CDE）マンデートを含む最終文書を望むのであればパフォーマンス面でアメリカを満足させる必要がある旨述べている。これに対し，英仏をはじめとするヨーロッパ諸国は，最終文書の合意が最優先であるという立場を表明していた。TNA, FCO 46/3440, “Record of NATO CSCE Experts Meeting in Luxembourg on 13 January 1983”.

（213）Sarah Snyder, *Human Rights Activism*, p. 144.

（214）なお，アメリカは同時にシャランスキーの釈放も目指したものの交渉が進むことはなかった。経緯については以下参照。William Korey, *The Promises We Keep*, pp. 136–137.

（215）レーガン政権の対ソ政策に深くかかわり，最終的には駐ソ大使を務めたマットロック（Jack Matlock）は，レーガンがペンテコステ派の処遇に関心を払った理由として，同人はライフガードとしての経験を有しており人々を助けることを望んだからであると指摘する。Sarah Snyder, *Human Rights Activism*, pp. 141–142.

（216）*FRUS*, 1981–1988, IV, Doc. 10.

（217）Stephan Kieninger, *The Diplomacy of Détente*, p. 152［Kindle Version］.

（218）Max Kampelman, *Entering New Worlds : The Memoirs of a Private Man in Public Life*, HarperCollins, 1991, p. 269.

（219）Ronald Reagan, *An American Life : The Autobiography*, Simon & Schuster, 2011, p. 567.

（220）詳細は以下参照。George P. Shultz, *Turmoil and Triumph : My Years as Secretary of State*, Scribner, 1993, Chapter 18［Kindle Version］.

（221）イギリスやフランスの一次史料を見る限りでは，両国は米ソがバックチャンネルで交渉していることは知らされているが，その内容までは知らされていなかったようである。

（222）経緯については以下参照。Max Kampelman, *Entering New Worlds*, pp. 269–271 ; George P. Shultz, *Turmoil and Triumph*, Chapter 12［Kindle Version］.

（223）ペンテコステ派の家族がソ連を出国したことを受け，レーガン大統領は日記に「静かな外交は機能している（Quiet Diplomacy is working）」と書き込んでいる。Douglas Brinkley（ed.）, *The Reagan Diaries*, HarperCollins, 2007, p. 168.

（224）Reagan Library, National Security Decision Directive Number 75, “U. S. Relations with the USSR”, January 17, 1983. Available at https://www.reaganlibrary.gov/public/archives/reference/scanned-nsdds/nsdd75.pdf, accessed August 28, 2023.

（225）Ronald Reagan, “ ‘Evil Empire’ Speech”, March 8, 1983, Miller Center, The University of Virginia. Available at https://millercenter.org/the-presidency/presidential-speeches/march-8-1983-evil-empire-speech, accessed October 8, 2022.

（226）Ronald Reagan, “Address to the Nation on National Security”, March 23, 1983, Miller Center, The University of Virginia. Available at https://millercenter.org/the-presidency/presidential-speeches/march-23-1983-address-nation-national-security, accessed October 8, 2022.

（227）Aaron Donaghy, *The Second Cold War : Carter, Reagan, and the Politics of Foreign Policy*, Cambridge University Press, 2021, Chapter 6［Rakuten Kobo Version］.

（228）Ronald Reagan, *An American Life*, pp. 572–573.

(229) Ibid., p. 558.
(230) TNA, FCO 46/3443, Telegram 136, "My Telno 134 : Spanish CSCE Initiative", June 17, 1983, UKDEL Madrid to FCO.
(231) Max Kampelman, *Entering New Worlds*, p. 266, p. 274.
(232) AMAE-La Courneuve, Direction d'Europe 1981–1985, 5163, Télégramme 885, "Objet : Réunion de Madrid. La semaine", June 25, 1983, Madrid to Paris. これに先立ち，イギリスのサッチャー首相もスペイン案への支持を決定している。TNA, PREM 19/1973, "Conference on Security and Co-operation in Europe", June 24, 1984, Coles（10 Downing Street）to Bone（FCO）.
(233) AMAE-La Courneuve, Direction d'Europe 1981–1985, 5163, Télégramme 886, "Objet : Réunion de Madrid. Réaction à l'initiative Espagnole. Difficultés internes aux occidentaux", June 24, 1983, Madrid to Paris.
(234) Douglas Selvage, "The Superpowers and the Conference on Security and Cooperation in Europe", p. 55.
(235) TNA, FCO 46/3443, Telegram 156, "CSCE : Plenary of July 1", July 1, 1983, UKDEL Madrid to FCO.
(236) Douglas Selvage, "The Superpowers and the Conference on Security and Cooperation in Europe", p. 56.
(237) Reagan Library, "CSCE - Concluding the Madrid Meeting", July 11, 1983, George P. Shultz to the President. Available at https://www.reaganlibrary.gov/public/2022-03/40-145-39146857-R01-016-2022.pdf, accessed October 7, 2022.
(238) 面会の内容に関する史料は見当たらないが，その後の展開を考慮するとレーガン大統領はシュルツの方針を承認したものと考えられる。
(239) AMAE-La Courneuve, Direction d'Europe 1981–1985, 5163, Télégramme 1019, "Objet : Réunion de Madrid. Journée d'accord", July 15, 1983, Madrid to Paris.
(240) Ronald Reagan, "Statement on the Final Document Negotiated at the Madrid Review Meeting of the Conference on Security and Cooperation in Europe", July 15, 1983. Available at https://www.reaganlibrary.gov/archives/speech/statement-final-document-negotiated-madrid-review-meeting-conference-security-and, accessed October 8, 2022.
(241)「人権に関する専門家会合」および「人的接触に関する専門家会合」のことを指す。
(242) Hansard report, HC Deb 19 July 1983 vol. 46 cc172–5. Available at https://api.parliament.uk/historic-hansard/commons/1983/jul/19/engagements, accessed October 8, 2022.
(243) "CM. 20 juillet 1983 Situation internationale : conférence de Madrid et Amérique centrale", July 20, 1983. Available at https://www.vie-publique.fr/discours/152768-cm-20-juillet-1983-situation-internationale-conference-de-madrid-et, accessed October 8, 2022.
(244) マルタの提案は以下参照。Jan Sizoo and Rudolph Th. Jurrjens, *CSCE Decision-making*, p. 235.
(245) AMAE-La Courneuve, Direction d'Europe 1981–1985, 5163, Télégramme 38767, "Objet : Réunion de Madrid", August 26, 1983.
(246) Ronald Reagan, "Address to the Nation on the Soviet Attack on a Korean Civilian Airliner", September 5, 1983. Available at https://www.reaganlibrary.gov/archives/speech/address-nation-soviet-attack-korean-civilian-airliner, accessed October 8, 2022.

（247） Stephan Kieninger, *The Diplomacy of Détente*, p. 168［Kindle Version］.

（248） AMAE-La Courneuve, Direction d'Europe 1981-1985, 5163, Télégramme 1197, "Objet : Réunion de Madrid - Séance ministérielle du 7 septembre", September 8, 1983, Madrid to Paris.

（249） ヨーロッパ安全保障協力会議（CSCE）マドリード再検討会議の最終文書は以下参照。"Concluding Document of the Madrid Meeting 1980 of Representatives of the Participating States of the Conference on Security and Cooperation in Europe, Held on the Basis of the Provisions of the Final Act Relating to the Follow-Up to the Conference", Madrid, 1983. Available at https://www.osce.org/files/f/documents/9/d/40871.pdf, accessed October 8, 2022.

（250） AMAE-La Courneuve, Direction d'Europe 1981-1985, 5163, Télégramme 41263, "Objet : Clôture de la Réunion de Madrid", September 12, 1983.

（251） Richard Davy, *Defrosting the Cold War and Beyond : An Introduction to the Helsinki Process, 1954-2022*, Routledge, p. 149.

（252） フランスがヨーロッパ安全保障協力会議（CSCE）マドリード再検討会議に関与した背景には，ヨーロッパの安全保障に関する東西交渉をアメリカに独占させない意図があった（Frédéric Bozo, "Mitterrand, la diplomatie française et la « nouvelle » guerre froide（1981-1984）", in Frédéric Bozo（ed.), *Relations internationales et stratégie : De la guerre froide à la guerre contre le terrorisme*, Presses universitaires de Rennes, 2005, pp. 29-46)。この文脈では，安全保障の次元でのヨーロッパ軍縮会議（CDE）は中心的な役割が期待されていたと言えよう。

（253） 1977 年から 78 年にかけてアメリカが中性子爆弾の配備を目指した際には世論の強い反発を受け，最終的に撤回に追い込まれていた。それは国家保安委員会（KGB）のキャンペーンの成功であると見られていた。Jonathan Hasman, "Moscow's Misjudgment in Deploying SS-20 Missiles", in Leopold Nuti, Frédéric Bozo, Marie-Pierre Rey and Bernd Rother（eds.), *The Euromissile Crisis and the End of the Cold War*, Woodrow Wilson Center Press, 2015, pp. 31-48.

（254） 以上の要素だけを見るとプロパガンダの要素が強いように見えるが，先行研究ではソ連は軍備管理交渉そのものに真の価値を見出していたと指摘する。Malcolm Bryne, "The Warsaw Pact and the Euromissile Crisis", in Leopold Nuti, Frédéric Bozo, Marie-Pierre Rey and Bernd Rother（eds.), *The Euromissile Crisis and the End of the Cold War*, pp. 104-120.

（255） マドリードの最終文書（前掲注 249）を見ても，エネルギー面への言及はほとんどない（2 ヶ所のみ）。むしろ，最終文書の経済的次元の部分では，国連欧州経済委員会の活用，経済統計の改善，貿易の障壁の低下，科学技術交流などへの言及が主である。

（256） たとえば，1984 年 6 月にはイギリスのヨーロッパ軍縮会議（CDE）大使とソ連の CDE 大使との間で，お互い会食ばかりをしており，議場で十分に「運動」ができていないとの会話が交わされている。TNA, FCO 46/4028, "Lunch with Grinevski : 22 June 1984", June 24, 1984, Edes to Mackley.

第 4 章

（1）「雪解け」は冷戦史の文脈では 1953 年スターリン死後の東西間の緊張緩和を指すこ

ともあるが，本書では新冷戦からの緊張緩和を指す言葉として用いる。なお，新冷戦後の緊張緩和を「新デタント」と表現する例も見られるが（若月秀和『冷戦の終焉と日本外交——鈴木・中曽根・竹下政権の外政 1980〜1989年』千倉書房，2017年；李秉哲『新冷戦・新デタントと日本の東アジア外交——大平・鈴木・中曽根政権の対韓協力を中心に』東京大学出版会，2023年），この表現はヨーロッパデタントの持続性を論じる本書では誤解を招きうるため，用いることはしない。

（2）アカデミックな研究および一般認識の両面において，レーガンとゴルバチョフのレガシーは大きいと指摘されている。Artemy M. Kalinovsky, “New Histories of the End of the Cold War and the Late Twentieth Century”, *Contemporary European History*, 27 : 1, 2018, pp. 149–161.

（3）近年の研究動向として，冷戦終結に至る過程を理解するために1980年代前半に焦点を当てた実証研究が増えつつある。ただし，その数は80年代後半を取り上げた研究よりも少ない。主要な文献（その大半がアメリカに焦点を当てたもの）としては以下参照。James Graham Wilson, *The Triumph of Improvisation : Gorbachev's Adaptability, Reagan's Engagement, and the End of the Cold War*, Cornell University Press, 2014 ; Hal Brands, *Making the Unipolar Moment : U. S. Foreign Policy and the Rise of the Post-Cold War Order*, Cornell University Press, 2016 ; Archie Brown, *The Human Factor : Gorbachev, Reagan, and Thatcher, and the End of the Cold War*, Oxford University Press, 2020 ; Simon Miles, *Engaging the Evil Empire : Washington, Moscow, and the Beginning of the End of the Cold War*, Cornell University Press, 2020 ; Aaron Donaghy, *The Second Cold War : Carter, Reagan, and the Politics of Foreign Policy*, Cambridge University Press, 2021. 冷戦終結に至るまでの中長期的な日本外交を分析した邦語文献も存在する。若月，前掲書。

（4）その他，米ソ冷戦史についても膨大な研究蓄積があり，その多くはヨーロッパ情勢にも言及する。しかし，それらはヨーロッパをあくまで二次的に扱っているため，ここには含めない。これらの研究は本文および注で適宜紹介する。

（5）そのうち，もっとも重大な事件であるドイツ統一を取り上げた研究は進んでいる。ドイツ統一に関する研究動向は以下の書の第1部を参照。吉留公太『ドイツ統一とアメリカ外交』（晃洋書房，2021年）。

（6）イギリスの役割に焦点をあてた単著としては以下参照。Archie Brown, *The Human Factor*. また，中距離核戦力（INF）交渉の再開に向けたヨーロッパの外交努力に言及した単著としては以下参照。Susan Colbourn, *Euromissiles : The Nuclear Weapons That Nearly Destroyed NATO*, Cornell University Press, 2022.

（7）1980年代半ばのヨーロッパの東西関係について言及している論文・論文集としては以下参照。Olav Njølstad (ed.), *The Last Decade of the Cold War : From Conflict Escalation to Conflict Transformation*, Routledge, 2004 ; Ilaria Poggiolini, “Thatcher's Double-track Road to the End of the Cold War : The Irreconcilability of Liberalization and Preservation”, in Frédéric Bozo, Marie-Pierre Rey, N. Piers Ludlow and Bernd Rother (eds.), *Visions of the End of the Cold War in Europe, 1945–1990*, Berghahn Books, 2012, pp. 266–279 ; Stephan Kieninger, “Freer Movement in Return for Cash. Franz Josef Strauss, Alexander Schalck-Golodkowski and the Milliardenkredit for the GDR, 1983–1984”, in Bernhard Blumenau, Jussi Hanhimäki, and Barbara Zanchetta (eds.), *New Perspectives on the End of the Cold War : Unexpected Transformation ?*, Routledge, 2018, pp. 117–137 ; Susan Colbourn, “De-

bating Détente : NATO's Tindemans Initiative, or Why the Harmel Report Still Mattered in the 1980s", *Journal of Strategic Studies*, 43 : 6–8, 2020, pp. 897–919 ; 堀田主「「欧州共通の家」構想の成立——ミハイル・ゴルバチョフとソ連の対ヨーロッパ政策，一九八四——一九八七年」『法学政治学論究』第134号（2022年）307–345頁。軍備管理におけるヨーロッパの役割に着目した論文集としては以下参照（ただし，83年末から85年初頭にかけて核軍備管理交渉は中断していたことに留意する必要がある）。Philipp Gassert, Tim Geiger and Hermann Wentker (eds.), *The INF Treaty of 1987 : A Reappraisal*, Vandenhoeck & Ruprecht, 2020 ; Luc-André Brunet (ed.), *NATO and the Strategic Defence Initiative : A Transatlantic History of the Star Wars Programme*, Routledge, 2022.

（8）たとえば，フランス外交史家のストゥーによるフランス冷戦史の概説書では，国際政治の転機であった1984年から85年にかけての記述は（米ソ冷戦史に関する文献と比較して）手薄である。Georges-Henri Soutou, *La Guerre froide de la France : 1941–1990*, Tallandier, 2018. また，デタントから冷戦終結の時期を対象とする論文集でも，収録論文のほとんどが米ソに焦点をあてており，ヨーロッパは前面には出てこない。Steven Casey (ed.), *The Cold War : From Détente to the End of the Cold War*, Routledge, 2013.

（9）John Borawski, *From the Atlantic to the Urals : Negotiating Arms Control at the Stockholm Conference*, Pergamon-Brassey's, 1987 ; Victor-Yves Ghebali, *La diplomatie de la détente : la CSCE, d'Helsinki à Vienne (1973–1989)*, Bruylant, 1989 ; 植田隆子「欧州安全保障協力会議における信頼醸成措置の発達——視察・査察問題を中心に」『国際法外交雑誌』第88巻第5号（1989年）1–34頁；浅田正彦「CSCEプロセスと信頼醸成措置（一）」『岡山大学法学会雑誌』第40巻第1号（1990年）87–132頁；浅田正彦「CSCE プロセスと信頼醸成措置（二）」『岡山大学法学会雑誌』第40巻第2号（1990年）167–271頁；百瀬宏・植田隆子（編）『欧州安全保障協力会議（CSCE）1975–92』（日本国際問題研究所，1992年）；坪内淳「欧州安全保障協力会議（CSCE）における信頼醸成措置（CBM）の確立と発展——ヘルシンキ宣言とストックホルム文書を中心として」『早稲田政治公法研究』第47号（1994年）63–90頁；Ki-Joon Hong, *The CSCE Security Regime Formation : An Asian Perspective*, Macmillan Press, 1997.

（10）Carl C. Krehbiel, *Confidence- and Security-Building Measures in Europe : The Stockholm Conference*, Praeger, 1989 ; John Freeman, *Security and the CSCE Process : The Stockholm Conference and Beyond*, Macmillan, 1991 ; Oleg Grinevski and Lynn M. Hansen, *Making Peace : Confidence and Security in a New Europe*, Eloquent Books, 2009.

（11）西ドイツに焦点をあてた研究は以下参照。Matthias Peter, "Saving Détente : The Federal Republic of Germany and the CSCE in the 1980s", in Nicolas Badalassi and Sarah B. Snyder (eds.), *The CSCE and the End of the Cold War : Diplomacy, Societies and Human Rights, 1972–1990*, Berghahn Books, 2018, Chapter 11 [Kindle Version]. 東ドイツに焦点をあてた研究は以下参照。Oliver Bange, "Transformation by Linkage ? : Arms Control, Human Rights and the Rift between Moscow and East Berlin in the Late 1980s", in Nicolas Badalassi and Sarah B. Snyder (eds.), *The CSCE and the End of the Cold War*, Chapter 12 [Kindle Version]. ソ連に焦点をあてた研究は以下参照。堀田主「ストックホルム軍縮会議の再生——現地査察問題をめぐるソ連外交，1985–1986」『ロシア・東欧研究』第50

号（2021年）104-125頁。

（12）“Gromyko Cancels Trip To U. N. After Flights Restricted”, *The Washington Post*, September 18, 1983 ; セイモア・M・ハーシュ『目標は撃墜された——大韓航空機事件の真実』篠田豊（訳），（文藝春秋，1986年）249-250頁。

（13）“Stanislav Petrov : The Man Who May Have Saved the World”, BBC, September 26, 2013. Available at https://www.bbc.com/news/world-europe-24280831, accessed August 27, 2022 ; デイヴィッド・E・ホフマン『死神の報復（上）——レーガンとゴルバチョフの軍拡競争』平賀秀明（訳），（白水社，2016年）19-26頁。

（14）Vladislav M. Zubok, *A Failed Empire : The Soviet Union in the Cold War from Stalin to Gorbachev*, 2009, University of North Carolina Press, p. 274.

（15）Jacques Attali, *Verbatim. Tome 1 : Chronique des années 1981-86*, Fayard, 1993, Vendredi 9 septembre 1983［Rakuten Kobo Version］.

（16）フランス外務省は，1983年2月のシェイソン外相の訪ソ（このときにはアンドロポフとも面会している）が両国関係の改善の出発点であるとみなしている。Archives du ministère des Affaires étrangères（以下AMAE）-La Courneuve, Direction d’Europe 1981-1985, 5699, “Note pour le Ministre : Eventualité d’un document à l’issue de la visite de M. Gorbatchev”, August 9, 1985. アンドロポフ政権への期待（とくにアフガニスタン問題への取り組み）は，82年11月のミッテラン大統領へのインタビューから窺える。François Mitterrand, “Entretien de M. François Mitterrand, Président de la République, accordé au journal “Le Monde”, publié à Paris le vendredi 26 novembre 1982”, November 26, 1982. Available at https://www.vie-publique.fr/discours/133794-entretien-de-m-francois-mitterrand-president-de-la-republique-accorde, accessed December 22, 2022.

（17）Archie Brown, “The Change to Engagement in Britain’s Cold War Policy”, *Journal of Cold War Studies*, 10 : 3, 2008, pp. 3-47 ; Archie Brown, *The Human Factor*, pp. 113-120.

（18）Sean Greenwood, “Helping to Open the Door ? Britain in the Last Decade of the Cold War”, in Olav Njølstad（ed.）, *The Last Decade of the Cold War*, pp. 317-331.

（19）イギリスでは外務省が対話路線を追求する一方，首相は対ソ強硬路線をとることが多かった。この政治家と官僚の立場の違いは，第1次サッチャー政権（1979年から83年）ほど顕著な時期はなかったと指摘されている。Michael Clarke, “British Perspectives on the Soviet Union”, in Alex Pravda and Peter J. S. Duncan（eds.）, *Soviet-British Relations since the 1970s*, Cambridge University Press, 1990, pp. 68-91,

（20）The National Archives of the United Kingdom（以下TNA）, PREM 19/1240, “No. 10 record of conversation（MT-President Mitterrand）”, October 20, 1983. Available at https://www.margaretthatcher.org/document/146521, accessed August 24, 2022.

（21）Luc-André Brunet, “Unhelpful Fixer ? Canada, the Euromissile Crisis, and Pierre Trudeau’s Peace Initiative, 1983-1984”, *The International History Review*, 41 : 6, 2019, pp. 1145-1167.

（22）TNA, FCO 46/3448, “CDE”, September 30, 1983, Crabbie（Defence Department）to Miss Elmes.

（23）TNA, FCO 46/3448, Telegram 954, “East-West Relation : CDE”, September 29, 1983, UKMIS New York to FCO. なお，会食にはフランスのシェイソン外相，西ドイツのゲンシャー外相，ベルギーのチンデマンス外相も出席していた。

（24）TNA, FCO 46/3448, “CDE : Ministerial Attendance”, October 4, 1983.

（25）TNA, FCO 46/3450, "European Political Cooperation : Ministerial Meeting : Brussels : 22 November 1983", November 23, 1983, Brenton to Bullard.

（26）この背景には，10 月 25 日から 11 月 11 日にかけてヨーロッパ軍縮会議（CDE）の準備会合がヘルシンキで開催され，35 ヶ国の全会一致にて CDE の手続き規則が採択されたことが指摘できる。

（27）Luc-André Brunet, "Unhelpful Fixer ?".

（28）"Moscow Calls the Invasion a Crime Against Peace", *The New York Times*, October 27, 1983.

（29）先行研究では，「エイブルアーチャー 83」は核戦争を引き起こしかねないものであったという見方がある。一方で，東側諸国の一次史料を活用した研究を中心に，「エイブルアーチャー 83」は核戦争にエスカレーションするものではなかったという主張もある。前者の立場をとる主要な研究や著書は以下参照。Arnav Manchanda, "When Truth is Stranger than Fiction : The *Able Archer* Incident", *Cold War History*, 9 : 1, 2009, pp. 111–133 ; Nate Jones, *Able Archer 83 : The Secret History of the NATO Exercise That Almost Triggered Nuclear War*, The New Press, 2016 ; Taylor Downing, *1983 : Reagan, Andropov, and a World on the Brink*, Da Capo Press, 2018. 後者の立場をとる主要な研究は以下参照。Gordon Barrass, *The Great Cold War : A Journey through the Hall of Mirrors*, Stanford University Press, 2009, pp. 297–310 ; Beatrice Heuser, "The Soviet Response to the Euromissiles Crisis", in Leopoldo Nuti (ed.), *The Crisis of Détente in Europe : From Helsinki to Gorbachev, 1975–1985*, Routledge, 2009, pp. 137–149 ; Vojtech Mastny, "How Able Was 'Able Archer' ? : Nuclear Trigger and Intelligence in Perspective", *Journal of Cold War Studies*, 11 : 1, 2009, pp. 108–123 ; Gordon Barrass, "Able Archer 83 : What Were the Soviets Thinking ?", *Survival*, 58 : 6, 2016, pp. 7–30 ; Simon Miles, "The War Scare That Wasn't : Able Archer 83 and the Myths of the Second Cold War", *Journal of Cold War Studies*, 22 : 3, 2020, pp. 86–118. 以上を総括し，さらなる研究の必要性を訴える研究もある。Thomas Fraise and Kjølv Egeland, "Able Archer : How Close of a Call Was It ?", *Bulletin of the Atomic Scientists*, 79, 2023, pp. 155–160.

（30）"First U. S. Missiles Arrive by Plane at a British Base", *The New York Times*, November 15, 1983.

（31）"Bonn Parliament Votes to Deploy New U. S. Missiles", *The New York Times*, November 23, 1983 ; "Parliament Approves Missile Deployment in West Germany", *The Washington Post*, November 23, 1983 ; "Le Bundestag a approuvé l'implantation des nouvelles armes de l'OTAN", *Le Monde*, November 24, 1983. なお，報道によると投票の内訳は公式には明らかにされていない。

（32）"U. S. Missiles Delivered to Britain", *The Washington Post*, November 15, 1983.

（33）"Text of Andropov's Statement on Missile Dispute", *The New York Times*, November 25, 1983.

（34）"Soviets Halt Strategic Arms Talks", *The Washington Post*, December 9, 1983.

（35）"Warsaw Pact Suspends East-West Troop Negotiations in Vienna", *The Washington Post*, December 16, 1983.

（36）Oleg Grinevski and Lynn M. Hansen, *Making Peace*, p. 109.

（37）Office of Research, United States Information Agency, "Soviet Propaganda Alert", No. 16, October 7, 1983, CIA Electronic FOIA Reading Room, Document No. CIA-RDP-

85M00364R001903760004-5. Available at https://www.cia.gov/readingroom/, accessed September 15, 2024.

(38) Final Communiqué (8-9 December 1983). Available at https://www.nato.int/docu/comm/49-95/c831209a.htm, accessed September 19, 2022.

(39) 1980年11月のヨーロッパ安全保障協力会議（CSCE）マドリード再検討会議の開会式に西側主要国の外相が出席しなかったことを想起すると（第2章参照），NATO諸国による外相派遣の決定はそれだけヨーロッパ軍縮会議（CDE）を重視していたことの表れであった。

(40) ブリュッセル宣言は西ドイツのイニシアチブを受けて作成された。Susan Colbourn, "Debating Détente", pp. 905-906.

(41) "Declaration of Brussels : Issued by the Foreign Ministers at the North Atlantic Council Meeting Brussels", December 9, 1983. Available at https://www.nato.int/docu/comm/49-95/c831209b.htm, accessed October 11, 2022.

(42) Jonathan M. DiCicco, "Fear, Loathing, and Cracks in Reagan's Mirror Images : Able Archer 83 and an American First Step toward Rapprochement in the Cold War", *Foreign Policy Analysis*, 7 : 3, 2011, pp. 253-274.

(43) 政権内部の様子は以下参照。Jack F. Matlock, Jr., *Reagan and Gorbachev : How the Cold War Ended* (New York : Random House, 2005), Chapters III and IV [Kindle Version].

(44) TNA, FCO 46/3461, Telegram 143, "Moscow Telno 1383 to FCO, (Not to Warsaw/Bucharest)", December 7, 1983, Vienna to FCO.

(45) AMAE-La Courneuve, Direction d'Europe 1981-1985, 5525, Télégramme 2261, "Objet : CDE : Consultations soviéto-suédoises", December 5, 1983, Moscow to Paris.

(46) AMAE-La Courneuve, Direction d'Europe 1981-1985, 5525, Télégramme 2238, "Objet : Déclaration du Chancelier sur la Réunion de Stockholm et les relations est-ouest", December 15, 1983, Bonn to Paris ; "Gromyko wellicht naar conferentie ontwapening", *NRC Handelsblad*, December 14, 1983.

(47) Editorial, "Three minutes to midnight", *Bulletin of the Atomic Scientists*, 40 : 1, 1984, p. 2. なお，「終末時計」の変遷については同団体のウェブサイトを参照。Available at https://thebulletin.org/doomsday-clock/timeline/, accessed September 29, 2022.

(48) "Les Coulisses de Stockholm", *Le Monde*, January 16, 1984.

(49) サッチャー首相はインタビューにおいて，東西対話の場としてヨーロッパ軍縮会議（CDE）をたびたび挙げている。一例としては以下参照。Thatcher Archive, "Interview for News of the World", January 5, 1984. Available at https://www.margaretthatcher.org/document/105515, accessed November 6, 2022. ミッテラン大統領も同様にインタビューでCDEの重要性に何度も触れており，たとえばNHKによる取材に際してもCDEに言及している。François Mitterrand, "Entretien accordé par M. François Mitterrand, Président de la République, à la télévision japonaise NHK, sur la situation internationale, Paris, samedi 24 décembre 1983", December 24, 1983, Paris. Available at https://www.elysee.fr/francois-mitterrand/1983/12/24/entretien-accorde-par-m-francois-mitterrand-president-de-la-republique-a-la-television-japonaise-nhk-sur-la-situation-internationale-paris-samedi-24-decembre-1983, accessed November 6, 2022.

(50) TNA, FCO 46/3997, Telegram 007, "Conference on Confidence and Security Building Mea-

sures and Disarmament in Europe（CDE）: Opening Meeting", January 18, 1984, Stockholm to FCO.

（51）TNA, FCO 46/3997, "Speech by the Right Hon Sir Geoffrey Howe QC MP Secretary of State for Foreign and Commonwealth Affaires to the Conference on Disarmament in Europe : Stockholm 20 January 1984".

（52）TNA, FCO 46/3997, Telegram 028, "MIPT", January 20, 1984, UK DEL CDE Stockholm to FCO.

（53）AMAE-La Courneuve, Direction d'Europe 1981-1985, 5525, "Discours prononce au nom des Dix par M. Claude Cheysson, Président du conseil des ministres a l'ouverture de la CDE à Stockholm le 17 janvier 1984", January 17, 1984.

（54）Ronald Reagan, "Address to the Nation and Other Countries on United States-Soviet Relations", January 16, 1984. Available at https://www.reaganlibrary.gov/archives/speech/address-nation-and-other-countries-united-states-soviet-relations, accessed September 5, 2022.

（55）TNA, FCO 46/3997, Telegram 011, "My MIPT : CDE : Opening Statements（17 January）", January 18, 1984, Stockholm to FCO.

（56）Beth A. Fischer, *The Reagan Reversal : Foreign Policy and the End of the Cold War*, University of Missouri Press, 1997. なお，一次史料を活用した近年の研究では「リバーサル」はより控え目なものであったという指摘もされている（Aaron Donaghy, *The Second Cold War*）。また，1984年の政策転換は「リバーサル」というよりも，レーガン政権内に存在したソ連への「圧力路線（pressure track）」と「働きかけ路線（outreach track）」のうち後者への傾斜であるという指摘もされている（William Inboden, *The Peacemaker : Ronald Reagan, the Cold War, and the World on the Brink*, Dutton, 2022）。これらは，いずれも84年の転換を相対化したものであると捉えることができる。本書もまた84年の転換は完全な「リバーサル（逆行）」というよりも対話路線が顕在化したという見方に賛同する。とはいえ，84年1月はレーガン政権の対ソ政策の重要な転機であったことから，ここではあえて「レーガン・リバーサル」という語を用いた。

（57）George P. Shultz, *Turmoil and Triumph : My Years as Secretary of State*, Scribner, 1993, Chapter 21［Kindle Version］.

（58）TNA, FCO 46/4028, "Gromyko's Speech on 18 January 1984".

（59）Philip Taubman, *In the Nation's Service : The Life and Times of George P. Shultz*, Stanford University Press, 2023, p. 259.

（60）グロムイコは国連安保理で何度も拒否権を行使するなど，外交の場でしばしば「ノー」（ロシア語でニェット）を突きつけてきたことから，「ミスター・ニェット」という異名をもった。

（61）たとえば，イギリスはヨーロッパ軍縮会議（CDE）のマージンでの二国間外相会談をとりわけ評価し，それは緊張緩和をもたらしたと認識している。TNA, FCO 46/3999, "The Conference on Confidence and Security Building Measures and Disarmament in Europe : First Session", April 4, 1984, Edes to Howe.

（62）このこと自体が，ヨーロッパ安全保障協力会議（CSCE）やヨーロッパ軍縮会議（CDE）といったヨーロッパデタントの枠組みこそが新冷戦のピーク期における米ソ

間のハイレベル対話を実現していたことを物語る。

(63) Ronald Reagan Presidential Library（以下 Reagan Library）, “Memorandum of Conversation : Meeting between Secretary Shultz and Soviet Foreign Minister Gyomyko”, January 18, 1984. Available at https://www.thereaganfiles.com/shultz--gromyko-11884.pdf, accessed September 8, 2022.

(64) 岡田美保「ソ連による弱さの自覚と対外政策の転換——INF 交渉の再検討」『国際政治』第157号（2009年）13-26頁。

(65) Anatoly Dobrynin, *In Confidence : Moscow's Ambassador to America's Six Cold War Presidents (1962-1986)*, Times Books, 1995, p. 546.

(66) TNA, FCO 46/3997, “Record of Conversation Between the Secretary of State and the Soviet Foreign Minister, Mr Gromyko, at the Soviet Embassy in Stockholm, 19 January 1984”.

(67) “M. Cheysson : la France est pour l'Union soviétique un interlocuteur « difficile, mais constant et fiable »”, *Le Monde*, April 28, 1984.

(68) “Italian Foreign Minister Giulio Andreotti will visit Moscow April…”, UPI, April 14, 1984. Available at https://www.upi.com/Archives/1984/04/14/Italian-Foreign-Minister-Giulio-Andreotti-will-visit-Moscow-April/7109450766800/, accessed October 11, 2022.

(69) 各陣営の提案は，以下の書に全文が掲載されている。John Borawski, *From the Atlantic to the Urals* ; Carl C. Krehbiel, *Confidence- and Security-Building Measures in Europe*.

(70) ヨーロッパ軍縮会議（CDE）では前年末に翌年の会期を決めていた。一般的には年明けからイースターまで，イースターから夏期休暇まで，夏期休暇明けからクリスマスまでの期間に分かれていた（ただしその期間中にも会期が区切られることはあった）。

(71) AMAE-La Courneuve, Direction d'Europe 1981-1985, 5525, Télégramme 202, “Objet : CDE. Interventions en plénière”, March 15, 1984, Stockholm to Paris.

(72) TNA, PREM 19/1534, “Hungary : No. 10 record of conversation (MT-First Secretary Kádár)”, February 3, 1984. Available at https://www.margaretthatcher.org/document/141903, accessed October 12, 2022.

(73) “The funeral of President Yuri Andropov gave Western leaders…”, UPI, February 14, 1984. Available at https://www.upi.com/Archives/1984/02/14/The-funeral-of-President-Yuri-Andropov-gave-Western-leaders/8160445582800/, accessed October 15, 2022. なお，同記事でも言及されているが，各国の首相らとチェルネンコとの二国間の会談そのものは30分程度に過ぎなかった。それゆえ，ヨーロッパ軍縮会議（CDE）での開会式を機に実施された二国間会談と比べるとその成果は限定的であった。

(74) Vladislav M. Zubok, *A Failed Empire*, p. 276.

(75) “Ustinov Guided Rise of Soviet Power”, *The Washington Post*, December 22, 1984.

(76) Vladislav M. Zubok, *A Failed Empire*, p. 276.

(77) AMAE-La Courneuve, Direction d'Europe 1981-1985, 5698, “Note : Les relations Est-Ouest au printemps 1984”, June 6, 1984.

(78) “Building on the New Realism”, *The Times*, March 26, 1984.

(79) “Thatcher's Times Article Denounced”, *The Times*, March 27, 1984.

(80) 前掲注77。

(81) “Moscow's Hostile Mood”, *The New York Times*, June 19, 1984.

（82）TNA, FCO 46/4019, Telegram 82, “European Political Cooperation : Meeting of Ministers : Luxembourg 9 April : East/West Relations”, April 10, 1984, Luxembourg to FCO.
（83）Oleg Grinevsky and Lynn M. Hansen, *Making Peace*, pp. 214–215.
（84）Reagan Library, “Letter from Reagan to Chernenko”, April 16, 1984. Available at https://www.thereaganfiles.com/19840416-2.pdf, accessed September 11, 2022.
（85）Oleg Grinevsky and Lynn M. Hansen, *Making Peace*, pp. 216–218.
（86）Reagan Library, “Response to Chernenko’s March 19 Letter”, April 6, 1984, Shultz to Reagan. Available at https://www.thereaganfiles.com/19840416.pdf, accessed September 11, 2022.
（87）政権内での議論については以下参照。Aaron Donaghy, *The Second Cold War*, Chapter 8［Rakuten Kobo Version］.
（88）“Russians cite threats for Games boycott”, *The Guardian*, May 9, 1984. 同記事が指摘する通り，1980年のモスクワオリンピックへのアメリカの対応とは異なりソ連は「ボイコット」という言葉を用いなかった。
（89）“Chernenko Takes Tough Stand in Talk With Genscher”, *The Washington Post*, May 23, 1984.
（90）Ronald Reagan, “Address Before a Joint Session of the Irish National Parliament”, June 4, 1984. Available at https://www.reaganlibrary.gov/archives/speech/address-joint-session-irish-national-parliament, accessed September 11, 2022.
（91）“Pravda attacks Reagan on appeal for arm talks”, *The Christian Science Monitor*, June 8, 1984.
（92）全体会合（プレナリーセッション）と作業グループの関係は，国会における本会議と委員会の関係に例えることができよう。すなわち，作業グループでの具体的な議論はヨーロッパ軍縮会議（CDE）を前進させるにあたり不可欠であった。
（93）TNA, FCO 46/4003, “Military Advisor’s Report on the 2nd Session（8 May - 6 July 1984）of the Conference on Confidence and Security Building Measures and Disarmament in Europe（CDE）”, July 18, 1984.
（94）TNA, FCO 46/4002, Telegram 191, “Your Telno 28 : CDE Procedural Questions”, July 5, 1984, UKDEL CDE Stockholm to FCO. たしかに，作業グループの設立案にはいずれの作業グループでも武力不行使原則について検討するとは明記されておらず（TNA, FCO 46/4002, “Decision taken by the Plenary on 5 July 1984（Draft）”, July 4, 1984），ソ連がこれに同意しなかったことも理解できなくはない。ただ，レーガン本人が議論に前向きな姿勢を見せているにもかかわらずソ連が躊躇したのは，それだけ交渉推進に消極的であったことを示している。
（95）なお，西側諸国の武力不行使をめぐるイニシアチブがグロムイコを動かしたと指摘する先行研究もある（岡田，前掲論文）。そうであれば，ヨーロッパ軍縮会議（CDE）の意義はさらに大きかったとも言える。しかし，同研究では「いかにしてグロムイコを動かした」かについての言及はなく，この点についてのさらなる研究が待たれる。
（96）6月29日にソ連はアメリカの戦略防衛構想（SDI）を念頭に置いた宇宙兵器禁止交渉をもちかけたものの，アメリカが交渉の議題に中距離核戦力（INF）および戦力兵器削減交渉（START）を含めることを試みた結果，両者は交渉再開に合意することができなかった。詳細な経緯は以下参照。瀬川高央『米ソ核軍縮交渉と日本外

交——INF 問題と西側の結束 1981-1987』（北海道大学出版会，2016 年）170-179 頁。

（97）イギリスの駐ソ大使は，ハウ外相の訪ソは大打撃（hard pounding）であったと指摘している。TNA, PREM 19/1394, “UKE Moscow to FCO（‘Your Visit to Moscow : 1-3 July : General Impressions’）”, July 3, 1984. Available at https://www.margaretthatcher.org/document/134694, accessed October 14, 2022.

（98）Timothy Garton Ash, *In Europe's Name : Germany and the Divided Continent*, Vintage Books, 1993, p. 104.

（99）James E. Goodby, “The Stockholm Conference : Negotiating a Cooperative Security System for Europe”, in Alexander L. George, Philip J. Farley and Alexander Dallin（eds.）, *U. S.-Soviet Security Cooperation : Achievements, Failures, Lessons*, Oxford University Press, 1988, pp. 144-172.

（100）“Talks on Security Ends in Stockholm : Little Achieved After 6 Months of Debate by U. S., Canada and European Nations”, *The New York Times*, July 8, 1984. 同記事はヨーロッパ軍縮会議（CDE）では交渉の成果は出ていないと指摘する一方，核軍備管理交渉が打ち切られ，中欧相互兵力削減交渉（MBFR）が失速するなかで，CDE の重要性が高まったことを述べている。

（101）Hubert Védrine, *Les mondes de François Mitterrand : À l'Élysée, 1981-1995*, Fayard, 1996, p. 262.

（102）AMAE-La Courneuve, Direction d'Europe 1981-1985, 5698, “Note : Réflexion sur le projet de voyage du président de la République en URSS”, April 9, 1984.

（103）AMAE-La Courneuve, Direction d'Europe 1981-1985, 5698, Télégramme 1555, “Objet : Visite de M. le Président de la République en URSS. Premier entretien avec M. Tchernienko（1/3）”, June 21, 1984, Moscow to Paris ; AMAE-La Courneuve, Direction d'Europe 1981-1985, 5698, Télégramme 1563, “Objet : Visite de M. le Président de la République en URSS. Premier entretien avec M. Tchernienko（2/3）”, June 22, 1984, Moscow to Paris.

（104）Hubert Védrine, *Les mondes de François Mitterrand*, pp. 268-269.

（105）AMAE-La Courneuve, Direction d'Europe 1981-1985, 5698, “Note : Suites de la visite du président de la République en URSS : relevé de conclusions de la réunion du 6 juillet présidée par le Secrétaire Général—Questions politiques—”, July 19, 1984, Sous-direction d'Europe orientale.

（106）François Mitterrand, “Allocution de M. François Mitterrand, Président de la République, devant la ‘Tombe commune des défenseurs de Stalingrad’, Volgograd, samedi 23 juin 1984”, June 23, 1984. Available at https://www.vie-publique.fr/discours/135553-allocution-de-m-francois-mitterrand-president-de-la-republique-devant, accessed September 16, 2024.

（107）Jack Matlock, *Reagan and Gorbachev*, Chapter IV［Kindle Version］.

（108）“Reagan, Gromyko Meet In ‘Exchange of Views'”, *The Washington Post*, September 29, 1984.

（109）Aaron Donaghy, *The Second Cold War*, Chapter 8［Rakuten Kobo Version］.

（110）Douglas Brinkley（ed.）, *The Reagan Diaries*, HarperCollins, 2007, p. 270.

（111）AMAE-La Courneuve, Direction d'Europe 1981-1985, 5526, Télégramme 815, “Objet : CDE - Attitude soviétique”, December 13, 1984, Stockholm to Paris.

（112）経緯については以下参照。TNA, FCO 46/4297, “The Conference on Confidence- and Se-

curity-Building Measures and Disarmament in Europe（CDE）: Third and Fourth Session in 1984", January 9, 1985, Edes to Howe.

(113) John Borawski, *From the Atlantic to the Urals*, p. 60.

(114) TNA, FCO 46/4006, "CDE : Working Groups", December 3, 1984, Alston to Luce.

(115) これまでの全体会合の議論では，各国は好きなタイミングで好きなテーマについて話すことができた。ところが，テーマ毎に分かれた作業グループでの議論では，各国は同じ会合において同一のテーマについて話さざるを得なくなったのである。詳細は以下参照。Rudolf Th. Jurrjens and Jan Sizoo, *Efficacy and Efficiency in Multilateral Policy Formation : The Experience of Three Arms Control Negotiations : Geneva, Stockholm, Vienna*, Kluwer Law International, 1997, pp. 140–141. なお，同書は12月の作業グループの立ち上げを「評価してもしすぎることはない」とすら論じている（p. 133）。

(116) 先行研究は，米ソ外相会談の開催に向けた両国間の合意は，交渉の基礎となる米ソ間の共有認識の存在を示すものではなく，むしろ両者が交渉の再開を望んでいることを示唆したという点で意義があったと指摘する。Raymond L. Garthoff, *The Great Transition : American-Soviet Relations and the End of the Cold War*, Brookings Institution, 1994, p. 191.

(117) The European Council [Dublin Summit 1984], 3–4 December 1984. Available at http://aei.pitt.edu/1400/, accessed September 13, 2022.

(118) ゴルバチョフ訪英に至る経緯は以下参照。Archie Brown, *The Human Factor*, pp. 123–124.

(119) TNA, PREM 19/1394, "Soviet Union : No. 10 record of conversation（MT-Gorbachev）", December 16, 1984. Available at https://www.margaretthatcher.org/document/134730, accessed December 15, 2022.

(120) Margaret Thatcher, TV Interview for BBC, December 17, 1984. Available at https://www.margaretthatcher.org/document/105592, accessed September 13, 2022.

(121) Thatcher MSS（Digital Collection）, Churchill Archive Centre, "No. 10 minute（"Record of a meeting between the Prime Minister and President Reagan at Camp David on 22 December 1984 at 1030 hours"）", December 22, 1984. Available at https://www.margaretthatcher.org/document/136436, accessed September 16, 2022.

(122) "Secretary Shultz and Foreign Minister Gromyko Agree on New Arms Control Negotiations", *The Department of State Bulletin*, 85 : 2096, March 1985, pp. 29–33.

(123) これに先立つレーガン政権内での議論では，強硬派のワインバーガー国防長官は戦略防衛構想（SDI）を軍備管理交渉の対象に含めることに難色を示していた。これに対し，レーガン大統領はシュルツ国務長官およびマクファーレン大統領補佐官の意見を受け入れ，SDIを含めることを決定した。その経緯については以下参照。Paul Lettow, *Ronald Reagan and His Quest to Abolish Nuclear Weapons*, Random House, 2005, pp. 184–189 [Kindle Version].

(124) "Weapons Talks to Resume in Geneva on March 12", *The Washington Post*, January 27, 1985.

(125) イギリスのヨーロッパ軍縮会議（CDE）大使は，米ソ間の核軍備管理交渉の再開の見通しおよび前年12月の作業グループの立ち上げが，1985年1月から3月にかけての会期に好影響を与えたと指摘している。TNA, FCO 46/4297, "The Conference on Confidence- and Security-Building Measures and Disarmament in Europe（CDE）: Fifth Ses-

sion", April 10, 1985, Edes to Howe.

（126）TNA, FCO 46/4308, Telegram 004, "CDE : Plenary 29 January", January 30, 1985, UKDEL CDE Stockholm to FCO. SC.6 の原文は以下参照。John Freeman, *Security and the CSCE Process*, pp. 181–182.

（127）John Borawski, *From the Atlantic to the Urals*, p. 64. なお，これらのパラメーターは 5 月から 6 月にかけて「ワーキングペーパー」として正式に提出された。原文は以下参照。John Borawski, *From the Atlantic to the Urals* ; Carl C. Krehbiel, *Confidence- and Security-Building Measures in Europe* ; John Freeman, *Security and the CSCE Process*.

（128）TNA, FCO 46/4308, Telegram 20, "CDE : Plenary 8 March", March 12, 1985, UKDEL CDE Stockholm to FCO.

（129）TNA, FCO 46/4308, Telegram 008, "CDE : Review of Week Ending 8 February", February 11, 1985, UKDEL CDE Stockholm to FCO.

（130）TNA, FCO 46/4309, "Caucus : 12 March", March 12, 1985, Mackley to Clarke.

（131）TNA, FCO 46/4309, "Objet : Fifth Session of the CDE", March 26, 1985, Rome COREU to All COREU.

（132）TNA, FCO 46/4297, "The Conference on Confidence- and Security-Building Measures and Disarmament in Europe（CDE）: Fifth Session", April 10, 1985, Edes to Howe.

（133）1985 年 9 月にはグッドビーの後任としてバリー大使（Robert Barry）がストックホルムに着任していた。

（134）"East-West Agreement Predicted Within Year", *The Washington Post*, December 3, 1985.

（135）*Foreign Relations of the United States*（以下 *FRUS*), 1981–1988, V, Doc. 1.

（136）The National Security Archives, "Gorbachev Letter to Reagan", March 24, 1985. Available at https://nsarchive.gwu.edu/document/21540-document-03, accessed September 16, 2022.

（137）Vladislav M. Zubok, *A Failed Empire*, p. 280.

（138）ワインバーガー国防長官は強硬路線を主張して大統領および国務省と対立した。Jack Matlock, *Reagan and Gorbachev*, Chapter V [Kindle Version].

（139）Aaron Donaghy, *The Second Cold War*, Chapter 9 [Rakuten Kobo Version].

（140）George P. Shultz, *Turmoil and Triumph*, Chapter 29 [Kindle Version].

（141）*FRUS*, 1981–1988, I, Doc. 240. このスピーチの背景には，ゴルバチョフによる中距離核戦力（INF）配備の一方的なモラトリアム（4 月 7 日）および核実験のモラトリアムの提案（4 月 17 日）を相殺する狙いがあった。以下参照。Raymond L. Garthoff, *The Great Transition*, p. 217.

（142）その理由として，先行研究はゴルバチョフ政権初期のソ連外交の連続性を指摘する。堀田，前掲「ストックホルム軍縮会議の再生——現地査察をめぐるソ連外交，1985–1986」108–109 頁。

（143）AMAE-La Courneuve, Direction d'Europe 1981–1985, 5525, Télégramme 457, "Objet : CDE. Bilan de la 6 ème session de la Conférence de Stockholm（14 mai - 5 juillet）(1/2)", July 5, 1985, Stockholm to Paris.

（144）TNA, FCO 46/4297, Telegram 47, "CDE : Review of Week Ending 7 June", June 10, 1985, UKDEL CDE Stockholm to FCO.

（145）同専門家会合については以下参照。William Korey, *The Promises We Keep : Human Rights, the Helsinki Process, and American Foreign Policy*, St. Martin's Press, 1993, pp. 170–

179 ; Sarah Snyder, “The Foundation for Vienna : A Reassessment of the CSCE in the mid-1980s”, *Cold War History*, 10 : 4, 2010, pp. 493-512.

(146) AMAE-La Courneuve, Direction d’Europe 1981-1985, 5525, “Note : La Conférence de Stockholm à mi-parcours”, July 15, 1985, Service des affaires stratégiques et du désarmement.

(147) “President to Meet Gorbachev 2 Days in Fall in Geneva”, *The New York Times*, July 3, 1985.

(148) *FRUS*, 1981-1988, V, Doc. 55.

(149) *FRUS*, 1981-1988, V, Doc. 61.

(150) 経緯については以下参照。Robert Service, *The End of the Cold War : 1985-1991*, Macmillan, 2015, Chapter 12［Kindle Version］.

(151) *FRUS*, 1981-1988, V, Doc. 71.

(152) *FRUS*, 1981-1988, V, Doc. 84.

(153) Oleg Grinevski and Lynn M. Hansen, *Making Peace*, pp. 355-356.

(154) Ibid., pp. 368-369.

(155) TNA, FCO 46/4298, Telegram 69, “Your Telno 13 : CDE Working Structure”, September 17, 1985, UKDEL CDE Stockholm to FCO.

(156) 経緯については以下参照。TNA, FCO 46/4298, “CDE : Working Structure”, October 16, 1985, Alston to Renton ; TNA, FCO 46/4298, Telegram 98, “CDE : Seventh Session”, October 28, 1985, UKDEL CDE Stockholm to FCO.

(157) 紳士協定によると，「作業グループ A」では火曜日に武力不行使宣言を，水曜日に通告の文脈での軍事情報の交換／検証／コミュニケーションの手段の発展を，木曜日に制限措置（特定の軍事活動の年間計画）をそれぞれ議論する一方，「作業グループ B」では火曜日に軍事活動の通告を，木曜日に軍事活動の視察をそれぞれ議論するとされた。John Borawski, *From the Atlantic to the Urals*, p. 75 ; Rudolf Th. Jurrjens and Jan Sizoo, *Efficacy and Efficiency in Multilateral Policy Formation*, p. 142.

(158) ソ連のヨーロッパ軍縮会議（CDE）大使は，「紳士協定」の合意は外部からすれば何の変化もなかったかのように見えたであろうと指摘する。Oleg Grinevski and Lynn M. Hansen, *Making Peace*, p. 396.

(159) AMAE-La Courneuve, Direction d’Europe 1981-1985, 5525, Télégramme 735, “Objet : Réunion conjointe des groupes A et B（11 Novembre）”, November 15, 1985, Stockholm to Paris.

(160) TNA, FCO 46/4298, “CDE : Future Working Structure”, August 12, 1985, Freeman to Clarke.

(161) AMAE-La Courneuve, Direction d’Europe 1981-1985, 5525, “Note : Réunion du 11 juillet. CDE : éléments d’intervention pour le Directeur Politique”, July 10, 1985, Service des affaires stratégiques et du désarmement.

(162) Oleg Grinevski and Lynn M. Hansen, *Making Peace*, pp. 365-367.

(163) イギリス代表団が本国に送った電報は「アメリカのグッドビー大使とソ連のグリネフスキー大使との［作業グループの立ち上げに関する］会談は，アメリカが NATO 諸国に示唆したような予備的（exploratory）なものではなく，むしろ実質的かつ本質的に二国間交渉の性格をもつものである」旨を報告している。言い換えると，アメリカは同盟国と十分に協議を行うことなく，ソ連との交渉を内密に進めていたことを示している。TNA, FCO 46/4298, Telegram 73, “MIPT : CDE : Working Structure”,

September 22, 1985, UKDEL CDE Stockholm to FCO.

（164）提案の全文は以下の書に掲載されている。John Borawski, *From the Atlantic to the Urals* ; Carl C. Krehbiel, *Confidence- and Security-Building Measures in Europe*.

（165）Oleg Grinevski and Lynn M. Hansen, *Making Peace*, p. 412.

（166）ソ連がフランスを選んだ理由としては以下参照。Julie M. Newton, *Russia, France, and the Idea of Europe*, Palgrave Macmillan, 2003, pp. 127–134.

（167）Roland Dumas, *Affaires étrangères I : 1981–1988*, Fayard, 2007, p. 284.

（168）“Gorbachev Opens in Paris to Mixed Reviews”, *The New York Times*, October 6, 1985.

（169）Hubert Védrine, *Les mondes de François Mitterrand*, p. 379.

（170）AMAE-La Courneuve, Direction d’Europe 1981–1985, 5699, Télégramme 317, “Objet : Entretien du Ministre avec M. Chevardnadze à Helsinki le 31 juillet”, July 31, 1985, Helsinki to Paris.

（171）Frédéric Bozo, *Mitterrand, the End of the Cold War, and German Unification*, Berghahn Books, 2009, p. 12.

（172）この点は，フランスの駐ソ大使が指摘している。AMAE-La Courneuve, Direction d’Europe 1981–1985, 5699, Télégramme 3058, “Objet : Portrait politique de M. Gorbatchev. (3/3)”, September 26, 1985, Moscow to Paris. また，ゴルバチョフ訪仏にあたりソ連が戦略防衛構想（SDI）を重視していたことは先行研究においても共通の認識となっている。主要な先行研究については以下参照。Frédéric Bozo, *Mitterrand, The End of the Cold War, and German Unification* ; Marie-Pierre Rey, “Gorbachev’s New Thinking and Europe, 1985–1989”, in Frédéric Bozo, Marie-Pierre Rey, N. Piers Ludlow, Leopoldo Nuti (eds.), *Europe and the End of the Cold War : A Reappraisal*, Routledge, 2009, pp. 23–35.

（173）David Reynolds, *Summits : Six Meetings that Shaped the Twentieth Century*, Penguin, 2008.

（174）“Joint Soviet-United States Statement on the Summit Meeting in Geneva”, November 21, 1985. Available at https://www.reaganlibrary.gov/archives/speech/joint-soviet-united-states-statement-summit-meeting-geneva, accessed September 19, 2022.

（175）Reagan Library, “New Year’s Messages of President Reagan and Soviet General Secretary Gorbachev”, January 1, 1986. Available at https://www.reaganlibrary.gov/archives/speech/new-years-messages-president-reagan-and-soviet-general-secretary-gorbachev-0, accessed October 30, 2022.

（176）United States Arms Control and Disarmament Agency, *Documents on Disarmament 1986*, 1991, pp. 10–19.

（177）第3章で取り上げた通り，ヨーロッパ軍縮会議（CDE）マンデートを「機能的アプローチ」にもとづいて解釈するならば，そもそも海軍の単独演習はCDEの対象となることはないはずである。しかし，ソ連はCDE開始後に海軍・空軍の単独演習も対象に含めることに固執していた。

（178）Andrei Grachev, *Gorbachev’s Gamble : Soviet Foreign Policy and the End of the Cold War*, Polity Press, 2008, p. 68. なお，ソ連での政策形成過程については以下参照。Robert Service, *The End of the Cold War*, Chapter 15［Kindle Version］.

（179）Anatoly Chernyaev, *My Six Years with Gorbachev*, Pennsylvania State University Press, 2000, pp. 45–56.

（180）Jack Matlock, *Reagan and Gorbachev*, Chapter VIII［Kindle Version］.

(181) Douglas Brinkley (ed.), *The Reagan Diaries*, p. 383.
(182) Robert Service, *The End of the Cold War*, Chapter 15 [Kindle Version].
(183) Reagan Library, "National Security Planning Group Meeting : February 3, 1986, 11 : 15 am-12 : 00 noon, Situation Room : Arms Control - Responding to Gorbachev", February 3, 1986. Available at https://www.thereaganfiles.com/19860203-nspg-127-arms.pdf, accessed October 30, 2022.
(184) ゴルバチョフ提案への反応は以下2点の国家安全保障決定令が定めている。Reagan Library, National Security Decision Directive Number 210, "Allied Consultations on the US Response to General Secretary Gorbachev's January 14, 1986, Arms Control Proposal", February 4, 1986. Available at https://www.reaganlibrary.gov/public/archives/reference/scanned-nsdds/nsdd210.pdf, accessed October 30, 2022 ; Reagan Library, National Security Decision Directive Number 214, "U. S. Response to Gorbachev's January Arms Control Proposals", February 21, 1986. Available at https://www.reaganlibrary.gov/public/archives/reference/scanned-nsdds/nsdd214.pdf, accessed October 30, 2022.
(185) Reagan Library, "Letter from Reagan to Gorbachev", February 22, 1986. Available at https://www.thereaganfiles.com/19860222.pdf, accessed October 30, 2022.
(186) Reagan Library, "Secretary Shultz's March 15 Meeting with Ryzhkov", March 20, 1986, Matlock to Poindexter. Available at https://www.reaganlibrary.gov/public/digitallibrary/smof/nsc-europeanandsovietaffairs/matlock/box-015/40-351-7452064-015-008-2018.pdf, accessed October 9, 2022.
(187) Reagan Library, "Letter from Gorbachev to Reagan", April 2, 1986. Available at https://www.thereaganfiles.com/19860402.pdf, accessed October 30, 2022.
(188) 1986年4月5日，西ベルリンのディスコが爆破され，死者3名（うち2名はアメリカ軍に所属），負傷者229名が出る事件が発生した。アメリカは早くよりリビアのカダフィ政権が関与したとの立場をとっていた。
(189) "Soviet Leader Reaffirms Support for Libya", *The Washington Post*, April 17, 1986.
(190) Robert Service, *The End of the Cold War*, Chapter 17 [Kindle Version].
(191) チョルノービリ（チェルノブイリ）原発事故は，ソ連の体質に対するゴルバチョフの見方を変えたと指摘されている（William Taubman, *Gorbachev : His Life and Times*, Simon & Schuster, 2017, Chapter 6 [Kindle Version]）。しかし，同事故は短期的には米ソ関係に悪影響を与えた。ゴルバチョフは西側諸国の対応に苛立ちを隠さず，5月16日にアメリカの実業家ハマー（Armand Hammer）と面会した際にはG7東京サミットで同事故に関する声明が出されたことに怒りを爆発させている（TNA, PREM 19/1759, Telegram 1347, "US/Soviet Relations", May 19, 1986, Washington to FCO）。
(192) AMAE-La Courneuve, Direction d'Europe 1986–1990, 6097, "Note : Les relations est-ouest", April 17, 1986.
(193) この時点でのヨーロッパ軍縮会議（CDE）での交渉の状況は以下参照。John Freeman, *Security and the CSCE Process*, pp. 112–113.
(194) 前掲注70の通りヨーロッパ軍縮会議（CDE）では前年末までに翌年の会期を決めていた。1984年および85年には残された交渉期間が長かったこともあり会期が意識されることはあまりなかった。86年に入り，同年秋のヨーロッパ安全保障協力会議（CSCE）ウィーン再検討会議までの妥結が必要とされるなか，会期が強く意識され

るようなった。

（195） TNA, FCO 46/4903, "Military Advisor's Report of the Ninth Session（28 January - 14 March 1986）of the Conference on Confidence and Security Building Measures and Disarmament in Europe（CDE）".

（196） TNA, FCO 46/4903, Telegram 48, "CDE : Review of Week Ending 18 April", April 21, 1986, UKDEL CDE Stockholm to FCO.

（197） Geir Lundestad, *The United States and Western Europe Since 1945 : From "Empire" by Invitation to Transatlantic Drift*, Oxford University Press, 2005, p. 228.

（198） Jacques Attali, *Verbatim. Tome 1*, Mercredi 20 novembre 1985［Rakuten Kobo Version］.

（199） AMAE-La Courneuve, Direction d'Europe 1986–1990, 6097, "Schéma d'entretien : Les relations est-ouest et le rapport de M. GORBATCHEV au XXVII ème Congrès du PCUS", March 5, 1986.

（200） フランスのデュマ外相は，1985年10月の仏ソ首脳会談においてもゴルバチョフは西ドイツの軍国主義の危険性に言及したと回顧する。Roland Dumas, *Affaires Étrangères I*, p. 277.

（201） 駐独イギリス大使館がロンドンに宛てた電報は，ゲンシャー外相のソ連大使に対する発言からは西ドイツはソ連から政治面で差別を受けていることを気にしているようであると報告している（TNA, FCO 46/5020, "Genscher / Semyenov Meeting, 10 January", January 16, 1986, Bonn to FCO）。つまり，西ドイツは他の西側諸国と同様にソ連との関係強化を望んでいたのである。

（202） 同文言は単一欧州議定書の第30条に用いられている。

（203） 単一欧州議定書の交渉は1985年6月のミラノ欧州理事会で政府代表会議の開催が合意されたことで本格化し，同年12月のルクセンブルク欧州理事会において原則的な合意が達成されていた（最終的には86年2月に調印された）。単一欧州議定書をめぐる議論のうちヨーロッパ政治協力（EPC）の発展，すなわちヨーロッパ外交の発展に焦点をあてた先行研究としては以下参照。Simon J. Nuttall, *European Political Cooperation*, Clarendon Press, 1992, pp. 239–259；辰巳浅嗣『EUの外交・安全保障政策——欧州政治統合の歩み』（成文堂，2001年）153–200頁。

（204） TNA, FCO 46/4919, Telegram 7, "MIPT : CDE : Statement by Genscher and Dumas", January 28, 1986, UKDEL CDE Stockholm to FCO.

（205） 会合の記録は以下参照。TNA, FCO 46/4916, Telegram 121, "European Political Cooperation : Ministerial Meeting : The Hague : 25 February : East/West Relations", February 25, 1986, The Hague to FCO.

（206） Geoffrey Howe, *Conflict of Loyalty*, Macmillan, 1994, pp. 349–352.

（207） Ibid., pp. 314–319.

（208） Geoffrey Howe, "East-West Relations : The British Role", *International Affairs*, 63 : 4, 1987, pp. 555–562.

（209） TNA, FCO 28/7221, "The UK Role in East-West Relations", April 8, 1986, Budd to Thomas.

（210） TNA, FCO 28/7740, "British Foreign Policy : A Need for More Independence from the US ?", April 29, 1986, Galsworthy to Neville-Jones.

（211） サッチャーは，「［アメリカによるリビア空爆が］イギリスの一般世論に与えた当初の衝撃は私が恐れていた以上に悪かった」と回顧録に残している。マーガレット・

サッチャー『サッチャー回顧録 ダウニング街の日々（上）』石塚雅彦（訳），（日本経済新聞社，1996 年）547 頁。

(212) TNA, FCO 46/4904, Telegram 87, "My Two IPTs : CDE : Review of Tenth Session", May 27, 1986, UKDEL CDE Stockholm to FCO.

(213) John Borawski, *From the Atlantic to the Urals*, pp. 86–87.

(214) TNA, FCO 46/4904, Telegram 86, "CDE : Review of Tenth Session", UKDEL CDE Stockholm to FCO, May 26, 1986.

(215) TNA, FCO 46/4904, "Report of the representatives of the E. C. member-States on the 10th Session of the CDE (15 April - 23 May 1986) ", May 22, 1986.

(216) TNA, FCO 46/4904, Telegram 88, "MIPT : CDE : Prospects for the Last Two Sessions", May 27, 1986, UKDEL CDE Stockholm to FCO.

(217) TNA, FCO 46/4904, "CDE : The End Game", May 12, 1986, Lever to Daunt and PS/Mr Renton.

(218) TNA, FCO 46/4904, "Conference on Disarmament in Europe", June 5, 1986, Budd to Lever.

(219) TNA, FCO 46/4904, "Conference on Disarmament in Europe (CDE) : Scope for a British Initiative", June 17, 1986, Lever to Daunt and PS/Mr Renton".

(220) Ibid. なお，イギリスがすぐに行動に出なかった背景には，早く行動に出すぎると交渉で不利になると考えていたことがあった。

(221) ただし，1 月末のゲンシャー外相によるストックホルム訪問に加え，前出の 2 月 25 日のヨーロッパ政治協力（EPC）・外相会合の議論の様子からも，西ドイツは早くよりヨーロッパ軍縮会議（CDE）で何らかの行動をとる必要性を認識していたと言えよう。

(222) ヨーロッパ安全保障協力会議（CSCE）マドリード再検討会議の最終文書に付属する議長声明を参照。"Concluding Document of the Madrid Meeting 1980 of Representatives of the Participating States of the Conference on Security and Cooperation in Europe, Held on the Basis of the Provisions of the Final Act Relating to the Follow-Up to the Conference", Madrid, 1983. Available at https://www.osce.org/files/f/documents/9/d/40871.pdf, accessed November 3, 2022.

(223) 西側諸国は，家族の再統合を促進するための 3 点の提案を出していた。玉井雅隆『欧州安全保障協力機構（OSCE）の多角的分析——「ウィーンの東」と「ウィーンの西」の相克』（志学社，2021 年）94 頁。

(224) Matthias Peter, "Saving Détente" [Kindle Version].

(225) Timothy Garton Ash, *In Europe's Name*, p. 106.

(226) 会議の経緯については以下参照。AMAE-La Courneuve, Direction des Nations Unies et des Organisations internationales, 1986–1990, 3179, "Note : C. S. C. E. - Réunion de Berne sur les contacts entre les personnes", June 3, 1986.

(227) William Korey, *The Promises We Keep*, pp. 205–206.

(228) Matthias Peter, "Saving Détente" [Kindle Version].

(229) 7 月にサッチャー首相と西ドイツのヴァイツゼッカー大統領（Richard von Weizsäcker）が会談した際には，ヴァイツゼッカーはアメリカが時にヨーロッパの利益に無関心であることを指摘し，ヨーロッパ安全保障協力会議（CSCE）の話にも言及している。TNA, PREM 19/3005, "No. 10 record of conversation (MT-FRG President Weizsack-

er ; Genscher, Howe)”, July 2, 1986. Available at https://www.margaretthatcher.org/document/234962, accessed November 3, 2022.

（230）TNA, FCO 46/4905, Telegram 551, “MIPT : CDE End Game”, June 25, 1986, Bonn to FCO.

（231）TNA, FCO 46/4905, Telegram 550, “CDE End Game”, June 25, 1986, Bonn to FCO.

（232）TNA, FCO 46/4905, Telegram 127, “CDE : Review of Week Ending 27 June”, June 30, 1986, UKDEL CDE Stockholm to FCO.

（233）TNA, FCO 46/4905, Telegram 578, “CDE End Game”, July 2, 1986, Bonn to FCO.

（234）TNA, FCO 46/4905, Telegram 141, “Your Telno 55 : CDE : Western Flexibility”, July 8, 1986, UKDEL CDE Stockholm to FCO.

（235）TNA, FCO 46/4906, Telegram 177, “My Telno 171 : CDE : Western Flexibility”, July 17, 1986, UKDEL CDE Stockholm to FCO. なお，この時点では非同盟中立諸国には妥協案の存在こそ知らされたものの，内容は明かされなかった。

（236）TNA, FCO 46/4906, Telegram 178, “My Telno 177 : CDE : Western Flexibility”, July 18, 1986, UKDEL CDE Stockholm to FCO.

（237）“La conférence de Stockholm s’est ajournée dans l’optimisme”, *Le Monde*, July 22, 1986.

（238）TNA, FCO 46/4905, “Alliance Flexibility”, June 30, 1986, Mackley to Clarke.

（239）TNA, FCO 46/4905, “Statement by Mr. W. T. Delworth, Ambassador and Head of the Delegation of Canada, in Working Group A/B, on June 30, 1986”.

（240）TNA, FCO 46/4905, “CDE : Western Flexibility”, June 30, 1986, Cleghorn to Private Secretary.

（241）ソ連は，東側諸国が提案していた「ヨーロッパでの軍事デタントおよび軍縮に関する会議（CMDD）」をヨーロッパ軍縮会議（CDE）の原点の 1 つとみなしていると考えられる。

（242）“M. Gorbatchev : que chacun réduise ses armements là où il a un avantage”, *Le Monde*, July 9, 1986.

（243）François Mitterrand, “Allocution de M. François Mitterrand, Président de la République, au dîner offert au Kremlin au nom du Presidium du Soviet Suprême, notamment sur les relations franco-soviétiques et le désarmement, Moscou, lundi 7 juillet 1986”, July 7, 1986, Moscow. Available at https://www.elysee.fr/francois-mitterrand/1986/07/07/allocution-de-m-francois-mitterrand-president-de-la-republique-au-diner-offert-au-kremlin-au-nom-du-presidium-du-soviet-supreme-notamment-sur-les-relations-franco-sovietiques-et-le-desarmement-moscou-lundi-7-juillet-1986, accessed November 4, 2022.

（244）ゴルバチョフの「新思考」はシェワルナゼ外相，ヤコブレフ前カナダ大使（Aleksandr Yakovlev）およびチェルニャーエフ外交顧問（Anatoly Chernyaev）の助力により 1986 年 2 月にアウトラインが完成していた。Marie-Pierre Rey, “Gorbachev’s New Thinking and Europe, 1985–1989”, at p. 24.

（245）内容については以下参照。Andrei Grachev, *Gorbachev’s Gamble*, pp. 79–80. なお，同スピーチは対外的には公表されていないが，アメリカはその概要について知っていた。*FRUS*, 1981–1988, V, Doc. 242.

（246）United States Arms Control and Disarmament Agency, *Documents on Disarmament 1986*, 1991, pp. 341–345.

（247）ヨーロッパ共同体（EC）諸国の報告書は，ヨーロッパ軍縮会議（CDE）大使の政治

局への出席は前例のない出来事であったと指摘する（TNA, FCO 46/4906, Telegram 181, “EC Report on the Eleventh Session of the CDE”, July 21, 1986, UKDEL CDE Stockholm to FCO）。ただし，グリネフスキーの回顧録によると，彼はこれに先んじて 4 月に一度政治局に出席している。そして，政治局への交渉担当者の出席は，1972 年の弾道弾迎撃ミサイル制限条約交渉以来では初めての出来事であったと述べている。Oleg Grinevski and Lynn M. Hansen, *Making Peace*, pp. 493-499.

(248) 政治局の議論については以下参照。Oleg Grinevski and Lynn M. Hansen, *Making Peace*, pp. 531-536；堀田，前掲「ストックホルム軍縮会議の再生——現地査察をめぐるソ連外交，1985-1986」118 頁。

(249) ソ連は 7 月 9 日にストックホルムにおいて，合意の一部として現地査察の原則を受け入れる用意がある旨，その条件は他国が現地査察を真の軍縮措置に属しているものとして受け入れることである旨——信頼醸成措置の一環としての現地査察の導入はあくまで例外であると主張したかったと考えられる——述べた。TNA, FCO 46/4906, Telegram 181, “EC Report on the Eleventh Session of the CDE”, July 21, 1986, UKDEL CDE Stockholm to FCO. またフランス代表団は，ソ連がある種の査察を受け入れざるを得ないと観念したようであると報告している。AMAE-La Courneuve, Direction d’Europe 1986-1990, 6619, Télégramme 518, “Objet : C. D. E. -Entretiens avec la délégation soviétique (2/2)”, July 3, 1986, Stockholm to Paris.

(250) 堀田，前掲「ストックホルム軍縮会議の再生——現地査察をめぐるソ連外交，1985-1986」118 頁。

(251) この背景には，アメリカが現地査察の導入をヨーロッパ軍縮会議（CDE）に合意する条件であるという立場を引き続きとっていたことがあったと考えられる。アメリカの立場は以下参照。TNA, FCO 46/4906, “CDE End Game”, July 28, 1986, Lever to Thomas.

(252) “Shultz-Shevardnadze to meet in September”, UPI, July 18, 1986. Available at https://www.upi.com/Archives/1986/07/18/Shultz-Shevardnadze-to-meet-in-September/8827522043200/, accessed November 5, 2022.

(253) 会合の記録は以下参照。*FRUS*, 1981-1988, V, Doc. 256.

(254) その中心となる内容は，核実験のモラトリアムを翌年 1 月まで延長するというものであった。“Gorbachev Extends Test Moratorium”, *The Washington Post*, August 19, 1986.

(255) 堀田，前掲「ストックホルム軍縮会議の再生——現地査察をめぐるソ連外交，1985-1986」119 頁。

(256) アフロメーエフの立場については以下参照。Dale R. Herspring, “Gorbachev and the Soviet Military”, *Proceedings of the Academy of Political Science*, 36 : 4, 1987, pp. 42-53.

(257) TNA, FCO 46/4907, Telegram 221, “CDE : Plenary : 29 August 1986”, August 29, 1986, UKDEL CDE Stockholm to FCO.

(258) AMAE-La Courneuve, Direction d’Europe 1986-1990, 6619, “La CDE vue par la presse soviétique”, September 2, 1986, Yves Pagniez to Jean-Bernard Raimond.

(259) Nicholas J. Wheeler, Joshua Baker and Laura Considine, “Trust or Verification ? Accepting Vulnerability in the Making of the INF Treaty”, in Martin Klimke, Reinhild Kreis and Christian F. Ostermann (eds.), *Trust but Verify : The Politics of Uncertainty and the Transformation of the Cold War Order, 1969-1991*, Stanford University Press, 2016, pp. 121-140.

（260）最後の 1 ヶ月間の交渉の詳細は以下参照。John Borawski, *From the Atlantic to the Urals*, pp. 93-100 ; John Freeman, *Security and the CSCE Process*, pp. 120-140 ; Oleg Grinevski and Lynn M. Hansen, *Making Peace*, pp. 582-670.

（261）John Borawski, *From the Atlantic to the Urals*, pp. 96-97 ; John Freeman, *Security and the CSCE Process*, pp. 121-122.

（262）この点を詳細に検討した先行研究としては以下参照。浅田，前掲「CSCE プロセスと信頼醸成措置（二）」。

（263）西側諸国が提案した “SC.1 Amplified” を参照。

（264）前掲注 240。

（265）TNA, FCO 46/4908, “CDE : Current State of Play”, September 19, 1986, Lever to Daunt and Private Secretary.

（266）Victor-Yves Ghebali, *Confidence-building Measures within the CSCE Process : Paragraph-by-paragraph Analysis of the Helsinki and Stockholm Regimes*, UN Institute for Disarmament Research, 1989, p. 74.

（267）Oleg Grinevski and Lynn M. Hansen, *Making Peace*, p. 639.

（268）TNA, FCO 46/4908, “CDE : Performance of the British Delegation”, September 23, 1986, Lever to Goodall, PS/PUS and Private Secretary ; Oleg Grinevski and Lynn M. Hansen, *Making Peace*, p. 640.

（269）TNA, FCO 46/4908, “CDE : Final Deals”, September 25, 1986, Edes to Clarke. なお，同文書によるとイギリスの提案により最終合意にはアメリカ大使も出席した。

（270）TNA, FCO 46/4907, “Foreign Minister’s Informal Weekend Meeting : Brocket Hall, 6/7 September : CDE”, September 5, 1986, Lever to Mr Daunt and Private Secretary.

（271）“Howe and Shultz discuss policy”, *The Times*, September 10, 1986.

（272）TNA, FCO 46/4908, Telegram 5, “CDE”, September 16, UKREP Brussels to Washington.

（273）Ibid.

（274）9 月 19 日の米ソ外相会談において，両外相がヨーロッパ軍縮会議（CDE）の成功を重要視していると言及したことは何よりの証であろう。会談の記録は以下参照。*FRUS*, 1981-1988, V, Doc. 284.

（275）John Freeman, *Security and the CSCE Process*, p. 139.

（276）詳細は以下参照。Leo Sartori, “Will SALT II Survive ?”, *International Security*, 10 : 3, 1985, pp. 147-174.

（277）合意文書は以下参照。“Document of the Stockholm Conference on Confidence- and Security-Building Measures and Disarmament in Europe Convened in Accordance with the Relevant Provisions of the Concluding Document of the Madrid Meeting of the Conference on Security and Co-Operation in Europe”, September 19, 1986. Available at https://www.osce.org/files/f/documents/5/d/41238.pdf, accessed November 5, 2022.

（278）吉川元『ヨーロッパ安全保障会議——人権の国際化から民主化支援への発展過程の考察』（三嶺書房，1994 年）136 頁。

（279）Svetlana Savranskaya, “Learning to Disarm : Milkahil Gorbachev’s Interactive Learning and Changes in the Soviet Negotiating Positions Leading to the INF Treaty” in Leopold Nuti, Frédéric Bozo, Marie-Pierre Rey and Bernd Rother（eds.）, *The Euromissile Crisis and the End of the Cold War*, Woodrow Wilson Center Press, 2015, pp. 85-103.

(280) ヨーロッパ通常戦力（CFE）条約，第一次戦略兵器削減条約（START I），化学兵器禁止条約などが現地査察の規定を置く。

(281) Peter Jones, *Open Skies : Transparency, Confidence-Building, and the End of the Cold War,* Stanford University Press, 2014, pp. 16–17.

(282) アメリカのグッドビー・ヨーロッパ軍縮会議（CDE）大使は，タイムリミットが交渉のペースに影響を与えたことを指摘する。James E. Goodby, “The Stockholm Conference”, p. 152.

(283) Eduard Shevardnadze, *The Future Belongs to Freedom,* Sinclair-Stevenson Ltd., 1991, p. 89.

終　章

(1) 米ソ関係に目を向けると，レーガン政権の1期目で米ソ間の核軍備管理交渉が行われたのは1981年11月から83年11月のわずか2年に過ぎなかった。仏ソ関係に目を向けると，81年5月のフランス大統領選挙からしばらくの間，二国間関係は停滞していた。

(2) この見方を広めた代表的研究は以下参照。Daniel C. Thomas, *The Helsinki Effect : International Norms, Human Rights, and the Demise of Communism*, Princeton University Press, 2001.

(3) モスクワのヘルシンキグループは1982年9月に活動を停止し，その復活は89年まで待つ必要があった。

(4) Sarah B. Snyder, “‘Jerry, Don’t Go’ : Domestic Opposition to the 1975 Helsinki Final Act”, *Journal of American Studies*, 44 : 1, 2010, pp. 67–81.

(5) 1981年12月にヨーロッパ共同体（EC）諸国が合意したヨーロッパ政治協力（EPC）ロンドン報告書は，安全保障がヨーロッパ政治協力の関心事項であることを初めて明記した。

(6) 西側同盟内の議論では，ヨーロッパ共同体（EC）諸国は数で圧倒することができたため，アメリカに対して影響力を行使しやすい状況にあった。

(7) この言葉はロシアのことわざであるが，レーガンが好んで用いたことで世界でも知られるようになった。

(8) Coit D. Blacker, “The MBFR Experience”, in Alexander L. George, Philip J. Farley and Alexander Dallin（eds.）, *U. S.-Soviet Security Cooperation : Achievements, Failures, Lessons*, Oxford University Press, 1988, pp. 123–143.

(9) Michael Cox, “Another Transatlantic Split ? American and European Narratives and the End of the Cold War”, *Cold War History*, 7 : 1, 2007, pp. 121–146. 本書では冷戦終結をめぐる議論には立ち入らないので，その動向については冷戦終結過程を論じた先行研究を参照されたい。一例として，以下の邦語文献でも冷戦終結過程をめぐる研究の動向が論じられている。志田淳二郎『米国の冷戦終結外交——ジョージ・H・W・ブッシュ政権とドイツ統一』（有信堂，2020年）；吉留公太『ドイツ統一とアメリカ外交』（晃洋書房，2021年）。

(10) この表現はもともとはピョートル大帝に仕えた地理学者のヴァシリー・タチーシチェフ（Vassili Tatichtchev）のものである。J＝S・モングルニエ『ヨーロッパの地政学　安全保障の今』中村雅治（訳），（白水社，2024年）29–30頁。

(11) Richard A. Falkenrath, *Shaping Europe’s Military Order : The Origins and Consequences of*

the CFE Treaty, The MIT Press, 1995, p. 76.

（12）ウィーン文書では「信頼・安全醸成措置（Confidence- and Security-Building Measures)」という用語が使われている。これは，ヨーロッパ安全保障協力会議（CSCE）マドリード再検討会議やヨーロッパ軍縮会議（CDE）においても使われていたタームを引き続き使用したものである。

（13）領空開放条約は公式にはヨーロッパ安全保障協力会議（CSCE）の枠内で交渉されたものではないが，CSCE / ヨーロッパ安全保障協力機構（OSCE）と密接なかかわりを持つ。たとえば，条約本文では CSCE でのコミットメントが想起（recalling）されている。また，条約の署名時には CSCE において宣言（The CSCE Declaration on the Treaty on Open Skies）が発出され，歓迎の意が表明されている。

（14）アメリカのヨーロッパ安全保障協力機構（OSCE）代表団によるステートメントを参照。“U. S. Statement for the Vienna Document Joint PC-FSC Chapter III Meeting”, February 18, 2022, U. S. Mission to the OSCE. Available at https://osce.usmission.gov/u-s-statement-for-the-vienna-document-joint-pc-fsc-chapter-iii-meeting-2/, accessed January 1, 2025.

（15）2022 年 2 月のヨーロッパ安全保障協力機構（OSCE）・常設理事会の議事録を参照。Available at https://www.osce.org/permanent-council/511750, accessed January 1, 2025.